Production Management Engineering for Engineer

공학도를 위한

생산시스템공학

최성대 · 강낙중 · 이윤희
석미정 · 유종규 공저

문 운 당

Preface

이 책의 목적은 생산공학과 관련 시스템의 중요한 주제에 대하여 이해하기 쉬운 기술적 자료를 제공하는 데에 있다.

그러한 주제로는 자동생산설비, 설비배치와 보전, 수치제어 공작기계, 산업용 로봇(Robot), 자동검사와 시험, 운반시스템, 시퀀스·PLC 제어시스템, 유연한 생산시스템과 컴퓨터통합생산이 있다.

이 책은 생산관리, 품질관리, 설비관리를 기초로 하여 자동화시스템, 시퀀스, CIM 및 투자경제성 분석까지 총망라했기 때문에 한 학기(16주) 동안에 공부하기에 좀 광범위하리라 생각되오나 필요부분만 선택하고 부족한 내용은 전문서적을 참조하기 바란다.

제 1 편

제 1 부 : 생산관리와 공장자동화 기초로서 생산관리(좁은 의미)와 설비부문을 설명하였고

제 2 부 : 도요타 생산방식의 기본사상 및 능률에 대한 사고방식을 설명하였다. 또한 개선에 대해서 사고방식 및 추진방법에 대해서 기술하였다. 도요타 생산방식에 대해서 전체적인 사상은 전문서적을 참조바라며, 본 교재에서는 기본사상의 일부분만 기술하였음을 양지바란다. 또한 현대생산관리에서 필요한 린(Lean)생산과 민첩(Agile)생산을 비교 설명하였고, GT(Group Technology)와 셀(Cell) 생산방식을 설명하였다.

제 3~4 부 : 생산경제학은 투자제안 평가방법, 제조원가 분석, 손익분기점 분석법을 서술하였다. 생산자동화의 투자가 회사 경영목표를 충족시키지 못하는 사례가 종종 많고, 생산자동화 추진자들이 원가의식과 투자성 분석을 공부해야 하기 때문에 다소 생소하지만 소개하기로 하였다. 또한 공장설비 배치원칙과 설비보전에 대하여 설명하였다.

제 5 부 : 공장자동화 추진의 원칙과 전략을 수록했으며, 생산자동화에서 제어기술의 기본이 되는 시퀀스에 대해 기록하여 학생들이 시퀀스 제어까지 가능하도록 상세히 체계적으로 요약 설명하였다.

제 6 부 : 생산기술의 새로운 접근방법에서는 생산기술 개선과 품질경영 개선을 위한 새로운 기법을 수록하였다.

제 2 편

우리나라 기업은 수출업체의 국제경쟁력 강화를 위한 중요한 수단으로서 품질의 향상과 개선에 꾸준히 노력함으로써 품질관리 및 품질경영이 기업활동에 있어 주요한 경영과제로 자리 잡아왔다.

1960, 1970년대의 품질관리의 도입단계를 거쳐서 1980년대 및 1995년까지의 100 PPM 품질관리 및 품질경영으로 국제 선진기업 수준의 고품질 수출상품을 생산하게 되었다. 그러나 수출상품의 Global Standard를 만족하기 위해서는 2000년대부터는 6시그마(σ) 수준으로 품질경영을 해야만 한다.

본 교재는 공과대학의 공학도를 위한 품질경영교재로서 기업체 입사 후 전문기술 부문을 기초로 하여 품질관리부분에 적응하기 위하여 산업체 현장에서 적용할 수 있도록 이론과 실무 중심으로 만들었다. 특히 품질경영의 필수적인 6시그마(σ)의 추진 및 개념 이해에 도움이 되도록 내용을 정리하였다.

제 7 부

품질경영 총론에서

(1) 품질관리개론

(2) QC 7가지 Tools

(3) 신 QC 7가지 Tools

(4) 품질경영시스템 보증제도

(5) 품질경영의 새로운 접근방법을 소개함으로써 품질관리의 기초과정을 습득하도록 했으며,

제 8 부

6시그마(σ) 추진과정의 단계별로

(1) 6시그마의 소개(Introduction) 및 Outline 소개와

(2) 정의단계(Define)

(3) 측정단계(Measurement)

(4) 분석단계(Analysis)

(5) 개선단계(Improvement)

(6) 관리단계(Control)의 추진방법 및 사례를 수록하고, 또한 품질기사 예상문제와 6시그마 자격취득 예상문제 및 6시그마의 용어해설과 공장관리기술사, 품질관리기술사 문제를 발췌 수록하여 기업체에서 사내교육 후 자격시험에 대비하였다.

끝으로 본 교재 편찬을 위해 도와주신 기업체 관계자와 편집을 도와주신 출판사 여러분들께 감사드리며, 앞으로 부족한 내용이나 추가사항을 지도하여 주시면 개선하도록 하겠다.

부록에는 생산공학 및 품질경영 관련 전문기술용어 해설이 수록되어 학생들이 공부할 때 반복하여 암기하면 교재 전체를 이해하는 데 도움이 될 것이고, 취업의 면접시험과 회사생활에 유용하리라 판단된다.

편집위원 : 강낙중, 이윤희, 석미정, 유종규

편집위원장 : 최성대 교수

Contents

제 1 편

제 1 부 생산관리와 공장자동화의 기초

제 2부 도요타 생산방식의 기본사상

제 4 부 생산경제학

제 5 부 공장자동화

제 2 편

제 7 부 품질경영 총론

제 1 편

제 1 부

생산관리와 공장자동화의 기초

생산관리는 경영방침에 따라 자원을 투입하여 가치 창출을 목적으로 이 자원을 변환하는 과정으로 주요 내용은 공정관리, 품질관리, 작업관리, 원가관리, 인력관리, 환경관리, 설비관리, 자재관리, 물류관리, 재고관리 등이 있으나, 제1부에서는 생산관리의 기본사항과 공장자동화와 관련이 깊은 설비배치, 설비보전, TPM, 신뢰성에 관해서 요약·설명했으며, 공장자동화의 개념 및 필요성, 공장자동화 유형에 대해서 수록했다.
공장자동화 추진은 기본적으로 생산관리와 품질관리의 기초로 하여야만 성공할 수 있기 때문에 우리는 본 교재에서 생산관리와 품질관리 부문 중에서 공장자동화와 관련된 관리기법만을 공부하기로 하자.

Chapter 01

생산관리

생산관리는 제품이나 서비스(용역)의 생산을 관리하는 활동을 말한다. 우리는 일상생활에서 수많은 제품을 사용하고 여러 종류의 서비스를 받으면서 생활하고 있다. 이 모든 제품이나 서비스들이 모두 생산관리자의 관리 아래서 생산되어진 것들이다. 생산관리의 대상은 생산적 시스템과 그 시스템의 운영이라고 할 수 있겠는데 여기서의 생산적 시스템이란 생산활동을 수행하는 조직이라고 설명해도 무방할 것이다.

1960년대까지는 생산관리의 활동영역을 제조활동(Manufacturing)에 국한시켜 생각하였고, 따라서 생산관리의 명칭도 "Production Management"라고 하였다. 그러나 그 이후 제조활동뿐만 아니라 서비스산업의 활동까지 포함시키게 되었기 때문에 "Operations Management"라는 용어를 쓰게 되었고, 이때의 용어 "Operation" 속에는 유형·무형의 재화를 모두 망라하여 생산한다는 의미가 포함되어 있다.

1.1 생산관리의 의의

생산이란 무엇인가? 생산이라고 하면 먼저 연기가 나는 큰 굴뚝이 있는 공장을 연상하는 사람들이 많을 것이다. 공장에서는 유형의 재화인 제품을 생산하고 있다. 따라서 공장에서 하는 생산은 분명히 생산의 가장 전형적 형태이다. 그러나 생산을 무에서 유를 창조하는 것이 아니고 어떤 경제적 가치의 창조라는 측면에서 정의한다면, 생산을 하고 있는 생산시스템은 연기가 나는 공장뿐만 아니라 보다 광범위한 영역의 조직을 포함하게 된다.

생산이란 여러 투입요소들을 제품의 산출로 변환(Transform)시키는 과정이라고 정의될 수 있는데, 이때의 변환에는 전형적인 공장에서의 제조뿐만 아니라 수송, 교환, 저장 등의 내용이 포함된다. 수송은 재화의 장소만을 바꿈으로써 경제적 가치를 창조해 낸다.

예를 들면, 우리나라에서 가치가 별로 없는 물을 사막으로 수송해 놓으면 같은 물이라 하더라도 우리나라에 있을 때 보다는 훨씬 더 큰 가치를 갖게 될 것이다. 또 다른 예로서 저장이 있는데 이것은 시간적인 이동을 통해 새로운 가치를 창출하는 예라고 할 수 있겠다.

이렇게 생각해 본다면 생산시스템으로 분류될 수 있는 조직의 폭이 매우 넓다는 것을 알 수 있다. 표 1-1에서 생산시스템과 투입, 산출에 관계되는 요소들의 예를 공통적인 요소끼리 분류하여 제시하였다. 표 1-1에서도 제시하는 것처럼 상당히 폭 넓은 범위의 조직들이 생산시스템이라는 틀 속에서 고려될 수 있다.

생산관리에 관한 정의는 생각하는 관점에 따라 여러 가지로 다양하게 생각해 볼 수 있을 것이다. 생산관리는 제품이나 서비스를 생산하는 데 필요한 자원을 관리하는 일이라고 정의할 수 있다. 이때 생산관리의 대상이 되는 자원에는 원재료, 사람(인력), 설비, 기계 등이 있다. 또 생산관리란 생산기능의 수행에 필요한 의사결정을 내리는 것이라고 정의할 수도 있다.

이러한 정의의 바탕 위에서 생각한다면 생산관리에서 수행되어야 할 분야는 크게 아래와 같은 3종류로 구분할 수 있다.

표 1-1 생산시스템과 시스템 요소

생산시스템	투 입	시스템 요소	변환기능	바라는 산출
병원	환자	의사, 간호원, 의료기기	치료, 수술	건강해진 환자
식당	배고픈 고객	음식재료, 주방장, 종업원	조리, 종업원의 서비스	만족한 고객
자동차공장	원재료	설비, 작업자	제작, 조립	완성된 차
대학	입학생	교수, 책, 강의실	교육	졸업생
백화점	물건 사러온 사람	전시상품, 직원	고객의 유인, 판매촉진, 계산	판매

① 생산기능 자체에 관한 측면
② 변환과정으로서의 시스템 측면
③ 생산과 관련되는 의사결정의 측면

이제부터 이러한 기본적 틀 위에서 생산관리의 내용을 설명하려고 한다.

생산시스템이 하는 일이 생산활동이라고 하겠는데 생산활동의 구체적인 내용을 그림으로 설명하자면 그림 1-1과 같이 나타낼 수 있다. 그림 1-1에서 볼 수 있는 바와 같이 생산활동은 투입요소(Inputs)를 변환(Transformation)시켜 산출(Outputs)을 만들어 내는 과정이며, 이러한 모든 과정을 관리하는 직접적인 책임을 지고 있는 사람이 생산관리자이다.

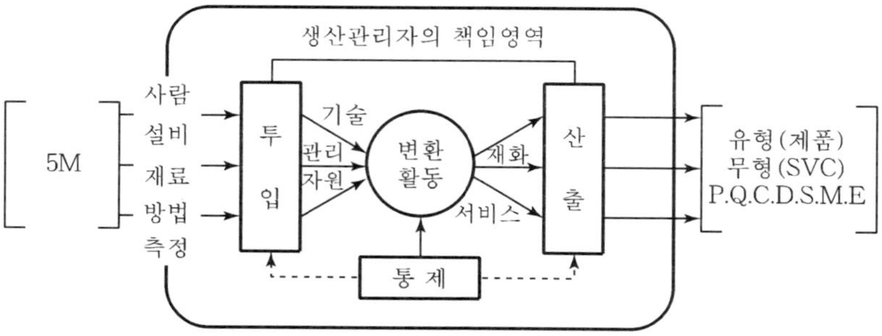

그림 1-1 생산시스템의 내용

1.2 생산관리의 목적

1.2.1 생산성 향상

(1) 기술적 생산성 향상

투입-산출과정에 사용되는 생산기술과 직결되는 문제로서 일정기간 내에 생산수단, 능력의 최대이용과 원료의 효과적 배합 등 물적 생산요소의 기술적 효율성을 증진시키는 데 있다. 이를 위해서는 자연과학 및 이공학의 지식을 필요로 한다.

(2) 인간 노동의 생산성 향상

일정기간에 있어서의 1인당 작업의 최대량을 산출시킴으로써 전체적인 작업의 능률화를 기하는 데 있다. 능률향상을 위한 방안으로서는 각 개인에 대한 문제와 사회제도상의 문제로 나눌 수 있으며, 개인에 대한 문제는 각 개인이 특정한 생산활동에 참여함으로써 얻는 개인적 만족감, 복리후생 문제 또는 작업방법 등이며, 사회제도상의 문제는 노동조합이나 기타 근로자들이 형성하는 사회적 기구에의 참여 및 고용의 안정성 등이다.

1.2.2 경제성 향상

투입-산출과정에서 희소한 자원의 합리적 사용으로 최소의 생산요소를 투입하여 목적은 재화나 서비스를 산출하는 데 있다. 즉, 원가절감, 특히 제조원가 절감에 집중하여 효용성을 높이는 것이 생산관리의 목적이라 할 수 있다.

1.3 생산관리의 합리화원칙

1.3.1 좋은 물건을 만들 것 (광의의 품질관리)

(1) 품질의 향상 (상품 가치의 향상)

품질의 향상은 상품 가치의 향상을 의미하고, 그로 인하여 판매가 촉진되므로 판매량의 증가나 판매가의 상승(이익의 증대) 효과를 가지고 온다.

(2) 품질의 균일화 (불량의 감소)

일정한 수준으로 품질이 유지되어 수준 이하의 제품(불량품)이 적다는 것을 의미한다. 이로 인하여 소비자에 대한 신용이 높아져 판매가 촉진되며, 대내적으로는 불량품의 감소로 인한 원가절감의 효과를 가지고 온다.

1.3.2 생산비를 줄일 것 (광의의 원가관리)

(1) 원가의 인하

이것은 목표원가를 인하의 방향으로 변화시키는 것을 의미하므로 설계, 규격이나 작업 방법을 변경시키는 것이 필요하다.

(2) 원가의 유지

목표원가의 유지를 위한 능률저하 방지에 노력해야 한다.

1.3.3 생산시일을 단축할 것 (광의의 공정관리)

(1) 생산의 신속화 (생산기간의 단축)

납기가 단축되면 판매활동이 유리하고, 재고가 감소하여 운전자금이 절약되고 자금의 회전율이 향상된다.

(2) 납기의 확실화 (신용의 확보)

대외적인 신용을 높이고 판매를 촉진시키며, 지연에 대한 벌금(위약금) 반납에 따르는 손실을 방지할 수 있다.

1.4 생산관리의 일반원칙

생산의 합리화, 즉 양질의 물건을 낮은 가격으로 신속히 생산하는 데에는 여러 가지 방법이 있으나 그 기본적인 방향으로 다음의 세 가지 원칙이 있다.

즉, 단순화(Simplification), 표준화(Standardization), 전문화(Specialization)로서 3S라 하고 그 이념을 3S의 원칙이라고 하며, 이를 목표로 생산관리에 적용하는 것을 3S 정책이라 한다.

1.4.1 단순화 (Simplification)

생산을 간단한 수단이나 방법에 의해서 하여야 된다는 원칙이다. 즉, 재료, 부품, 제품 치공구 등을 한정(종류를 감소)하여 경영활동과 직능을 수행하는 것을 말한다. 생산수단이나 방법을 단순화하면 다음과 같은 효과가 있다.

① 생산기간 및 납기가 단축된다.

② 기계공구, 지그(Jig) 등의 종류가 감소된다.

③ 작업방법이 단순화된다(작업자의 숙련도에 따른 품질향상).

④ 재료의 종류가 감소된다(구매사무소를 간소화하고 창고 및 재고관리가 쉽고 자재의 절약을 기할 수 있게 된다).

1.4.2 표준화 (Standardization)

과학적 연구의 결과 정당하다고 인정된 표준을 설정하고, 그것을 유지해야 한다는 원칙이다. 표준화의 목적은 생산비의 절감과 낭비의 배제에 있는데, 대부분의 경우 이는 제품 품목을 점차 감소시켜 동일제품의 대량생산을 가능하게 하는 단순화과정을 거쳐 수행되는 것이 보통이다.

표준화는 다음 세 가지로 분류할 수 있다.

① 물적 표준화 : 규격, 종류, 치수, 형, 단위, 품질의 표준

② 방법 표준화 : 작업방법, 작업조건(시간, 환경), 사무처리 등의 방법표준

③ 관리 표준화 : 생산, 판매, 재무, 경리, 인사, 기술연구 등

경영관리 제 분야의 표준, 그리고 표준화가 되면 다음과 같은 효과가 있다.

① 제품의 대량생산과 품질향상이 가능하다.

② 부품의 호환성이 증가된다.

③ 종업원의 교육훈련이 용이하다.

④ 작업과 사무능률을 높이게 되어 결과적으로 생산비를 저하시킨다.

1.4.3 전문화 (Specialization)

목표달성을 위해 수행해야 할 활동을 분업의 원리에 따라 분할하고 각 담당자에게 분담

시킴으로써 특정한 한정된 활동분야에만 그 노력을 집중하게 하는 것을 말한다.

즉, 단순화하고 표준화한 제품 및 방법을 기초로 하여 종업원, 기계설비, 공업업종 등을 전문화, 전업화하는 것을 말한다.

전문화를 하면 다음과 같은 효과가 있다.

① 종업원의 숙련도를 높이고, 높은 기술발전을 기할 수 있다.

② 이윤의 극대화와 단위비용의 저하를 기할 수 있다.

③ 품질향상과 생산능력의 증대를 가져온다.

④ 설비의 전문화 내지 특수화가 이루어지는 경우도 있다.

⑤ 개인의 업무책임을 줄일 수 있다.

Chapter 02

현대의 생산관리

오늘날 「제조업이란 제품을 생산하는 업종이다.」라고 고집한다면 점차 시대에 뒤떨어지게 된다. 제2차 세계대전 후 우리나라는 확실히 물자가 부족하였다. 양복도 구두도 아무것도 없었기 때문에 이 시대에는 재료를 긁어모아 제품을 만들기만 하면 팔렸다. 없는 재료를 어떻게든 긁어모아 제품을 생산하는 자가 승자였다. 그러나 지금은 그렇지 않다. 양복이나 구두를 파는 상점은 어디든지 있고, 상품은 진열장에 넘쳐흐른다. 단순히 제품을 생산만 하면 승자가 되는 시대는 이미 끝난 것이다. 양복이나 구두를 생산하는 공장은 우리나라에만도 수천 곳이 있고, 전세계적으로 수만 수십만 곳이나 될 것이다. 제조업인 이상 제품을 생산할 수 있는 것은 당연한 일로 되어 버렸다.

오늘날과 같이 격심한 생존경쟁에서 살아남기 위해서는 「제조업이란 제품을 생산하는 업종」이라고 하는 하드지향적인 사고방식은 바꾸어져야 한다. 이제는 「제조업이란 서비스업이다.」라고 하는 소프트지향의 발상으로 공장을 운영하여야 하는 것이다.

얼마 전까지만 해도 제조업의 과제는 「좋은 제품을 싸게 빨리」 만드는 일이었다.

이것을 일반적으로 QCD라고 말한다. 즉, 「좋은 제품」이란 품질(Quality)을 말하며 「싸게」란 원가(Cost)를 뜻하고 「빨리」란 납기(Delivery)를 가리킨다. 이제까지는 이 QCD를 만족시키면 되었다. 그러나 오늘날에는 이 요소만으로는 살아남을 수 없게 되었다.

「다품종화」

고객의 취향이나 니즈(Needs)가 다양화되고 제품은 점점 다품종화되어 간다.

「소량화」

시장의 수요는 그다지 늘지 않으면서 품종은 다품종화되어 간다. 따라서 한 품종마다의 생산량은 적어진다.

「단납기」

품종은 점점 증가한다. 지금까지와 같은 생각으로 제품 재고를 유지하다가는 어떠한 기업이라도 재고로 도산되고야 만다. 그렇다고 해서 어떤 제품이 얼마만큼 팔릴 것인가 하는 예측도 어렵다. 최소한의 재고로 팔린 만큼 보충해가든가, 또는 수주 생산형태로 단납기 대응을 해야 한다.

이러한 요건을 요약해보면 생산방식은 「다품종 소량·단납기 생산」으로 된다.

이러한 상황을 고려한다면 QCD에 다품종(Products)을 포함시키는 것이 필요해졌다.

오늘날 생산업의 과제는 QCD라는 3요소를 만드는 시대에서 안전(Safety)의 S를 넣는 P.Q.C.D.S.M.E라는 7요소를 서비스하는 시대로 바뀌어진 것이다.

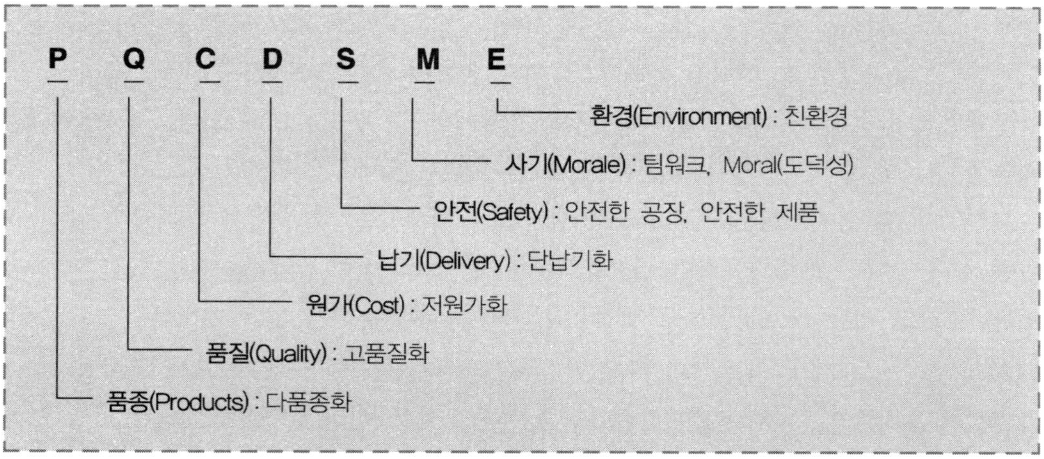

이 P.Q.C.D.S.M.E를 문장으로 나타내면 다음과 같다.

『고객이 만족하는 제품을(P), 좋은 품질로(Q), 싸게(C), 빨리(D), 또한 안전하게(S) 제공하고 서비스하여 사기(M), 친환경(E)이다.』

이것은 제조업이 제품을 생산하는 업종에서 서비스업으로 전환하고 있음을 의미한다. 바야흐로 제조업은 서비스업인 것이다.

2.1 현대 생산관리의 사고방식

여러 공장의 경영층으로부터 흔히 다음과 같은 질문을 받는다. 「컴퓨터를 써서 생산관리 시스템을 운영하고 있으나 재고는 조금도 줄지 않고 리드타임도 거의 단축되지 않으니 어떻게 하면 되겠습니까?」

이러한 공장의 경영층일수록 컴퓨터는 마법의 지팡이라고 생각하고 있다. 컴퓨터만 도입하면 공장은 단번에 간편하게 된다고 생각한다. 그러나 현대 생산관리에서는 사고방식을 바꾸어야 한다. 예를 들어, 리드타임 단축을 생각해 보자.

일반적으로 판매부문에서 계획이 제시되고 그 제품이 출하될 때까지를 제품 리드타임이라 한다. 이 리드타임의 내역을 세분해 보면 그림 1-2와 같이 된다.

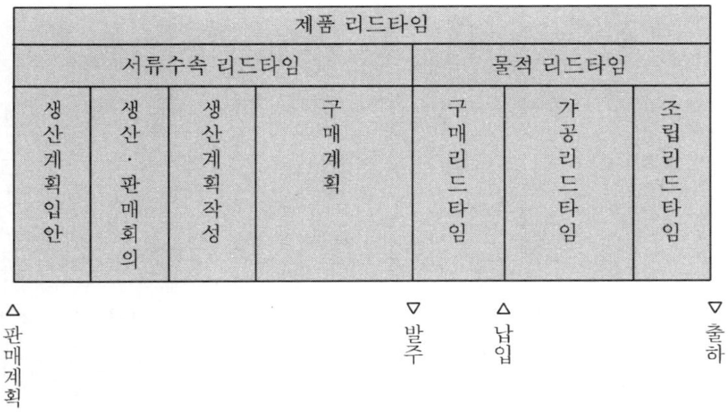

그림 1-2 제품 리드타임 내역

판매계획이 제시되면 곧 제품생산이 시작되는 것이 아니라 공장의 능력 등을 감안해서 우선 생산계획이 입안된다. 이것을 기초해서 생산부문과 판매부문이 한자리에 모여 각자의 입장에서 수정을 한다.

양쪽의 협의가 이루어진 단계에서 정식의 생산계획이 작성된다. 이 제품 생산계획에서 조립품, 부품, 원재료 조달계획을 작성하고, 구매품이나 외주품에 대해서는 발주를 하게 된다.

여기까지의 기간에 시간은 점점 흐르지만 제품은 전혀 생산되지는 않는다. 다만, 책상 위에서 서류를 작성하거나 숫자로 계산을 하고 있을 따름이다. 그러나 이 기간에도 확실히 리드타임은 소요되고 있는 것이다.

이와 같이 제품이 생산되기 전에 서류작성에 소요되는 시간을 서류수속 리드타임이라 한다.

이에 비하여 발주에서 출하까지는 빈번하게 물품의 움직임이 발생한다. 우선, 주문서에 의해 구매·외주업자는 부품을 만들기 시작하고, 완성되면 수송해서 납품한다. 부품을 입수한 공장에서는 재단이나 프레스, 절삭 등의 여러 가지 기계를 써서 가공하고, 부품이나 조립품을 만든다. 그리고 여러 가지 부품을 조립하여 제품으로 나오게 된다.

이러한 동안 물론 정보도 교류되지만 흐름의 중심은 물품이다. 물품을 어떻게 가공하고 어떠한 방법으로 작업하고 이동하느냐가 열쇠가 된다.

이와 같은 부품이나 재료의 조달에서 제품출하까지의 시간을 "물적 리드타임"이라 한다.

컴퓨터를 도입해서 가령 리드타임(Lead Time)이 단축된다고 하면 서류 리드타임과 물적 리드타임의 어느 쪽에서 효과가 나타날 것인가?

답은 전자의 서류 리드타임이다.

사람이 주판이나 전산기를 써서 생산능력을 검토하면서 생산계획의 숫자를 검토하거나 나아가서 제품 생산계획에서 부품이나 재료의 필요수량이나 납기를 설정하는 데는 상당한 시간과 끈기가 필요하다. 이런 점에서 컴퓨터는 매우 도움이 될 것이다. 그러나 물적 리드타임에서도 동등하게 효과를 발휘할 것인가는 의문이다.

물적 리드타임을 개선하려면 컴퓨터와는 다른 무엇인가를 실시하여야 한다. 일반적으로 이것을 현장개선이라 하며, Just In Time 생산으로 개선하는 것을 "JIT 개선"이라 말한다.

이와 같이 서류 리드타임의 단축에는 사무처리를 개선하고 컴퓨터화가 효과를 발휘하지만, 물적 리드타임의 압축에는 현장의 개선이 열쇠가 된다.

현대 생산관리의 정의를 써 보면 다음과 같다.

현대 생산관리의 정의

생산관리란, 결정된 가격과 품질의 제품을 소정의 수량, 기일에 맞게 가장 경제적으로 생산하기 위해 관리시스템(조직, 제도, 수속, 정보, 관리기술 등, 소프트면의 종합체계)와 물적시스템(기계설비, 설비배치, 생산방법, 운반방법 등 하드면의 종합체계)를 정비·실행함으로써 사람(Man), 재료(Material), 설비(Machine), 방법(Method), 측정(Measurement)을 효과적으로 활용하는 관리활동이다.

공장은 "살아 움직이는 시스템"이다. 거기에는 눈에 잘 보이지 않는 소프트웨어적인 면과 물품의 흐름이나 작업과 같이 눈에 보이는 하드웨어적인 면이 있다. 전자를 관리시스템이라 하고, 후자를 물적시스템이라 한다. 관리시스템에서는 공장의 조직, 제도, 업무처리의 수속, 그리고 컴퓨터를 충분히 활용하는 정보 등의 요소가 있다.

한편 물적시스템은 현장의 기계설비, 그 배치, 생산방법 등이 포함된다.

오늘날 공장에 요구되는 과제는 다품종, 고품질, 저원가, 단납기 등이며 이러한 관리시스템과 물적시스템을 적절히 과제에 합치되도록 수레의 두 바퀴와 같이 기능적으로 조화시킬 것인가가 공장으로서 중요한 과제이다. 정보면만을 컴퓨터화하여 개선해도 조직이나 제도가 양산시대 그대로이거나 제품생산이 大로트 방식이어서는 안된다.

또한 현장개선 일변도이고, 컴퓨터 등을 효과적으로 활용하는 정보개선을 소홀히 한다면 시대에 뒤떨어지게 된다. 관리시스템과 물적시스템의 양면에서의 종합적인 개선이 필요한 것이다.

이와 같이 종합적인 관점에서 시장의 요구에 맞는 생산관리를 "JIT 생산관리"라고 하며, 물적시스템을 중심으로 한 개선을 "JIT 개선"이라 한다.

그리고 생산관리에서 관리시스템과 물적시스템은 두 바퀴로서 어느 한쪽이 없거나 속도가 맞지 않으면 수레는 목적지에 도착할 수 없게 된다. 두 바퀴가 균형을 이룸으로써 경영이라는 수레가 의도하는 곳으로 달릴 수 있게 되는 것이다.

Chapter 03

생산형태의 분류

3.1 수주면에 의한 생산형태

수주와 생산시기의 관계는 주문에 의해서 생산을 하느냐 수요예측에 의해서 생산하느냐에 따라 주문생산과 예측생산으로 구분한다.

예측생산은 주문에 관계없이 수요를 예측하여 계획생산을 하므로 제품 재고가 존재하는데 주문생산은 완성품을 납품하면 재고는 없는 것이 보통이다. 이때 주문생산에 의하여 제조된 제품을 주문품, 예측생산에 의한 것을 기성품이라 한다.

3.2 생산의 반복성에 의한 생산형태

주문 내지는 생산의 반복성에서 볼 때 개별생산, 로트생산 또는 조별생산, 연속생산으로 구분할 수 있다.

3.3 품종과 생산량에 의한 생산형태

제품의 종류와 생산량의 다소에 의해서 다품종 소량생산과 소품종 다량생산으로 구분되며, 중간단계로서 중품종 중량생산의 형태가 있다. 품종의 수와 각 제품의 생산량은 서로 반비례 관계에 있으므로 그림 1-3과 같은 $P-Q$ 곡선으로 나타낸다. 즉, 품종이 적으면 상대적으로 생산량은 많아지며, 반대로 품종이 많으면 소량생산이 될 뿐만 아니라 품종별로 생산준비를 다르게 해야 되고 품종마다 작업방법도 상이하여 작업상태가 불안정하고 능률이 떨어진다.

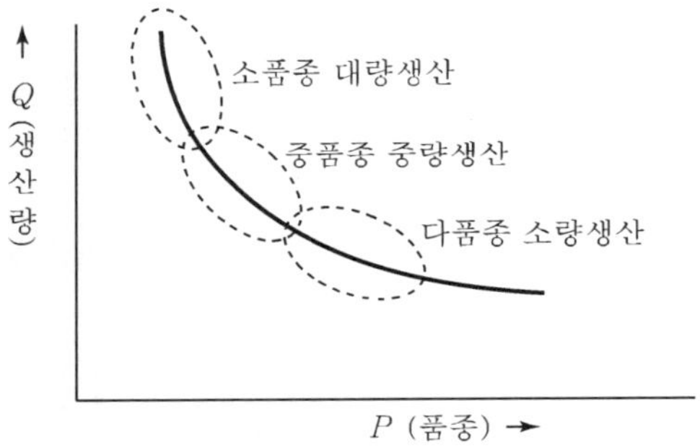

그림 1-3 $P-Q$ 곡선(생산량과 품종의 관계)

3.4 생산흐름의 연속여부에 의한 생산형태

생산에 대한 수요 내지 생산흐름의 연속여부에 따라 단속생산과 연속생산으로 구분한다. 단속생산은 개별생산, 小로트 단속생산, 中·大로트 단속생산으로 세분할 수 있으며, 단속생산이라 하여 모두 주문생산으로 볼 수 없는 이유는 中·大로트 생산은 주문생산보다는 예정생산으로 하는 경우가 있기 때문이다.

연속생산을 세부하면 화학공업의 장치산업적 연속생산과 자동차, 라디오, TV의 가공조립에서의 기계공업적 연속생산으로 분류할 수 있다.

3.5 생산량과 기간에 의한 생산형태

생산량과 생산기간에서 볼 때, 프로젝트생산, 개별생산, 대량생산으로 나눌 수 있다(그림 1-4 참조).

즉, 프로젝트생산은 생산규모가 거대한 반면, 수량면에서 극소하며 생산기간이 장기간에 걸친 생산활동(교량, 댐, 고속도로 건설)과 같은 대규모 공사에서 볼 수 있다.

개별생산은 프로젝트생산에 비해 생산기간이 단기적이며, 소량생산을 한다는 점에서 구분되지만, 생산의 흐름이 단속적이라는 점에서는 둘 다 단속생산형태에 포함된다.

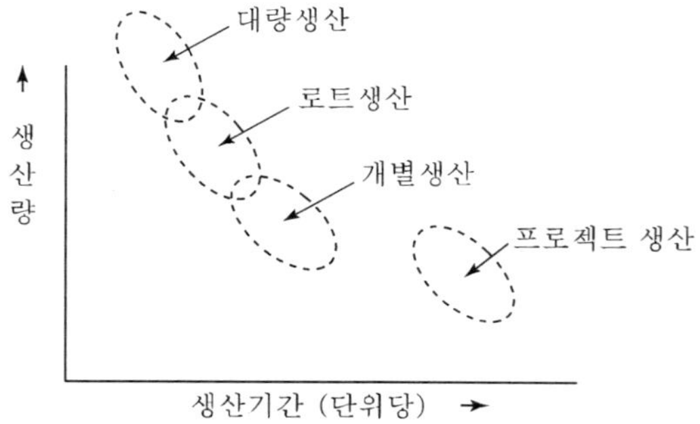

그림 1-4 생산량과 생산기간의 관계

한편 대량생산은 단위당 생산기간이 매우 짧고 1회 생산량이 대량인 생산활동으로 연속생산 형태에 해당된다.

이제까지 설명한 생산형태들을 그 관련성에 따라 분류하면 표 1-2와 같다.

표 1-2 생산형태의 분류

수주 및 생산시기	생산의 반복성	품종과 생산성	생산의 흐름	생산량과 기간
	개 별 생 산	다품종소량생산		프로젝트생산
주문생산	小로트 생산		단속생산	개 별 생 산
	中·大로트생산	중품종중량생산		로 트 생 산
예측생산	연 속 생 산	소품종다량생산	연속생산	대 량 생 산

Chapter 04

생산방식의 기본유형과 생산시스템 변화

생산형태는 관점에 따라 여러 유형으로 나눌 수 있지만 일반적으로 다음 네 가지 유형으로 분류한다.

① 프로젝트생산(Project Production)
② 개별생산(Job Shop Production)
③ 로트(배치)생산(Lot or Batch Production)
④ 라인(흐름)생산(Line or Flow Production)

표 1-3 생산활동별 생산방식

생산형태	생산활동별		생산방식	공정관리 방식
	제조활동	서비스활동		
단속생산	프로젝트생산 : 교량, 댐, 고속도로 건설 등의 대규모 공사	프로젝트업무 : 미사일 개발, 조류발전 타당성 조사 등	프로젝트 생산방식	Project Control
단속생산	개별생산 : 맞춤구두, 의류, 선박, 청부주택, 특수공작기계 등	맞춤서비스 : 진료, 자동차 수리, 건축설계, 기업진단, 번역 등	개별생산 방식	Order Control
단속생산	로트생산 : 금속, 기계가공품, 주물, 가구, 도자기, 의류 등		로트생산 방식	
연속생산	연속생산 • 기계공업적 연속생산 : 라디오, TV, 전구, 볼트, 너트 등 • 장치공업적 연속생산 : 맥주, 비누, 유리, 시멘트, 석유, 비료, 화학약품 등	표준화한 서비스 : 즉석식품(커피, 햄버거) 판매, 세탁, 이발, 숙박, 보험, 은행예금창구의 서비스, 보험가입자의 정기 건강진단, 정기 노선버스, 열차의 운행, 동사무소 민원사무 등	라인(흐름) 생산방식	Flow Control

실제로는 한 작업장에서의 단일생산방식만을 적용할 수 있는 경우는 드물다. 가령 자동차공장은 라인생산방식을 적용하고 있지만, 실제로 최종조립공정은 차체나 문을 제작하는 프레스공정으로 로트생산방식을 하고 있으며, 금형공장이나 수리공장은 개별생산방식을 적용하고 있다. 그러므로 생산공장에서는 여러 가지의 생산방식을 같이 적용하고 있다는 것을 알 수 있다.

4.1 생산형태의 혼합화 경향

생산형태는 기본적으로 전형적인 형태를 의미하지만 최근에는 이를 부분적으로 수정하려는 경향이 있다. 즉, 다품종 소량생산 시스템에서는 경제적 생산을 실현하기 위하여 품종을 줄이고 생산량을 늘리려 하고, 소품종 다량생산 시스템에서는 다양화를 통하여 판로를 확대하려함으로써 생산형태가 부분적으로 수정되는 경향을 볼 수 있다.

품종을 다양화할 경우에는 다양한 수요에 대응할 수 있으므로 판매가 용이한 대신에 경제적 생산이 어려울 뿐만 아니라 생산이 늦다는 결점이 있다. 반대로 생산을 전문화할 경우에는 대량생산에 의한 경제적 생산과 품질향상이 가능한 대신 다양한 수요에 대응하기 어렵고, 수요변동에 대한 탄력성이 적다는 결점이 있다. 그래서 양 시스템은 서로의 결점을 보완하기 위해서 상대방의 이점을 서로 추구하는 경향이 있다.

다품종 소량생산 시스템의 문제점은 다양한 수요를 충족시키면서 경제적 생산을 어떻게 실현하는가이다. 이의 최적화 방안은 요소표준을 활용한 표준화에서 구할 수 있다. 가령 제품은 표준화되어 있지 않더라도 이를 구성하는 부분품이나 가공순서를 표준화한다든가 제품을 기성품화함으로써 어느 정도 경제적 생산을 모색할 수 있다. 한편 가공의 유사성에 따라 부분품을 그룹화하여 가공로트를 크게 할 수 있는 그룹테크놀로지(Group Technology)의 도입으로 생산능률을 향상시킬 수도 있다.

소품종 다량생산 시스템에서는 다양한 수요와 수요변동에 신축성 있게 대응하기 위해서 보다 적은 부분품으로 보다 많은 종류의 제품을 생산하려는 움직임이 일고 있는데, 이것이 이른바 모듈화(Modularization) 내지 모듈러생산(Modular Production)이다. 말하자면 표준화한 자재 내지 구성부분품으로 다양한 제품을 만드는 것으로 경제적 생산을 달성하려는 것이다.

4.2 생산전략의 변화

표 1-4는 1960~1990년까지의 10년 간격으로 기업이 취한 생산전략의 중요요인과 사용했던 시스템을 나타내고 있다.

이처럼 지난 30년 동안 기업의 전략과 시스템은 많은 변화와 발전을 계속하고 있다.

표 1-4 생산전략의 중요요인과 시스템

항목 \ 연도	1960년	1970년	1980년	1990~2000년
경쟁 요소	비용	시장 확보	품질	시간
생산 전략	• 대량생산 • 비용 최소화 • 안정화 • 생산수량 중심	• 기능통합 • 기능의 중복	• 공정 중심 • 물류 흐름 • 세계 경쟁	• 신제품의 신속개발 • 권한의 위양 • 제조척도의 변화 • 새로운 조직
생산 시스템	NC	MRP CNC	MRPII JIT DNC TQC CAD/CAM	CIM ERP PERT SCM

제 2 부

도요타 생산방식의 기본사상

Chapter

01 TPS와 생산시스템

1.1 TPS (Toyota Production System)

TPS(Toyota Production System)이 1970년경 일본 도요타 자동차회사에서 개발되어 2007년도에는 세계 1등 자동차회사가 되었고, TPS가 진화되어 최적화 생산의 의미로 Lean Production System이라는 이름으로 부르고 있다.

TPS의 두 핵심은 협의(俠義)의 관점에서는 JIT와 자동화 구축이고, 광의(廣義)의 관점에서는 Hardware(JIT+자동화)와 Software(인간존중 및 기업문화)이며, 이것이 도요타식 경영철학으로 유지·발전 및 진화되어 2007년도에는 세계 1등 자동차회사로 성장하게 되었다. TPS의 원칙은 철학(Philosophy), 프로세스(Process), 종업원들과 파트너십(People and Partnership), 문제해결(개선)(Problem Solving)로 다음과 같이 4P의 용어로 설명할 수 있다.

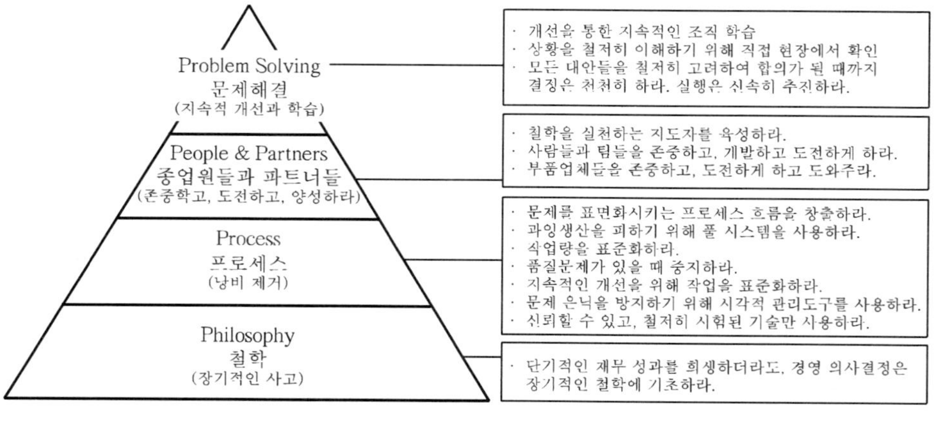

1.2 도요타 생산시스템의 기본적 사고방식과 특징

도요타 생산시스템은 소위 3불이라고 하는 불필요, 불합리, 불균일의 철저한 배제와 대량생산이 아닌 다품종 소량생산으로 적은 기계설비, 적은 인원, 적은 면적, 적은 불량, 적은 리드타임(Lead Time)의 생산활동을 말하는데 그 기본사상은 다음과 같다.

도요타 생산방식의 기본사상

1. 철저한 원가절감
2. 대량생산에 대한 반성
3. 다품종 소량생산
4. 최적 생산시스템 구축
5. 개선활동 및 교육
6. 자기개발에 의한 강한 체질

그 근본적인 사고방식은 어디까지나 도요타 자동차가 생산성 향상을 위해 30년이라는 오랜 세월에 걸쳐서 연구 개발하여 낸 것으로 일반적인 IE 이론을 기초로 하고는 있지만 그대로 적용한 것은 결코 아니며, 많은 연구를 거듭하여 학문적이 아닌 실질적으로 적용 가능하게 변경한 것으로 그 특징은 다음과 같다.

도요타 생산방식의 특징

1. 경영에 직결되는 전사적 개선 활동
2. 사실을 중요시하는 과학적 태도
3. 현장 위주의 관리방식
4. 경제성에 의한 판단 기준
5. 변화에 대한 적응성
6. 실천적 공수절감운동

1.3 경영에 직결되는 전사적 개선활동

현장관리나 생산관리방법에 대해 예전부터 여러 가지 방법이 연구되어 있지만 어떤 제품이나 어떤 공정에도 꼭 맞는, 다시 말하면 어떤 물건이든 제조하는 데 꼭 맞는 방법은 없는 것이다.

예를 들면, 어느 회사는 1개의 제품을 1명이 만들고, 다른 회사는 2명이 만들며, 또한 수준이 낮은 회사는 3명으로도 만든다.

이 경우, 대개 3명이 만들고 있는 회사는 창고라든가, 운반원, Pallet, 컨베이어 등 제반 설비가 상대적으로 2명이 작업하는 곳보다 당연히 많아지게 되는데, 이것이 간접인건비가 증가하는 원인이 되어 원가는 불어나게 되고 이익은 감소하게 된다. 이 관계를 명확하게 숫자로 설명할 수는 없지만 현실적으로 많은 기업이 이런 상황에 처해 있는데, 이런 문제는 현재만의 문제가 아니며 매년 투자하는 투자액에도 그대로 영향이 미치게 된다. 기회라고 하는 것은 현상을 기준으로 하여 입안되는 것이기 때문에 고정비용 투자시, 현재 증가된 기준으로 투자하게 되는 고정비용(건물, 장치, 기계설비류)은 일단 투자를 하면, 그 후 불필요하다고 느껴도 돌이킬 수 없게 되는 것이다. 이것을 방지하기 위해서는 모든 면에서 생산의 효율화를 기하고 공수, 설비, 기계 등의 원단위를 가능한 한 적게 한 상태에서 기획에 반영시키는 것이 가장 이상적인 것이다.

이와 같이 생각해 보면 기업경영에 있어서 개선활동은 실로 중대한 영향력을 가지고 있는 것이다. 호황시에는 훌륭하게 보일지라도 일단 불황이 되면 태풍이나 지진 때처럼 하루 아침에 와해해 버리는 기업은 얼마든지 있는 것이다. 그러므로 도요타 생산시스템에서는 생산성의 향상 활동을 기업경영에 중요사항으로 포함시키고 있는 것이다.

따라서 생산에 관계하는 전부분이 가장 효율적으로 운영될 수 있도록 생산방식에 대해 다음과 같은 사고방식을 가지고 운영해야 한다.

① 생산계획은 평준화된 최종조립공정만을 생각하여 같은 종류만을 모아서 흘리는 것이 효율적으로 보이지만 전공정에는 불필요가 발생한다.

② Lot는 가능한 한 적게 한다. Press와 같이 Lot로 생산하는 공정에는 가능한 Lot를 적게 하여야 한다. 이유는 재고가 많으면 보관장소가 필요하고 운반공수가 많아질 뿐만 아니라 때로는 우선순위를 무시하여 거품을 일으키는 원인이 되거나 이것이 Press 능력 부족으로 판단되어 Line 증설에까지 연관될 위험이 있기 때문이다. 小Lot 생산방식이 적용되기 위해서는 금형 교환의 준비 및 교환시간 개선이 선행되어야 한다.

③ 필요한 것을, 필요한 때에, 필요한 만큼 만든다는 사고가 확립되어야 한다. 이는 너무 만들어 내는 불균일을 억제하고, 현재의 여력을 확실하게 현실화시키는 것이 목적이다.

1.4 사실을 중요시하는 과학적 태도

현장에서는 실제의 현상을 기본으로 하여 그것의 원인을 분석하여 문제점을 해결하는 방법을 강구하여야 하는데, 이는 결국 현장에서는 사실을 가장 중요시하여 문제해결에 임해야 한다는 것이다. 예를 들면, 아무리 많은 Data를 수집해도 Data만 가지고는 현장의 실제 모습을 파악한다는 것은 불가능하다. 불량이 발생하였을 시 Data만 가지고 파악이 되었을 때는 이미 대책을 강구하기에는 너무 늦어 실제 현장모습 파악은 어렵게 된다. 그 때문에 불량의 진실한 원인을 찾지 못하게 되므로 재발방지대책의 효과를 얻지 못하는 일이 종종 발생한다.

현장의 진실한 상태가 정확하게 파악될 수 있는 곳은 현장 바로 그곳이며, 불량이 나와도 즉시 그곳에서 막아야 원인 파악도 하기 쉽고, 대책도 즉각 취할 수가 있게 된다. 이런 이유로 도요타 생산시스템에서는 현장을 Data보다 더 중시하고 있는 것이다. 문제가 발생되었을 경우 원인을 규명하는 방법이 불충분하면 대책입안의 방향은 빗나가게 되어 근본 문제가 해결되지 않게 되는 것이다. Data가 아닌 현장 그 자체가 문제점을 알 수 있도록 하기 위해서는 다음과 같은 사고가 필요하다.

① 어린이 눈을 가질 것 : 기계, 사람의 움직임, 물건 흐름, 현장의 모든 것에, 어린이와 같은 순수한 눈으로 개선의 의문점을 가지고

② 3현주의(3現主義) : 현장은 공장체질의 거울이다. 모든 문제점은 현장, 현실, 현물의 3현주의로 해결이 제조회사의 행동의 원점이고

③ 걸어라 : 관리자, 감독자는 현장을 순시하면서 문제점 파악, 현장 의사결정 및 현장조직원과 인간관계 형성 및 밀착관리가 필요하고

④ 고정관념의 벽을 허물 것 : 사람은 누구나 고정관념의 벽이 있다. 사고방식을 긍정적으로 하고 실적이나 최고기록은 타파하기 위해서 존재한다는 신념으로 과거의 기록을 갱신할 것

⑤ 즉시한다 : 답을 찾으려면 현장에 나가서 즉시 실천해 본다. 확률적으로 50% 이상 가능하면 즉시 실천하고 개선하는 행동의 습관이 중요하다.

1.5 경제성에 의한 판단기준

공수절감에 관한 활동은 현장에서의 전사적인 개선활동이며, 그 목적은 원가절감인 것이다. 따라서 여러 가지의 개선활동은 전부 원가절감에 연결되어야만 한다. 반대로 말한다면 모든 개선활동의 판단기준은 원가절감이 되는지, 된다면 어느 정도 되는지 여부에 따라서 정해야 한다. 한마디로 원가절감이라 해도 판단방법에는 다음과 같이 두 가지로 확실히 구분하여 생각할 수 있다.

(1) A와 B 중 어느 것이 유리한지 판단하는 문제

이것은 A방법을 택하면 B방법은 택하지 않는다(또는 반대로)라고 판단을 하는 경우, A든지 B든지 어떤 방법을 택할 것인가를 생각하여 어느 쪽이든 판단하여 결정하면 좋은 것이다. 예를 들면, 현재 그대로 하는 방법과 한 사람을 감소하는 방법 중 어떤 것을 할 것인가를 생각하는 것과 같은 경우이다.

(2) A, B, C … 등 여러 가지 안 중에서 선택하는 문제

여러 안 중에서 어느 것이 제일 경제적으로 유리할 것인가 하는 문제가 있다고 할 시, 문제가 사람을 줄이는 것이라고 한다면 방법은 여러 가지가 있을 것이다. 이 중에서 어느 것이 가장 유리한 방법인가의 검토는 필히 해야만 한다. 상기 두 가지의 판단은 제각기 독단으로 발생하는 것도 있지만, 보통 개선을 할 경우 검토과정에서 상기 두 가지의 판단방법은 순서대로 되지 않는다.

검토가 충분하지 않으면 일반적으로는 과대한(돈을 들인다) 개선안으로 되어버린다. 예를 들면, 사람 1명을 감소시키는데 1,000만 원의 전기제어장치를 장착하는 안이 있다고 하자. 이것을 실시하면, 아마 1,000만 원으로 1명 감소시키므로 큰 이득이라고 할 수 있다. 그러나 더욱 잘 검토하여 보면 돈을 들이지 않고도 작업순서를 바꿈으로써 1명 정도는 줄일 수 있다는 것을 알 수 있다면 1,000만 원을 들여서 개선한 안은 결코 성공한 것은 아니고 오히려 실패했다고 판단해야 할 것이다. 이와 같이 이익이 있다고 하여 아무 방법이나 택해서는 안되며 여러 방법 중에서 가장 믿을만하고 이익이 큰 방법을 선택해야 하는 것이다. 이런 경향은 특히 자동화를 선택할 때 잘못을 범하기 쉬우므로 주의할 필요가 있는 것이다.

1.6 변화에 대한 적응성

현실적으로는 계획은 항상 변할 가능성이 많은 것이다. 중요한 것은 계획변경에 대하여 신속히 대응할 수 있는 체제를 갖는 데 있는 것이다. 그것이 가능해지면 강한 현장이 되는 것이다. 강한 현장이 되지 않고서는 변화가 많은 오늘날의 현실에 생존이 불가능해진다. 변화에 강한 체질을 만들기 위해서는 군더더기 같은 3불을 철저히 추방하여 항상 가볍게 움직일 수 있는 기업체질을 유지하여야 한다.

1.7 실천적 공수절감운동

공수절감은 원가절감과 직결되므로 모든 활동에 있어서 공수절감은 필연적이다. 공장 내에서 공수(M/H)를 절감할 수 있는 방법은 철저한 3불 추방만이 달성 가능한 방법인 것이다. 현장에서의 공수절감은 원가절감, 품질관리, 인간관계, 감독자 등 제반사항과 깊은 연관이 있다.

Chapter 02 JIT (Just In Time)

1900년 이후 Taylor와 Ford 이후 자동차는 대량생산방식에 줄곧 의존해 왔다. 그러나 대량생산방식이 일본에서 적용될 수 없다고 생각한 도요타 자동차의 오오노 다이이치는 도요타 생산방식을 구축(1970년대)하여 놀라운 생산경쟁력을 달성했으며 지금은 Lean Production System이란 이름으로 전세계 자동차회사 및 타 부문 회사들이 도입하여 생산성 향상으로 국제경쟁력을 높이고 있다.

2.1 도요타 생산방식의 7대 낭비 제거

낭비는 부가가치가 없는 것으로 物의 낭비(과잉생산, 운반, 재고), 人의 낭비(가공, 동작, 대기), 質의 낭비(불량)로 7가지로 구분할 수 있다.

① 과잉생산의 낭비(낭비의 약 80% 점유)

② 재고의 낭비(불필요한 재고 보유)

③ 불량품 제조의 낭비(불량품을 만드는 시스템)

④ 가공 그 자체의 낭비(불필요한 가공)

⑤ 동작의 낭비(움직임의 대부분은 낭비)

⑥ 운반의 낭비(이동, 적치, Layout 등 불필요한 운반)

⑦ 대기의 낭비(부가가치 있는 일을 하지 않고 기다리고 있는 낭비)

2.2 JIT 시스템의 장 · 단점

생산효율성 측면의 장점으로는

① 변종 변량(變種變量) 생산으로 수요 변화에 신속 대응

② 생산현장의 낭비 제거로 원가 낮추고 생산성 향상

③ JIT 생산으로 원자재, 재공품, 제품의 재고 줄임

④ 자동화와 小Lot 생산으로 불량을 줄이고 품질향상

⑤ 준비 교체시간 단축으로 생산 Lead Time 단축

⑥ 간판방식과 생산 평준화로 생산흐름 원활

⑦ 혼류(混流)생산으로 공간과 설비효율을 높임

⑧ 유연한 설비배치와 다기능공으로 작업자 수를 소인화

⑨ Line Stop System 등 문제해결에 작업자 참여

외주업체와 작업자 측면에서의 단점은

① 간판이 외주업체의 관리세분화 요구

② 노동강도가 높아 작업자 피로 증가

③ 잦은 운송으로 교통체증 증가

④ 한 부품업체의 천재지변 등의 사고 발생시 전 협력업체 공장이 가동 중단의 위험성이 있다.

2.3 JIT 생산의 전제조건

JIT의 추진을 위해서는 기본적인 개선이 필요한데

① 공장이나 작업장의 정리정돈(5S : 정리, 정돈, 청소, 청결, 습관화)

② 눈으로 보는 관리시스템으로 문제점이 쉽게 노출

③ 기본룰을 실천하고 지속적인 개선

④ 결국 3정 5S의 지속적인 추진(3정 : 정위치, 정용기, 정용량)이 요구된다.

2.4 JIT의 도입절차

JIT는 구체화된 방법이라기보다는 하나의 철학이라고 할 수 있으며 도입을 위한 엄격한 법칙은 있을 수 없다. 그러나 아래와 같이 10단계를 도입의 실질적인 절차로 정리해 볼 수 있다.

① 전사원 교육으로 JIT 도입의 필요성 인식 공유
② 묶음생산에서 흐름생산으로 공정재고 최소화
③ 전사적 품질관리(TQC : Total Quality Control)
④ 평준화된 생산관리
⑤ 수요예측(판매부서 수요예측의 오차율 최소화)
⑥ 재고감축(외주업체와 모회사의 공정재고, 제품재고 최소화)
⑦ 납품업자와의 협조관계의 지속적 신뢰관계 유지
⑧ 시스템의 단순화작업(사무현장과 생산현장)
⑨ 제품설계의 변화(설계단계에서 JIT 추진 가능하도록 설계 표준화)
⑩ 공정자동화 자동화 후 라인자동화 및 공장자동화 추진

Chapter 03

능률에 관한 사고방식

3.1 겉보기 능률, 실제 능률

어느 공장이나 능률을 따지지 않는 공장은 없다. 작업자의 능률, 기계설비의 능률, 작업방식의 능률, 모든 면의 능률향상을 공장은 바란다. 「지금보다 좀 더 잘 만들고 싶다.」는 전진적인 자세의 증좌이다.

그런데 이 "능률"을 잘못 알고 있는 사람이 의외로 많다. 일반적으로 능률이라든가 생산성 등은 "투입"과 "산출"의 비로 나타낸다. 한마디로 생산성이란 「투입량이 어느 만큼 효과적으로 산출량으로 되었는가를 나타내는 정도」를 말하며 다음 식으로 된다.

$$\text{생산성} = \frac{\text{생산량}}{\text{투입량}}, \quad \text{가치} = \frac{\text{산출}}{\text{투입}}$$

이 식이 맞다고 치면 생산성을 올리려면 크게 세 가지 방법을 생각할 수 있다

방법 1 산출량을 늘린다.

$$\text{생산성}\uparrow = \frac{\text{산출량}\uparrow}{\text{투입량}\rightarrow}$$

가령 투입량을 일정(→)하게 하는 경우, 산출량을 늘리면(↑) 생산성은 향상된다(↑)는 것이다. 이것은 가치성 공학(VE : Value Engineering)이라 한다.

방법 2 투입량을 줄인다.

$$\text{생산성}\uparrow = \frac{\text{산출량}\rightarrow}{\text{투입량}\downarrow}$$

가령 생산량을 일정(→)하게 하는 경우, 투입량을 줄이면(↓) 생산성은 향상된다(↑)는 것이다. 이것은 가치분석(VA : Value Analysis)이라 한다.

방법 3 산출량을 늘이고, 투입량을 줄인다.

$$\text{생산성}\uparrow = \frac{\text{산출량}\uparrow}{\text{투입량}\downarrow}$$

방법 1과 2를 합친 것으로 산출량을 늘이고(↑), 또한 투입량을 줄이면(↓) 생산성은 향상된다(↑)는 것이다. 이것은 가치혁신(VI : Value Innovation)이라 한다. 물론 그 밖에도 방법은 있지만 나머지는 위의 방법의 응용이다.

「생산성 향상」이라든가 「능률향상」이라하면 "향상"이라는 말에 끌려 일반적으로 방법 1의 산출량을 늘리는 것을 생각한다.

확실히 이 생산성의 식에서 보면, 생산성은 향상된 것 같이 보인다. 그러나 여기서 중요한 것은 생산량을 아무리 늘려도 그것이 고객의 요구량과 같지 않으면 아무것도 소용이 없다는 것이다. 과잉생산의 낭비나 재고의 낭비가 발생하기 때문이다.

요구량 = 생산량이 대원칙

이를 위해서는 요구량 200개를 생산량으로 하고 「투입량을 줄인다.」는 방법 2를 써서 현재의 10명을 8명으로 하는 것이 진정한 개선이며, 실제 능률향상이 된다. 소인화라는 사고가 능률향상에서는 빠뜨릴 수 없다. 그래서 JIT 생산방식에서는 생산성의 식을 다시 고쳐 보자.

$$\text{요구량} = \text{생산량}$$

$$\text{생산성} = \frac{\text{산출량}}{\text{투입량}}$$

3.2 개인의 능률, 전체의 능률

TV나 VTR 등 가전품 조립라인에는 20명 내지 30명의 여자 작업자가 컨베이어에 따라 나란히 작업을 한다. 이렇게 여사원들이 나란히 작업하는 것을 본 일이 없는 사람은 신기함과 동시에 이 많은 사람이 어떻게 작업분담을 해서 일을 하는지 신기할 것이다.

대부분 작업자는 나사 조임이나 결선 등 간단한 작업을 5~6개를 담당하여 이를 되풀이하는데 지나지 않는다. 일단 30초라든가 10초로 피치타임은 설정되어 있고, 각 작업자는 이에 꼭 맞추어 작업을 한다.

일반 견학자가 보면 마치 작업자 전원이 피치타임에 꼭 맞추어 작업을 하는 것 같아 보인다. 그러나 JIT맨과 같이 낭비에 예리한 눈을 갖고 있는 자가 보면, "대기낭비"의 원흉이 있다.

사실, 30명이 있으면 30명 모두 피치(Pitch)는 다르다. 10초에 끝내는 사람이 있는가 하면 겨우 마치는 자도 있다. 10초에 끝냈다고 해서 그 작업자는 다음 작업을 할 수 있는 것도 아니다. 이 점이 컨베이어의 장점이다. 1피치에 1개 밖에 만들지 못하게 되어 있다. 당연히 작업자는 대기한다. 피치타임에서 나머지 시간을 「휴우!」하고 쉬고 있어서는 주위사람에게 미안하다.

그래서 「나는 피치타임에 꼭 맞게 작업을 하고 있다!」고 보이기 위해 하나하나의 작업을 지연시킨다. 이것이 대기의 원흉으로 알려진 "맞춤작업"이다.

컨베이어는 대기낭비를 감추는 점도 있으나 피치타임 내에 1개씩 만든다는 장점도 있다. 따라서 1명의 작업자의 능률을 아무리 올려도 라인 전체의 능률은 오르지 않는다. 1명만의 능률향상보다 라인 전체의 능률향상이 중요한 것이다. 이것이 개인의 능률과 전체의 차이이다.

같은 조립이라도 전동 컨베이어를 쓰지 않고 작업대를 써서 작업하면 각 작업자의 양쪽에는 차례로 부품이 쌓인다. 각 작업자의 피치의 차이가 재공재고 같은 것으로 변화하여 표면화된다.

그리고 일련의 긴 작업대를 치우고 개개인의 작업대로 해서 작업을 추진하면 확실히 작업대의 양옆에는 재고가 쌓인다.

다시 각자의 작업장소를 격리하면 재고의 무덤이 되고 만다. 전공정, 후공정이라는 생산의 흐름은 전혀 성립되지 않는다.

당연히 능률향상이라 하면 전후의 공정과는 전혀 관계없이 그 공정의 개개의 능률향상이 되는 것이다. 그리고 수작업이라든가 간단한 기계로 하고 있던 작업을 초고속의 범용기로 또한 컴퓨터 제어의 고가이고, 대형기계로 작업을 하게 된다.

웃을 일이 아니다. 근래 대부분의 공장이 이와 비슷한 잘못을 범하고 있다.

개개의 능률향상이 결코 기업 전체의 능률향상에 기여한다고는 볼 수 없다. 개개인의 작업자, 1대 1대의 기계의 능률, 그리고 그것이 하나의 흐름을 형성하는 라인, 또한 이 라인을 복합한 공장, 최종적으로는 판매, 물류까지 포함한 기업 전체로서의 관점에서 각각의 능률이 향상되고, 그리고 기업 전체로서 능률이 향상될 수 있는 종합적인 관점이 중요한 것이다. 어느 공정만의 능률향상을 위해 놀랄 정도로 비싼 최신 기계를 도입하여 제조를 시작한다. 고액인 기계이므로 상각이 마음에 걸린다. 당연히 가동률을 중시하여 관리를 철저히 한다. 고객의 요구와는 다른 시점에서 생산이 이루어진다.

「만들면 팔릴 것이다.」라는 안이한 생각은 오늘날에는 통하지 않는다.

「팔리는 것을 여하히 빨리 만드는가.」가 문제인 것이다. 이런 관점에서 볼 때 가동률 일변도의 관리는 잘못이다.

또 개개의 능률 중시의 대표로서는 프레스가 있다. 여기서는 금형의 교체작업에 시간이 걸린다. 교체횟수를 줄이기 위해 동일품종을 대량으로 생산하고자 한다. 그러면 현장은 大로트 지향으로 나간다. 그들은 「교체횟수가 줄면 줄수록 능률이 향상된다.」고 말한다.

생산은 프레스가 아니다. 생산 전체의 원활한 흐름이 흐트러져서는 안된다. 결국 손해이다. JIT 생산방식이란 철저한 낭비 제거의 기술임과 동시에 원활한 물건의 흐름을 만들고 유지하는 기술이다. 이에는 분명히 신념이 필요하다.

3.3 노동강화와 노동밀도의 향상

일반적으로 개선이나 합리화를 도모하고 낭비를 제거하는 것이 노동강화라고 생각되기 쉽다. 특히 노조가 강한 공장에서는 작업자로부터 크게 반발이 나온다. 물론 노조간부와의 절충도 필요하게 된다. 「우리들은 열심히 하고 있으니 그 이상 합리화의 여지가 없다!」등과 같이 생산음치도 나오게 된다. 대부분의 경우 이러한 회사는 적자체질기업이다.

작업 속에 어느 정도 낭비가 있는지 이해하지 못한 증거이다.

작업은 "움직임"이라 하는 부가가치를 생성하지 않는 낭비작업과 "일함"이라고 하는 부가가치의 일로 나누어진다. 작업 속에는 얼마나 낭비가 많은가?

JIT 개선이란 작업 속의 방대한 낭비를 철저하게 제거하는 일이다. 그림 2-1에서 보는 "낭비 제거"가 그 기본이다.

작업자의 근무시간은 8시간, 이 중에 가장 우수한 작업자가 부가가치를 생성하는 시간은 아무리 후하게 보아준다 해도 1시간, 작업시간의 8분의 1이 부가가치시간, 나머지 8분의 7시간은 낭비동작이다.

보통 공장의 표준적인 작업자는 작업시간 중에 차지하는 부가가치시간은 몇 백분의 1이라든가 몇 천분의 1시간이고, 3류 공장에서는 부가가치의 비율이 몇 만분의 1이 된다.

이와 같이 부가가치를 생성하는 시간은 극히 일부인데, 급여만은 시간으로 보증되고 공장에 있었다는 이유만으로 확실히 1인분을 갖고 간다. 이래서는 이익이 날 리 없다.

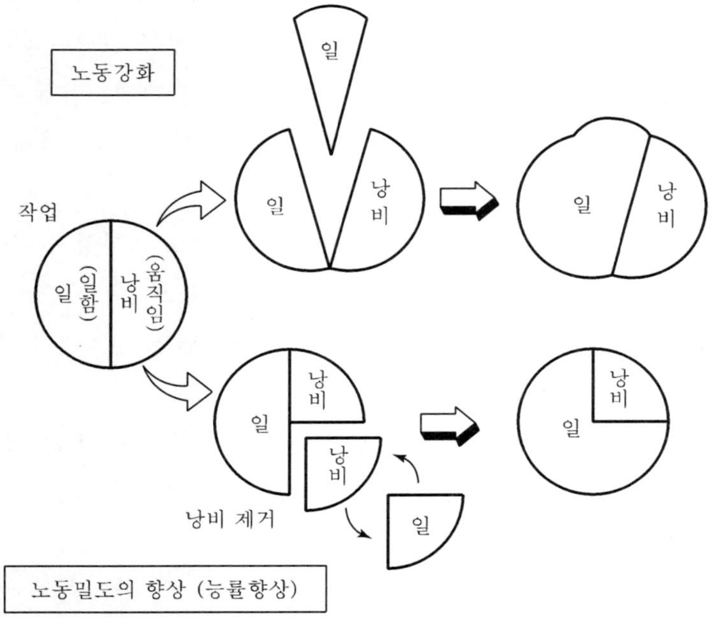

그림 2-1 노동강화와 노동밀도의 향상

공장 내에 만연되어 있는 낭비를 제거하지 않고 작업만 밀어붙인다. 이래서는 작업자가 불평을 하는 것도 무리는 아니다. 이것은 완전히 노동강화이다.

노동강화와 노동밀도의 향상은 전혀 별개의 것이다.

노동강화란 작업자의 낭비를 제거하지 않고 「생산량만 올려라.」고 하는 식이다. 이래서는 작업자가 빨리 움직여 생산량을 늘릴 뿐이다. 단순히 "노동"을 "강화"하는 데 지나지 않는다.

이것은 엄격히 경계하지 않으면 안된다. 이에 반하여, 노동밀도의 향상이란 우선 작업 속에 배어 있는 낭비제거부터 한다. 이것을 "낭비 제거"라 하며 우선 현장에 가서 현물을 보고 현상을 파악한다(3현주의).

① 작업의 전체를 보고
② 작업기능의 본질을 파악하고
③ 움직임과 일함의 관점에서 작업을 주시하고
④ 낭비적인 움직임과 부가가치를 수반하는 일함으로 구분해서
⑤ 움직임의 낭비를 철저하게 그 자리에서 제거하는 것을 말한다.

예로, 2~3 m나 떨어진 곳에서 1장씩 가공물을 가져와서 프레스를 한다. 이때는 걷지 않고 가공물을 집을 수 있도록 개선한다. 이것으로 왕복 6 m의 낭비가 제거된다. 공장 내의 보행은 1보 1초, 6초의 낭비가 제거된다. 작업자는 6초만큼 편해진다. 그 편해진 만큼 부가가치를 생성하는 일에 돌릴 수 있다. 그만큼 생산량이 자연스럽게 올라간다. 이 "자연"이 중요하다. 생산량이 증가했다 해서 이것은 노동강화가 아니다. 이제까지의 작업속도로 자연히 생산량이 올라간 것이다.

즉, 작업 속에서 "일함"의 비율이 증가한 것이다. 노동밀도가 향상된 것을 나타낸다. 이것은 부가가치율이 향상되었음을 의미한다.

JIT 개선은 철저한 "낭비 제거"를 기본으로 한다. 개선팀의 구성원이 충분히 주의해야 할 일은 이 낭비가 제거되었는가 하는 점이다.

JIT 개선은 절대로 "노동강화"여서는 안된다. 이것은 확인할 수 있는 것은 오직 현장의 작업자이다. 작업자가 「힘들다」고 생각한다면 어딘가 개선이 잘못되었다고 생각해야 한다.

Chapter 04 개 선

4.1 수직전개에서 수평전개로

JIT 개선(改善)의 도입순서에서 순서 1의 "의식개혁"과 순서 2의 "5S 활동"은 공장 또는 기업 전체에 전개한다. 물론 의식개혁이 된 후에 5S 활동으로 들어가는 것은 아니다. 의식개혁이 어느 정도 정착되면 순서 2의 5S 활동을 실시한다.

의식개혁과 5S 활동이 공장에 침투하면 비로소 JIT 개선이 시작된다. 개선의 "착안점"으로서는 점에서 선으로, 선에서 면으로, 그리고 면에서 높이로 차례로 확산된다.

(1) 점의 개선

JIT의 개선이라 해도 처음부터 곧 바로 흐름생산이 되는 것은 아니다. 공정의 재공재고의 근본원인을 추구하고 재고가 쌓이지 않도록 생산방법을 바꾼다. 또 공정 간에 운반이 있으면 「왜?」라고 단순하게 의문을 가져 이 운반을 없애도록 개선한다. 또한 작업자의 낭비적인 동작을 보면 이것을 제거한다. 이런 것은 모두 "점"의 개선이다. 그리고 개선의 원점은 이 작은 하나하나의 점의 개선을 끈기 있게 쌓아가는 데 있다(그림 2-2).

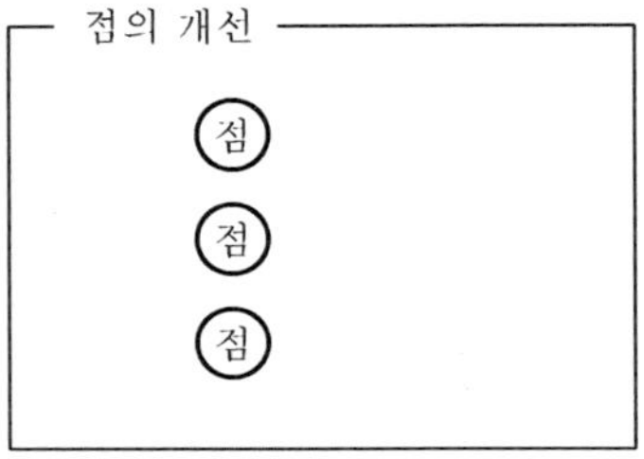

그림 2-2 점의 개선

(2) 선의 개선

정체나 운반 등 점의 개선을 쌓아가는 동안에 어느 때 물품이 저절로 흘러갈 때가 있다. 이것이 점의 개선을 쌓은 결과, 현장이 "선의 개선"을 요구하기 시작한 증거이다. 기술적으로 보면 이것이 "흐름생산"이라는 것이다.

현장이 선의 개선단계로 되면 생산방법을 "밀어내기 생산"에서 "끌어당기기 생산"으로 바꾸고, "평준화"를 도모해서 "표준작업"으로 가져간다. 또 일련의 물건의 흐름에 문제가 발생하면 즉시 개선이 될 수 있도록 "눈으로 보는 관리"도 중요한 포인트가 된다.

이것이 "선의 개선"이다. 선의 개선은 어디까지나 점의 개선의 누적으로 발생되는 것으로 처음부터 강제적으로 선의 개선을 해서는 안된다. 자를 대고 목표점에 직선을 긋는 경우도 그렇다. 시점과 종점 정도는 최소한 인식하지 않으면 뜻한 바대로 잘 그어지지 않는다. 이러한 선의 개선을 "수직전개"라고 한다.

이러한 수직전개는 일반적으로 모델라인 편성으로 전개된다. 모델라인의 선정은 어떤 현장도 좋고 어떤 품종의 흐름도 좋다. 어느 경우에도 모델라인의 반장이나 직장이 공장 내에서 제일이라고 할 정도의 "의욕"을 갖고 있어야 된다.

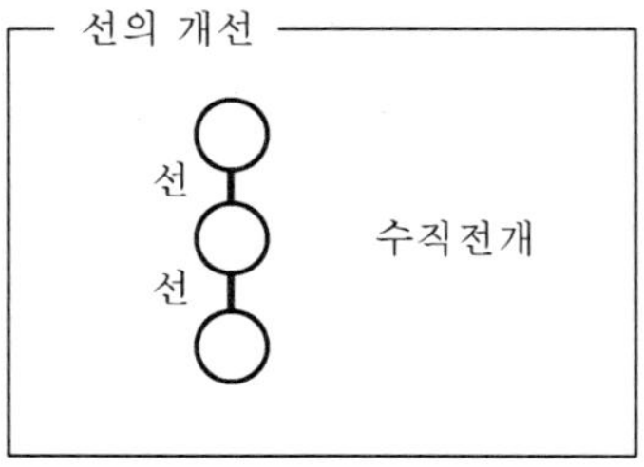

그림 2-3 선의 개선

(3) 면의 개선

선정된 모델라인에서 수직전개가 되고 선의 개선이 이루어지면, 그 현장을 다른 현장에 보이고, 점차 그 현장의 방법이나 개선 포인트를 응용해 간다. 모델현장으로서 1개의 선의 개선이 2개로 되고 3개로 증가하여 점차 공장 전체로 확산되어 "면의 개선"으로 된다. 이것을 일반적으로 "수평전개"라 한다.

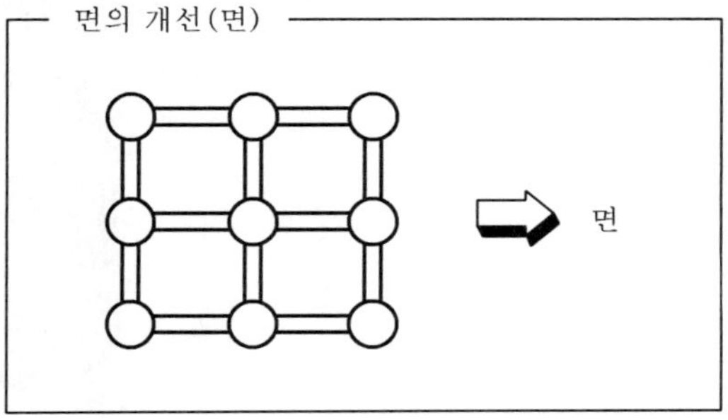

그림 2-4 면의 개선

(4) 높이의 개선

제품생산은 자기 공장 안에서만 되는 것은 아니다. 판매측면으로부터의 정보도 필요하고 구입업자, 외주업자로부터의 납품도 있다. 완성된 제품이 고객에게 갈 때까지의 물류도 필요해진다. 이와 같이 공장 안에 어느 정도 JIT 생산이 정착되면 다음은 이 둘레를 점차 공장 밖으로 넓혀가야 한다. 이것을 "높이의 개선"이라 한다.

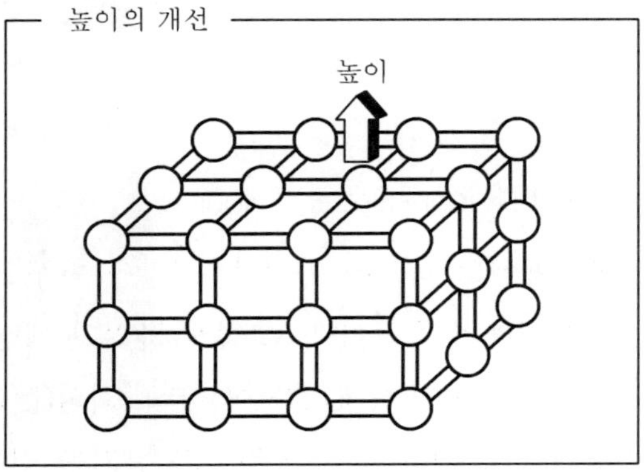

그림 2-5 높이의 개선

4.2 JIT의 개선방법 및 추진방법

JIT 생산의 도입체제가 결정되고 드디어 개선이 개시된다. 그러나 본래 개선 같은 것은 특별하게 하는 것이 아니다. 「공장은 생물이다.」 그러니까 시장의 변화에 맞추어 매일 착실하게 개선을 쌓아가는 것이 본래의 자세이다. 그런데 개선이 정착되지 않은 공장에서 하나, 둘 개선을 쌓아간다. 그것도 한 사람이 하는 것은 매우 어려운 일이다. 그래서 개선을 위한 전사적 추진체제가 필요하게 된다. 다음 개선방법 및 추진방법에 대하여 그 주의점 5가지를 들어본다.

포인트 1 개선 추진실의 설치

공장 안에 비어 있는 방을 하나 확보한다. 수용인원은 개선 프로젝트의 인원수에 따라 달라지지만 10명 전후 수용할 수 있는 곳이면 된다. 그 방은 개선맨들의 문제도출의 장소이고 지혜창출의 장소이다. 결코 휴식을 위한 장소는 아니다. 여기에서 정해진 날에 개선검토를 하고 다른 날에는 개선추진을 위한 활동을 한다.

포인트 2 최소 1주에 1일은 개선일

프로젝트 멤버 전원이 모여 개선을 하는 주기는 최소한 1주 1일은 필요하다. 주에 1일이라고 해서 다른 날은 개선을 하지 않는가 하면 그렇지는 않다. 다른 날은 각 직장마다의 개선실시일이라고 생각하는 것이 좋을 것이다.

이 정해진 개선일에 개선항목의 진도체크, 새로운 개선점에 대한 지혜 창출, 개선활동의 할당을 한다.

포인트 3 개선회의는 Best 1Hour · Better 2Hour

개선회의를 하는 것이 JIT 개선의 목적은 아니다. 현장을 바꾸고 시장의 요구에 대응할 수 있는 공장을 만드는 것이 첫째의 목표이다. 그렇게 하려면 책상에 앉아서 논의만 해서는 전혀 변하지 않는다. 이것은 「회의(會議)」가 아니라 「회의(懷疑)」가 된다.

요점을 파악하고 개선의 지혜를 내고 분담을 정하고 납기를 정했으면 나머지는 현장에서 실천할 따름이다. 그래서 회의시간을 「Best 1H · Better 2H」로 해야 한다. 개선회의는

1시간을 목표로 하고, 그대로 끝내면 Best이다. 무언가 복잡해서 그대로 끝내지 못해도 2시간 이내로 한다. 이것은 Better이다.

또 회의의 시간대는 점심시간은 절대로 피해야 한다. 점심시간은 오늘의 생산을 위해 식사를 하는 시간이다. 개선은 저녁 때 생산이 끝난 시간부터 하는 것이 좋다.

포인트 4 개선사항 일람표의 작성

현장을 1시간 정도 돌아보면 개선사항이 10~15가지는 나온다. 이것을 개선회의에서 「개선사항 일람표」에 기입하고 개선안을 검토한다.

이것은 깨끗하게 정서할 필요는 없다. 일반적으로 모조지에 생각나는 대로 개선사항을 자꾸 기입해가며 개선추진실의 벽에 붙인다.

개선사항 일람표에는 ① 개선번호, ② 개선항목, ③ 개선내용, ④ 개선부문, ⑤ 개선 담당자, ⑥ 납기, ⑦ 결과의 칸이 있다.

이에 의해 개선을 추진해 감으로써 개선항목이라든가 개선내용도 중요하지만 특히 개선 담당자, 납기, 그리고 개선상황을 보는 결과는 개선의 진척도를 보는 데 빠뜨릴 수 없는 항목이다.

개선 프로젝트의 장은 이 결과를 회의 때마다 확인하여 개선활동이 보다 원활하게 추진되도록 대응해야 한다.

포인트 5 개선은 현장에서!

개선회의에서 전회까지의 개선의 확인과 이번의 개선사항의 분담이 정해지면 각자가 담당할 현장에 직행한다. 기계의 배치를 바꾸는 그룹, JIG를 다시 만드는 그룹, 5S 활동을 하는 그룹 등 그 현장의 개선점을 차례로 고쳐간다.

시간은 자꾸만 흘러가지만 걱정할 필요는 없다.

다음 날의 작업시간까지 아직도 충분히 시간은 있다. 개선은 중단해서는 안된다. 결과가 날 때까지 해내는 끈기가 중요하다.

4.3 JIT 생산개혁의 저항 10항목

인간에게는 누구나 애착이 있다. 자신들이 오랜 세월에 걸쳐 이룩한 "작업방법"에는 애착이 간다. 하루 아침에 바꾸고 싶지는 않다. 오랜 세월 걸렸으니 "현재의 방법"이 최고라고 생각한다. 결코 바꾸고 싶지는 않다. 현재는 방법에 익숙해 있기 때문에 가장 마음 편하다.

여러 가지 현장의 저항을 다음 그림의 10항목으로 적어 보았다.

1. 그런 것은 도움이 되지 않는다!
2. 맞는 말이지만 우리는 다르다!
3. 안으로서는 훌륭한데 …
4. 이 이상 원가는 내려가지 않는다!
5. 우리들도 늘 그렇게 하는 걸!
6. 누가 시켜서 하는 것은 싫어!
7. 원가가 내려가면 품질도 떨어진다!
8. 잘 되고 있는데 왜 바꾸나?
9. 그것은 안돼! 우리는 20년 전에 해 본 경험이 있어.
10. 그 일에 대해서는 우리가 가장 잘 알고 있어.

그림 2-6 JIT 개선저항의 10항목

1. 제조방법의 고정관념("공장의 신화")을 버리자.(기록은 갱신)
2. 안되는 이유의 설명보다 하는 방법을 생각한다.(긍정적 사고)
3. 변명을 하지 말라. 우선 현상을 부정하라.
4. 좋은 일은 즉시 실천하고, 나쁜 일은 곧 그만둔다.
5. 완전을 바라지 말라. 60점이라도 좋으니 우선 실천해 보자.
6. 잘못은 그 자리에서 고쳐라.(즉시실천)
7. 곤경에 처하지 않으면 지혜가 나오지 않는다.(궁즉통)
8. 근본원인 – "왜"를 5회 되풀이 하라. 그 다음에 개선방법을!(5W1H)
9. 한 사람의 "지식"보다, 열사람의 "지혜"를!
10. 개선은 무한하다.(자원은 유한)
11. 개선은 돈을 쓰지 말라.

그림 2-7 개선의 기본정신

4.4 YES와 YES, I DO SOON

오늘날에 신문, 서적, 라디오, TV 등 정보가 너무 범람해서인지 아무래도 귀 학문, 눈 학문을 하는 사람이 많다. 자신은 운동 같은 것은 하지 않으면서 스포츠 프로를 보면 땀도 흘리지 않고 운동을 한 것 같은 기분이 든다. 해외여행 잡지를 읽으면 한 번도 가본 적이 없는 외국도 자기 집 앞마당과 같이 얘기하는 사람이 있다.

JIT 개선에도 이와 비슷한 사람이 많다. 자기는 현장에 한 번도 가본일이 없으면서「흐름생산이란 …」하고 득의양양하게 말하는 사람이 있다. 이것은 머리로서 개선하는 것으로, 몸으로 개선하는 것과는 내용이 다르다.

JIT 개선의 얘기나 강의는 몇 번 또는 몇 십번 들어도 머리의 개선이 잘될 뿐이며 그것만으로는 조금도 도움이 되지 않는다. 생각이 나면 현장에 가서 땀과 눈물을 흘리면서 몸으로 개선을 체득하는 것이 중요하다.

JIT 개선에서는 귀 학문이나 눈 학문은 불필요하다. 필요한 것은 몸 학문뿐이다. 개선 도중에 현장을 돌아본다. 흐름생산으로 개선했다는 공정 앞에 서서 갑자기 화를 낸다.

「U자 라인으로 했는데 제조방법은 로트생산이 아닌가?」

이러한 간단한 지적이라도 각 현장에 따라서 반응은 여러 가지이다. 그 대답으로 JIT 개선이 어느 정도 몸에 배었는가를 알 수 있다. 몸에 밴 정도를 단계별로 설명하면 그림 2-8과 같다.

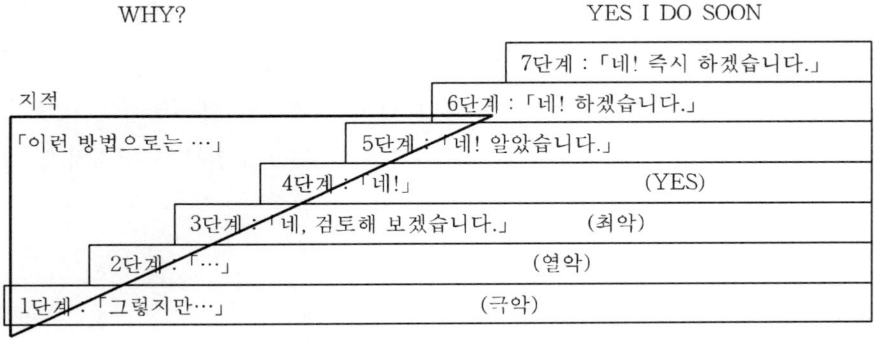

그림 2-8 JIT 개선실천 7단계

1 단계 「그렇지만…」

이런 대답은 가장 나쁘다. 이것은 대답이 아니라 변명이다. 이 변명은 기분이 좋을 때라야 기껏 3번, 조금 좋지 않을 때는 한번, 그래도 「그렇지만…」 하고 말하면 곧장 공장을 나온다. 개선 같은 것은 하지 않고 공장의 전원이 그렇지만 행진이라도 하는 것이 나을 것이다.

2 단계 「…」

무언의 대답에도 2종류가 있다. 지적하면 「…」라고 무언이면서 갑자기 개선을 시작하는 것에 의문을 갖고 얼굴을 가만히 쳐다보면서 「…」으로 저항하는 두 가지이다.

전자의 경우는 그럭저럭 합격이지만, 후자의 무언의 저항은 가장 나쁘다. 이러한 사람일수록 사소한 일로 감정을 나타낸다. JIT 지도자는 언제나 생명을 건다. 그러나 등 뒤에서의 비판은 싫다. 많은 바람구멍에서 찬바람이 불어와 춥기만 하다. 이러한 무언의 현장은 상대하지 않는다.

3 단계 「네, 검토해 보겠습니다.」

2단계의 무언의 대답과는 전혀 반대의 대답이다. 적극적이고 말 잘하는 사람이 쓴다. 가장 편리한 대답이다. 이 대답을 듣고 다음번까지 현장이 변한다는 보장은 없다. 현장의 「검토하겠습니다.」와 정치가의 「선처하겠습니다.」는 「네, 안하겠습니다.」와 같은 말로 가장 나쁘다.

다음번에 돌아볼 때 전번과 같은 상태라면 「여기는 상당히 오랫동안 검토하고 있군요.」 하고 떫은 표정을 남기고 현장을 떠난다. 여기까지는 「그렇지만…」, 「…」, 「검토하겠습니다.」가 극악, 열악, 최악의 3악이면 이런 것이 번져 있는 현장에서는 JIT 개선이 안된다. 살아남기 위한 "JIT 개선 3악 추방" 캠페인을 기업 전체가 추진하여 철저하게 그 뿌리를 뽑는 것이 선결문제이다.

4 단계 「네」

「이래서는 안돼요!」라는 지적에 대해서 「네」라는 소박한 대답, 이것은 얼핏 좋은 것 같은데, 「네」만으로는 답이 아니다. 「네, 아닙니다.」인지 「네, 그렇습니다.」인지 판별이 되지 않는다. 대답과 답이 하나로 되어 알 수 없다.

5 단계 「네, 알겠습니다.」

「네」라는 대답만으로는 안되므로 그 다음에 「알겠습니다.」라고 답을 말한다. 개선이란 머릿속에서 이해하는 것이 아니다. 개선이란 현장에서 "하는" 것이다. 다시 하기 전에 이해해야 한다. 그래서 「하지 않고 이해될 리 없다.」하고 실천한다.

6 단계 「네, 하겠습니다.」

이런 대답이 서슴없이 나와야 장사급이다. 「네」라는 'YES'에서 크게 전진해서 'YES, I DO'로 되었다는 것은 상당히 진보한 것이다. 다만, 문제는 'DO'의 시기, 실시가 반년 후라면 실격이다.

7 단계 「네, 곧 하겠습니다.」

현장순시 중 사소한 지적이라도 「네, 즉시 하겠습니다.」라는 대답이 나오고 덜컥 개선을 시작한다면 JIT 개선의 자세만은 합격이다.

'YES'에서 'YES, I DO', 그리고 'YES, I DO'에서 'YES, I DO SOON'이면 JIT를 어느 정도 이해하고 있는지 그 자리에서 판단이 된다. 개선이란 즉시하는 것이며, 즉시란 「지금」인 것이다.

교 훈	**'YES'에서 'YES, I DO SOON'으로**

4.5 개선은 정열이다

JIT 개선은 사소한 도구를 만들거나 무심코 하고 있는 동작의 낭비를 제거하는 것이 전부는 아니다. 물론 이러한 작은 개선을 쌓아가는 것이 기본이지만, 그 근간은 이제까지의 낡은 사고를 버리고 물건의 흐름을 바꾸고 사회의 요구에 맞는 제조방식으로 공장 전체를 바꾸는 일이다. 이것은 말할 것도 없이 기업 본질의 변혁이며 기업 개혁(Innovation)을 의미한다.

이렇게 기업의 이노베이션 중에서 중요한 행동의 하나로 JIT 개선이 있는 것이다. 이것은 현장의 개선 그 자체가 이노베이션임을 가리킨다.

이노베이션에서 가장 필요한 것은 끊임없는 "정열"이다. 젊은이와 같이 언제나 정열을 불태우는 것이 개선에서는 가장 중요한 것이다. 그러면, 언제나 정열을 불태운다는 것은 어떻게 하면 되는가? 이를 위해서는 현장을 떠나서는 안된다. 끊임없이 새로운 문제가 발생하는 황파와 같은 현장에 달라붙어 그 속에서 어린이와 같이 청순한 눈으로 모든 사항을 묵묵히 관찰하는 것부터 시작한다. 그리고 어린이와 같이 「왜일까?」라는 단순한 의문을 갖는 것이 중요하다. 의문을 잊은 사람이 많을수록 그 공장의 낡은 본질은 변혁하기 어렵다. 그리고 의문을 가지면 다음에는 크게 고민하고 고심한다. 이렇게 되면 인간은 지혜가 나온다. 이래서 갈등(Conflict)이 시작된다.

물건도 2개를 서로 비비면 열이 난다. 인간도 이와 같이 현재의 방법과 개선안을 놓고 머릿속에서 갈등하면 자연히 마음속에 열이 생긴다. 이것을 정열이라 한다.

이 정열에 불이 붙으면 다음은 현장을 변혁할 만큼의 힘이 있으면 되고 나머지는 "실천"만 남는다. 이렇게 해서 현장의 이노베이션은 우선 현장에 가서 어린이와 같이 의문을 갖고, 젊은이와 같이 갈등하고 정열을 쏟고, 그리고 개선해가는 주기적인 순서를 취한다. 이것을 "개선(이노베이션) 사이클"이라 한다(그림 2-9).

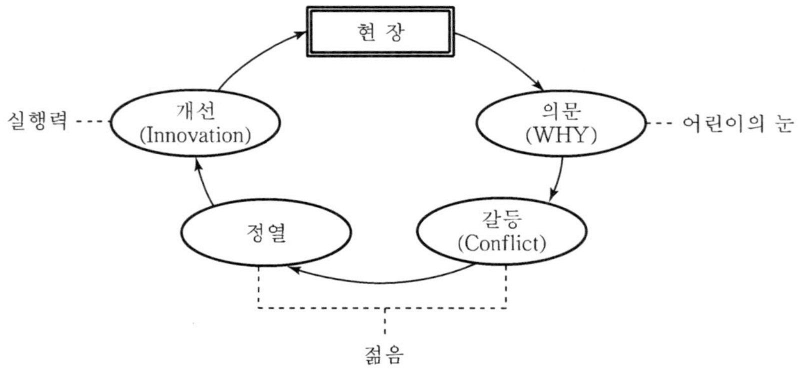

그림 2-9 개선 사이클

교 훈	개선은 정열이다

연습문제

1 도요타 생산방식의 기본사상을 설명하시오.

2 능률에 관한 사고방식을 설명하시오.

3 개선의 추진방법 및 개선 저항의 10가지 항목을 설명하시오.

Chapter 05

5S (정리, 정돈, 청소, 청결, 습관)

5S는 정리, 정돈, 청소, 청결 및 습관의 단어를 일본어로 발음하면 첫 글자가 모두 "S"자로 발음이 되어 "5S"라고 부른다.

① (1S) 정리 : 필요한 것과 불필요한 것을 명확히 나누고 불필요한 것을 버리는 것

② (2S) 정돈 : 필요한 것을 사용하기 쉽게 정확히 보관하고 누구나 알 수 있게 명시하는 것(3정 : 일정한 양, 일정한 용기, 일정한 장소)

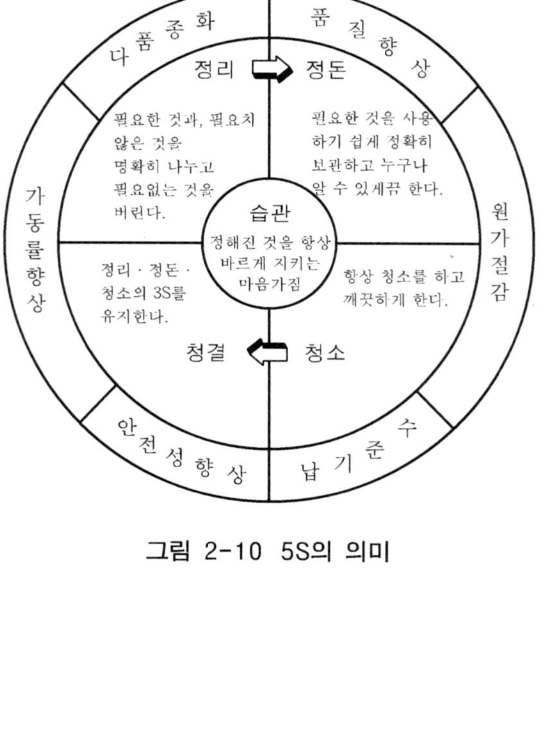

그림 2-10 5S의 의미

③ (3S) 청소 : 언제나 깨끗이 청소하는 것

④ (4S) 청결 : 정리, 정돈, 청소의 세 가지의 "3S"를 유지하는 것

⑤ (5S) 습관 : 정해진 것을 항상 바르게 지키는 마음가짐을 말한다.

"5S"는 생산, 사무현장에서 가장 기본이 되는 것으로 우리나라, 일본의 우수한 회사는 "5S"를 철저히 실행함으로써 경쟁력 있는 회사로 성장하고 있다는 사실이 자료에 의해 증명되고 있다.

Chapter 06

린생산과 민첩생산

6.1 린(Lean)생산

린(Lean)생산의 린은 인력, 설비, 시간, 공간은 더욱더 줄여가고, 고객에게는 그들이 필요한 것을 가지고 더욱더 가깝게 다가서는 것으로 정의할 수 있다. 린생산이란 모든 형태의 낭비를 줄여줄 수 있는 방법을 이용하여 작업자와 작업장이 보다 유연하고 효율적이 되도록 대량생산체계를 구축하는 것이며

① 낭비의 최소화
② 완벽한 초기품질 확보
③ 유연한 생산라인 구축
④ 지속적인 개선활동으로 요약할 수 있다.

6.2 민첩(Agile)생산

현대의 기업은 민첩성을 실현하기 위해서 위에 언급한 시장의 현실을 제대로 다루어야 한다. 민첩성은 급격히 변화하면서 계속 분할되고 있는 세계 시장에서 이익을 얻고자 하는 전략이다. 물론 민첩성 확보가 기업의 유일한 목표가 아니고, 이윤창출이나 미래생존이

목적이다. 민첩(Agile)생산의 유발동기로는 다음과 같은 것들이 있다.

(1) 경쟁의 강화

세계 속의 경쟁, 정보비용의 감소, 통신기술의 발달, 신제품 출시기간 단축의 압력, 제품수명의 감소, 비용과 이윤추구 등이 여기에 포함된다.

(2) 대형시장의 분열

대량생산제품을 위한 초대형 시장이 틈새시장의 출현, 모델변경 빈도의 증가, 시장진입장벽의 완화 등으로 분리되고 있다. 생산자들은 더 짧은 기간 안에 새로운 스타일의 제품을 개발하여야 한다.

(3) 협조적 사업관계

기업 내 협조, 외주의 증가, 노동관리의 향상, 가상기업의 형성 등이 여기에 해당한다.

(4) 고객기대의 변화

시장수요는 변화하고, 고객은 더욱더 복잡해지고 개인적으로 변하고 있다. 신속한 납품, 제품수명기간 동안의 철저한 지원, 고품질 등이 고객과 생산자가 기대하는 내용들이다.

(5) 사회적 압박요인의 증가

현대 기업은 노동력의 훈련과 교육, 법적인 압력, 환경 영향요소, 성차별, 시민권리 등의 사회적 이슈에 대해 적절히 대처할 수 있어야 한다.

6.3 린생산과 민첩생산의 비교

린생산에서 강조되는 것은 주로 기술적인 운영상의 문제이고, 민첩생산에서는 조직과 인간에 관련된 문제가 강조된다. 린생산은 주로 공장에 적용이 되는 것이며, 민첩생산은 전체 기업수준 또는 가상기업의 형성수준까지의 보다 넓은 영역에 적용된다. 민첩생산이 린생산에서 발전된 것으로 보는 시각도 어느 정도 맞다고 할 수 있다. 린생산의 사고범위를 전체 기업으로 넓힌 것이 민첩생산이라고 할 수 있다.

이들 둘 사이의 차이점이 있다면, 그것은 변동과 변동관리의 영역에서 찾을 수 있을 것이다. 린생산은 변동, 적어도 외부변화 영향은 최소화하여 생산계획의 변동성을 부드럽게 만들려는 경향이 있다. 반면에 민첩성의 철학은 변동을 포용하는 것이다. 즉, 계속되는 예상 불가능한 변동이 있는 환경에서도 발전되는 것이 강조되는 부분이다.

린생산과 민첩생산을 비교해 보면, 린생산은 낭비의 최소화, 완벽한 초기품질 확보, 유연한 생산라인 구축, 계속되는 개선이며, 민첩생산은 고객의 만족, 경쟁력 강화를 위한 상호협력, 변화를 지배한 조직, 인간과 정보의 영향력, 대량생산을 파괴하고 고객주문 위주의 관리와 예측 불가한 기업환경 변동에 적응력 있는 민첩생산의 적응 조직운영이 필요하다.

Chapter 07

GT와 Cell 생산

7.1 GT (Group Technology)

그룹테크놀로지(GT : Group Technology)는 설계와 생산에서 유사성의 이점을 활용하여 유사한 부품을 식별하고 그룹화하는 생산원리이다. 유사한 부품들은 부품군(Part Family)으로 분류되고, 각 부품군은 유사한 설계와 생산특성을 가진다. 부품군 내 각 개체의 가공공정이 유사하다면 그룹화하여 생산효율성을 증대시키는 것이 가능할 것이다. 작업흐름을 용이하게 하기 위하여 일반적으로 생산장비를 기계그룹 또는 셀로 배열하면 효율이 증대된다. 한 부품군에 대하여 특성화되어 있는 기계셀로 생산장비를 그룹화하는 것을 셀형생산(Cellular Manufacturing)이라고 부른다. 셀형생산은 혼류생산의 한 예이다.

그룹테크놀로지를 적용하는 기업에서는 다음과 같은 이점이 있다.

① GT는 공구, 고정구 및 셋업의 표준화를 활성화시킨다.

② 부품이 전공정 내를 이동하는 것이 아니라 기계셀 내를 이동하므로 자재취급이 감소한다.

③ 공정계획 및 생산일정계획이 단순화된다.

④ 셋업시간이 줄어들고, 이에 따라 제조 리드타임이 줄어든다.

⑤ 재공재고가 감소한다.

⑥ GT셀에서 작업자가 협력작업을 하면 작업자 만족도가 증가한다.

⑦ 그룹테크놀로지를 활용하면 품질이 향상된다.

7.2 Cell Manufacturing

부품군이 육안감사, 부품분류 및 코딩, 생산흐름분석 중 어떤 방법으로 결정되었어도 재래식 공정별 배치보다는 GT 기계셀을 이용하여 부품을 생산하는 것이 유리하다. 기계가 그룹화되면 이러한 현장구성을 표현하기 위하여 셀형생산이라는 용어를 사용한다. 셀형생산(Cellular Manufacturing)은 유사하지 않은 기계나 공정을 셀로 모아놓은 그룹테크놀로지의 응용결과이며, 셀은 부품, 부품군 또는 제한된 그룹의 부품군을 생산할 수 있다. 셀형생산의 대표적인 목적은 그룹테크놀로지와 유사하며, 다음과 같다.

① 제조 리드타임 감소 : 셋업, 공작물 취급, 대기시간 및 배치크기를 줄임으로써 가능하다.
② 공정 내 재공재고 감소 : 배치크기와 리드타임을 줄이고 재공품 수를 줄일 수 있다.
③ 품질향상 : 각 셀에서 생산되는 부품수를 줄여서 특성화한다면 공정이 단순해지고 부품품질이 향상된다.
④ 생산일정 단순화 : 부품군 내의 유사성은 생산일정을 단순화시킨다. 공정별 공장배치에서 기계순서에 대한 일정계획 대신에 셀을 통과하는 일정만을 결정하면 된다.
⑤ 셋업시간 감소 : 부품 각각을 가공하기 위한 것이 아니라 부품군을 가공하기 위하여 설정된 절삭공구, 지그, 고정구의 그룹을 사용함으로써 셋업시간을 줄일 수 있다. 필요한 공구를 줄일 뿐만 아니라 공구를 교체하는 데 필요한 시간도 줄일 수 있다.

기계셀 설계는 셀형생산에서 매우 중요하다. 셀설계는 셀의 성능에 매우 커다란 영향을 미치기 때문이다. 기계셀 유형, 셀배치 및 주기계 개념에 대해서는

기계셀 유형과 배치

GT 제조셀은 기계간 자재취급의 기계화 정도와 기계의 수에 따라 분류될 수 있다. 제조시스템에 대한 분류기준에서 모든 GT셀은 부품이나 제품의 다양성으로 분류된다. 일반적인 4개의 GT셀 구성으로 구분된다.

① 단일기계셀
② 수동그룹 기계셀
③ 준통합그룹 기계셀
④ 유연생산셀 또는 유연생산시스템

단일기계셀은 기계 1대와 고정구, 공구로 이루어진다. 이러한 형태의 셀은 선삭 또는 밀링과 같은 기본적인 공정으로 가공할 수 있는 속성을 가진 공작물에 적용될 수 있다.

수동그룹 기계셀은 하나 이상의 부품군을 생산하기 위하여 1대 이상의 기계로 구성된다. 셀 내에서 기계간 부품의 이동에 기계적인 장치는 없다. 대신 셀을 운영하는 작업자가 자재취급기능을 수행한다. 흔히 U자 모양으로 구성된다. 셀에서 생산되는 부품 사이에 작업흐름이 많이 다를 경우에는 이러한 셀이 적당하다. 또한 작업자가 기계 사이를 이동하여 여러 가지 기능을 쉽게 할 수 있다는 장점이 있다.

준통합그룹 기계셀은 셀의 기계간 부품의 이동을 위하여 컨베이어와 같은 기계장치를 이용한다. 유연생산시스템(FMS)은 자재취급시스템이 자동화된 작업장과 완전 통합된 것이다. FMS는 그룹테크놀로지 기계셀 중 가장 자동화된 시스템이다.

GT셀에서는 다양한 기계배치가 사용되고, U자 형태는 셀형생산에서 많이 사용하는 배치형태이며, 기계배치나 컨베이어 형태를 "U"자 형태로 구성하여 Input 자재와 Output 완제품을 한 사람이 작업 가능하며 일반적으로 Line Of Balance(LOB)가 95% 이상의 경우에 "U"자 형태 생산이 가능하다.

실무사례

(1) Modular Cell Line System 생산방식의 Before & Now 생산 Layout

Conveyor에 의한 분업생산으로 Loss를 제거하고 다품종, 소량생산체계에 대응하기 위하여 공정별(Shop) 최적의 생산설비를 구축하여 Modular Cell Line System 구축은 다음과 같이 Before에서 Now와 같이 Layout을 In-line에서 Cell-line으로 변경하였다.

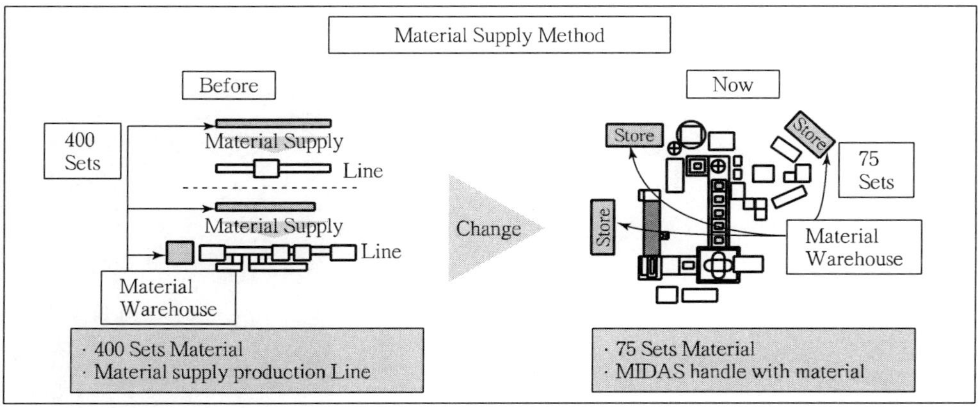

(2) Modular Cell System의 자재공급방법의 Before & Now

정량적 자재 일괄투입에 의한 공정별 자재분배에서 탈피하여 Max 75대 생산자재를 Store에 출고하여 MIDAS에 직접 전달되는 자재공급방법을 구축하였다.

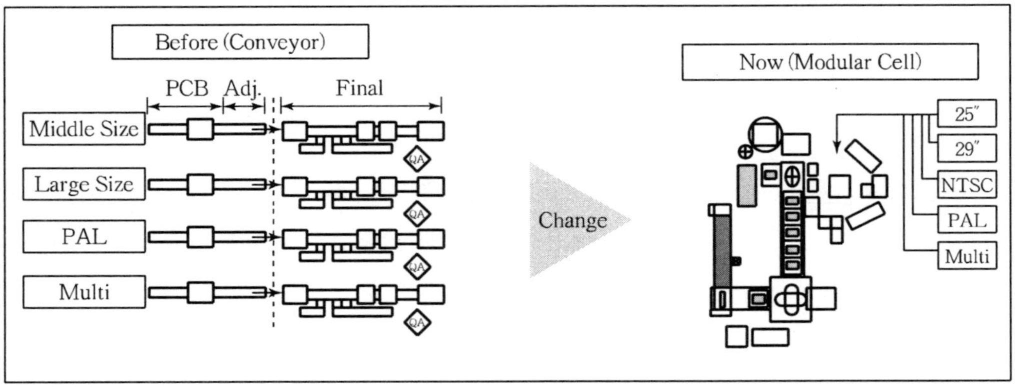

제 3 부

공장설비의 배치

Chapter

01 배치의 결정

공장 내의 가장 효율적인 배치는 각 생산활동들간의 유기적인 관계를 고려하여 생산활동이 가장 효과적으로 이루어질 수 있도록 관계가 깊은 활동들은 가까이 배치하여 작업자와 생산품의 이동을 최소화시키는 배치이다.

생산과정에서 생산품 및 자재가 이동되는 도중에는 실질적인 생산공정이 진행되는 것은 아니므로 이 과정은 줄어들수록 또는 없어질수록 더 좋은 것이다. 즉, 배치(Layout)의 최종목표는 이동거리를 "0"화시키는 것이다.

배치계획에 있어서도 고려되어야 할 요인은 여러 가지가 있다. 우선 중요한 요인으로 배치를 평가하는 데 사용되는 기준, 특정 작업장소를 배치하는 데 따른 제약사항, 구조물의 제약, 실내통로, 화물하치장 및 공익서비스의 이용가능성 등에 대한 제약, 그리고 장래의 신축성에 대한 요구 등을 들 수 있다.

이와 같은 배치계획문제의 최적 해답을 구하기 위해서는 평가기준과 제약조건의 설정을 위한 광범위한 수단이 강구되어야 한다.

일반적으로 여러 평가기준이 있지만 각 작업장간의 재료의 이동 및 취급을 최소화하는 기준에 의하여 보통의 배치결정이 이루어지며, 특히 이동에 따르는 비용이 상당한 제품의 경우에 더욱 그러하다. 사무실의 배치문제는 이동거리를 최소화하는 것이 배치결정의 지배적인 고려요인이 될 수 있는 좋은 예이다.

그러나 사무실 내에서의 사무원의 이동거리를 최소화하는 것도 중요하지만 같은 종류의 업무활동은 같은 장소에 모아서 집단화하는 것이 더욱 중요한 결정요인이 될 경우도 있다.

설비를 배치하는 기본적인 형태에는 제품별 배치(Product Layout)와 공정별 배치(Process Layout)의 두 가지가 있다. 전자는 주로 흐름 생산공정(Flow Production Process)에 사용된다.

그러나 실제상으로는 위의 두 가지 형태와는 다소 차이가 있지만 이들의 장점을 살린 절충형태가 많고, 특이한 형태로는 건설공사·토목공사·조선 등과 같이 생산제품이 움직여지지 않는 고정생산공정(Fixed Layout)이 있다.

1.1 제품별 배치

제품별 배치는 모든 생산공정이 단일제품이나 단일업무활동을 중심으로 이루어질 필요가 있을 때 사용된다. 이러한 공정의 대표적인 예는 자동차공장의 조립작업(Automobile Assembly Line)방식에서 찾아볼 수 있는데, 여기서는 모든 기계설비와 작업장이 특정의 제품생산이나 업무를 수행하는 순서에 따라서 배치된다.

즉, 이때의 배치문제는 작업장을 주어진 업무순서에 따라 가능한 장소에 적응시켜 배치하는 것이다. 대량생산체제를 택하고 있는 대부분의 공장, 징병검사장 등이 모두 이에 해당한다.

1.2 공정별 배치

이 방법은 동종의 기능을 갖는 모든 기계설비를 한 곳에 모아 이들 각 공정단위의 능률향상을 도모하도록 한 것이다. 작업장의 배치는 어떤 특정의 제품을 생산하는 업무순서에 따라 결정되는 것이 아니라 그 작업에서 행해지는 업무별로 결정된다. 즉, 한 곳에는 A 작업부, 다른 곳에는 B 작업부, 또 다른 곳에는 C 작업부 등과 같이 그 기능별로 작업장이 배치된다. 공정별 배치는 단일제품이나 단일업무가 수요가 많지 않아서 그것에 별도로 설비투자를 하는 것이 경제적으로 보아 불리한 기능별 작업장조직(Job-Shop Type Organization)에서 많이 사용된다.

이때 기계설비의 투자비용은 각각의 특이한 작업순서에 따라 그 기계를 이용하게 되는 여러 가지 상이한 제품에 의하여 공동으로 부담되어야 한다.

서로 다른 제품은 각각 상이한 작업순서를 따르므로 어느 단일기계설비가 모든 제품생산에서 반드시 이용되지는 않을 것이다. 특정의 제품이나 주문은 한꺼번에 무더기로 생산된다. 이때 그 무더기는 특정제품의 작업순서에 따라 한 부문에서 다른 부문으로 옮겨져 간다.

1.3 고정형 배치

수십만 톤의 거대한 배나 보잉 747과 같은 대형 항공기를 움직여 가면서 만들기는 힘들다. 건물이나 토목공사처럼 전혀 움직일 수 없는 생산품도 있다. 이런 경우에는 작업자나 설비가 고정된 생산품으로 옮겨가야 한다. 작업자가 직접 생산품 위로 올라가거나 안으로 들어가서 작업을 해야 하는 것이다. 물론 작업장이 대단히 큰 경우에는 부문별로 공정별 배치나 제품별 배치를 시도해 볼 수 있을 것이다.

1.4 컴퓨터에 의한 배치결정기법

배치결정문제의 복잡성과 규모가 모두 클 경우에는 이미 개발된 컴퓨터 패키지의 도움을 받을 수 있다. 배치형태별로 본다면 주로 공정별 배치에서 이용하고 있다. 1963년 최초의 실용적 프로그램인 CRAFT가 개발된 이후에 여러 프로그램들이 발표되기 시작하였는데 현재까지 약 80개의 프로그램들이 사용되고 있다고 한다. 많이 알려진 것으로는 ALDEP (Automated Layout Design Program), CORELAP(Computerized Relationship Layout Planning), CRAFT 등이 있다.

ALDEP는 IBM 회사의 연구진에 의해서 1967년에 개발되었는데 특징이 있다면 질적 기준을 사용하여 배치결정을 하고 있다는 점이다. ALDEP는 관계도표를 사용하여 분석대상이 되는 두 공정 사이에 얼마나 중요한 관계가 있는가를 먼저 조사하고, 건물이나 공간의 요구범위를 제약조건으로 고려하여 바람직스런 배열이 얻어질 때까지 컴퓨터가 탐색을 하게 하는 기법이다.

CRAFT(Computerized Relative Allocation of Facilities Technique)는 이 중에서도 가장 많이 소개되어 있는 컴퓨터 프로그램이라고 할 수 있다. 이것은 여러 가지 배치방법에 대한 비용을 점진적으로 계산하여 보아서 그 중에서 총운반비를 최소화하는 단 하나의 배치방법을 선정하는 데 사용하는 기법이다.

앞에서 소개한 ALDEP와 비교한다면 CRAFT는 계량적인 기준을 사용하는 특징이 있다.

Chapter 02

배치의 원칙 및 계획

2.1 배치(Layout)의 원칙

(1) 총합의 원칙

최적의 배치란 기계설비, 작업자, 재료, 보조활동 및 기타 조건을 잘 조정하여 총합하는 것이다.

(2) 단거리의 원칙

다른 조건이 동일하다면 자재나 사람의 이동거리가 가장 짧은 배치가 좋다.

(3) 유동의 원칙

다른 조건이 동일하다면 배치를 기본적인 유동형식으로 구성하는 것이 제일 좋다. 기본적인 유동형식은 I형, L형, U형, O형, E형, S형, X형 등이 있다.

(4) 입체의 원칙

평면적인 효율뿐만 아니라 3차원인 공간의 유효 이용을 고려한다.

(5) 안전 및 만족감의 원칙

다른 조건이 동일하다면 작업자의 안정성 및 만족감이 높은 배치가 좋다.

(6) 융통성의 원칙

다른 조건이 동일하다면 최초의 코스트와 최소의 결점으로 재배열, 확장 및 조정을 할 수 있는 배치가 좋다. 배치는 어떤 의미로는 항상 가능성을 추구하는 것이다. 예를 들면, 장래의 예측데이터나 불확정성 때문에 「확장 가능성」을 깊숙이 연구해 두지 않으면 안된다. 이때에

① 확장 후에는 기본유동선이 변하지 않을 것
② 확장 때는 조업 중단을 가급적 피할 것

등의 두 가지 조건을 만족시키는 데는 기본유동선의 직각방향에 여유를 남겨 두는 원칙을 지키는 것이 효과적이다.

2.2 체계적인 배치계획법

체계적인 배치계획(SLP : Systematic Layout Planning)법은 MIT 교수인 R. Muther가 제창한 것으로 SLP법의 프로세스는 개략적으로 다음과 같다.

① 우선, 배치(Layout)계획의 대상인 생산품목과 생산수량과의 관계를 분석하여 기본적인 배치의 구상을 정한다.
② 다음에 자재의 유동분석 및 자재의 유동과 관련을 가진 활동(Activity)의 분석을 하여 각 부문간의 관련성을 파악한다.
③ 관련성(Relationship)을 파악하는 수단으로 상호관계도를 작성한다.
④ 앞단계까지는 공간은 전혀 고려하지 않았으나 이 단계에서 필요공간과 사용가능 공간을 조정하고 공간 상호관계도를 작성한다.

⑤ 공간 상호관계도를 작성함으로써 하나의 이상적인 배치안이 작성되나 현실적으로 실시상 제약조건이 많다. 그래서 이 제약조건을 고려하여 몇 개의 배치안을 작성한다.

⑥ 각 배치안에서 코스트, 작업성, 안전성 등을 여러 각도에서 비교·검토하여 채용해야 할 배치안을 결정한다.

이상의 프로세스는 기본배치계획 및 세부배치계획 등 어느 경우에도 적용된다.

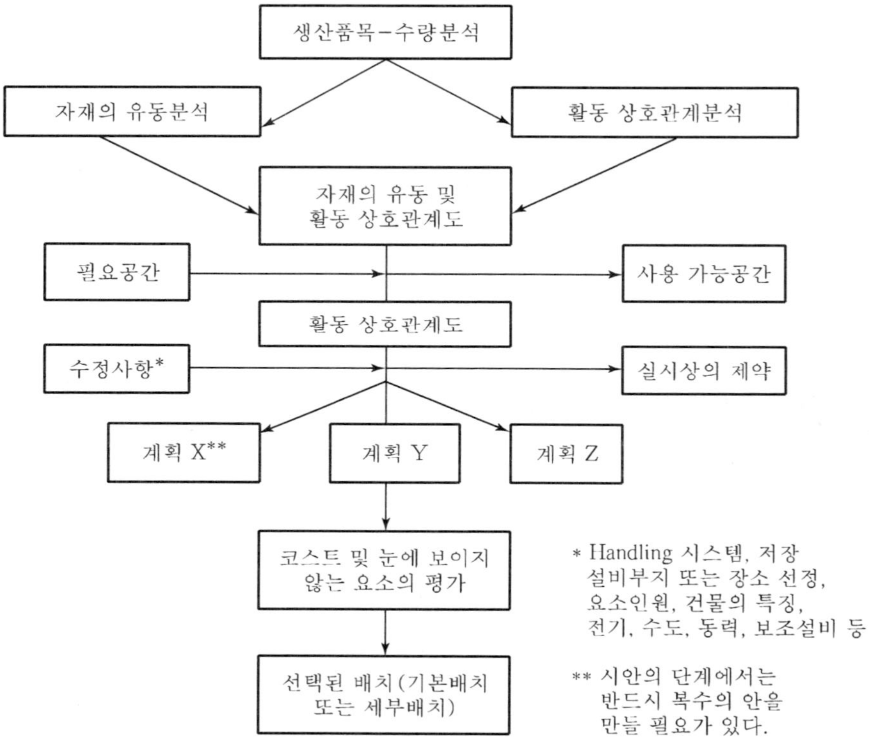

그림 3-1 SLP 프로세스

Chapter 03

설비의 보전

3.1 설비보전의 의의

설비보전이란 검사제도를 확립하여 설비의 열화현상을 조사하고, 어느 설비의 어느 부분을 수리할 것인가를 예측하며, 이에 필요한 자재와 인원을 준비하여 계획적인 보수를 행하는 것을 말한다. 원래 보전(Maintenance)이란 정비 또는 보수를 의미하는 것으로 현재의 설비를 계속적으로 활용할 수 있도록 그 성능을 유지시킨다는 뜻을 가진다.

따라서 설비보전이란 설비의 설계에서부터 설치, 운전, 수리 및 처분에 이르기까지의 제 비용을 최소화하여 설비가 가장 경제적으로 유효하게 함을 뜻한다.

초기에는 설비보전이 예방보전(Preventive Maintenance)이란 의미로 사용되었으나, 1954년 미국의 GE사에서 생산보전(Productive Maintenance)을 제창하면서부터 이에 대한 좋은 반응 때문에 보전을 생산보전이라는 적극적인 의미로 사용하게 되었고 이를 전사적으로 추진하는 전사적 생산보전(TPM : Total Productive Maintenance)이다.

생산보전(PM)이란 우리가 흔히 말하는 설비보전과 동일한 것으로서 이것은 예방보전을 포함하여 생산의 경제성을 높여 주는 보전을 총칭하는 것이다. 따라서 생산보전이란 개념은 설비의 일생을 통하여 설비 자체의 비용과 보전 등 설비의 운전과 유지에 드는 일체의 비용과 설비의 열화에 의한 손실과의 합을 저하시킴으로써 생산성을 높이자는 것이다.

3.2 설비보전의 내용

생산보전에는 그림 3-2에서와 같이 보전예방(MP : Maintenance Prevention), 예방보전(PM : Preventive Maintenance), 개량보전(CM : Corrective Maintenance), 사후보전(BM : Breakdown Maintenance)이 있다.

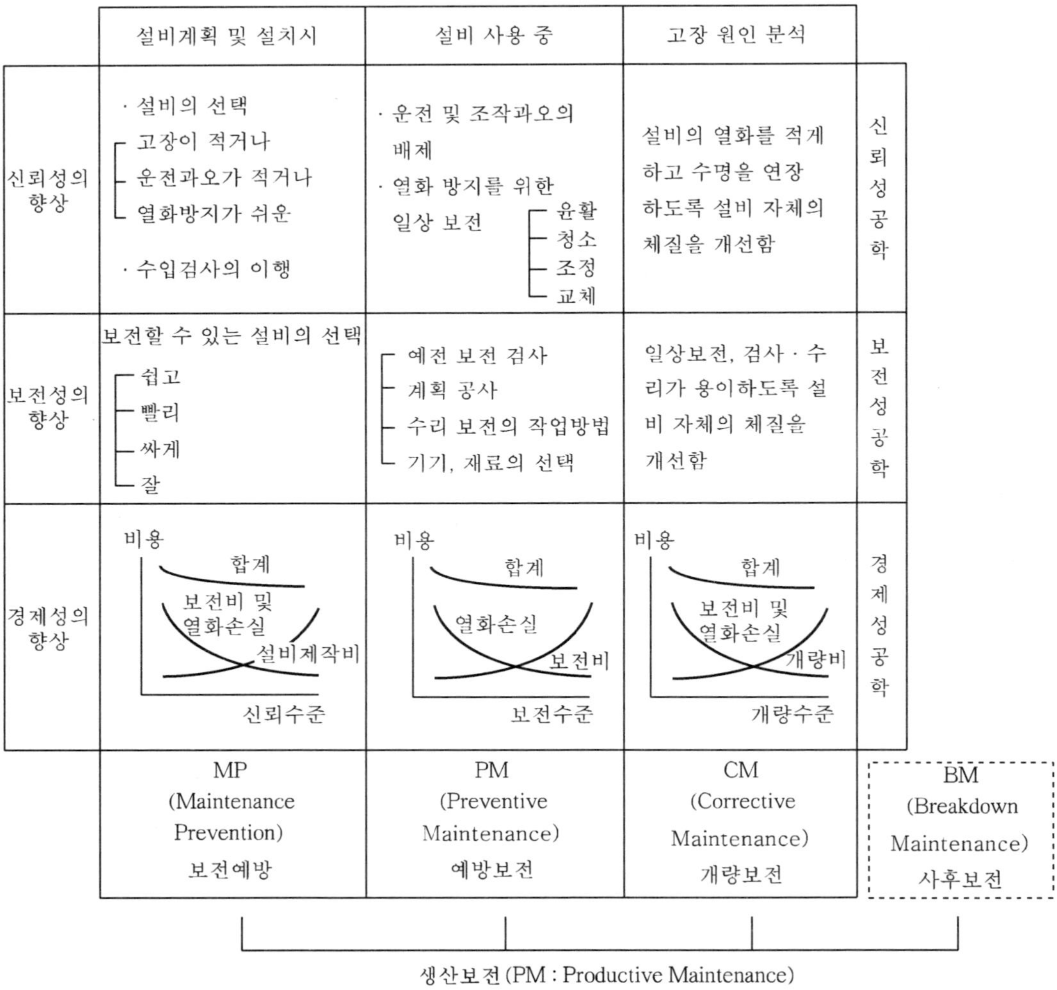

그림 3-2 생산보전(PM)

그 중 보전예방(MP)은 설비의 설계 및 설치시에 고장이 적은 설비를 선택해서 설비의 신뢰성과 보전성을 향상시키는 기법이며, 예방보전(PM)은 설비를 사용하는 중에 예방보전을 실시하는 쪽이 사후보전을 하는 것보다 비용이 적게 드는 설비에 대해서 정기적인 점검 및 검사와 조기수리를 행함으로써 생산활동 중에 기계 고장을 방지하는 기법이며, 개량보전(CM)은 고장원인을 분석하여 보전비용이 적게 들도록 설비의 기능 일부를 개량해서 설비 그 자체의 체질을 개선하는 기법이며, 사후보전(BM)은 고장이 난 후에 보전하는 쪽이 비용이 적게 드는 설비에 적용하는 방식으로 설비의 열화 정도가 수리한계를 지난 경우에 사용되는 기법이다.

3.3 설비열화형의 종류

(1) 물리적 열화 (Physical Depreciation)

물리적 열화는 기계설비가 시간의 경과와 함께 물리적으로 서서히 노후화하여 열화되는 유형으로서 훌륭한 보전방침으로 이를 방지할 수도 있고 그 속도를 완만하게 할 수도 있으나, 일반적으로 이와 같은 열화를 방지하기 위해서는 수선을 계속적으로 하여야 하며 이에는 보다 많은 비용이 요구된다(그림 3-3 참조).

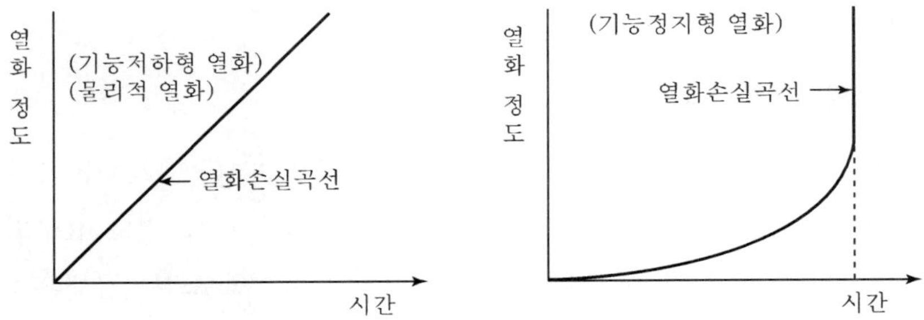

그림 3-3 물리적 열화와 기능적 열화

(2) **기능적 열화** (Functional Depreciation)

기능적 열화는 기능적으로 시간의 경과에 함께 점차로 저하되는 유형으로서 전형적으로 수율(收率), 정확도와 같은 성능이나 효율이 서서히 떨어지게 되어 조업의 정지 없이 이러한 상태가 계속적으로 지속되는 기능저하형이 있으며, 반면 기능적 저하가 별로 없이 조업이 정지되는 기능정지형으로 분류된다(그림 3-3 참조).

(3) **기술적 열화** (Technological Depreciation)

기술적 열화는 보다 새롭고 발전된 기계 설비가 출현됨에 따라서 현재 보유하고 있는 기계 설비가 구식화되어 있는 상대적 열화와 설비가 노후화하여 갱신이 요구되는 절대적 열화로 분류되기도 한다(그림 3-4 참조).

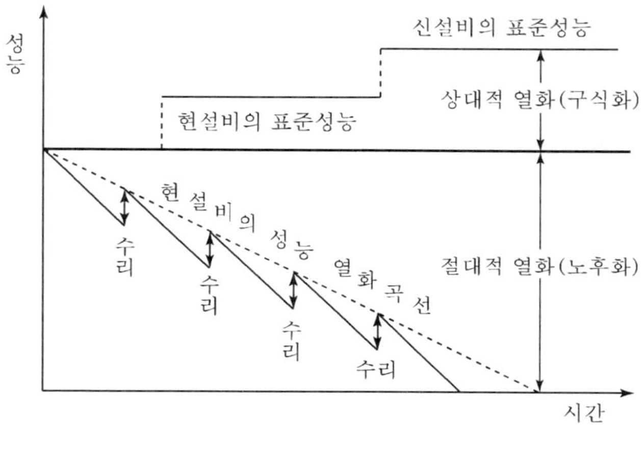

그림 3-4 기술적 열화

(4) **화폐적 열화** (Monetary Depreciation)

화폐적 열화는 새 설비를 구매할 때 구비설비의 매각으로부터 보상되는 금액으로는 항상 충분치 못하다. 따라서 새 설비를 위해서는 신규 투자가 어느 정도 요구되는 것이다. 그러나 시간의 경과와 함께 현재 보유하고 있는 설비로부터 회수되는 금액은 매년 점차로 감소되는데, 이런 유형의 열화가 화폐적 열화이다.

3.4 설비열화의 경제적 평가

열화를 경제적 관점에서 가장 전형적으로 파악할 수 있는 것이 감가상각이다. 그런데 감가상각이란 설비의 조달비용을 내용연수 동안 비용화한 것이므로 이는 그 설비의 이용으로부터 얻어지는 이득과는 거의 무관하다. 그러나 매년 축척된 감가상각비는 내용연수가 경과하면 새로운 설비투자가 가능하게 되는 것이다.

그러므로 가장 이상적 감가상각법이라면 기계설비의 열화된 정도에 따라 보다 정확하게 평가하여 감가상각비를 책정할 수 있는 것이어야 한다. 뿐만 아니라 사용상의 편의상, 조세상의 적법성과 같은 것도 생략할 수는 없는 중요한 요소라 하겠다.

(1) 정액법(定額法)

정액법(Straight Line Method)이란 설비의 감가총액을 그 내용연수로 등분한 것을 매기말 상각액으로 하는 방법이다. 일명 직선법(直線法)이라고도 한다.

$$D_t = \frac{C-S}{n}$$

여기서, D_t = 매기말 상각액, C = 취득원가, S = 잔존가치, n = 내용연수(耐用), r = 상각률, B_t = 매기말 장부가격, B_{t-1} = 매기초 장부가격, A_t = 매기말 상각누계액

예 제 문 제

구입원가 100만 원, 잔존가치 10만 원, 내용연수 10년인 설비를 정액법에 의하여 연간 감가상각비를 구하시오.

풀이

$$C_t = \frac{100-10}{10} = 9(\text{만 원})$$

제3년말 감가누계액은 $t=3$이므로

$$A_3 = \frac{C-S}{n} \times t = 90{,}000 \times 3 = 270{,}000(\text{원})$$

제5년말 장부가격은 $t=5$이므로

$$B_5 = C - \frac{C-S}{n}(t-1) = 1,000,000 - 90,000 \times 4$$

$$= 1,000,000 - 360,000 = 640,000(\text{원})$$

감가상각표를 작성하면 표 3-1과 같다.

표 3-1 감가상각 계산표

연도	초기 장부가격	연말 상각액	연말 상각누계액
1	1,000,000	90,000	90,000
2	910,000	90,000	180,000
3	820,000	90,000	270,000
4	730,000	90,000	360,000
5	640,000	90,000	450,000
6	550,000	90,000	540,000
7	460,000	90,000	630,000
8	370,000	90,000	720,000
9	280,000	90,000	810,000
10	190,000	90,000	900,000
11	100,000	90,000	990,000

(2) 정률법(定率法)

정률법(Fixed Percentage of Declining Book Value)은 체감법(Declining Balance Method)이라고도 하며, 이 방법은 매기초 장부가격에 일정한 상각률을 곱하여 매기말의 감가상각액을 계산하는 방법이다. 취득원가, 잔존가격 및 내용연수에 따라 상각률은 일률적으로 정해진다.

상각률 r은 다음 공식에 의하여 구해진다.

$$r = 1 - n\sqrt{\frac{S}{C}} \quad (\text{단, } S > 0)$$

여기서, r = 상각률, S = 잔존가치

n = 내용연수, C = 취득원가

따라서 t 년도의 감가액은 다음과 같은 식으로 표현할 수 있다.

$$D_t = r \cdot B_{t-1} \text{ [감가액=상각률×매기초(전기말) 장부가격]}$$

그리고 매기말 장부가격은 다음과 같이 구한다.

$$B_t = B_{t-1} - D_t$$

그러므로 t 년말의 장부가격은 다음과 같다.

$$B_t = B_{t-1} - r \cdot B_{t-1} = (1-r) \cdot B_{t-1}$$

[매기말 장부가격=매기초 장부가격−(상각률×매기초 장부가격)]

따라서 매기말 감가액은 $D_t = r(1-r)^{t-1} \cdot C$이며, 그리고 매기말 장부가격은 $B_t = C(1-r)^t$ 이다.

예제문제

앞의 정액법의 예를 가지고 정률법으로 연간 감가상각비를 구하시오.

풀이

$$r = 1 - n\sqrt{\frac{S}{C}} = 1 - 10\sqrt{\frac{100,000}{1,000,000}} = 1 - 0.7943282 = 0.2056718$$

이다. 따라서 각 연도 감가상각액은 표 3-2와 같이 계산된다.
($D_1 = 1,000,000 \times 0.2056718 = 205,671.8$이므로, 이를 $1-r = 0.7943282$로 점차 곱하면 각 기말상각액이 된다)

표 3-2 감가상각 계산표

연도	초기 장부가격	연말 상각액	연말 상각누계액
1	1,000,000	205,672	205,672
2	794,328	163,371	369,043
3	630,957	129,770	498,813
4	501,187	103,080	601,893
5	398,107	81,879	683,772
6	316,228	65,039	784,811
7	251,189	51,662	800,473
8	199,527	41,037	841,510
9	158,490	32,597	874,107
10	125,893	25,893	900,000
11	100,000	20,568	920,568

3.5 TPM 운동

3.5.1 TPM의 정의

TPM은 설비의 일생을 통하여 설비 자체의 비용과 보전 등 설비의 운전과 유지에 드는 일체의 비용과 설비의 열화에 의한 손실을 줄여 생산성을 높이는 전사적(총체적) 보전활동이다.

TPM의 정의로는

① 종합적인 효율화를 목표로 설비효율을 최고로 하기 위해
② 설비의 한 생애를 대상으로 하는 Total PM 시스템을 확립하고
③ 설비의 계획부문, 사용부문, 보전부문 등 모든 부문에 걸쳐서
④ 최고경영자로부터 현장작업자에 이르기까지 전원이 참여하여
⑤ 소집단 활동에 의한 PM을 추진하는 것이다.

TPM의 목적은 그림 3-5와 같이 사람의 체질개선과 설비의 체질개선으로 기업의 체질개선하여 높은 효율과 쾌적한 직장 구현으로 국내·외의 경쟁력을 높이는 데 목적이 있다.

TPM과 TQC 비교는 그림 3-5, 3-6을 참조바라며 자동화 기계, 설비관리의 효율화가 생산성과 직결되기 때문에 간략히 기록하게 되었다.

TPM 추진단계는

① 기계의 “5S”
② 주유(급유)
③ 설비, 기계의 운전상태를 눈으로 확인 가능
④ 운전자가 자기설비, 기계책임보전이 있으며, 실무경험은 생산현장에서 체험으로 배워야 한다고 생각된다.

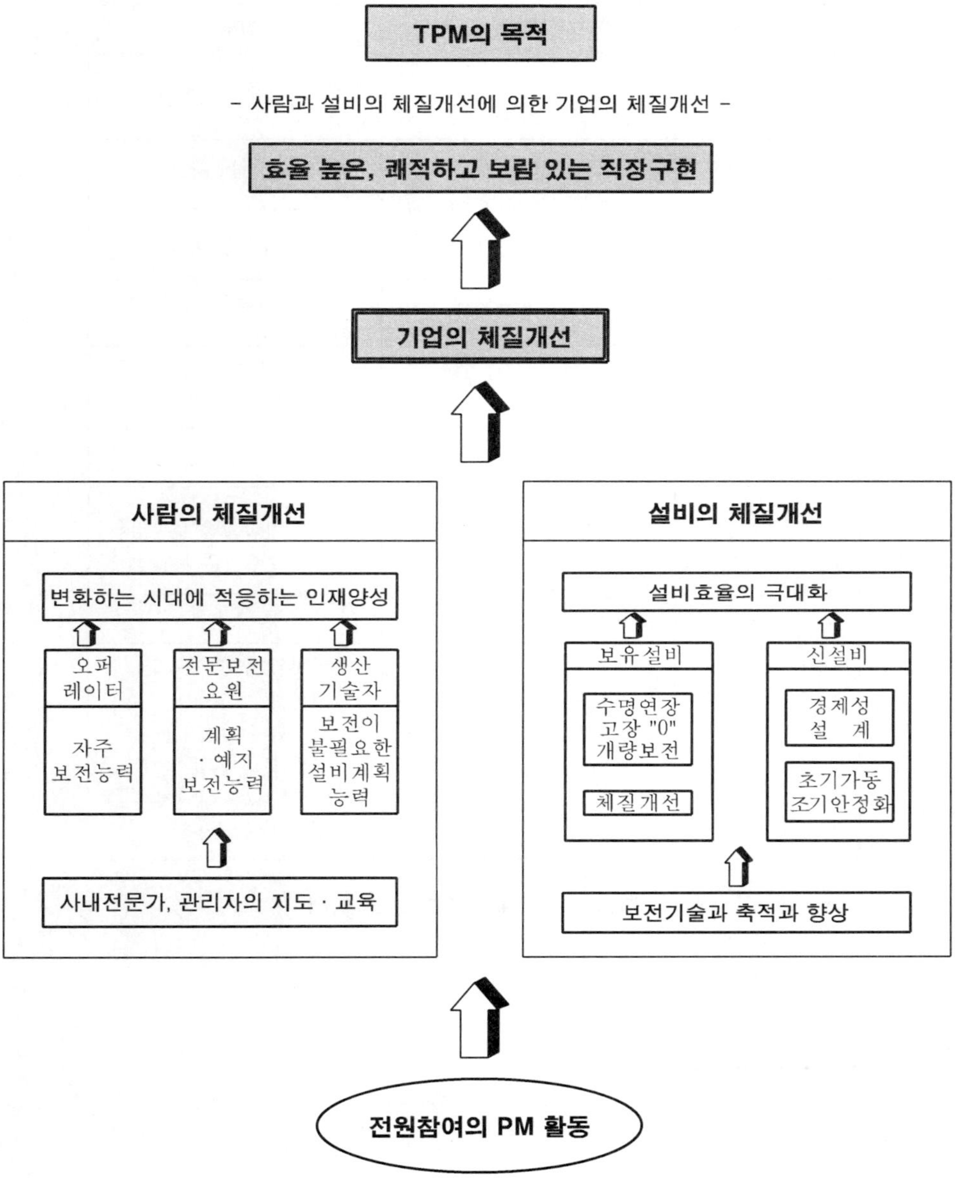
TPM의 목적
- 사람과 설비의 체질개선에 의한 기업의 체질개선 -
효율 높은, 쾌적하고 보람 있는 직장구현
기업의 체질개선
사람의 체질개선
변화하는 시대에 적응하는 인재양성
오퍼레이터
자주 보전능력
전문보전요원
계획 · 예지 보전능력
생산기술자
보전이 불필요한 설비계획 능력
사내전문가, 관리자의 지도 · 교육
설비의 체질개선
설비효율의 극대화
보유설비
수명연장
고장 "0"
개량보전
체질개선
신설비
경제성 설계
초기가동 조기안정화
보전기술과 축적과 향상
전원참여의 PM 활동

그림 3-5 TPM의 목적

구 분	TQC	TPM
목 적	기업의 체질개선 (업적향상, 밝은 직장 만들기)	
발전과정	1970년대 이전	1970년대 이후
관리대상	품질(결과)	설비(원인)
관리방법	이론적(분석중심)	실천적(개선중심)
관리기술	경영, 관리, 기술(QC기법)	설비고유기술 (설비기술, 보전기술)
소집단활동	자주적 서클활동	중복 소집단활동
목적달성수단	시스템의 표준화, 기준화 → 제품, 서비스의 품질 향상(Soft 지향적)	설비의 바람직한 모습실현 → 설비종합효율 극대화 (Hard 지향적, 3현주의)
목 표	· 품질의식을 갖춘 사람, 체계 만들기 · Critical 인정 (일부 불량률)	· 설비의 유지, 관리를 세밀하고 철저한 실행력과 기술력을 갖춘 사람 만들기 · "0" 지향 → 이념적으로 소비자에 엄격함

그림 3-6 TPM과 TQC의 특색

3.6 신뢰성 이론

3.6.1 신뢰성의 정의

신뢰성(Reliability) 또는 신뢰도란 시스템, 기기 및 부품 등의 기능이 시간적 안정성을 나타내는 척도, 다시 말하면 시스템, 기기 및 부품 등이 규정된 조건하에서 의도하는 기간 중 규정의 기능을 수행하는 확률이라고 정의할 수 있다.

신뢰성의 척도는 신뢰도함수(Reliability Function)이다. 이것은 신뢰도를 사용기간 t의 함수로 나타낸 것으로서 그 값은 시점 t에 있어서의 생존확률이 된다. 따라서 신뢰도함수

$R(t)$는 $R(t)=1-F(t)$가 된다. 이것은 $(0, t)$ 사이에 고장이 발생하지 않는 확률이다.

그리고, 시점 t까지 고장난 것이 누적확률 $F(t)$는 $F(t)=1-R(t)$이 된다. $F(t)$를 시간 t로 미분한 것을 고장확률 밀도함수 $f(t)$라 부른다. 단위시간당 어떤 비율로 고장이 발생하고 있는가를 알려면 다음과 같이 $F(t)$를 미분하여 조사하면 된다.

$$f(t)=\frac{dF(t)}{dt}$$

여기서, $f(t)$는 고장밀도함수(Failure Probability Density Function)가 되기 때문에 누적고장확률 $F(t)$와 신뢰도함수 $R(t)$로 고장밀도함수 $f(t)$를 나타내면 다음과 같은 관계를 가진다.

$$F(t)=\int_0^t f(t)dt, \qquad R(t)=\int_0^\infty f(t)dt=1-F(t)$$

3.6.2 고장과 고장률

고장이란 대상이 되는 시스템, 기기, 부품 등의 기능 상실을 말하고, 그 한계는 설정된 고장의 판정기준에 따른다. 고장 중에는 돌연히 발생하여 그 기능이 완전히 없어지는 것을 파국고장(Catastrophic Failure), 특성이 점점 열화하여 일어나는 고장을 열화고장(Degradation Failure)이라 한다.

그리고 고장률이란 어떤 시점까지 동작해 온 시스템이나 기기 등이 계속 단위시간 내에 고장을 일으키는 비율을 고장률(Failure Rate)이라 하고 다음 식으로 표시한다.

$$\lambda(t)=-\frac{dR(t)}{dt}\cdot\frac{1}{R(t)}$$

위 식을 $R(t)$에 관하여 해석하면,

$$R(t)=\exp\left[-\int_0^t \lambda(t)dt\right] \qquad (3\text{-}1)$$

라는 관계를 얻을 수 있다. 인간의 사망률과 고장률을 대응시키면, 고장률 $\lambda(t)$는 그림 3-7과 같은 시간적 추이를 나타낸다.

이 곡선은 욕조모양을 하고 있다고 하여 욕조곡선(Bath Tub Curve)이라 부른다.

이 곡선에서 좌측의 고장률이 감소하는 부분(DFR : Decreasing Failure Rate)을 초기고장기간이라 하고 중간의 고장률이 비교적 낮고 일정한 부분(CFR : Constant Failure Rate)을 우발고장기간이라고 한다. 그리고 우측의 고장률이 증가되고 있는 부분(IFR : Increasing Failue Rate)을 마멸고장기간이라 부른다.

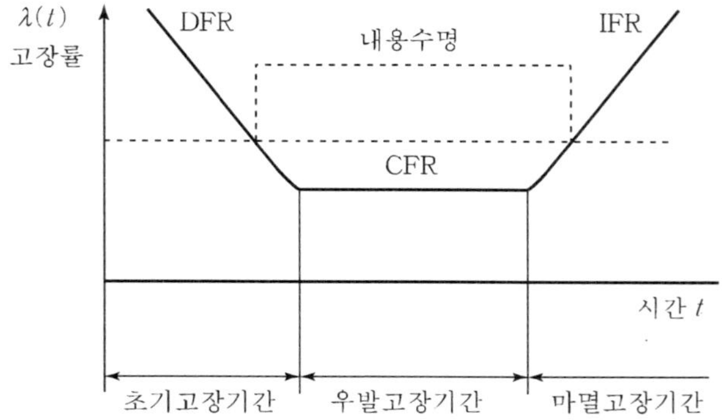

그림 3-7 고장률의 시간적 추이

예 제 문 제

어떤 항공제작회사에서 만든 헬리콥터가 있다. 그 엔진의 고장률은 시간에 관계없이 거의 일정하며 지금까지의 실적으로는 $\lambda(t) = 0.000002\%/H$라 한다. 이 헬리콥터의 1운항당 비행시간이 4시간이라고 할 때, 이 헬리콥터의 1운항당 신뢰도를 구하시오.

풀이 신뢰도함수는 식 (3-1)로 주어져 있다. 여기서, 비행시간 $t = 4H$라 하고 $\lambda(t) = 0.000002\%/H$의 %를 취하여 식에 대입하면

$$R(4\text{시간}) = e^{-\int_0^4 \lambda(t)dx} = e^{-\int_0^4 0.000002dx}$$

$$= e^{-4 \times 0.000002} \fallingdotseq 1 - 0.00000008 = 0.99999992$$

로 된다. 즉, 세븐나인(Seven Nines : 9가 7개) 이상의 신뢰도가 보증된다.

3.6.3 고장률과 평균수명의 추정

고장률이 시간적으로 일정한 우발고장기간에서는 고장률 $\lambda(t)$는 시간에 따라 변하지 않는 상수로 볼 수 있기 때문에 $\lambda(t)$ 대신에 상수인 λ을 식 (3-1)에 대입하여 풀면 신뢰도

함수 $R(t)$은 다음과 같은 지수분포가 된다.

$$R(t) = e^{-\lambda t} \qquad (3\text{-}2)$$

부품의 교체와 수리를 행하는 경우 기기의 고장률은 일정하다고 볼 수 있다. 그리고 교체와 수리를 행하지 않는 경우에도 기기의 작동이 안전상태에 들어가면 고장률은 일정하게 된다고 생각할 수 있다.

따라서 신뢰도함수는 식 (3-2)와 같이 지수분포가 된다. 그리고 이 식이 일반적으로 신뢰성을 나타내는 척도로서 많이 사용되고 있다. 이러한 지수분포를 특정지어 주는 것은 λ, 즉 평균고장률이 되면 이 λ의 역수 $1/\lambda$은 시간의 단위를 가지게 되므로 고장발생시까지의 평균작동시간, 즉 평균수명을 나타내게 된다. 따라서 이것을 MTTF(Mean Time To Failure)라 부르며, 고장시 수리를 하여 사용하는 기기의 경우에는 이것을 MTBF(Mean Time Between Failure) 즉 평균고장간격이라 부른다.

고장률이 일정한 λ의 경우, 즉 수명분포가 지수분포라면 고장률 λ와 평균수명(MTBF) 사이에는 다음과 같은 관계가 있다.

$$(\text{평균수명})\ \text{MTBF} = \frac{1}{\lambda} \qquad (3\text{-}3)$$

지금 수명이 지수분포에 따른다고 생각되는 n대의 기기의 수명치를 측정해서 다음 값을 얻었다고 하자.

$$t_1,\ t_2,\ t_3,\ t_4,\ \cdots,\ t_n$$

이에 의해 당연히 MTBF는

$$\text{MTBF} = \frac{1}{n}\sum_{i=0}^{n} t_i \ (\text{이것을 } \bar{t}\text{라 쓴다})$$

라고 추정된다. 따라서 고장률의 추정식은 식 (3-3)에서

$$\lambda = \frac{1}{\text{MTBF}} = \frac{1}{\bar{t}}$$

로 된다. 이 견해는 더욱 확장되어 일반적으로

$$\text{MTBF} = \frac{(\text{시스템 또는 기기의 총가동시간} : T)}{(\text{고장수} : r)} = \frac{T}{r}$$

$$\text{MTBF (평균고정간격)} = \frac{\text{가동시간}}{\text{고장수}}$$

가동시간=전체시간−가동되지 않은 시간

로 해도 좋다.

예 제 문 제

A형 진공관의 고장률은 일정하다고 한다. 이것을 모회사에서는 랜덤으로 시장에서 12개 구입해서 신뢰성 시험을 하였더니 다음 표와 같다고 한다. 고장률 또는 MTBF를 추정하시오.

풀이 데이터에서 $\bar{t}$ 를 구하면 $\bar{t}$=1/12×(270+65+722+ ⋯ +297)=303.3을 얻는다. 따라서 MTBF=303.3(시간)

λ=1/303.3(단위시간당)=0.003297(시간당) (또는 0.3297%)로 된다.

(단위 : 시간)

270	65	722	210	397	115
433	72	356	531	172	297

예 제 문 제

다음 데이터는 고장률이 일정하다고 생각하는 전화회선용 부품의 데이터이다. 이 부품의 고장률 또는 MTBF를 추정하시오.

고장나지 않은 부품	부품번호	1	2	4	6	7	8	11	14	15	19	21	23	24	25	26
	관측까지의 경과시간	23	72	63	110	17	23	19	25	80	69	29	41	5	13	76
고장난 부품	부품번호	3	5	9	10	12	13	16	17	18	20	22				
	고장까지의 시간	37	123	63	92	73	17	23	67	33	77	85				

풀이 위 표에서 총시험기간 T를 구해 보면,

T= (23+72+63+⋯⋯+13+76)+(37+123+⋯+77+85) = 1,355

(앞 괄호: 고장나지 않은 부분, 뒤 괄호: 고장난 부분)

로 되어 고장수 $r=11$로 된다. 따라서

MTBF=1,355/11=123.18

$\lambda=11/1,355=0.008118$(단위시간당)로 된다.

3.6.4 신뢰도 측정 및 개선

많은 제품에 있어서 개개 부품 및 시스템의 신뢰도가 기계적으로 측정·분석된다는 사실을 앞에서 지적한 바 있다. 공장이나 연구소에서의 시험결과는 제품의 수학적 신뢰도를 설정하는 데에 사용되며, 공학자나 시스템 설계자들은 이 수치를 이용하여 전체 시스템의 신뢰도를 개선시키려고 노력한다. 신뢰도를 개선하기 위해서는 다음과 같은 방법들을 생각할 수 있다.

신뢰도의 개선방법

1. 부품의 설계를 개선한다.
2. 시스템의 설계를 단순화시킨다.
3. 생산기술을 발전시킨다.
4. 품질관리를 개선한다.
5. 부품 및 시스템을 시험한다.
6. 병렬시스템을 설치한다.
7. 주기적인 예방보전을 실시한다.
8. 부품 또는 시스템의 수를 줄인다.

위에 열거한 내용들은 언뜻 보아도 효과가 자명한 방법들임에 틀림없다.

이러한 방법들은 생산비용을 증가시킬 것이나, 이들은 고장 및 가동불능시간에 의한 비용을 고려할 때에 오히려 전체적으로는 이득을 줄 수도 있는 예방보전비용들이다. 또한 설계의 단순화나 부품설계 및 생산기술의 개선은 생산비용을 감소시킬 가능성도 있다.

병렬시스템의 설치는 위험한 설비 및 자본집약적 설비에 흔히 사용되는 방법이다. 변화가 급격한 시스템(Rapid Transit System), 우주선, 핵반응장치 등과 같이 한 번 고장나면 그 결과가 치명적인 설비에는 비용의 중복을 감수하면서라도 전체시스템의 신뢰도를 개선하기 위하여 병렬시스템이 사용된다. 병렬시스템의 신뢰도 개선효과를 알아보기 위하여 간단한 전자네트워크 회로의 예를 생각해 보자. 직렬회로에서의 신뢰도 R_s는 단순히 개개 부품의 신뢰도를 모두 곱한 것이다.

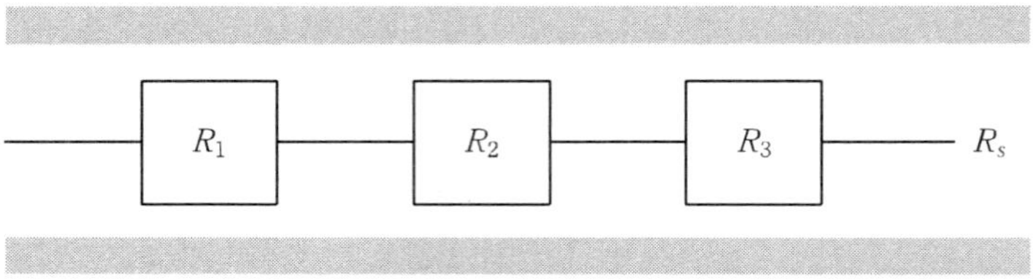

그림 3-8 직렬회로

$$(\text{직렬회로})\ R_s = R_1 \times R_2 \times R_3 \tag{3-4}$$

병렬회로에 있어서의 시스템의 신뢰도 R_p는 다음과 같다.

$$(\text{병렬회로})\ R_p = 1-(1-R_{s1})(1-R_{s2}) \tag{3-5}$$

병렬회로는 시스템이 계획대로 제 기능을 발휘할 확률을 높여 준다. 수백 개의 부품들이 직렬로 연결되어 있는 경우에는 시스템의 신뢰도 저하를 방지하기 위하여 비용이 많이 드는 단점을 감수하면서도 병렬시스템을 사용하여야 할 경우가 많다.

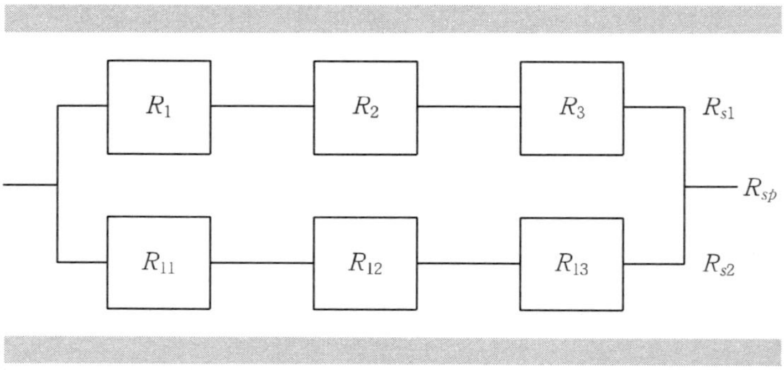

그림 3-9 병렬회로

제 4 부

생산경제학

이 장에서는 경제성공학과 밀접하게 관련된 주제인 생산경제학에 대해 알아보기로 한다. 생산경제학은 경제성 공학의 주제와 문제, 그리고 특별히 생산기능과 관계되는 투자분석에 관한 것이다. 그러한 주제로는 생산을 위한 투자제안서 평가방법, 생산비분석법, 손익분기분석법 등이 있다.

생산경제학은 보통의 교과서에서 다루지 않는 주제를 포함하기로 한 이러한 주제는 대부분의 회사 투자분석에서 간과해 버리는 경우도 종종 있다. 따라서 자동화의 많은 프로젝트가 회사의 투자목표를 충족시키지 못하는 것으로 평가되곤 하다.

이 장에서는 자동화에 의해 제공되는 모든 기회를 평가하는 데 이용할 수 있도록 하기 위하여 경제성 공학의 기본적인 내용을 소개하기로 한다. 제품의 원가구성을 이해하고, 제조원가구성표, 손익계산서, 대차대조표 및 현금 흐름을 이해할 수 있어야 경영자 또는 개인적으로 창업이 가능하리라 믿는다. 또는 설비, 자동화기계 투자의 경우에는 감가상각방법, 손익분기점 계산과 투자안의 평가방법을 습득해야만 효율적인 투자안에 대한 의사결정이 이루어질 수 있다고 믿는다. 특히 엔지니어(Engineer)가 이해하기 어려운 원가 및 경제성에 대해 본 장에서 도움이 되었으면 한다.

Chapter 01

원가의 개념

1.1 원가란 무엇인가?

기업의 경영활동은 물건을 만들어 파는 활동이 주가 되지만 이러한 주된 활동을 지원하기 위하여 「사람을 뽑아 관리하는 일, 자재를 구매하고 관리하는 일, 자금을 조달하고 운용하는 일, 기업의 전반적인 업무를 기획하고 관리하는 일」 등 여러 가지 보조활동이 함께 이루어진다. 그런데 이러한 모든 경영활동을 함에 있어서는 반드시 돈이 들게 마련이다.

원가(Cost)란 이처럼 경영활동을 하기 위하여 「들어가는 돈」을 말한다. 좁은 의미로는 원가가 물건을 만들기 위하여 들어가는 돈을 뜻하지만, 넓은 의미로는 물건을 만들어 판매하고 그 대금을 수금하기까지에 직·간접으로 들어가는 모든 돈을 뜻한다.

- 원가 : 경영활동을 하기 위하여 들어가는 돈
- 좁은 의미의 원가 : 물건을 만들기 위하여 들어가는 돈(제품원가 또는 제조원가)
- 넓은 의미의 원가 : 물건을 만들어 판매하고 수금하기까지에 직접·간접으로 들어가는 돈(총원가)

원가와 비슷한 개념으로서 우리는 "비용(Expense)"이라는 말을 자주 사용한다. 원가와 비용은 어떻게 다른가?

첫째, 원가와 비용은 같은 내용의 것을 개념상의 차이에서 구분하게 된다. 즉, 원가는 생산 또는 취득에 대응되는 개념이나, 비용은 수익에 대응되는 개념이다. 예를 들어, 어떤 물건을 만들어 판매하였을 때 물건을 만들기 위하여 들어간 돈은 생산측면에서 보면 "원가"이고 판매측면에서 보면 "비용"이다.

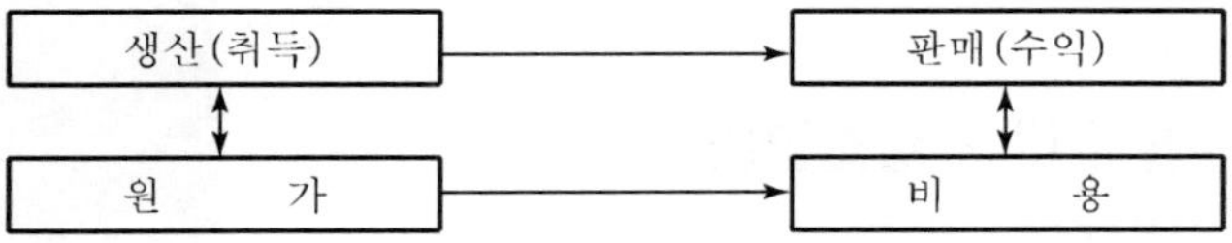

둘째, 원가와 비용은 발생시점에서 차이가 난다. 즉, 원가는 생산이나 취득하는 시점에서 발생하나 비용은 수익실현(판매)시점에서 발생한다. 예를 들어, 어떤 물건을 만들기만 하고 판매는 하지 않았다면 원가는 발생했지만 비용은 아직 발생하지 않았다.

셋째, 대부분의 원가는 결국 비용화되지만 원가 중에는 비용화되지 않는 것도 있고, 또한 비용 중에는 원가와 무관하게 발생하는 것도 있다. 예를 들어, 공장대지로 사용하기 위하여 토지를 취득하느라고 들어간 돈은 원가(취득원가)이긴 하지만 비용화되지는 않으며, 업무와 무관하게 지출하는 기부금이나 법인세 등은 비용이긴 하지만 결코 원가는 되지 않는다.

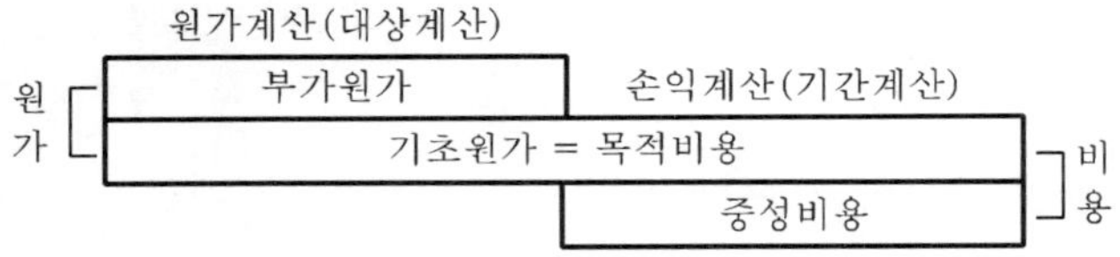

* ① 원가이면서 비용이 아닌 부분을 부가원가
② 비용이긴 하지만 원가는 되지 않는 비용을 중성비용

넷째, 원가와 비용을 구분하지 않고 관습이나 어조에 따라서 원가 또는 비용으로 부르기도 한다. 예를 들어, 「손익계산서」에 나타나는 매출원가는 일정기간의 매출액에 대응되는 비용이지만 관습적으로 이를 매출원가라고 부르며, 제품원가를 구성하는 재료비, 노무비, 제조경비는 제품을 생산하기 위하여 들어간 원가이지만 어조상 이를 비용이라고 부른다.

이처럼 원가와 비용은 개념상, 발생시점에서, 그리고 일부는 근본적으로 차이가 나지만 원가와 비용이 다 같이 경영활동을 하기 위하여 「들어가는 돈」이라는 점에서는 차이가 나지 않는다.

1.2 원가는 어떻게 분류되나?

1.2.1 재료비 · 노무비 · 제조경비

원가(제품원가)는 이를 구성하고 있는 요소에 따라 다음과 같이 분류한다.

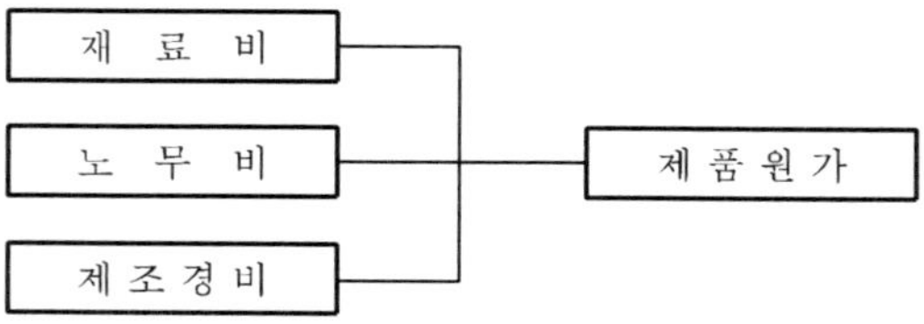

① 재료비 : 제품을 생산하기 위하여 원재료를 사용함으로써 발생되는 원가로서 주요 재료비는 물론이고 부품비, 보조재료비를 포함한다.

② 노무비 : 제품을 생산하기 위하여 인적용역을 사용함으로써 발생되는 원가로서 작업자의 임금은 물론이고 감독자 봉급, 공장의 관리 또는 보조부문의 사원봉급을 포함한다.

③ 제조경비 : 제품을 생산하기 위하여 발생되는 원가 중 재료비와 노무비를 제외한 모든 원가의 총칭개념이다.

1.3 직접비와 간접비

이는 원가를 계산하기 위한 기술상의 분류로서 특정제품 또는 특정부문에 직접 부과시킬 수 있느냐, 없느냐에 따라 다음과 같이 분류한다.

① 직접비(Direct Cost) : 이는 원가 중 특정제품 또는 특정부문에 직접 부과시킬 수 있는 원가로서 다시 직접재료비, 직접노무비, 직접경비로 나눈다.

② 간접비(Indirect Cost) : 이는 원가 중 특정제품 또는 특정부문에 직접 부과시킬 수 없거나 있더라도 금액이나 계산절차의 번잡성 등으로 해서 비실제적이기 때문에 일단

공통비용으로 집계하였다가 일정한 배분기준에 의하여 간접 부과하는 원가로서 다시 간접재료비, 간접노무비, 간접경비로 나눈다.

- 제품원가
  - 직접비
    - 직접재료비
    - 직접노무비
    - 직접경비
  - 간접비
    - 간접재료비
    - 간접노무비
    - 간접경비

1.4 고정비와 변동비

이는 원가를 그것이 조업도 또는 판매활동의 변동에 따라 어떻게 관련하여 발생하느냐에 따른 분류로서 (1) 고정비 (2) 변동비 (3) 준고정비 또는 준변동비로 나눈다.

(1) **고정비** (Fixed Costs)

이는 조업도 또는 판매활동의 변동에 관계없이 원가의 발생액이 총액에 있어서 일정기간에 일정한 원가를 말한다. 이러한 원가는 주로 기업의 존립과 밀접한 임의로서 계약이나 법령에 의하여 그 발생이 미리 정하여지고 단기적으로는 임의로 변경시킬 수 없기 때

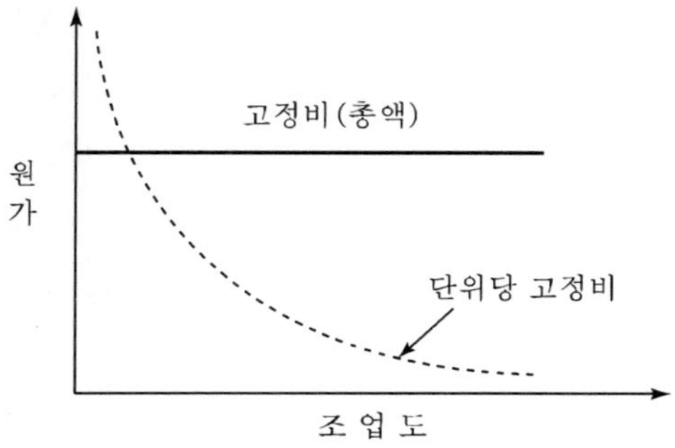

그림 4-1 조업도와 고정비의 관계

문에 생산이나 판매활동의 증감에 관계없이 일정하게 발생한다. 따라서 제품의 단위당 고정비는 오히려 생산량의 증감에 따라 변동한다. 재산세, 감가상각비, 임차료, 사무직사원의 봉급이 여기에 속한다.

(2) 변동비 (Variable Costs)

이는 원가의 발생이 총액에 있어서 조업도 또는 판매활동의 변동에 직접 비례해서 발생하는 원가를 말한다.

이러한 원가는 생산이나 판매활동에 직접 관련되는 원가로서 그 총액에 있어서는 생산량이나 판매량에 따라 변동하지만 제품의 단위당 변동비는 오히려 일정하다. 직접재료비, 직접노무비가 여기에 속한다.

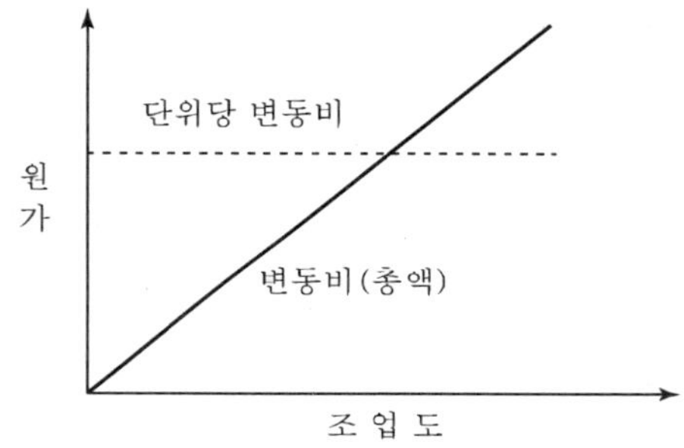

그림 4-2 조업도와 변동비와의 관계

(3) 준고정비 또는 준변동비

이는 원가의 발생이 총액에 있어서 조업도 또는 판매활동의 변동에 따라 어느 정도 변동하기는 하지만 직접 비례해서 변동하지는 않는 원가를 말한다. 이러한 원가는 성질상 고정비부분과 변동비부분이 혼합되어 발생되는 원가로서 감독자 봉급, 전력료, 판매비 등이 여기에 속한다.

원가를 의사결정을 위한 자료로서 이용하기 위해서는 모든 원가를 고정비와 변동비로 나누어야 하고, 따라서 준고정비는 이를 다시 고정비부분과 변동비부분으로 나누어야 한다.

1.5 원가의 구성

원가의 구성은 다음의 4단계로 구분된다.

① 직접원가(기초원가) = 직접재료비 + 직접노무비 + 직접경비

② 제조원가(공장원가) = 직접원가 + 제조간접비

③ 총 원 가(판매원가) = 제조원가 + 일반관리비 및 판매비

④ 판매가격(매　　가) = 총원가 + 이익

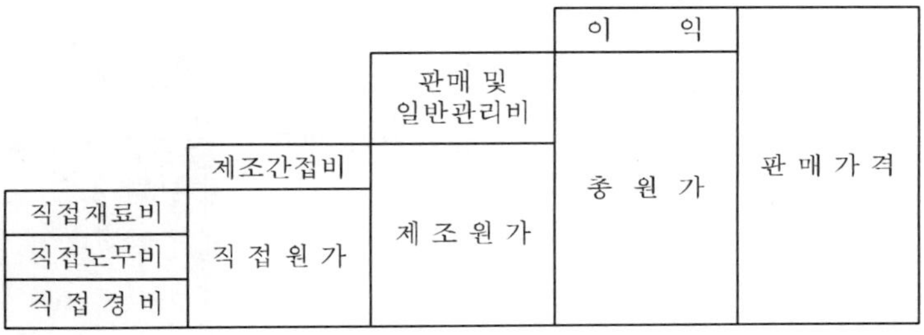

그림 4-3 원가의 구성도

Chapter 02

투자안에 대한 평가방법

우선, 경제성 분석을 위한 기본적이고도 대표적인 모형은 손익분기점 분석(Break-Even Analysis)이라 할 수 있다.

2.1 손익분기점 분석

기업경영자가 투자에 관한 결정을 내릴 때, 생산량 또는 매출액이 얼마나 되어야 투자비용이 회수될 수 있는가를 의사결정기준으로 삼는 경우가 많다. 손익분기점 분석은 바로 이익이나 손실이 없이 정확하게 투자비용이 회수되기 위해 달성해야 할 생산량(또는 매출량)을 결정하는 데 이용되는 기법이다. 이 기법은 또한 다양한 수준의 산출량에 있어 수입(Revenue), 비용 및 수익과의 관계를 설명하는 데에도 자주 사용된다. 이 기법에서 매출액과 투자비용이 일치하게 되는 산출량을 손익분기점(BEP : Break-Even Point)이라 한다.

이와 같은 비용-수익관계를 살펴보기 위해서는 그림 4-4와 같은 손익분기도를 작성하는 것이 바람직하다.

이 그림에서는 총수익(즉, 매출액)이 산출량(즉, 매출량)에 정비례하여 증가하며, 총비용은 매출량에 관계없이 일정하게 발생되는 고정비와 매출량에 정비례하여 발생하는 변동비의 두 가지 요소로 구성되어 있음을 보여주고 있다. 여기서, 손익분기점(BEP)은 고정비와 변동비를 합한 총액은 회수되지만 이익은 발생하지 않는 매출량 즉 XBEP이다. 다시 말해,

XBEP에서는 총수익(TR : Total Revenue)과 총비용(TC : Total Costs)이 일치하며 이 점 이하의 매출량에서는 손실이, 이 점 이상에서는 이익이 발생하는 것이다.

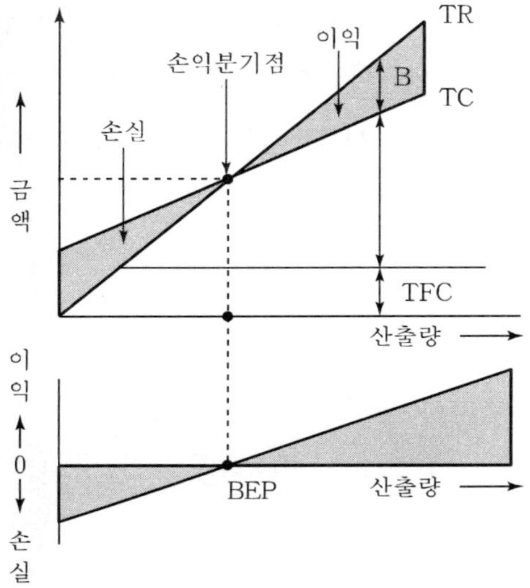

그림 4-4 손익분기도

또한 총수익은 단위당 가격에 매출량을 곱하여 산출되므로 X_{BEP} 에 있어서의 비용-수익관계에 대하여 다음 등식관계에 대하여 다음 등식이 성립한다.

$$TR = TC$$

$$SX = F + VX$$

여기서, TR : 총수익(Total Revenue)

TC : 총비용(Total Costs)

S : 단위품목당 판매가격(Selling price per unit)

F : 고정비용(Fixed cost)

V : 단위당 변동비용(Variable cost per unit)

X : 매출량

따라서 총매출액과 총비용이 일치하는 손익분기점은 다음 공식에 의해 산출될 수 있다.

$$X_{BEP} = \frac{F}{S - V}$$

2.2 자본투자안의 평가기법

자본이라는 자원은 언제나 여러 가지의 대체적 용도를 가지고 있다. 따라서 생산/운영 관리자는 조직의 목표에 가장 부합하는 용도를 선정하기 위해 상이한 투자안들에 잠재적으로 내포되어 있는 이득과 손실을 계량적으로 평가하고자 한다. 기업활동에서 직면하는 자본투자안의 평가를 위해 이용되는 의사결정기법에는 여러 가지가 있다.

2.2.1 회수기간법

회수기간법(Payback Period Method)은 총투자액을 회수하는 데 소요되는 기간을 기준으로 각 투자안을 평가하는 기법이다. 이론상으로 회수기간은 다음과 같이 정의된다.

$$회수기간 = \frac{투자액 - 잔존가액}{연평균투자수익}$$

여기서, 분모의 투자수익이란 투자효과에 따른 소득의 증대 또는 비용의 감소로 인해 기업이 얻게 되는 현금유입액(Cash Inflow)의 증대를 의미한다.

예제문제

생산기계 설치비용이 85,000원 들었고, 기대수익은 7년 동안 연간 55,000원이다. 기계를 가동하는 데 연간 30,000원 비용이 든다. 7년이 되면 기계는 불량품으로 처리된다. 이 투자안의 투자 회수기간을 구하시오.

풀이

$$회수기간 = \frac{투자액 - 잔존가액}{연평균투자수익} = \frac{85,000}{25,000} = 3.4년$$

2.2.2 순현가법

순현가법(NPV : Net Present Value Method)은 가장 광범위하게 이용되고 있는 투자안 평가기법의 하나이다. 이 기법을 적용할 경우에는 예상된 현금유입액의 현가에서 투자금액을 차감한 금액이 투자안 평가의 기준이 된다.

순현가법은 투자안의 선정시 총수익의 규모를 고려할 뿐만 아니라 현금 흐름의 시간적 가치를 중요시하며, 비용 또는 수익상의 변동을 용이하게 처리할 수 있다는 이점이 있다. 반면에 NPV법은 투자안의 수익률을 고려하지 않으며, 자본비용으로 현금유입액이 재투자될 수 있는 것으로 가정한다는 것이 그 특징이다.

2.2.3 내부수익률법

내부수익률(IRR : Internal Rate of Return)이란 총현금유입액의 현가와 총현금유출액의 현가(즉, 총투자액)를 같게 해주는 할인율을 말한다. 내부수익률은 피상적으로는 일반적인 투자수익률과 유사하다. 즉, 투자수익률이 총투자액에 대한 총이익의 비율을 의미하듯이 내부수익률 역시 투자이익의 총투자액에 대한 비율을 의미한다.

그러나 개념상으로 볼 때 내부수익률(IRR)은 투자이익(현금유입액)과 투자액(현금유출액)을 각각 현가로 할인했을 때의 양자의 비율을 의미한다는 점에서 일반적인 투자수익률과 근본적인 차이가 있음을 유의해야 한다.

IRR법을 적용하여 어느 투자안에 대한 평가를 내리고자 할 때에는 이 투자안의 IRR과 기업의 자본비용을 비교하여 IRR이 자본비용보다 크거나 같으면 해당 투자안에 대한 투자가치가 있다고 판단하며, 반대의 경우는 투자를 포기하게 된다.

만약 투자로 인한 매년의 현금유입액이 연금(Annuity) A로서 일정하고 투자안의 잔존가치가 없다면 연금현금가계수(PVa)표를 이용하여 비교적 쉽게 IRR을 계산할 수 있다. 이를 위해서는 다음과 같이 정의되는 연금현가를 계산해야 한다.

$$\text{연금현가계수}(PVa) = \frac{\text{최초의 투자비용}(I)}{\text{연금유입액}(A)}$$

연습문제

1 제조원가의 구성에 대하여 설명하시오.

2 원가와 비용을 비교 설명하시오.

3 고정비와 변동비를 구분 설명하시오.

4 손익분기점에 대해 설명하시오.

5 손익분기점(BEP) = $\dfrac{\text{고정비}}{1-\dfrac{\text{변동비}}{\text{매출액}}}$ 로 표시된다.

① 고정비(500만 원), 매출액(1,000만 원), 변동비(600만 원) 경우의 BEP는?
② 만일 200만 원의 이익을 얻으려면 매출액은?

[참고]

- 한계`이익률(공헌이익) = 매출액 − 변동비
- BEP(금액)= $\dfrac{\text{고정비}}{1-\dfrac{\text{변동비}}{\text{매출액}}} = \dfrac{\text{고정비}}{1-\text{변동비율}} = \dfrac{\text{고정비}}{\text{한계이익률}}$

Chapter 03

생산계획 및 통제와 재고관리

3.1 생산계획 및 통제

생산계획 및 통제(PPC : Production Planning and Control)란 어떤 제품을 언제 얼마만큼의 수량을 생산할 것인가 하는 세부사항을 관리하고, 필요한 원자재, 부품, 자원 등을 준비하는 것에 관련된 기능이다. PPC는 이러한 문제를 풀기 위해 정보를 적절히 관리해야 하는데, 제품과 생산자원들을 정의하고 생산일정에 맞추어 이들의 조화를 이루게 하는 데 포함되는 상당량의 데이터를 처리하기 위해서는 컴퓨터의 활용이 필수적이다. 실제로, PPC는 컴퓨터통합생산(CIM)에서의 통합역할을 수행한다.

계획과 통제는 서로 통합되어야 하는 기능이다. 계획을 달성하는 데 필요한 공장의 지원을 통제할 수 없는 상황에서 생산계획을 세운다는 것은 불합리한 일이다. 그리고 현장의 진척결과에 비교할 계획이 없는 생산통제 또한 비효율적이다. 따라서 통제와 계획기능은 같이 완수되어야 하고, 공정계획과 동시공학 같은 다른 기능과도 유기적으로 협조하여야 한다.

생산계획(Production Planning)은 어떤 제품을 얼마만큼 언제까지 생산할 것인가를 결정하고, 부품의 조달 또는 제조, 그리고 제품의 배송일자를 잡고, 필요한 인력과 설비자원의 계획을 세우는 일이다. 생산계획영역에 속하는 활동은 다음과 같다.

① 총괄생산계획(Total Production Planning) : 회사에서 생산되는 주요 제품군에 대한 장기적 생산수준을 계획세우는 것이다. 이 계획은 제품설계, 제조, 마케팅, 판매 등

의 다양한 기능과 협조하여야 한다.

② 기준생산계획(MPS : Master Production Scheduling) : 총괄생산계획은 기준생산계획으로 변환되는데, 이것은 각 제품군안의 개별, 모델별 생산수량에 대한 구체적 계획을 말한다.

③ 자재소요계획(MRP : Material Requirement Planning) : 최종제품의 기준생산계획으로부터 여기에 필요한 원자재와 부품에 대한 상세한 일정계획을 수립하는 것으로서 보통 컴퓨터가 활용된다.

④ MRP II(Material Requirement Planning ; 제조자원계획) : 당초 재고관리의 기능을 강화할 목적으로 입안된 MRP는 효율적인 생산활동을 위해 일정계획과 능력계획간의 유기적인 전개가 필요하다. 생산기능 역시 마케팅과 재무기능과의 상호유기적인 관련이 없이는 변화에 유연하게 대처하기 힘들다. 이런 상황에서 MRP만으로는 어렵다. 재고는 물론 생산능력, 시설설비, 자금, 인력 등의 생산자원 모두를 계획·관리하는 데 이용되는 정보시스템을 제조자원계획이라 하여 MRP II로 구분한다. MRP II는 제조활동계획뿐 아니라 재무마케팅에서의 계획과 관리를 포괄하는 시스템으로 기업의 모든 자원을 관리하는 전사적 정보시스템으로 확장되고 있다. 즉, 전사적 정보시스템으로 격상시킨 것으로 대 일정계획, 예정입고, 발주량에 대한 정보를 활용하여 현금의 흐름을 예측할 수 있으며 경영자들이 이 정보를 활용하여 미래를 예측하고 새로운 계획을 세우는 데 활용한다.

⑤ ERP(Enterprise Resource Planning ; 전사적 자원관리, 기업 자원관리) : MRP II를 보다 발전시킨 시스템으로 종래에 독립적으로 운영되던 생산, 재무, 유통, 인사 등의 정보 시스템을 하나로 통합한 기업 내 정보시스템으로 데이터베이스에 입력하여 전 사원이 정보를 공유하는 통합정보시스템이다.

⑥ 생산능력계획(CP : Capacity Planning) : 생산계획을 수행하는 데 필요한 인력과 설비 자원을 결정하는 일이다.

MPS로 끝나는 총괄계획은 보통 6개월 또는 그 이상의 미래를 위한 계획이며, MRP와 CP의 상세계획은 몇 주 또는 한 달 정도 기간을 대비한 계획이다.

3.2 수요예측

예측이란 미래에 일어날 일에 관하여 미리 상상하는 일이다. 생산시스템이 일단 만들어지고 나면 실제적인 생산을 하기 위해서 생산시스템을 운영하여야 한다. 그러기 위해서는 생산계획의 수립이 필요하고 그 구체적인 출발점이 되는 것이 수요예측이다. 즉, 언제 얼마의 양으로 수요가 있을 것인가를 알아야 생산계획을 수립할 수 있는 것이다. 특히 지금까지 대부분의 생산형태가 계획생산, 또는 시장생산이라고 불리고 있는 예측생산의 형태이므로 수요예측의 중요성은 매우 크다고 하겠다. 일정한 주문이 있어서 만드는 것이 아니라 이 정도로 만들어 시장에 내놓으면 어느 정도까지는 팔릴 것이라고 하는 예측에 입각해서 제품을 시장에 내놓게 되므로 예측이 빗나가서 제품이 잘 팔리지 않는다면 기업은 엄청난 타격을 입게 된다. 많이 팔릴 수 있는 물건을 예측을 잘못하여 조금밖에 만들지 않는 경우도 큰 기회손실을 입기는 마찬가지이다. 예측을 잘하지 못했기 때문에 많이 팔 수 있는 기회를 상실해서 결과적으로 얻을 수 있는 이득을 잃게 되었으므로 결국 손실을 입은 것과 같은 것이다.

예측기법의 종류는 상당히 많다. 그러므로 그 분류도 매우 다양하다. 우선, 가장 보편적인 분류방법으로서 예측하고자 하는 대상에 따라서 아래의 세 가지 방법으로 나누어 볼 수 있다. 첫째로, 예측하고자 하는 제품에 따라 분류해 볼 수 있다. 어떤 품목의 제품을 예측의 대상으로 삼는가 하는 점이다. 둘째로, 공간적 차원에서 분류해 볼 수 있다. 예를 들면, 지역별, 국내, 국외 등의 분류가 이에 해당할 것이다. 셋째로, 시간적 차원인데 보통 장기예측, 중기, 또 단기예측 등으로 분류하고 있다. 대개 2년 이상을 장기로 보고 1~3개월 정도는 단기로 분류하고 있으나 절대적인 기준이 있는 것이 아니다.

예측기법을 이해하기 위해서는 예측기법들의 내용을 알아야 하는데, 내용은 크게 두 가지로 분류해 볼 수 있다. 그 하나는 계량적 기법(計量的 技法, Quantitative Method)이고, 다른 하나는 비계량적 기법(非計量的 技法), 즉 정량적 기법(定量的 技法, Qualitative Method)이다. 여기서는 계량적 측정기법 중에서 시계열 측정(Time Series Forecasting)에 대해서 설명하고자 한다.

3.3 시계열 분석기법 (Time-Series Analysis Method)

어떤 상인이 자기 상점에 놓을 물건을 구입하려 한다면 먼저 무엇을 생각하게 되는가? 지난달에 몇 개가 팔렸는가? 또는 지난주에는 얼마나 그 물건을 찾는 고객이 있었던가를 생각해 볼 것이다. 이렇게 우리는 장래의 일에 관해 의사결정을 내리고자 할 때 과거의 경험에서 얻은 지식과 정보에 기초를 두고 판단한다. 다음 주간에 얼마나 팔릴 것인지를 예측하려 하는 상인은 지나간 주간에 얼마나 팔았던가 하는 사실에서 결정적인 정보를 얻게 된다.

이렇듯 시간의 흐름 따르는 과거의 변화에 기초를 두고 미래의 변화를 예측해 보려고 하는 예측기법이 시계열기법(時系列技法, Time-Series Method)이다. 이 기법은 일반적으로 가장 많이 사용되고 있는 전형적인 예측기법이라고 말할 수 있다.

시계열기법에도 여러 가지 방법이 있는데 모든 시계열기법의 가장 기본적인 가정은 수요의 변화가 다음과 같은 네 가지의 변동요인, 즉 추세, 순환변동, 계절변동, 임의적 변동 등의 요인으로 구분될 수 있다고 하는 점이다.

(1) 추세 (Trend)

비록 작은 변동들을 항상 가지고는 있지만 수요의 변화가 장기적으로 볼때 확실한 추세를 나타내고 있는 경우이다. 이때 변화를 추적해 보면 대략 특정의 추세선(趨勢線, Trend Line)을 찾아낼 수 있게 되며 이 추세선을 이용하여 구체적인 예측을 실행한다. 추세선을 추정하기 위해서는 보통 최소자승법(Least Square Method)을 사용하고 있다.

(2) 순환변동 (Seasonal Variation)

장기적으로 유사한 진동의 양상이 나타나는 것을 알 수 있다. 예를 들면, 20년에 한 번씩 어떤 주기적 현상이 나타난다고 한다면 그런 것은 순환변동이라고 할 수 있다. 특히 경제현상의 경우에는 번영, 쇠퇴, 침체회복과 같은 순환이 항상 존재한다고 보여진다. 이와 같은 순환변동의 현상을 찾아내기 위해서는 자동상관분석(Auto-Correlation Analysis)기법을 사용한다.

(3) 계절변동 (Seasonal Variation)

일정한 주기(보통 1년)마다 거의 규칙적인 변화가 있음을 알 수 있다. 이것은 계절에 따라서 수요의 변화가 있는 경우, 즉 계절상품의 수요변동에서 나타나는 현상이다. 이때는 변동의 크기를 연간 월평균에 대한 백분비로 표시하는 계절지수(Seasonal Index)로 산출한다.

(4) 임의(불규칙)변동 (Random or Irregular Variation)

앞의 세 가지 변동요인을 과학적으로 분석하면 어느 정도 예측이 가능한 내용이나 현실적으로 존재하는 여러 가지 불확실성으로 인하여 그야말로 예측이 불가능한 임의의 변동을 또 하나의 요인으로 삼을 수 있다. 임의변동이란 특정의 규칙을 찾을 수 없이 우연적 영향으로 인한 변동을 말한다.

(5) 각 변동요인의 종합

위에서 설명한 네 가지 요인들이 복합적으로 작용하여 예측하고자 하는 수요량이 변동하게 된다. 그러므로 각 요인들을 독립적으로 분석된 후에 종합되어야 한다.

위와 같은 시계열 분석을 기호로 하여 표시하여 본다면 다음과 같이 나타낼 수 있을 것이다.

판매량=(장기추세)×(순화변동)×(계절적 변화)×(불규칙 변동)

즉, $U = T \times C \times S \times I$

시계열 분석은 일반적으로 다음 단계를 밟는다.

- 제1단계 : 원자료(Raw Data)의 수정 – 목적에 합당한 자료를 창출한다.
- 제2단계 : 예비적 계절지수의 작성 – 12개월 이동평균으로 계절적 변화(S)와 불규칙 변동(I)을 분리하여 계절지수를 찾는다.
- 제3단계 : 2단계의 작업에 의해 작성된 계절지수를 보다 완만하게 하기 위해서 재작성한다.
- 제4단계 : 시계열의 변동, 곧 T, C, S, I의 크기와 규칙성 여부를 조사 분석한다.

3.4 재고관리

생산관리 분야에서 재고관리는 아주 중요하게 다루어지고 있다. 재고는 완충역할과 윤활유 역할도 한다. 그러나 재고가 너무 많은 것도 기업에 나쁜 영향을 미친다. 재고란 결국 기업의 자산이 현물형태로 묶여 있는 것이므로 현금으로 보유될 때보다는 유동성이나 수익성의 면에서 결정적으로 불리한 것이다. 재고관리이론 중에서 경제적 주문량(EOQ : Economic Order Quantity)을 활용한다.

3.5 경제적 주문량 (EOQ)

최적재고정책은 주문, 재고유지 및 구매의 총비용이 최소로 요구되는 지점으로 적합한 재고수준을 찾아내는 정책이다.

(1) 총비용과 EOQ 방정식 모델

재공의 총비용은 주문비용, 유지비용, 구매비용을 합한 것이다.

D는 연간수요, C_0를 1회 주문에 소요되는 주문비용, C_c를 일정기간 동안 I 단위를 재고로 유지하는 데 드는 비용, P를 구매비용, Q를 1회 주문량, $Q/2$를 평균재고량이라 하면 이들의 관계는 수학적으로 다음 식과 같이 표현된다.

$$\text{총비용} = \text{주문비용} + \text{유지비용} + \text{구매비용}$$

$$\text{주문비용} = \left(\frac{C_o\text{원}}{\text{주문}}\right)\left(\frac{\text{주문}}{Q\text{단위}}\right)\left(\frac{D\text{단위}}{}\right)$$

$$\text{유지비용} = \left(\frac{C_c\text{원}}{\text{단위}\cdot\text{년}}\right)\left(\frac{Q\text{단위}}{2}\right)$$

$$\text{구매비용} = \left(\frac{P\text{원}}{\text{단위}}\right)\left(\frac{D\text{단위}}{\text{년}}\right)$$

$$TC = C_o\frac{1}{Q}D + C_c\frac{Q}{2} + PD$$

이 식을 Q에 대해서 미분하면 총비용곡선의 기울기가 구해진다.

$$\frac{dTC}{dQ} = -C_o DQ/2 + \frac{C_c}{2} + 0$$

위 식의 값을 0으로 놓으면(총비용곡선의 기울기가 0이 되는 최저점)

$$0 = -\frac{C_o D}{Q^2} + \frac{C_2}{2} + 0$$

$$Q = EOQ = \sqrt{\frac{2C_o D}{C_c}} \tag{4-1}$$

로 표기된다.

제 5 부

공장자동화

Chapter 01

공장자동화의 의의

1.1 공장자동화의 개념

본래 기계라는 것을 정의하는 데에는 여러 가지 설이 있으나, 일반적으로「기계란 외부로부터 에너지를 공급받아 공간상으로 제한된 운동을 함으로써 인간의 노동을 대신하는 구조물」이라고 정의된다.

일반적으로 자동화된 기계는 외부의 에너지를 공급받아 일을 하는 부분을 액추에이터(Actuator, 작동요소), 액추에이터의 작업완료 여부 및 상태를 감지하여 Controller에 공급하여 주는 센서(Sensor) 및 센서로부터 입력되는 제어정보를 분석처리하여 필요한 제어명령을 내려주는 제어신호 처리장치(Signal Processor)의 세 부분으로 크게 나눌 수 있다.

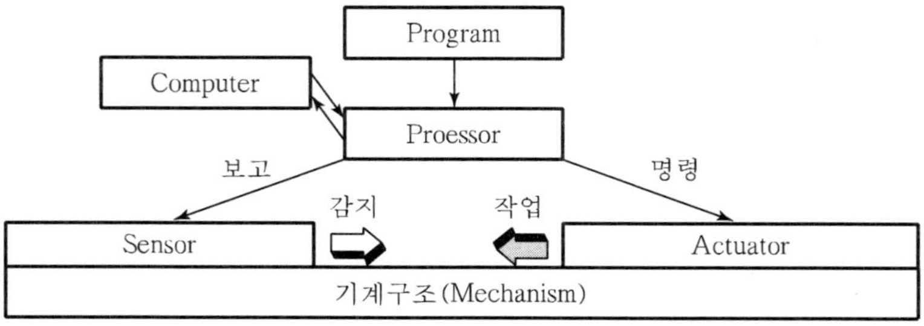

그림 5-1 단순제어장치의 구조도

그리고 또한 기계란 작업을 수행하는 액추에이터가 제한된 공간 내에서 제한된 운동을 하는 것인데 이러한 구속장치가 기계구조(Mechanism)가 되며, 그림 5-1은 이의 관계를 나타내고 있다.

이때 센서와 액추에이터는 서로 고정되어 있어야 하나 제어신호 처리장치와는 제어정보(Control Signal)를 주고받는 선으로만 연결되어 있어도 충분하다.

그림 5-1에 표시된 것은 단지 자동화장치의 Hardware만을 표시한 것이고, 하나의 자동화된 제어시스템을 구성하기 위해서는 이외에도 Software 기술과, Network, Interface 기술 등이 필요하게 된다. 그리하여 액추에이터, 제어신호 처리장치, 센서 소프트웨어기술, 인터페이스(Interface) 기술을 자동화의 펜타곤(Pentagon)이라 칭하며, 그림 5-2는 이를 나타내고 있다.

즉, 자동화문제를 해결하기 위해서는 어느 한 분야에 관한 깊은 지식도 필요하게 되지만 각 분야의 지식 사이의 유기적인 관계도 또한 중요하게 된다.

한편 자동화라는 개념은 다음과 같은 식으로도 표현된다.

Automation = Mechanics + Intelligence

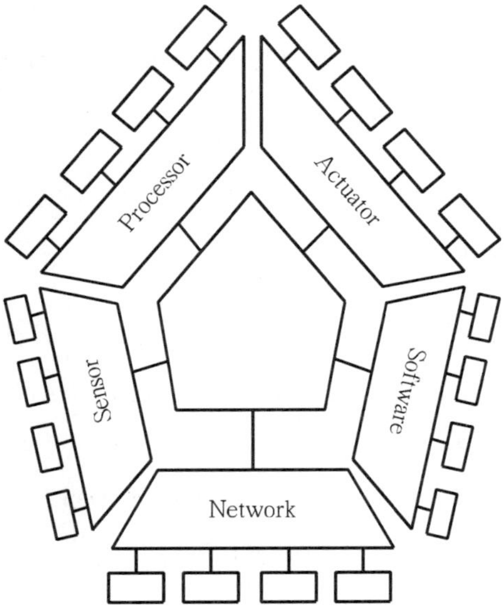

그림 5-2 자동화의 5대 요소

여기서, 기계(Mechanics)란 축적된 노하우, 시스템 전제에 대한 총체적 이해를 포함한다. 지능(Intelligence)이란 각 기능의 상호연계 및 필요기능의 추가를 뜻한다.

대부분의 경우, 기계를 다루는 사람은 현장의 작업자들이고, 자동화의 기능을 추가시키는 사람은 담당엔지니어가 맡고 있다. 현장의 기계를 제일 잘 알고 있는 사람은 당연히 현장작업자들이다. 따라서 자동화가 효율적으로 이루어지기 위해서는 현장작업자들의 협조가 필수적이게 된다.

그러나 현장작업자들은 공장자동화라고 했을 때 반사적으로 실직에 대한 두려움을 갖게 되어 부정적인 태도를 지니기 쉽다.

물론 공장자동화가 점차 이루어지게 되면 인원 감축은 자연적으로 발생하게 된다. 이러한 잉여인원은 재교육을 통하여 회사의 새로운 분야에 투입하여야 할 것이다. 회사가 커나가지 않는다면 그 회사는 이미 경쟁사회에서 도태되고 있는 과정이라고 보아도 무난하기 때문이다.

따라서 현장작업자에 대해 생산성 개념을 올바로 인식시키고 자동화하는 데 있어서 현장작업자의 참여하에 점진적으로 추진하는 것이 바람직한 방법이 된다.

공장자동화를 이루려면 그림 5-3에서 보는 바와 같이 단위기계의 자동화단계로부터 공장 전체의 자동화단계까지의 여러 단계로 나눌 수 있게 된다.

상위단계의 자동화는 하위단계의 자동화가 성공적으로 이루어지지 않는 한 성공할 수 없게 된다. 그러므로 공장자동화는 다음 단계의 자동화를 고려하면서 점진적으로 수행해 나가야만 효과적으로 수행될 수 있게 된다.

F = FA CONTROLLER

A = PERSONAL COMPUTER

자동화기술은 시스템기술이다. 시스템기술이란 요소들의 적절한 조합을 통해 그들 요소 하나하나의 가치의 총합보다 월등히 많은 가치를 갖게 되는 기술이다. 즉, 요소 하나하나의 값은 문제가 되지 않는 대신 그 요소들의 종합능력에서 절대적인 부가가치가 발생되는 전문적인 지식만이 요구되는 것이 아니라, 여러 분야에 관한 지식이 필요하게 되고 이러한 분야의 기술을 유기적으로 결합시켜 주어야만 한다.

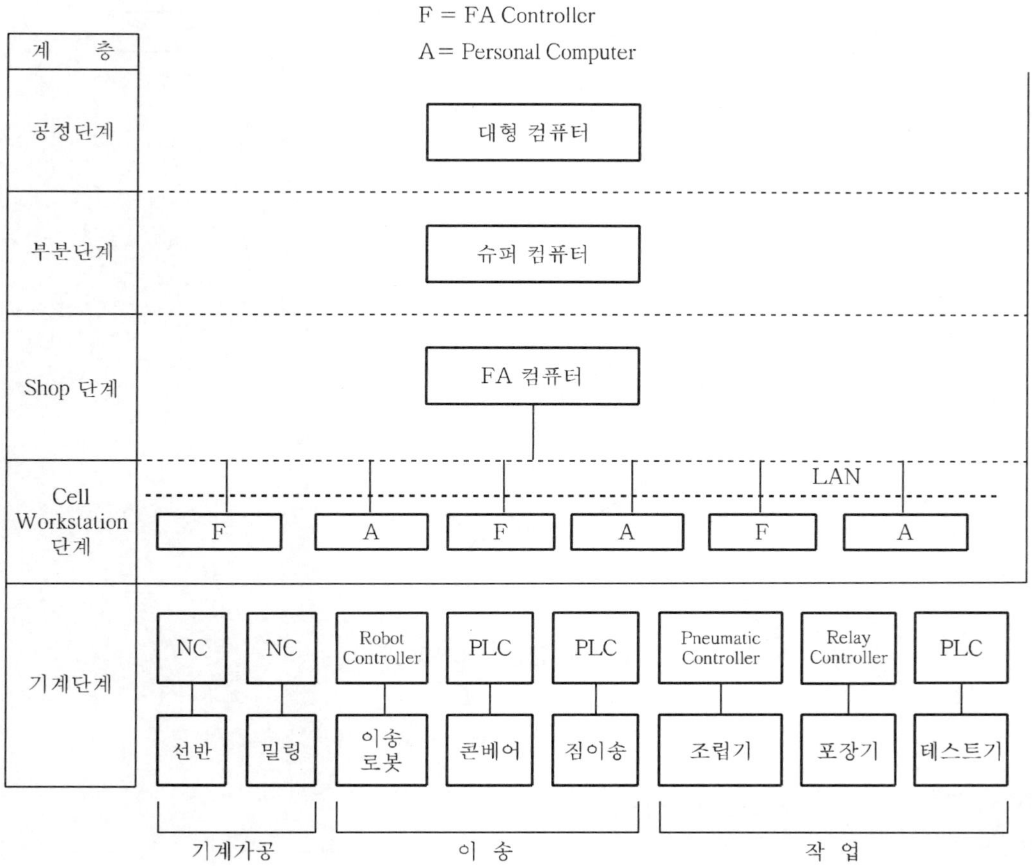

그림 5-3 공장자동화의 여러 단계

그림 5-4는 이러한 공장자동화의 개념을 나타내고 있다. 공장자동화에 필요한 이러한 기술의 획득, 진보, 그리고 전파를 위해서도 각 기업은 부단한 노력을 기울이지 않으면 안 된다.

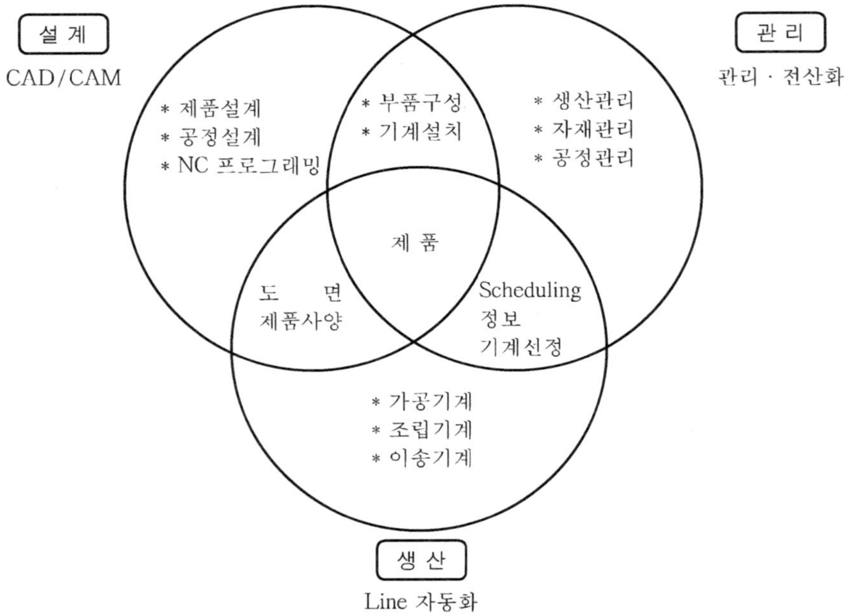

그림 5-4 공장자동화의 개념

1.2 공장자동화의 근거

공장자동화의 문제는 1980년대 말에서 1990년대 초에 걸쳐 주요한 이슈로 대두되었다. 공장자동화가 주는 장·단점에 관해서는 많은 논쟁이 있어 왔는데 주로 실업의 문제, 작업자가 하는 노동의 질적 변화, 근로생활의 질, 소비자의 만족도 변화 등과 관련하여 찬반양론이 있었다. 기업의 입장에서는 여러 가지 이유로 인하여 자동화를 추구하게 되는데 대체로 아래와 같은 근거에 의해서 자동화가 추진되고 있다.

① 생산성의 향상 : 자동화는 곧 생산성(Productivity)의 향상을 의미한다. 사람의 손으로 직접 하는 작업에 비해서 기계의 힘을 빌리는 자동화는 단위노동 투입에 대한 산출량을 높여 주는 효과가 있다.

② 높은 노무비 : 노무비가 지속적으로 상승하는 경향은 산업화과정의 중요한 특징의 하나로 이야기되고 있다. 자동화에 투입되는 높은 투자는 인간의 노동력을 대체시키는 효과면에서 경제적 타당성을 확보함으로써 제품단위 원가화를 촉진시킨다.

③ 노동력의 부족 : 많은 선진국가의 경우, 노동력 부족은 일반적인 현상에 속한다. 이러한 노동력 부족현상은 노동력을 대체할 수 있는 수단으로써 자동화를 촉진시킨다.

④ 서비스부문으로 노동력이 이동하는 경향 : 산업이 발달하게 됨에 따라 서비스부문이 차지하는 비중이 점차 증가하게 되며, 아울러 생산공장에 대해서는 공장에서 이루어지는 일이 지루하고 사람의 품격을 떨어뜨리며, 또한 지저분한 곳으로 보는 경향이 생기게 된다. 이에 따라 생산부문에서 서비스부문으로 노동력이 이동하는 경향이 나타나게 된다.

⑤ 안전 : 자동화에 의해 작업자가 직접 기계를 조작하는 역할로부터 감독만 하는 역할로 일의 내용이 바뀌게 된다. 노동자의 근로생활의 질(QOWL : Quality Of Working Life)에 대한 관심이 높아지고, 산업재해에 대한 보장기준이 엄격해지는 상황은 자동화를 촉진시킨다.

우리나라 주요 생산공장의 경우에도 1980년대 초반부터 자동화가 시작되어 1990년대인 현재에 이르기까지 매우 빠른 속도로 공장자동화가 이루어지고 있다.

Chapter 02

생산시스템 자동화

생산시스템 중 어떤 부분은 쉽게 자동화할 수 있는 반면, 수동으로 운용될 수밖에 없는 부분도 있다. 자동화란 기계, 전기/전자, 그리고 컴퓨터시스템을 생산시스템의 운용 및 제어에 적용한 기술로 정의될 수 있다.

생산시스템에서의 자동화요소들은 두 가지의 범주로 구분된다. ① 현장 내 제조시스템의 자동화, ② 제조지원시스템의 컴퓨터화이고, 현대 생산시스템에서 이 두 범주는 어느 정도 중복되는 경향이 있다. 그 이유는 현장의 자동제조시스템이 컴퓨터시스템에 의해 이루어져 있으며, 이것은 제조지원시스템과 경영정보시스템에 연결되어 있는데, 이 두 전산시스템은 공장 및 기업수준에서의 운영을 담당한다. 컴퓨터통합생산(Computer Integrated Manufacturing)이란 용어는 컴퓨터가 광범위하게 사용되는 생산시스템을 표현하기 위해 사용된다.

2.1 자동제조시스템

자동제조시스템은 물리적인 제품을 제조하기 위하여 현장 내에서 운용되며, 가공, 조립, 검사 또는 자재취급 등의 공정을 단독으로 또는 조합으로 수행하는 시스템이다. 자동화는 해당 수동공정에 비하여 사람의 역할 수준이 감소되었음을 뜻하는 용어로 사용된다. 고수준의 자동시스템에서는 사람의 참여가 전혀 없을 수도 있다. 다음과 같은 자동제조시스템의 예를 들 수 있다.

① 부픈가공용 자동공작기계
② 연속적인 가공공정을 수행하는 트랜스퍼라인
③ 자동조립시스템
④ 가공 및 조립공정을 수행하기 위해 산업용 로봇을 사용하는 제조시스템
⑤ 제조공정과 통합된 자동자재취급 및 창고시스템
⑥ 품질관리를 위한 자동검사시스템

자동제조시스템은 다음과 같은 세 가지 유형으로 구분될 수 있다.

(1) 고정자동화 (Fixed Automation)

고정자동화란 가공 또는 조립작업의 순서가 장비배열에 의해 고정되는 시스템을 의미한다. 각각의 공정은 단순한 성형 또는 회전형 동작, 또는 이들의 단순조합을 포함하는 정도로 복잡하지 않다. 예로 회전 주축의 이송운동을 들 수 있다. 이러한 공정을 여러 개 통합하여 하나의 장비로 구현할 때 시스템은 복잡해지게 된다. 고정자동화의 전형적인 속성은 다음과 같다.

① 특별히 주문제작되는 장비에 대한 높은 초기투자비
② 높은 생산율
③ 다양한 제품들을 취급하기에는 상대적으로 낮은 유연성

고정자동화는 대량의 제품을 고속으로 생산할 때 그 경제적 타당성을 얻을 수 있다. 장비에 대한 높은 초기투자비용은 수많은 제품들에 나누어질 것이기 때문에 다른 생산방식과 비교하여 제품 한 단위당 생산비용은 월등히 낮아진다. 고정자동화의 예로는 가공 트랜스퍼라인과 자동조립기계 등이 포함된다.

(2) 프로그램가능 자동화 (Programmable Automation)

프로그램가능 자동화에서 생산장비는 서로 다른 제품조합을 취급하기 위하여 공정순서를 변경할 수 있도록 설계된다. 공정순서가 프로그램될 수 있는데, 프로그램은 코드화된 명령의 집합이기 때문에 시스템에 의해 읽고 해석될 수 있다. 새로운 공작물을 가공하기 위하여 새로운 프로그램을 준비하고 장비에 입력시켜야 한다. 프로그램가능 자동화의 특

징은 다음과 같다.

① 범용장비에 대한 높은 투자비
② 고정자동화보다 낮은 생산율
③ 다양하게 변하는 제품조합을 다룰 수 있는 유연성
④ 배치생산에 가장 적합한 방식

프로그램가능 자동생산시스템은 소량과 중량 생산에 적합한 시스템이다. 부품 또는 제품은 배치단위로 생산된다. 다른 제품의 새로운 배치를 생산하기 위해서 새로운 제품을 처리할 수 있는 일련의 기계명령어로 시스템을 재프로그램하여야 한다. 또한 가공을 위한 물리적인 준비가 완료되어야 한다. 공구가 장착되어야 하고, 고정구는 기계테이블에 장착되어야 하며, 필요한 기계설정들이 입력되어야 한다. 이러한 변경절차를 완료하는 데는 시간이 소요된다. 결과적으로 제품의 생산사이클에는 준비와 재프로그래밍 시간이 포함된다. 프로그램가능 자동시스템에는 수치제어(NC) 공작기계, 산업용 로봇, 그리고 PLC 등이 포함될 수 있다.

(3) 유연자동화 (Flexible Automation)

유연자동화는 프로그램가능 자동화의 확장된 형태이다. 유연자동시스템은 어떤 부품생산에서 다른 부품으로의 작업전환을 위한 낭비시간이 없이 다양한 부품을 생산할 수 있다. 시스템의 재프로그래밍이나 공구, 고정구 및 기계설정 등의 물리적인 준비를 위한 시간의 낭비가 없다. 결과적으로, 시스템은 다양한 부품조합을 유연한 일정으로 생산할 수 있다. 유연자동화를 가능하게 하는 것은 시스템에서 가공되는 부품간의 차이점을 중요하지 않게 여기기 때문이다. 유연자동화의 특징은 다음과 같다.

① 특별히 주문제작되는 시스템에 대한 높은 투자비
② 다양한 제품조합에 대한 연속생산
③ 중간 정도의 생산율
④ 제품설계 변화를 처리할 수 있는 유연성

(4) 간이자동화 (LCA : Low Cost Automation)

인력이나 작업면에서 많은 제약을 받는 중소기업의 경우 비교적 쉽게 채택할 수 있는 방법의 하나로 기존의 설비를 이용해서 기술과 투자효과를 고려하면서 점차적으로 센서나

동력장치, 유공학, 마이크로프로세스 등을 도입하는 등 회사 실정에 맞게 단계적으로 도입하는 저투자성 자동화를 말한다. 장점으로는 투자가 적고 재료비 절감 및 생산성 향상효과가 있으며 제품의 균일화와 노동력 투입 절감효과가 있다. 또한 투자위험도가 적으므로 중소기업에서 단계적 적용이 가능하고 작업환경 개선, 안전성 확보, 가동률 향상, 기술 축적의 효과가 있다.

2.2 컴퓨터화된 제조지원시스템

제조지원시스템의 자동화는 제품설계, 생산계획 및 통제, 그리고 기업의 비즈니스기능에서 수작업 또는 사무적인 노력을 절감시키는 것을 목표로 하고 있다. 거의 모든 현대 제조지원시스템은 컴퓨터시스템으로 구현이 된다. 뿐만 아니라 컴퓨터기술은 공장 내의 제조시스템의 자동화를 구현하는 데 이용이 된다. 컴퓨터통합생산(CIM : Computer Integrated Manufacturing)이란 제품설계, 생산계획, 공정관리, 그리고 제조업에 필요한 다양한 비즈니스 관련기능들을 수행하기 위해 컴퓨터시스템을 이용하는 것을 말한다. 본래 CIM은 기업의 모든 기능을 하나의 시스템으로 운영하기 위해 기능들을 통합하려는 시도에서 구축되기 시작하였다. 이러한 CIM는 그림 5-5와 같이 제품연구 개발, 공정관리시스템, 자동화와 종합관리기술로 구성되어 있다.

2.3 자동화의 추진 이유

생산자동화와 컴퓨터통합생산시스템의 구축을 위한 과제를 수행하는 데는 기업 나름대로의 다양한 이유가 있다. 자동화의 타당성을 얻기 위한 이유로 다음과 같다.

(1) 노동생산성의 향상

제조공정의 자동화는 보통 생산율과 노동생산성을 향상시킨다. 이는 노동력 투입에 대한 시간당 산출량이 많아짐을 의미한다.

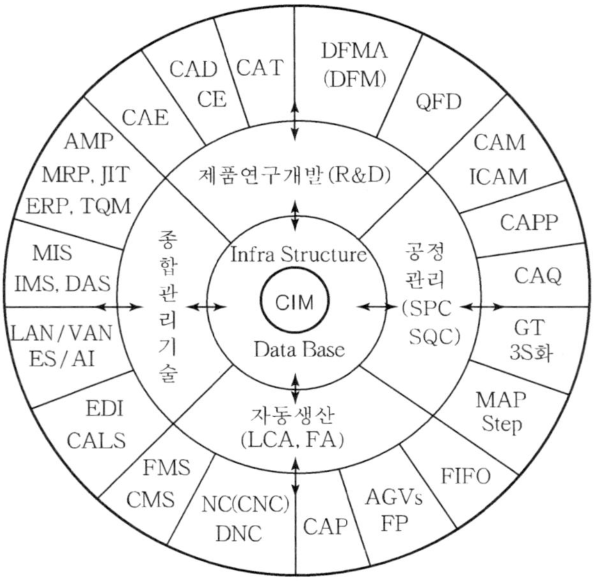

· AGVs(Automation Guided Vehicles System)
· DFM(Design For Manufacture-ability)
· MIS(Management Information System)
· CAQ(Computer Aided Quality)
· ERP(Enterprice Resource Planning)
· QFD(Quality Function Deployment)
· MAP(Mfg Automation Protoco)
· CAPP(Computer Aided Process Planning)
· CAP(Computer Aided Production)
· CALS(Commerce At Light Speed)
· ICAM(Integrated Computer Aided Mfg)
· AMP(Automated Mfg Planning)
· IMS(Information Manufacturing System)
· JIT(Just In Time) · FP(Fool Proof)
· DFMA(DFM & Assembly)
· CMS(Cellular Mfg System)
· CAM(Comprter Aided Mfg)
· FIFO(First In First Out)
· LAN(Local Area Network)
· CAT(Computer Aided Test)
· FMS(Flexible Mfg System)
· QFD(Quality For Design)
· GT(Group Technology)
· CE(Concurrent Engineering)
· LCA(Low Cost Automation)
· 3S(Simplification, Specialization, Standardization)

그림 5-5 CIM 구성요소

(2) 인건비의 절감

인건비의 증가 추세는 전세계적으로 산업계가 당면한 문제이며, 앞으로도 이 추세는 계속될 것이다. 따라서 수작업공정을 대체하여 자동화하는 것은 자동화 투자에 대한 경제적 타당성의 근거가 된다. 생산원가를 절감하기 위하여 기계는 점점 사람을 대신하게 될 것이다.

(3) 노동력 부족의 해소

대부분의 선진국에서는 노동력이 부족하며, 이러한 현상은 인간 노동력을 대체하는 자동화공정의 개발을 촉진하게 된다.

(4) 일률적이고 사무적인 업무의 제거

지루하며, 피로하고, 귀찮은 작업을 자동화하는 것은 사회적 가치가 있다고 판단된다. 그런 업무를 자동화하는 것은 작업조건을 개선하려는 목적에서 이루어진다.

(5) 작업의 안전 제고

공정을 자동화하여 인간의 적극적인 공정개입을 관리감독의 역할로 전환시킴으로써 직업이 보다 안전해진다 할 수 있다. 작업자의 안전과 육체적 안정을 증진시키는 것이 자동화를 추진하게 하는 하나의 요인이 된다.

(6) 제품의 품질

자동화는 수작업보다 높은 생산율을 얻을 수 있을 뿐만 아니라, 품질에 있어서 높은 균일성과 적합성을 가진 제조공장을 수행한다. 불량률의 저하는 자동화의 가장 큰 이점 중의 하나이다.

(7) 제조 리드타임의 감소

자동화는 고객의 주문과 제품 인도 사이의 시간을 줄이는 데 도움을 주며, 제조회사의 경쟁력을 향상시키게 될 것이다. 뿐만 아니라 제조 리드타임을 줄임으로써 재공재고를 줄일 수 있다.

(8) 수작업으로 불가능한 작업 수행

정밀하고, 소형이고, 형상이 복잡하기 때문에 수작업으로는 수행될 수 없는 공정들이 있다. 이러한 공정의 예로는 집적회로 제조, CAD 모델에 기초한 급속조형(RP : Rapid Prototyping) 공정, 수학적으로 정의된 복잡한 표면의 CNC 가공 등이 포함된다. 컴퓨터 제어시스템 없이는 이러한 공정들을 구현할 수 없다.

2.4 자동화의 원칙과 전략

자동화기술을 적용하기 위해서는 신중함과 주의가 요구된다. 이 절에서는 자동화 프로젝트를 다루기 위한 두 가지 접근법을 소개하면 (1) 자동화의 원칙 (2) 자동화와 생산시스템의 10대 전략이다.

(1) 자동화의 원칙

자동화 원칙은 자동화 프로젝트에 대한 상식적인 접근법이다.

1) 기존 공정을 이해하라 (Understand the Existing Process)

자동화접근법의 첫 번째 단계의 목적은 현재 공정의 상세한 모든 것을 정확히 파악하기 위한 것이다. 입력은 무엇인가? 출력은 무엇인가? 입력과 출력 사이의 어떤 작업에서 무슨 일이 일어나는가? 해당 공정의 기능은 무엇인가? 제품에 부가가치가 어떻게 부여되는가? 생산순서에서 전후공정은 무엇이고, 현공정과 어떻게 관련되는가? 등등이다.

방법연구에 이용되는 작업공정도(Operation Process Chart)와 흐름공정도(Flow Process Chart)와 같은 도표들은 위와 같은 고려사항을 검토하는 데 매우 유용하다. 이러한 도표도구를 기존 공정에 적용하여 공정의 장·단점을 찾고 분석할 수 있는 공정모델을 구축할 수 있을 것이다. 이러한 도표기술을 통하여 공정의 단계수, 검사횟수와 위치, 작업단계에서 이동 또는 지연의 수, 저장에 소요되는 시간 등을 확인할 수 있다.

2) 공정을 단순화하라 (Simplify the Process)

기존 공정이 파악되면 단순화시킬 수 있는 방법을 모색하게 된다. 이것은 기존 공정에 대한 설문지 작성으로부터 시작될 수 있다. 공정의 목적은 무엇인가? 이 단계가 필요한가? 이 단계는 삭제될 수 있는가? 이 단계에 적용될 가장 적합한 기술이 존재하는가? 이 단계를 어떻게 단순화시킬 수 있는가? 기능에 손상없이 이 공정의 단계들을 제거할 수 있는가? 등등이다.

3) 공정을 자동화하라 (Automate the Process)

공정을 단순화시킨 후 다음 단계는 자동화를 고려하는 것이다. 다음에서 논의할 10가지 전략을 참고하여 자동화의 모든 가능한 형태를 고려한다.

(2) 자동화와 생산시스템의 10대 전략

자동화의 생산시스템 구축은 단기, 중기, 장기적인 전략에 의해 추진하고 종합적인 검토와 투자효과 분석이 필요하다.

1) 공정 전문화

공정 수행을 위해 가장 효율적으로 설계된 전용장비를 사용하는 것이다. 이것은 노동생산성을 향상시키기 위해 고용되는 전문근로자 개념과 유사하다.

2) 공정결합

순차적인 공정을 통하여 생산은 이루어진다. 복잡한 부품은 10 또는 100가지 이상의 단계가 필요할 수도 있다. 공정결합 전략은 부품이 거쳐야 하는 생산기계 또는 작업자의 수를 줄이는 것을 의미한다. 이것은 하나의 기계에서 하나 이상의 공정을 수행하여 필요한 장비의 수를 줄임으로써 달성된다. 기계의 가동에는 언제나 준비가 필요하기 때문에 공정결합을 통하여 셋업시간, 자재취급시간과 비작업시간을 절약할 수 있다. 총제조시간도 절약되기 때문에 결과적으로 보다 나은 고객서비스를 제공할 수 있게 된다.

3) 동시공정

공정결합 전략의 논리적 확장으로 하나의 작업장에서 결합된 공정을 동시에 수행하는 것이다. 결과적으로 둘 또는 그 이상의 가공 또는 조립작업이 하나의 공작물에서 동시에 수행되기 때문에 총공정시간을 줄일 수 있다.

4) 공정통합

공정통합은 작업장 사이에 공작물의 이동을 위하여 자동취급장치를 이용하여 여러 작업장을 하나의 메커니즘으로 통합하는 것이다. 결과적으로 이 전략은 분리된 장비의 수를 줄임으로써 일정계획시 마치 하나의 기계로 간주하게 된다. 하나 이상의 작업장에서 다수개의 공작물이 동시에 가공되기 때문에 시스템의 전반적인 산출량이 증가된다.

5) 유연성 향상

이 전략은 동일한 장비에서 다양한 부품 및 제품 제조를 가능하게 하여 Job Shop 및 중량생산에서 장비의 가동률을 극대화하려는 것이다. 이 전략은 유연자동화 개념과 관련 있다. 이 전략의 주요 목적은 기계 셋업시간과 프로그래밍 시간을 줄임으로써 제조 리드타임과 재공재고 수준을 최소화하기 위함이다.

6) 자재취급과 보관의 개선

자동자재취급 및 보관시스템을 사용함으로써 비생산시간을 획기적으로 줄일 수 있다. 이 전략을 통하여 재공재고와 제조 리드타임을 줄일 수 있다.

7) 온라인검사

전통적으로 공작물의 품질검사는 공정의 완료 후에 수행한다. 이 방식은 결함제품이 검사를 받을 시점에 이미 여러 공정을 통과하였다는 것을 의미한다. 각 제조공정에 검사공정을 분산시켜 결함이 만들어진 공정에서 그 결함을 수정하게 하는 것이다. 이 전략은 제품의 품질을 설계시 의도된 사양과 일치하게 하며 폐기량을 줄일 수 있다.

8) 공정관리 및 최적화

이 전략은 개별공정과 이에 관련된 장비를 보다 효율적으로 가동시키기 위한 여러 가지 관리방법을 포함한다. 이에 의해 공정시간의 절감과 제품품질의 향상을 기할 수 있다.

9) 공장운영관리

8번의 공정관리는 개별제조공정의 관리가 주관심인 반면, 이 전략은 공장수준의 관리에 관련이 있다. 공장의 총체적인 작업을 보다 효과적으로 관리, 조정하기 위함이다. 공장운영관리 전략을 구현하기 위해서는 공장 내에 수준 높은 컴퓨터 네트워크의 구축이 전제되어야 한다.

10) 컴퓨터통합생산(CIM)

1)번부터 9)번까지의 전략을 한 단계 높이기 위해 공장운영에 공학적 설계와 비즈니스 기능을 통합할 필요가 있다.

실 무 사 례

가전제품의 생산라인 자동화 구축

(1) 자동화의 구축내용

국제 경쟁력을 높이고 다품종 생산을 위해서는 컬러 TV 생산라인을 자동화로 구축하는 것이 필요하게 되었다. 따라서 도요타 자동차와 기후 차체(車體) 현장견학 및 실습을 통하여 터득한 JIT 개념과 Pull Automation을 결합시킨 컬러 TV 총조립 자동화라인을 계획하였다. 주요 자동화 추진사항은 그림 5-6과 같이 총조립라인을 Display 조립구간, 신뢰성 조정구간, 포장공정구간으로 구분하여 추진하고 자동 Model 교체기 개발로 Model Change 시간 Loss를 획기적으로 단축하였다.

직접 인원 40명으로 일평균 800대 생산하던 반자동화 생산라인(수작업)을 대상으로 Display 조립공정, 조정·신뢰성 조정공정 및 포장공정으로 구분하여 Project 활동을 추진하여 직접인원 25명으로 일평균 1,600대 생산능력의 최적 자동화시스템을 구축하였다. 자동화라인의 전후 비교는 다음과 같다.

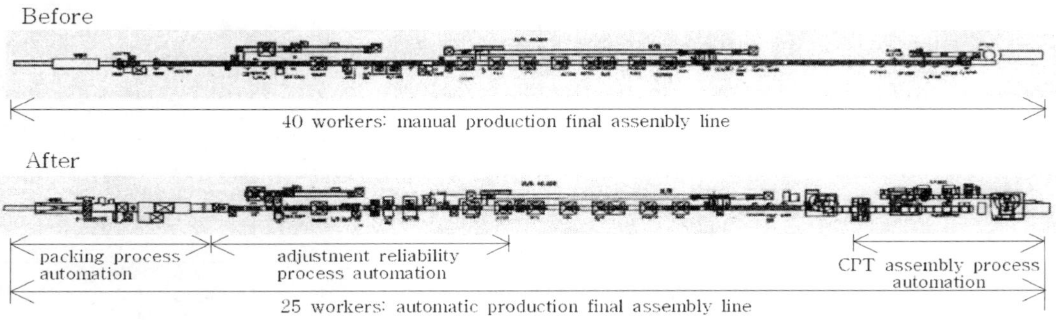

그림 5-6 Automation lines

(2) 자동화 공정개선

1) Display 조립공정의 자동화 (Display Assembly Process Automation)

Display 운반대(40개 포장)를 수작업으로 운반, 조립하던 작업방법을 Robot 이송, 조립하도록 개선하고 Model Automation Change Machine에 의해서 자동적으로 Pallet 공급이 되도록 다음과 같이 개선하였다.

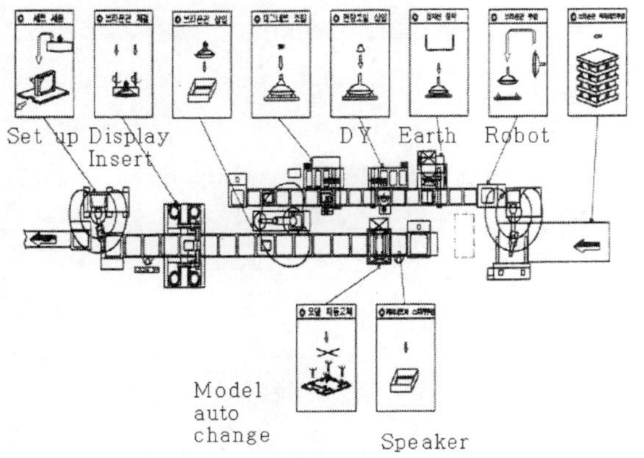

Automation Setup

① ID Label Attach Machine

② Accessory Inserting Machine

③ Bar-Code Label Attach Machine

그림 5-7 Display Process Automation

2) **조정/신뢰성 보증 공정의 자동화** (Adjustment Reliability Process Automation)

컬러 TV에서 가장 중요한 Red, Blue, Green의 빛의 3원색을 조합하여 White Balance 조정을 육안으로 판독하는 방법을 개선하여 Computer Memory로 인식하는 자동화시스템을 구축하여 화면의 질과 신뢰성을 향상시키도록 다음과 같이 개선하였다.

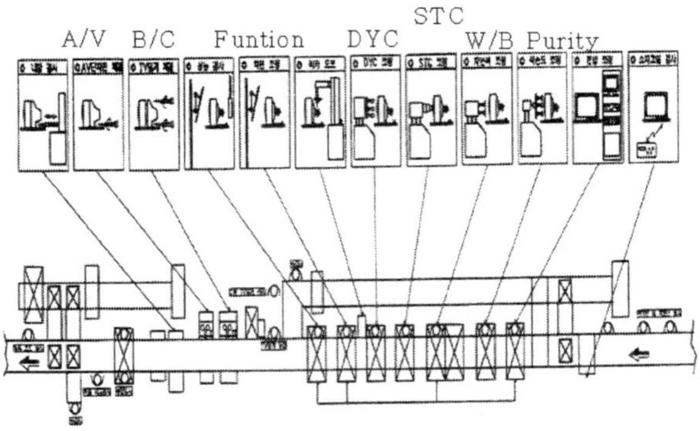

Automation Setup

① STC(Static Convergence)Auto Adjustment

② DYC(Dynamic Convergence) Auto Adjustment

③ White Balance Auto Adjustment

그림 5-8 Adjustment Reliability Process Automation

3) **포장공정의 자동화** (Packing Process Automation)

컬러 TV를 양팔의 힘을 이용하여 포장박스 안에 넣어서 포장하던 방법을 Vacuum Lifter를 이용하여 운반, 이송, 포장하고 ID Label과 Bar-Code를 부착하는 것을 다음과 같이 자동화시킨 공정이다.

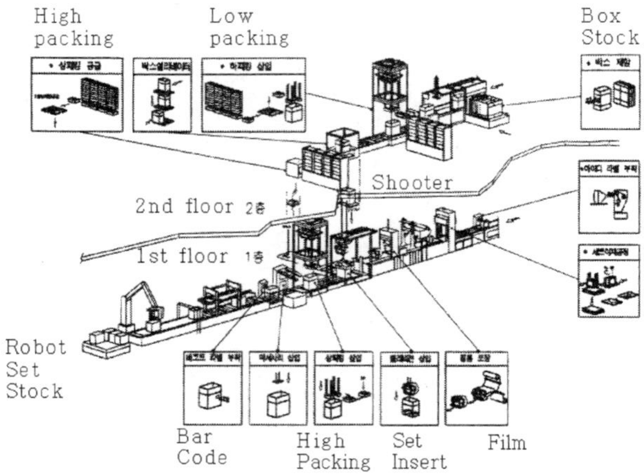

Automation Setup

① Cabinet and Speaker One Body

② Model Automatic Change Machine

③ Pallet Improvement(Cabinet, Display)

그림 5-9 Packing Process Automation

(3) 자동화시스템 구축의 전후 비교

생산라인 자동화에 의한 인원절감 및 생산대수

1) Display 조립공정의 자동화

Display 조립시스템화, Deflection York가 공급박스 전용기, Earth선 체결기, 자동 Model 교환기 개선으로 조립인원 6명에서 2명으로 조립(4명 감소)하도록 하였다.

2) 조정공정의 자동화

W/B 컴퓨터 인식 조정, 래커 자동주입기, STC, DYC 조정기 개선으로 조립인원 9명에서 7명으로 조립(2명 감소)하도록 하였다.

3) 포장공정의 자동화

1층, 2층 자동포장기 시스템화, 자동라벨 부착, 자동 적치로봇 설치, Set 삽입기 개선으로 조립인원 7명에서 3명으로 조정하여 4명이 감소하였다.

4) Back Cover 체결 및 Pallet 이송의 자동화

Back Cover 자동체결기, Pallet 자동이송, Audio/Video 단자체결기 개선으로 조립인원 4명에서 1명으로 하여 3명의 감소효과가 나타났다.

5) 검사공정의 자동화

내압검사 및 소자코일 체크자동화로 조립인원 5명에서 2명으로 조정, 3명이 감소하였다.

6) 수동작업의 공정

Display 운반, 기판삽입, Automatic Gain Control 조정, 박스공급, Packing 운반, 완제품정리, Cabinet 운반, Set 세움의 수동작업공정에서 총 9명이 작업하였다.

따라서 개선 전의 인원 40명에서 개선 후의 인원이 24명으로 생산라인이 구성되어 결국 16명이 감소되고 약 40% 인원 절감효과가 발생하였다.

7) 생산대수 : ST(표준시간)

총조립생산 Tact Time이 7대 Loss 개선 및 자동화시스템 구축으로 40초에서 20초로 단축되어 1일 580분 기준으로 약 1,600대 생산실적을 달성했으며, 총조립 ST 20분 중 8분은 24명 작업원이 분담 조립하고 12분은 자동화로 조립을 담당하도록 했다.

Chapter 03

실용 시퀀스 제어회로

일반적으로 시퀀스 제어라고 하면 생산공정과 직결되어 있는 컨베이어, 엘리베이터, 철강공장, 빌딩의 전기실, 공작기계, 급·배수설비 등을 연상하게 된다. 이 제어대상의 대부분은 전기기계(전동기, 발전기, 특수기기)와 공기압으로 자동화되어 가고 있다.

이 장에서는 일상생활에서 흔히 보는 기본적인 응용예를 통해서 시퀀스 제어에 대한 이해의 폭을 넓히는 동시에 기초와 활용방법에 대하여 살펴본다. 공기압과 그 응용에 대해서는 언급하지 않는다.

3.1 전동기 제어회로

일반적으로 전동기를 분류하면 아래와 같다. 범용으로 많이 사용되는 유도전동기의 기동법으로는

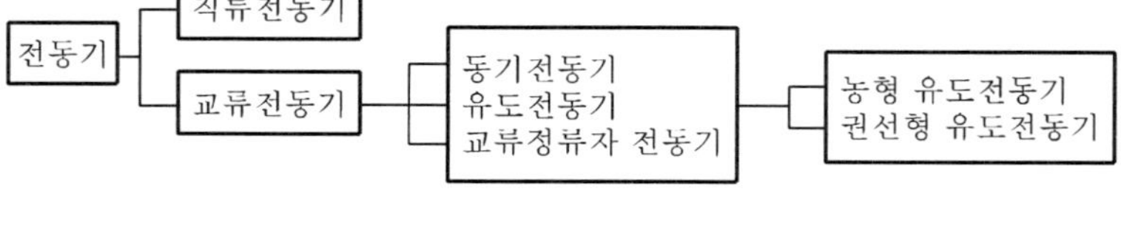

농형 유도전동기의 경우 기동법은 다음과 같다.

① 전전압 기동법

② Y-△ 기동법 : 기동시 Y결선으로 정격전압의 약 58%로 안전하게 기동하는 방법

③ 리액터 기동법 : 1차측에 기동리액터를 삽입하여 기동전류를 억제하며 기동을 완료한 후 단락하는 방법

④ 기동보상기법 : 기동전류를 제한하기 위해서 각 상에 단권변압기를 연결하여 공급전압을 낮추어 기동하는 2차 저항기동법

권선형 유도전동기의 경우에는 구조상 슬립링(Slip Ring)을 통하여 외부에서 적당한 저항기를 사용하여 간단히 기동할 수 있다. 회전속도를 변화시키기 쉽다는 이유로 대형기기에 많이 사용하고 있다.

3.1.1 3상 유도전동기 전전압기동 운전회로

전원전압을 직접 전동기 단자에 인가하는 방법으로 가장 일반적이고 기본이 되는 회로이다. 배선용 차단기, 전자접촉기, 열동계전기, 푸시버튼 스위치, 표시등이 사용되고 있다. 소용량의 팬, 펌프, 컨베이어 등에 많이 사용되는 회로이다. 일명 직입기동이라고도 하며, 그림 5-10과 같이 회로를 만들어 접속한다.

그림 5-10은 전전압 기동회로의 동작을 설명한다.

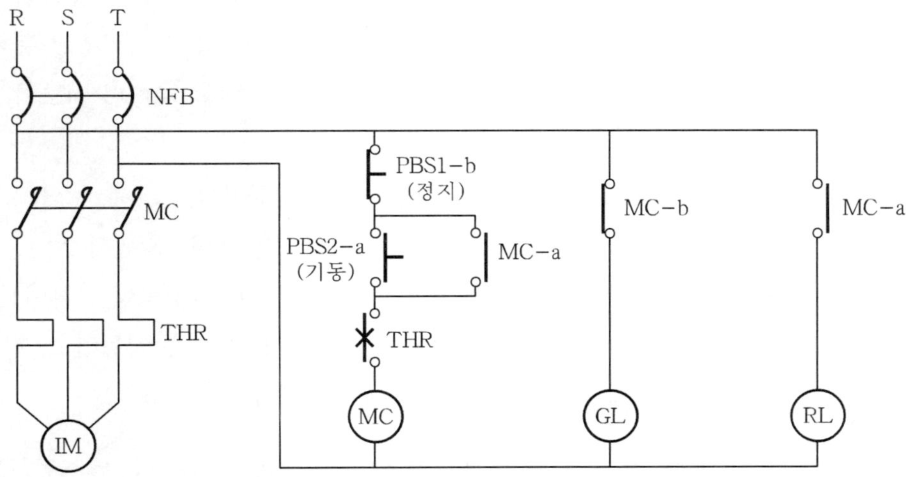

그림 5-10 전전압기동의 예

① 회로표시등은 NFB를 투입하면 정지표시등(GL)이 점등한다.
② 기동 푸시버튼 스위치(PBS2-a)를 누르면 MC 코일에 전류가 흘러 여자되고, 주접점이 닫혀 모터가 기동한다.
③ MC 코일이 여자되면 PBS2-a와 병렬접속된 MC 코일에는 계속 전류가 흐른다(자기유지회로).
④ 동시에 MC-b 접점이 열려 정지표시등(GL)이 소등되고, MC-a 접점으로 운전표시등(RL)이 점등된다.
⑤ 운전 중에 모터가 과부하상태가 되면 열동계전기(THR)가 작동하여 THR의 b 접점이 열려 MC 코일의 전류가 끊어져 주접점이 열려 모터는 정지한다.
⑥ 동시에 RL이 소등하고 GL은 점등된다.
⑦ 과부하 원인을 제거하여 THR을 손으로 복귀시키면 재운전이 가능하다.

1. 3상 유도전동기를 두 군데에서 기동·정지시키려 한다면, 어떤 접점이 어디에 접속되면 그것이 가능한지 생각해 보자.
2. 타임차트를 작성해 보자.

3.1.2 3상 유도전동기의 촌동운전회로

전동기의 촌동[Jogging, 미동(Inching)]운전은 촌동스위치를 누르고 있는 동안에만 모터를 운전하는 것을 의미한다. 펌프전동기의 회전방향 확인, 공작기계의 위치조정 등에 사용하는 대표적인 회로이다. 그림 5-11은 유도전동기의 촌동운전제어회로이며 회로의 동작을 설명한다.

① NFB를 통하여 전원을 투입하면, 정지표시등(GL)이 점등한다.
② 촌동 푸시버튼 스위치(PBS2-c)를 누르는 동안 MC 코일이 여자되면서
③ 전자접촉기(MC)의 주접점이 붙어 전동기는 촌동된다. 이때 회전방향을 확인한다. 동시에 보조접점 MC-a, MC-b가 각각 동작하여 운전표시등(RL)은 점등하고, 정지표시등(GL)은 소등한다. MC에 전류가 흐르며 전동기는 정상운전한다.

1. 과부하가 걸리면 어떤 동작시퀀스가 구성되는지 생각해 보자.
2. 타임차트를 작성해 보자.

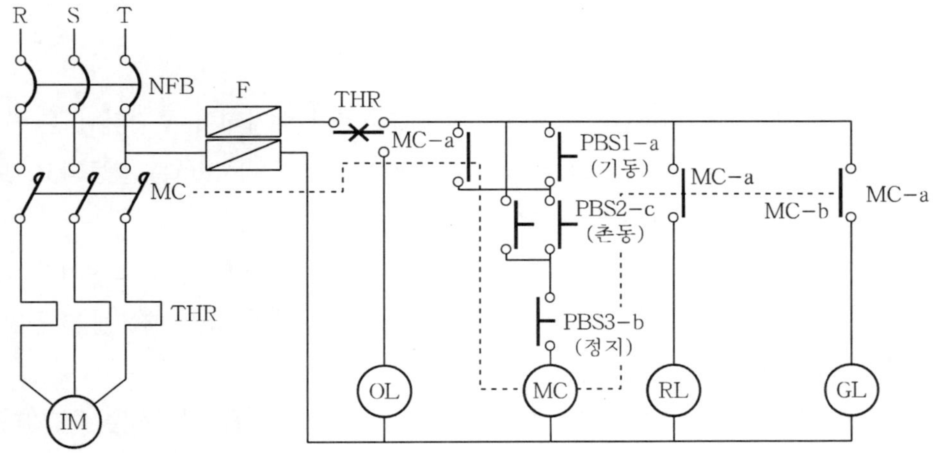

그림 5-11 촌동운전회로의 예

3.1.3 3상 유도전동기의 시한운전회로

시한이란 입력신호가 가해진 후 출력접점이 동작할 때까지의 시간간격을 일컫는 용어로 기동스위치를 누르는 즉시 기동하여 운전하다가 설정된 시간 후에는 자동적으로 전동기가 정지하는 제어이다. 1개의 타이머를 사용한다. 시한운전회로 구성을 그림 5-12에 나타내었다.

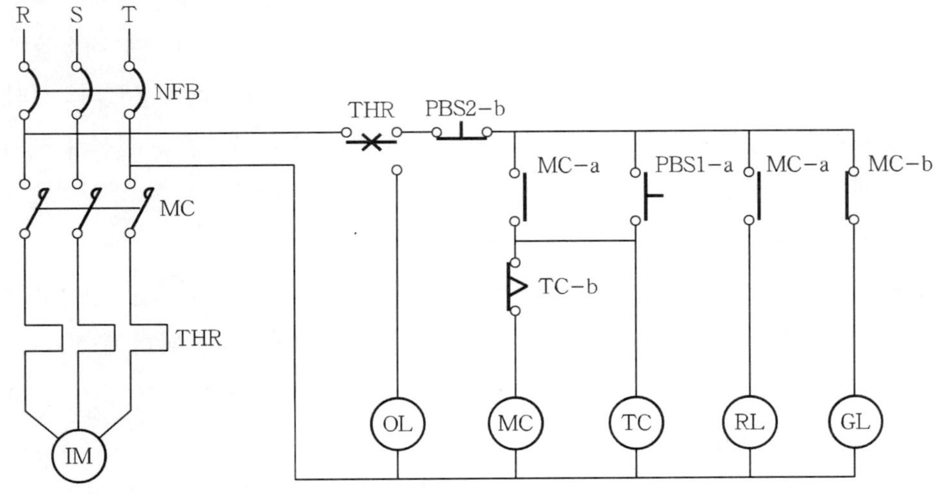

그림 5-12 시한운전회로의 예

그림 5-12는 시한운전회로의 동작을 설명한다.

① 전원을 투입하면 정지표시등(GL)

② 기동 푸시버튼 스위치(PBS1-a)를 누르면 MC 코일이 여자되어 주접점이 붙는다. 전동기가 기동하며 동시에 보조접점 MC-a는 붙어 운전표시등(RL)은 점등되고, 보조접점 MC-b는 떨어져 정지표시등(GL)은 소등한다.

③ MC 코일 여자와 동시에 병렬연결된 타이머 코일(TC)도 여자되어 설정시간 t초 후 타이머 보조접점 TC-b가 떨어지므로 MC 코일여자가 되지 않기 때문에 전동기가 자동적으로 정지되어 모든 접점이 복귀된다.

④ 운전 중 정지용 푸시버튼 스위치(PBS2-b)에 의해 전동기를 정지시킬 수 있다.

1. 타임차트를 작성해 보자.
2. 2개의 타이머를 사용하여 임의 설정시간 동안 운전하고, 임의 설정시간 후에 기동운전하는 반복 시한 운전하려면 제어회로를 어떻게 구성해야 되는지 생각해 보자.

3.1.4 3상 유도전동기의 정·역 운전회로

3상 유도전동기의 회전방향을 바꾸려면 회전자계의 방향을 반대로 하면 되므로, 전원의 3상 R, S, T 중 두 상만을 서로 바꿈으로써 전동기의 회전방향을 바꿀 수 있다. 그러나 3상 회로 중 임의 두 상을 마음대로 교체하면 회로점검이나 고장수리시에 지장을 초래한다. 대체로 R상과 T상을 교체하여 사용한다. 보통 S상이 접지선으로 사용된다. 셔터 자동개폐, 엘리베이터, 컨베이어와 같이 왕복운동하는 것은 대부분 정·역 운전시켜 제어한다. 그림 5-13과 같이 회로를 구성한다.

다음은 정·역 운전회로의 동작을 설명한 것이다.

① 전원을 투입하고 정방향 회전용 푸시버튼 스위치(PBS1-a)를 누르면, 정방향 전자접촉기 코일 MCF가 여자되어 전동기가 정회전을 하며 MCF-a가 닫혀 운전표시등(RL) 점등 및 자기유지회로가 구성된다. 동시에 MCF-b도 열려 인터로크 동작이 계속 이루어져 안전운전이 된다.

② 정지 푸시버튼 스위치(PSB2-b)를 누르면 회로가 차단되어 전동기가 정지하고 운전표시등(RL)이 소등된다.

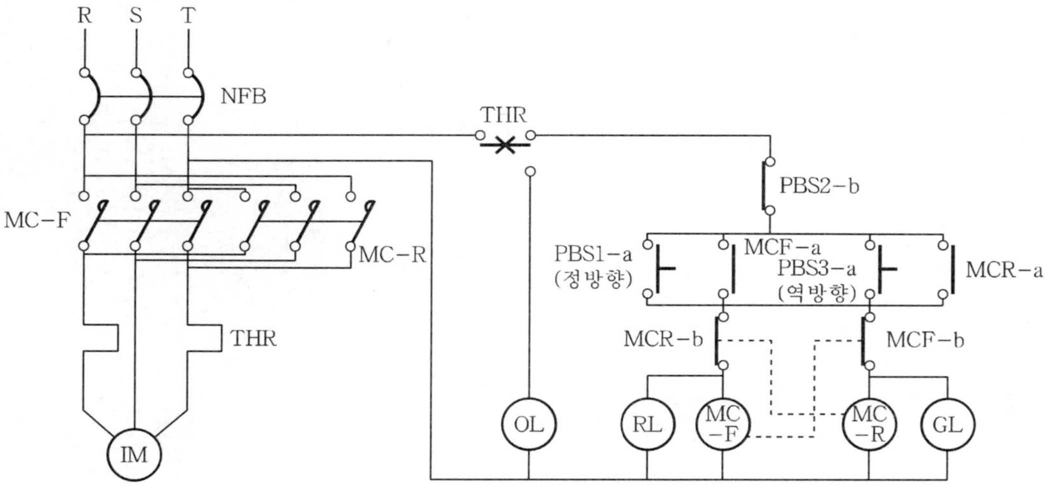

그림 5-13 정·역 운전회로의 예

③ 역방향 푸시버튼 스위치(PSB3-a)를 누르면 정방향과 반대방향이 일어나 역방향 표시등(GL)이 점등하고 운전은 계속된다.

제 6 부

생산기술의 새로운 접근방법

Chapter 01

생산기술의 경영혁신

1.1 품질경영 (TQM)

오늘날과 같은 무한경쟁의 치열한 경쟁환경에서 기업이 성장·발전하기 위해서는 품질경쟁력과 가격경쟁력을 갖춘 세계적 초인류기업을 지향해야 할 것이다. 그러나 이러한 목표는 부분적이고 한시적인 노력에 의해서 달성될 수 있는 것이 아니다. 기업의 모든 분야, 모든 구성원이 지속적인 노력을 기울여야만 가능한 것이다. 품질경영(TQM : Total Quality Management)이란 바로 이러한 개념에 기초하여 기업을 경영하고자 하는 경영철학인 것이다.

즉, TQM은 조직의 모든 업무와 관련하여 조직 내의 모든 구성원이 참여하여(T : Total), 소비자에 의해서 정의된 품질을 달성하여 고객을 감동시킴으로써(Q : Quality), 장기적이고 지속적으로 기업의 효율성과 경쟁력을 강화시키기 위한 기본적인 경영시스템(M : Management)이라 할 수 있겠다.

(1) 품질경영(TQM)이란 무엇인가?

오늘날 기업뿐만 아니라 비영리조직에서도 가장 널리 채택되고 있는 경영 혁신기법이면서도 TQM에 대한 일반적으로 통일된 정의를 구하기는 쉽지가 않다.

그 이유는 아마도 TQM이 품질관리를 위한 단순하고 구체적인 하나의 관리기법이 아니라 조직의 전체적인 경영활동의 기본적인 지침이 되는 일종의 경영철학이기 때문일 것이다.

즉, TQM은 단지 생산현장에서의 불량품 통제를 통한 품질향상기법이 아니라 전사적으로 전략적인 관점에서 기업의 경쟁력을 향상시키는 조직경영의 기본철학인 것이다.

전통적으로 품질관리라고 하면 생산현장을 중심으로 검사를 통해 불량품을 적발하고 이를 개선하여 일정수준의 품질을 달성·유지하고자 하는 노력을 의미하였다. 즉, SQC, QC 또는 TQC 등으로 불리는 전통적인 품질관리의 특징은 첫째, 기업 내부적인 관점에서 설정된 일정수준의 품질수준의 달성을 목표로 하며, 둘째 이러한 노력은 생산부서 또는 품질관리 전담부서에 한정하여 수행된다. 또한 품질향상의 대상은 소비자에게 전달될 최종 제품으로 국한된다.

전통적인 품질관리와는 달리 TQM에서는 우선 달성하고자 하는 품질수준이 재화나 용역을 사용할 고객의 입장에서 정의된다. 고객의 욕구에 부합하는 수준의 기능과 성능을 달성목표로 설정한다. 그리고 이러한 품질향상 노력은 특정부서에 한정된 것이 아니라 조직 내 모든 구성원에 의해서 전사적으로 추진되는 것을 전제로 한다. 관리의 대상 또한 최종제품뿐만 아니라 조직 내의 모든 활동과 서비스가 포함된 개념이다. 즉, 조직 내의 모든 부서는 타 부서를 위한 재화나 용역을 창출하는 활동을 수행하므로 이 과정에서 생산되는 산출물의 품질 또한 관리의 대상이 되어야 한다는 것이다.

결국 TQM이란 조직의 모든 업무와 관련하여 조직 내의 모든 구성원이 참여(T : Total), 소비자에 의해서 정의된 품질을 달성하여 고객을 감동시킴으로써(Q : Quality), 장기적이고 지속적으로 기업의 효율성과 경쟁력을 강화시키기 위한 기본적인 경영시스템(M : Management)이라 할 수 있겠다.

(2) TQM의 핵심요소

TQM에 대한 통일된 정의가 없다고는 하지만 TQM을 다른 개념과 구별짓는 고유한 핵심적인 요소개념은 존재한다. 본 절에서는 이러한 개념을 살펴봄으로써 TQM에 대한 이해를 보다 확실히 하고자 한다. TQM의 핵심개념에 대해서도 학자들에 따라 여러 가지로 제시되고 있지만 공통적인 것으로 품질개념, 전사적 노력, 그리고 지속적 노력의 세 가지를 들 수 있겠다.

1.1.1 품 질

(1) 고객중심의 품질개념

"품질은 엔지니어나 경영자에 의해서 결정되는 것이 아니라 바로 고객에 의해서 결정된다."는 말과 같이 TQM은 고객중심의 경영에 뿌리를 두고 있다. 즉, TQM이 목표로 하는 품질이란 "소비자가 원하는 제품은 이러한 것이다."라고 기업이 짐작하여 설정한 기능이나 성능의 제품을 규격에 맞게 생산하는 것이 아니라, 바로 고객이 원하는 수준의 재화나 서비스를 제공함으로써 고객의 욕구를 만족시키고 더 나아가서는 고객을 감동시키는 것이다.

(2) 고객의 범위

일반적인 의미로 고객은 기업이 생산한 재화나 용역의 최종소비자만을 뜻한다. 하지만 TQM에서는 외부의 고객뿐만 아니라 내부고객이라 하여 기업 내부의 구성원도 고객에 포함시킨다. 즉, 구매부서에 의해 조달된 원재료나 부품을 사용하여 생산활동을 하는 생산부서는 구매부서의 고객이 되며, 구내식당을 이용하거나 회계정보를 이용하는 조직 내의 모든 구성원은 구내식당 또는 회계부서의 고객이 된다. 따라서 품질의식은 생산부서뿐만이 아니라 조직구성원 모두에게 요구된다. 내부고객을 만족시키지 못하면 외부고객을 만족시킬 수는 없는 것이다.

(3) 고객의 욕구

고객의 욕구를 충족시키려면 이들의 욕구가 무엇인지를 알아야 한다. 특정제품에 대한 고객의 구체적인 욕구는 각기 다르겠지만, 카노(Kano)라고 하는 학자는 제품에 대한 기대감을 기준으로 고객의 욕구를 세 가지로 분류하고 있다.

첫째는, 기본적 욕구라 하여 구매하는 제품에 당연히 포함되어 있을 것으로 기대하는 특성이 있다. 이것은 가장 낮은 단계의 욕구로서 이것이 충족되지 못하면 고객은 매우 불만족을 느끼게 된다.

둘째는, 정상적인 욕구로서 고객에 의해서 직접 표현되는 특성이다.

셋째는, 감동적 욕구라 하여 고객이 기대하지 않았던 욕구이다. 감동적 욕구가 충족될 경우 고객은 무한한 감동을 느끼게 된다. 초일류기업이 되기 위해서는 고객의 감동적 욕구충족을 목표로 삼아야 할 것이다.

한편 고객의 욕구는 시간과 장소에 따라 끊임없이 변화한다. 따라서 기업의 경영자는 이러한 고객의 욕구변화를 체계적이고 조직적인 방법으로 파악하여 고객의 욕구변화에 신속하고 유연하게 대처하여야 할 것이다.

1.1.2 전사적 노력

TQM에서 Total의 의미는 조직 내의 모든 업무에 대해 모든 구성원이 참여하여 개인적인 책임감을 바탕으로 서로 협동·합심하여 전자적인 차원에서 품질향상을 위하여 노력한다는 것이다.

(1) 모든 구성원의 참여

과거의 품질관리활동이 주로 생산 또는 품질관리부서에 국한되어 추진된 것과는 달리 즉, TQM에서는 조직 내의 모든 구성원이 품질향상을 위하여 참여한다. 즉, TQM에서는 품질관리의 영역을 확대하여 생산부서뿐만 아니라 판매, 구매, 관리(회계, 인사, 총무 등) 부서 등을 모두 품질향상 활동에 포함시켜서 서로 협력하여 조직의 목표를 공동으로 축구한다는 것이다. 제품의 품질은 단지 제조활동에 의해서만 결정되는 것이 아니라 양질의 재료와 우수한 기술력, 그리고 쾌적하고 의욕적인 작업환경에 의해 영향을 받는다. 따라서 품질향상은 조직 내 모든 구성원의 단합된 노력에 의해서만 가능하다는 사실은 지극히 상식적인 요구라 하겠다.

(2) 조직 내의 모든 업무에 대해 적용

기업 생산물의 최종소비자는 외부고객이지만 이들을 만족시키기 위해서는 우선 기업 내 모든 종업원으로 구성되는 내부고객의 만족이 요구된다. 기업 내 모든 부서와 종업원들에 의해 수행되는 활동의 직접적인 소비자는 바로 기업 내의 다른 구성원이기 때문이다.

예를 들어, 구매부서의 구매활동 결과는 제조부문이나 판매부서의 능률적인 활동을 위하여 필요한 것이며, 회계부서에서 생산되는 관리회계정보는 기업 내 모든 부서의 관리를 위하여 이용된다. 즉, 모든 종업원의 활동은 궁극적으로는 외부고객의 만족을 위한 것이지만 직접적으로는 다른 구성원의 업무 또는 작업에 필요한 재화나 용역을 공급하는 것이다.

따라서 생산부서뿐만 아니라 판매, 재무 및 기획부서 등 비제조부서의 활동도 자신이 제공하는 서비스의 소비자인 내부고객을 만족시킬 수 있는가의 관점에서 관리되어야 한다는 것이다. 내부고객만족을 위한 이러한 노력이 결국 기업의 전체적인 효율성과 품질향상을 가능하게 하며 최종소비자인 외부고객을 감동시킬 수 있을 것이다.

(3) 권한부여와 팀워크

TQM에서는 의사결정에 종업원이 참여하는 것을 강조한다. 이는 종업원으로 하여금 자신의 업무뿐만 아니라 조직 전체의 관점에서 책임의식을 갖게 함과 동시에 품질향상을 위한 종업원의 창의력 발휘와 능동적이고 적극적인 자세를 촉진하기 위해 요구된다. 참여의 한 가지 방법으로 권한부여(Empowerment)를 들 수 있다. 권한부여는 단순히 의사결정을 위한 토의에 참여하여 의견을 제시하는 수준의 참여를 넘어 일정한 범위 내에서 종업원 스스로가 자율적으로 판단 결정하고 이를 집행할 수 있는 권한을 부여하는 것이다. 이러한 권한부여는 종업원의 참신한 아이디어 창출과 자율적인 업무의 개선을 촉진하게 되어 품질향상 및 조직의 효율성 증대에 기여하게 된다.

권한부여와 함께 TQM에서는 부서간의 의사소통, 지식의 공유 및 협동 등을 촉진하기 위한 팀워크(Teamwork)를 강조한다. 전통적인 수식적 조직은 특정기능을 중심으로 구성되므로 수평적 상호작용에 비효율적이기 때문이다.

예를 들어, 설계, 기술, 생산, 판매, 재무 등을 담당하는 사람들이 하나의 팀을 이루어 고객의 요구를 설계와 제조과정에 반영하도록 하는 것이 보다 더 효율적이라는 것이다. 그러나 이러한 팀이 효율적으로 운영되기 위해서는, 즉 팀워크를 발휘하기 위해서는 팀의 구성원이 모두 일치된 목표를 갖고 동질감을 공유하는 것이 요구된다.

1.1.3 지속적인 개선 노력

품질경영에서 궁극적으로 추구하는 것은 일정수준의 품질을 유지하는 것이 아니라 무결점(Zero Defects)을 달성하는 것이다. 단 1개의 불량과 단 1건의 고객불만도 허용해서는 안된다는 것이다. 그러나 제품의 불량 또는 품질저하는 단순히 생산활동에서만 발생하는 것이 아니라 원재료의 구입, 제품의 개발·설계, 판매 또는 인사 및 회계부서와 같은 조직의 모든 활동에서 야기될 수가 있다.

즉, 무결점을 달성하려면 조직 내의 모든 활동이 완벽하게 수행되어야 하나 이는 이론적으로나 가능할 뿐 현실적으로는 거의 불가능한 것이다. 따라서 품질경영은 일정기간을 정해 놓고 수행되는 단기적인 또는 1회용 프로그램이 아니라, 지속적으로 끊임없이 추진되어야 하는 일종의 경영철학으로 인식하고 추진되어야 한다.

사실 지속적인 개선은 Kaizen(改善)이라고 하여 일본 기업들이 널리 채택하고 있는 일본식 경영개념이다. 구미의 경영이 표준이라고 하는 정적인 목표를 설정하고 이를 달성하면 만족하는 것과는 달리 일본의 Kaizen은 목표를 고정시켜 놓는 것이 아니라, 계속적으로 상향조정되는 동적인 목표를 향하여 지속적으로 개선을 추구함으로써 최선을 지향하는 것이다. Kaizen은 혁신과는 대립되는 개념이다. 혁신은 일부 엘리트집단을 중심으로 단기적으로 급격하고 폭발적인 변화를 통하여 극적인 효과를 추구하는 데 반하여, Kaizen은 조직의 모든 구성원이 완만하지만 지속적인 노력을 기울여 점진적으로 현상을 타파하고자 한다.

지속적인 개선에서는 결과보다는 과정과 원인을 중시한다. 재작업을 통하여 불량품을 줄이는 것이 아니라 불량품이 생산된 공정과 사람으로부터 원인을 규명하고 이를 시정함으로써 불량의 발생을 원천적으로 차단한다는 사고이다. 따라서 지속적인 개선에서는 관리의 초점을 공정에 둔다. 검사를 강화하여 불량품을 적발하고 이를 제거하는 것은 불량품이 외부로 유출되는 것은 방지할 수 있지만 불량품의 발생을 근절시킬 수는 없는 것이다.

그러나 공정을 중심으로 불량의 원인(그것이 설비의 문제이건, 아니면 사람으로 인한 것이건)을 제거한다면 불량품의 발생 자체를 억제하고 검사도 불필요하게 될 것이다. 이러한 방향에서 관리가 되어야만 비로소 무결점의 추구가 가능해질 것이다. 최근 들어, 여러 기업들이 도입하고 있는 6시그마기법은 공정개선을 통하여 무결점(6σ는 100만 개 중 3.4개의 불량품이 발생하는 수준)을 달성하고자 하는 대표적인 기법이다.

(3) TQM의 실행과 성공조건

앞에서도 살펴본 바와 같이 TQM은 개별적인 문제해결기법이 아니라 일종의 경영철학이다. 따라서 이를 도입·적용하는 방법 또한 구체적이고 정형화된 형태로 존재하지는 않는다. 하지만 모든 제도가 그러하듯이 TQM도 의도하는 바를 성공적으로 달성하기 위해서는 이의 도입과 적용과정이 보다 체계적인 절차에 의해서 수행되어야 할 것이다.

성공적인 TQM의 도입을 위해서는 첫째, 도입계획과 실행 그리고 프로세스 통제의 지침이 될 수 있는 건전하고 체계적인 절차를 수립하는 것이 요구된다. 둘째, 조직구성원의 모든 일상적인 업무처리가 TQM 개념을 바탕으로 수행되는, 즉 TQM을 기반으로 하는 조직문화를 조성하며, 셋째, 기업 내 각 기능분야의 통합을 촉진하고 품질과 TQM, 그리고 기업전략이 서로 긴밀하게 연계될 수 있도록 조직화하는 것이 요구된다.

한편 이러한 조직적이고 체계적인 과정은 TQM의 핵심적인 요소와 관점을 고려하여 보다 구체화할 필요가 있다. 품질경영의 대가인 파이겐바움(Armand Feigenbaum)은 TQM이 성공하기 위해서는 다음과 같은 10가지의 기본적인 지침을 준수하여야 한다고 하였다.

① 품질은 전사적인 활동이다. 품질은 고객과 공정, 그리고 공급업자가 서로 연계된 전사적이고 체계적인 방법으로 실행되어야 한다.

② 품질은 고객이 말한다. 당신이 파는 제품의 품질에 관해 알고 싶으면 엔지니어나 대리점이 아닌 고객에게 물어 보아야 한다. 바로 그 고객만이 제품의 품질에 대해 정확히 답해 줄 것이다.

③ 품질과 비용은 대립되는 것이 아니다. 품질은 기업의 발전과 높은 투자수익을 보장하는 최고의 기회를 제공한다. 이를 위해서는 철저한 비용 분석이 필요하다.

④ 품질향상은 개인의 열정과 팀워크가 필요하다. 그러나 이를 촉진하기 위해서는 개인과 팀이 수행하는 품질에 대한 직무를 명백하게 규정하는 것이 필요하다. 그렇지 않으면 품질은 그 누구의 일도 아닐 수가 있다.

⑤ 품질은 관리하는 것이다. 경영자는 종업원들에게 품질에 관한 지식과 기술을 교육시켜야 하며, 좋은 품질이 좋은 기업을 만든다는 의식을 종업원들에게 심어줘야 한다. 품질은 어떤 특정 국가나 문화 속에서만 가능하다는 것은 미신이다.

⑥ 품질과 혁신은 상호보완적이다. 신제품의 성공은 제품개발단계에서부터 품질을 고려했는가에 달려 있다. 제품설계의 초기단계에서부터 고객의 욕구를 고려하여야 한다.

⑦ 품질은 보편적인 윤리이다. 인간은 본질적으로 최고를 추구한다. 그리고 최고를 추구하는 것이야말로 품질의 리더가 되는 길이다. 단순히 차트와 도표에만 의존해서는 최고가 될 수 없다.

⑧ 품질은 지속적으로 개선되어야 한다. 품질은 꾸준히 추구해야 할 목표이고, 기업 내 모든 구성원과 납품업자가 모두 참여하여 달성할 수 있는 것이다.

⑨ 품질은 가장 비용을 절감하고 생산성을 가장 향상시킬 수 있는 지름길이다. 많은 기업들은 불량 때문에 발생하는 감춰진 비용을 잘 인식하지 못하고 있다.

⑩ 품질은 고객과 납품업자를 연계하는 토털시스템으로 운영되어야 한다.

(4) TQM의 이점

TQM을 성공적으로 도입한 어느 기업의 최고경영자는 "7년이 지난 지금도 우리 회사가 경쟁력 있는 기업으로 성장을 한 진정한 이유는 TQM을 도입한데 있다고 생각한다."고 이야기하고 있다. 오늘날 많은 기업들이 TQM을 도입하는 것은 이를 통하여 여러 가지 효익을 얻을 수 있기 때문일 것이다.

그러면 TQM을 도입함으로써 기업이 얻을 수 있는 이익은 무엇인가? 궁극적인 효과는 기업의 가치를 증가시키는 데 있을 것이다. 그러나 이는 직접적으로 달성되는 것이 아니고 기업경영의 여러 측면과 과정에서 긍정적인 효과를 달성함으로써 도출되는 결과인 것이다.

다음의 그림 6-1에서처럼 내부적인 관점에서 품질경영을 통하여 작업방법이 개선되고, 품질에 대한 책임감이 증가하면, 이는 적합한 품질의 제품을 생산하여 불량을 감소시킨다. 불량의 감소는 곧 생산성의 향상을 의미하며, 내부실패원가와 품질보증비용의 감소를 가져온다. 이 결과, 기업 내부적인 운영비용의 절감과 외부실패원가의 감소가 가능하며 이는 곧 이익의 증가를 가져오게 된다.

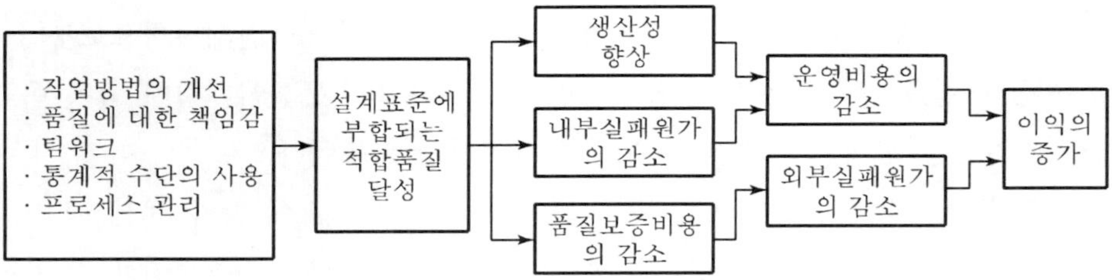

그림 6-1 품질개선의 내부적인 효과

한편 그림 6-2에서처럼 고객만족이라고 외부적인 측면에서는 고객지향적인 태도, 즉 고객욕구의 충실한 이해는 고객에 대한 제품이나 서비스의 성과를 개선시키며 이는 기업의 명성을 높이는 결과를 가져온다. 기업의 명성이 높아지면 당연히 시장점유율이 높아지며 보다 높은 가격을 유지할 수 있다. 이는 곧 기업의 이익 증가를 가져오게 된다.

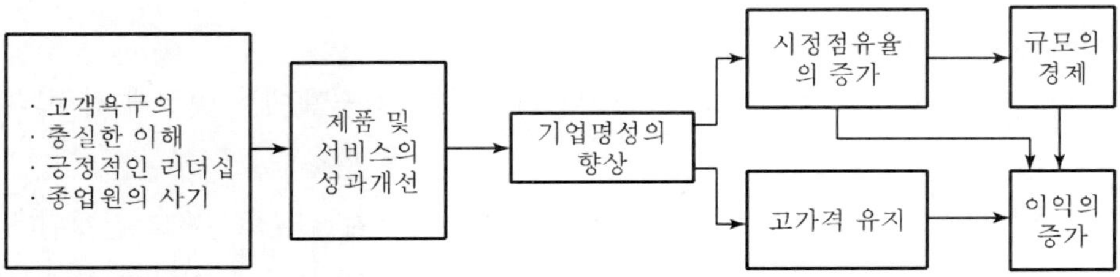

그림 6-2 고객만족에 의한 기업가치의 증대

1.2 방침관리

방침관리는 전사적 품질관리(TQC) 추진의 기법으로서 중·장기 및 단기경영계획에 의해서 책정된 목표를 최고경영자로부터 현장의 감독자에 이르기까지 목표(관리그래프에 의해 점검)와 방책(실시계획서에 의해 점검)의 상호전개를 통해 명확히 하여 그것을 달성해 나가는 관리기법이다. 방침관리는 통계적 품질관리(SQC)와 경영관리를 융합한 것으로 일상관리와는 달리 현상타파나 혁신을 위해 행하여지는 적극적인 개선을 위한 관리활동이다.

(1) 방침관리의 의의

방침관리란 경영목적을 달성하기 위해 수립한 중·장기경영계획 또는 연도경영방침을 체계적으로 달성하기 위해서 모든 목표달성활동을 목표·수단관계의 연쇄에 의해 하부조직으로 전개하는 관리기법이다. 즉, 기업의 장기비전에 따른 중·장기방침으로부터 구체적인 연도목표·방침을 정하고, 이에 따라 수립된 전부문의 활동실시계획에 의해 목표를 달성시키는 기업조직 전체의 협력을 기초로 행하여지는 활동이다.

한편 방침관리는 각 부문의 담당업무를 유지·관리하고 필요에 따라 개선하는 일상관리와는 달리, 현상타파나 혁신을 위해 행하여지는 적극적인 개선이다. 이러한 방침관리기법이 TQC(전사적 품질관리)의 수법으로 처음 일본기업에 도입된 것은 브리지스톤타이어(주)의 1968년도 데밍상 심사과정이라고 한다.

즉, 당시 일본기업이 SQC(통계적 품질관리)에서 탈피하여 TQC라는 종합적 관리시스템을 모색하는 과정에서 목표관리기법(MBO)을 응용하여, 목표달성에 QC 수법을 적용하는 '목표관리기법의 응용에 의한 방침관리'가 만들어졌다고 한다.

(2) 방침관리의 기본구조

방침관리의 특징을 들면 다음과 같다.

① P(Plan)·D(Do)·C(Check)·A(Action)의 사이클이 각 단계에서 어떻게 관련되어 실행되고 있는가가 명확하다.

② 목표 및 방책이 최고경영자로부터 과장에 이르기까지 관련을 갖고 전개된다.

③ 상의하달(특히, 목표)과 하의상달(특히, 방책)이 톱니바퀴처럼 결합되어 운영된다.

④ 최고경영자에 의한 QC 진단(방침진단)이 충분히 반영된다.

(3) 목표·방책과 방침

목표란 '장래 기대되는 결과'이다. 방침관리에 있어서의 목표는 도전적인 수준으로 정해지는 경우가 많고 상사로부터의 업무명령으로써 부하에게 제시된다. 방책이란 '목표를 달성하기 위한 지침·수단'이다. 다시 말하면, 방책은 목표를 달성하는 데 어떤 방향에서 목표에 도달하여야 하는가를 보이는 것이다.

예컨대, 생산부장의 "제조상의 원인에 의한 클레임을 연 5건 이하로 한다."라는 목표에 대하여, '공정불량의 재발방지'와 같이 어떻게 하여 제조상의 원인에 의한 클레임을 줄일 것인가의 방향설정이 방책이며, 이는 다시 제조과장의 '공정작업표준의 준수'와 같은 실시항목으로 구체화된다. 그리고 이러한 목표와 방책을 합친 것이 방침이다.

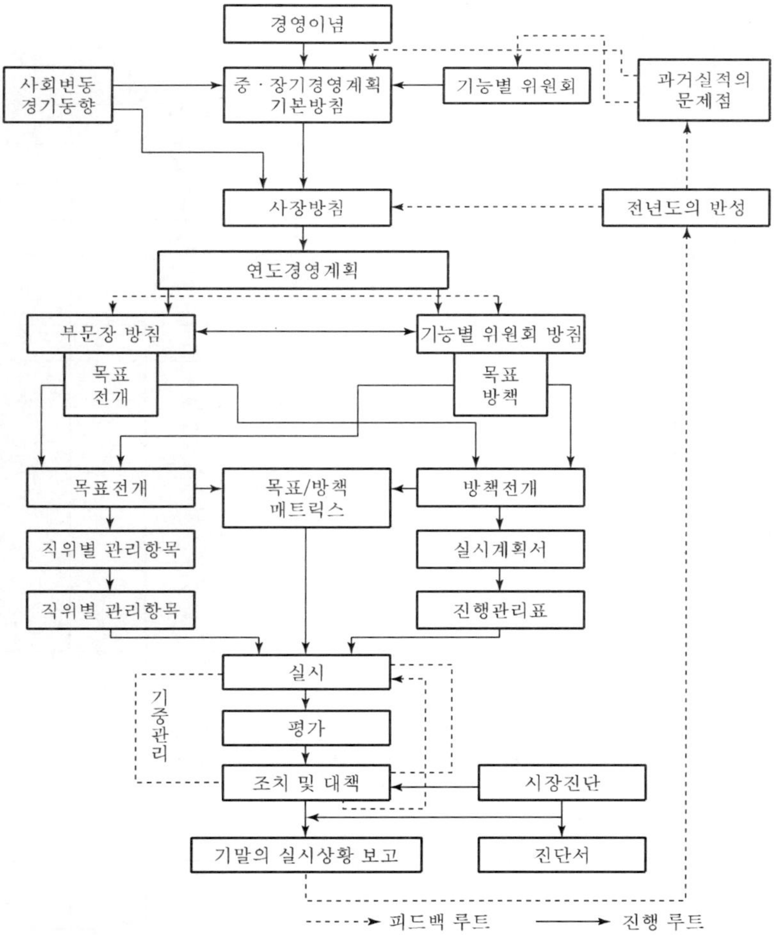

그림 6-3 방침관리의 기본구조

작성부서	
관련자료	
작성일자	2010.　.

2010년 (　월) 방침관리 종합 관리서

결제	작 성	검 토		승 인

목표관리 철저, 연구소 기능 강화, 품질경영 시스템 정착, 신지식인 양성, 영업강화

NO.	Plan																Do	Check	Action	담당 책임자
	추진항목/목표	세부 목표	세부추진내용/Program	1/4			2/4			3/4			4/4			효과	추진 결과	분석 및 반성	대책 안	
				1	2	3	4	5	6	7	8	9	10	11	12					

그림 6-4 방침관리 종합관리서

(4) 목표·방책의 상호전개

중·장기경영계획에 의해 도출된 최고경영자의 연도경영방침 또는 목표와 방책은 사업본부장 ⇒ 부장 ⇒ 과장과 같이 순차적으로 역할을 분담시켜 전개해 나가야 한다. 이때 기능별 관리부문(예 : 품질보증부, 원가관리위원회 등)과의 조정도 필요하다. 그렇지 않으면 중복관리가 되거나 부문 사이에 불균형이 생길 염려가 있기 때문이다. 한편 목표와 방책이 각각 단독으로 전개된다면, 전자의 경우는 결과를 중시하게 되어 참된 원인파악이 어렵게 되고, 후자만으로는 수단만 앞서는 형식적인 관리가 되기 쉽다.

따라서 양자가 결합된 '목표·방책 관련 매트릭스표' 형식으로 목표와 수단을 연계시킨 방침을 제시하는 것이 일반적이다. 그림 6-4의 생산부장의 '목표·방책 관련 매트릭스표'에서와 같이 기능별 관리부문의 조정을 거친 목표와 방책항목간에는 상당히 관련이 있는 것에 대하여는 ◎, 관련이 있는 것은 ○으로 표시하여 목표의 달성수단을 명확히 하는 것도 필요하다. 일반적으로 목표·방책의 전개는 다음과 같은 순서에 따라 진행된다. 우선 사장의 기본방침이 제시되면 이에 따라 사업본부장이 자신의 목표 또는 방침을 제시한다. 여기서, 사업본부장의 목표는 스태프부문에 의해서 수립된 전사적인 목표에 입각하여 제품의 질, 양, 원가 등을 계량화한 수치로 설정된다. 또한 이 단계에서 목표치는 확정적인 것이 아니라 잠정적인 것으로 이를 바탕으로 부장과의 협의조정을 통하여 부장의 목표치가 설정되고 이와 함께 사업본부장의 목표치도 최종적으로 확정된다.

이와 더불어 사업본부장의 목표와 관련하여 수립된 방책을 기초로 부장의 방책과 실시항목이 책정되며, 이 과정에서 부장수준에서의 '목표·방책 관련 매트릭스표'가 작성되고 그 전개의 타당성이 검토된다. 목표·방책 관련 매트릭스표를 어느 단계까지 전개시킬 것인가는 조직의 규모에 따라 다르지만 부장까지 전개시키는 것이 일반적이다.

1.2.1 기능별 관리와 방침

방침관리시스템에 있어서는 부문별 관리 이외에 품질, 원가, 납기, 안전이라고 하는 기능별 관리가 대단히 중요한 역할을 한다. 기능별 관리부서(주무부서 또는 위원회)는 기업의 장기적인 전략에 기초하여 전사적 차원에서 목표를 설정하고, 이를 수행하기 위한 중기 또는 연도방침을 세운다. 따라서 기능별 방침은 부문별 방침에 앞서서 입안·전개되는 경우가 종종 있다. 또한 각 부문에 올라온 중요문제로 일개 부서만으로는 해결 불가능한 과제나 전사적으로 거론해야 하는 과제가 기능별 방침으로 결정되는 경우도 있다.

사장이 “클레임을 절반으로 줄인다.”라는 방침을 제시한 경우, 설계, 생산, 영업 각 부분에서 “자기 부문의 책임 하에 클레임을 절반으로 줄인다.”라고 하는 균등한 목표치를 설정해서는 방침관리가 이루어지지 않는다. 우선, 클레임 분석을 통하여 어떤 부문이 얼마만큼 클레임원인을 절감시키면 전사적으로 클레임이 절반으로 줄어질 수 있는가를 명확히 하여 구체적인 부문별 목표치와 방책을 전사적인 관점에서 담당기능부문이 사전에 조정해야 한다. 그 사전조정이 힘의 논리가 아니라 합리적으로 이루어지기 위해서는 기능별 관리가 필요하다.

1.2.2 목표전개와 관리항목

계층별로 구체적인 목표가 설정된 다음에는 이의 달성상황을 파악하기 위한 구체적인 관리항목이 마련되어야 한다. 관리항목은 부문 또는 개인이 담당하고 있는 업무가 예정대로 실시되고 있는가를 판단하여 필요한 조치를 취하기 위해 정해진 항목이다. 이 관리항목은 관리의 성과를 계측하는 기준이다. 보통, 수치(예 : 클레임건수, 매출액 등) 또는 비율(예 : 불량률, 생산계획달성률 등)로 표시된다.

한편 이러한 관리항목들은 목표의 명시와 달성상황이 함께 파악될 수 있도록 파레토도(Pareto Diagram)와 같은 ‘관리그래프’가 쓰여진다. 관리그래프는 관리대상이 되는 사항의 관리특성을 시계열로 나타낸 것으로 목표선과 조치한계선이 기입되어 있다.

1.2.3 방책전개와 실시계획서

방책전개는 목표전개와 같이 직위별로 순차적으로 상위방책으로부터 전개되지만 부하로부터 상사에게 제안되는 경우도 많다. 그러나 담당자인 부하가 입안하는 방책도 상사의 포괄적인 방책의 범위 내에 포함된다. 이 방책의 전개가 과장수준이 되면 전개된 방책은 실시계획이 되는 경우가 많다. 그러나 이 실시계획은 과내에서 더욱 분할되어 각 감독직에 맡겨지는 경우도 있다. 방책의 실시계획에는 시계열적인 계획과 진행상황이 알기 쉽게 파악되는 진행관리표로서 간트차트(Gantt Chart)가 흔히 쓰여지고 있다.

예컨대, 라인가동률의 개선이라는 부장의 방책에 대하여 설비과장은 라인의 자동화를, 제조과장은 기계교환시간의 단축을, 관리과장은 생산피크의 평준화시스템을 자신의 방책으로 책정한다. 또한 설비과장은 라인자동화를 위한 실시계획의 일정표를 간트차트를 이용하여 작성한다.

중장기 계획 사례

연도	2006년	2007년	2008년	2009년	2010년	2011년
매출	85억	100억	125억	155억	190억	230억
단계	현상 타파기 (토양분석, 정리)	기반 조성기 (밭갈기)	발전, 도약기 (씨 뿌리기)	성숙기 (수확기)	안정기 (고객가치창조기)	지속 성장기
슬로건	의식개혁, 현상타파의 해	재도약 기분구축의 해	자율성장 기반조성의 해	자율성장 기반구축의 해	고객가치 창조의 해	일류기업 진입의 해
실천사항	기본에 충실하자	해보고 말하자 스스로 주인이 되자 똑바로미치자 : 미쳐보자 웃고 삽시다	제대로 만들자 자율관리실현 고객만족실현 나의업무기준은 내가 만든다	제대로 행하고 제대로 만들자 자기성장을 통해 기여하자 : 회사에 고객께 감동주자	신바람 나는 직장을 만들자 3고객만족 (주주,사원,고객) 찾아오는 영업을 하자	의지의 세신인 강인한 실천력 멀리보고 뛰자 (도약) 높이 날자
중점시책	* 기초질서 지키기 * 개선에 의한 원가절감 * 3정 5S 생활 화 * 의식개혁, 사기양양	* 전사원의 기량강화 * 고객 요구충족 개발 -고객불만 ZERO -고객요구파악 -개발품 조기안정화 * 공정안정화 : CNC,연마,조립, 포장 협력사 * 계획생산체제 실현	* JIT 실현 * 지식경영 기반구축 * R&D 기반강화 -전기C/B 자체 개발 -품목다변화 -고부가가치 세품 * 가공설비 최적화 (자동화 등등) * 전사원의 역량강화	* ERP 기분구축 * STRONG 한국체형에 최적화 : NSK 퇴출 * 개발 NET-WORK 구축 * 지식경영정착 * Previous Scrvic 기반구축	* ERP 정착 * GLOBAL TOP10 : STRONG 세계인에 강하다 * 이익의 극대화 * 6시그마 구축	* 질중심경영 * 6시그마 실현 * 브랜드가치 극대화 :상징적인 대표ITEM 개발
중점목표	* 매출증대 : 20% * 원가절감 : 10% * 생산성 향상 : 20% *공정불량 감소 : 20% * 신제품 개발 : 3건	* 원가절감 : 15% * 생산성향상 : 10% *신제품, 신기술개발 : 10건 * 공정개선 : 60건 (제안 포함) * 공정품질목표 : 1,000PPM (중요부품 6종) * 고부가가치 제품출하 실적 : 20%	* 종합생산성 향상 : 20% (원가,품질,개선 등등) * 개선제안 : 6건/人,年 * 특허 : 5건 * 완제품 품질 목표 : 100PPM) * 재고/재공 감소 : 20%	* 국내시장 점유율향상 : 95% (치과용ANGLE 류:1%→20%) *Previous Service : 50% * 종합생산성 향상 : 10% * 특허 : 10건 * 유출불량 싱글PPM : 출하품질	* PS : 100% * 종합생산성 향상 : 20% * 특허 : 10건 * 이익률 : 20% * 수출증대 : % (국제시장점유율)	* 고객불만 : 3.4PPM * 이익률 : 25% * 발명특허 : 2건 * 프로세스혁신 : 5건 (IT포함 →사부혁신)
단계별 추진사항	* 연구소 설립 * 컨설팅 (06/05~06/10) * 제안제도 정착화					

그림 6-5 중장기 계획

(5) 방침관리와 소집단활동

소집단활동은 직장에서의 문제점을 명확히 한 다음 자주적으로 주제를 설정하여 그 해결을 도모하는 활동이다. 그러나 그 문제가 각 부문의 중요문제라면 과장의 목표·방침에도 합치한다. 따라서 소집단활동에서는 자주적으로 검토하는 것이 원칙이지만 과내의 일원으로서 과장의 방침을 숙지한 뒤에, 자신들의 문제를 명확히 하여 자주적으로 과장방침과의 관련도 고려하여 소집단활동의 주제나 목표를 정해 나가는 것이 바람직하다.

1.3 벤치마킹 (Benchmarking)

기업의 경쟁력을 강화시키는 주요한 전략 중의 하나인 벤치마킹은 개선하고자 하는 분야에 있어서, 전세계적으로 가장 우수한 기업을 대상으로 그 기업의 실무와 프로세스를 연구하고 분석함으로써 해당기업의 문제점을 파악하고 개선하여 세계 최고기업과 동등하거나 또는 보다 더 우수한 경쟁력을 갖추게 하는 과정이다.

(1) 벤치마킹의 정의

Kearns와 Nadler는 "우리 기업의 가장 강력한 경쟁자나 또는 산업의 리더를 대상으로 우리의 제품과 서비스, 그리고 운영절차를 측정하는 지속적인 과정"이라고 벤치마킹(Benchmarking)을 정의하였다. 또 미국의 생산성과 품질센터(American Productivity & Quality Center)에서는 "조직의 성과를 증진시키기 위하여 어떤 조직이든 우수한 조직의 실무와 프로세스를 파악하고 이해하고 적응하는 과정"이라고 프로세스를 정의하였다. 이렇게 벤치마킹은 동종 또는 이종의 업종에서 전세계적으로 가장 우수한 기업의 제품과 서비스 또는 프로세스나 업무를 목표로 삼아 기업의 전략을 근본적으로 재구성하는 것이다.

그래서 벤치마킹은 기업의 프로세스나 제품을 세계 최고기업의 프로세스나 제품과 비교하여, 기업의 프로세스나 제품을 세계 최고의 기업과 동등하게 또는 보다 높게 개선하는 방법을 찾는 기법이다. 일반적으로 벤치마킹은 어떤 완제품이나 서비스만을 비교하는 것이 아니고, 제품이나 서비스가 창출되는 과정과 영업에도 관심을 갖는다. 이렇게 벤치마킹은 기업의 지속적인 성장과 발전을 위한 전략적인 방법이다.

기업에서 생산하는 제품과 공정을 지속적으로 개선하고자 하는 것은 모든 기업들이 항상 바라는 기본적인 욕구이다. 벤치마킹은 바로 이러한 기업의 기본적인 욕구를 충족시켜 주는 방법이다.

(2) 벤치마킹에 대한 잘못된 이해

벤치마킹을 올바르게 도입하고, 성과를 최대로 달성하기 위해서는 벤치마킹이 무엇을 의미하는지를 정확하게 이해하여야 한다. 그러므로 벤치마킹을 사용하고자 하는 사람들은 벤치마킹에 대한 다음과 같은 잘못된 통념들을 확실하게 알도록 하여야 한다.

첫째, 벤치마킹을 하기 위해서는 비용이 많이 소요된다는 생각이다. 일반적으로 사람들은 벤치마킹을 하려면 돈이 많이 필요하다고 생각한다. 물론 벤치마킹을 하기 위해서는 다른 기업들을 방문하고, 많은 사람들과 접촉해야 하고, 또 많은 자료들을 수집하여야 한다. 이것들은 전부 많은 자금을 필요로 한다. 그러나 벤치마킹을 단계적으로 수행하면 소요되는 비용을 상당히 감소시킬 수 있다. 즉, 한 번에 모든 것을 전부 벤치마킹하는 것은 시간도 많이 걸리고 비용도 많이 든다. 그래서 기업에게 가장 필요한 요소만을 선정하여 벤치마킹을 하면 시간과 비용을 많이 절감할 수 있다. 처음서부터 한꺼번에 많은 것을 달성하려고 하면 엄청난 시간과 비용이 들지만, 계획을 수립하여 중요한 부문부터 하면 보다 효과적인 결과를 가져올 수 있다.

둘째, 최고로 좋은 것만 벤치마킹하여야 한다는 생각이다. 가끔 최상의 초우량기업은 현실적으로 우리 기업과 차이가 너무 많이 나서 그들의 것을 벤치마킹하는 것이 현실적으로 어려울 때가 있다. 이것은 목표로는 좋을지 모르지만 실행을 하는 데 있어서는 문제점이 많다. 그렇기 때문에 벤치마킹을 할 때에는 꼭 최고로 우수한 기업만을 대상으로 삼을 필요는 없다. 즉, 세계에서 최고의 기업은 아니지만 우리 기업에게 모범이 되는 기업을 벤치마킹하면 된다. 그렇게 함으로써 기업의 바라는 목적을 달성할 수 있다.

셋째, 우리 업종에는 우리 기업과 유사한 공정이 없어서 벤치마킹할 대상이 없다는 생각이다. 그러나 이것은 잘못된 생각이다. 설령 유사한 공정이 없다 하더라도 벤치마킹할 기업들은 얼마든지 많이 있다. 공정이 똑같지는 않다 하더라도 비슷한 공통점이 있다든지, 또는 문제해결방법이 비슷한 경우에도 벤치마킹을 할 수가 있다. 또는 유사한 점이 전혀 없다 하더라도 벤치마킹하여 우리의 업무를 개선시킬 수 있는 것들이 많이 있다.

넷째, 벤치마킹은 자금력과 인원이 충분한 대규모 기업에서나 하는 것이라는 생각이다. 그러나 벤치마킹은 기업의 규모에 관계없이 모든 기업에서 전부 다 도입할 수 있다. 규모는 벤치마킹의 걸림돌이 되지 않는다. 단지 여기에서 중요한 것은 가급적이면 규모가 비슷한 기업을 벤치마킹하라는 것이다.

다섯째, 벤치마킹은 한 번 하고 끝나는 프로그램이라는 생각이다. 그러나 이것도 잘못된 생각이다. 벤치마킹은 TQM(Total Quality Management)이나 JIT(Just In Time)처럼 한 번으로 끝나지 않고 지속적으로 추진하는 프로그램이다. 그래서 최고경영자는 벤치마킹이 지속적으로 수행될 수 있도록 계속적으로 지원해 주고 또 최대로 협조하여야 한다.

여섯째, 벤치마킹은 복제나 모방이라는 생각이다. 벤치마킹의 본질을 잘 이해하지 못하는 사람들은 벤치마킹을 남의 것을 단순히 복제하고 모방하는 것으로 착각하기 쉽다. 그러나 벤치마킹은 최상의 성과를 조사해 나가는 하나의 프로세스로서 기업의 경쟁력을 강화하는 전략적인 기법이지 남의 것을 단순히 모방하고 복제하는 것이 절대로 아니다.

(3) 벤치마킹의 절차

기업에서 벤치마킹을 수행할 때 기업의 전부문을 포함할 수도 있고, 또는 어떤 하나의 부서만 할 수도 있다. 그러나 일반적으로 벤치마킹은 다음의 4단계의 절차에 의해 이루어진다.

1.3.1 계획수립과 자료수집단계

가장 먼저 실행하여야 하는 단계는 누구를 어떻게 벤치마킹할 것인가에 대한 계획을 수립하고 거기에 대한 자료를 체계적이고 객관적으로 수집하는 것이다. 일반적으로 사람들은 자기의 위치를 과대하게 평가하는 경향이 있다. 이것을 방지하기 위해서는 객관적이고 공식적이며 신뢰성이 있는 자료를 반드시 수집하도록 하여야 한다. 그렇지 않으면 그릇된 비교를 할 수가 있다. 이 단계에서는 다음과 같은 결정들을 한다.

• 무엇을 벤치마킹할 것인가?
• 누구를 벤치마킹할 것인가?
• 자료를 어떻게 수집할 것인가?

여기에서 한 가지 주목할 사실은 벤치마킹 대상이 꼭 동종 업종에만 국한되지 않는다는 것이다. 벤치마킹은 동종의 기업뿐만 아니라 다른 업종, 그리고 어떤 국가의 기업이든지 아무 상관이 없다는 것이다.

1.3.2 분석단계

분석단계에서는 벤치마킹한 기업으로부터 수집한 자료를 정리하고, 우리 기업과 벤치마킹한 기업 사이에 어떤 중요한 차이점이 있는지를 분석하는 것이다. 분석을 정확하게 하기 위해서는 먼저 우리 기업이 수행하고 있는 모든 프로세스를 정확하게 파악하고 있어야 한다. 우리 기업의 프로세스를 정확하게 파악하고 있어야 한다. 우리 기업의 프로세스를 정확하게 이해하지 않은 상태에서 벤치마킹한 기업과 비교한다는 것은 아무런 효과를 주지 못한다. 이 단계에서는 다음과 같은 질문들에 대한 결정을 하여야 한다.

- 벤치마킹한 기업이 우리 기업보다 정말로 우수한가?
- 우수하다면 얼마만큼 우수한가?
- 벤치마킹한 기업으로부터 배울 것이 무엇인가?
- 벤치마킹한 기업으로부터 배운 것을 어떻게 우리 기업에 적용하여야 하는가?

1.3.3 통합단계

만약 벤치마킹한 기업이 우리 기업보다 정말로 우수하다고 한다면, 다음으로 결정하여야 할 사항은 우리 기업이 이제 어떻게 하면 벤치마킹한 기업과 경쟁할 수 있는 경쟁력을 키울 수 있는가 하는 것이다. 즉, 이 단계에서는 우리 기업의 경쟁력을 벤치마킹한 기업의 수준으로 어떻게 하면 올릴 수 있는가에 대한 방법이다. 주로 이 결정은 최고경영자, 각 부서의 장, 또는 관련자들이 분석단계에서 나온 결과와 다른 관련된 정보를 이용하여 수행한다.

1.3.4 실행단계

이 단계에서는 측정하여야 할 목표를 설정한다. 측정이 가능하지 않은 목표는 실행할 수가 없다. 그러므로 목표는 반드시 측정할 수 있도록 수립되어야 한다. 또 목표는 기업의 현재 상황을 감안하여 이루어져야 한다. 너무나 기대치가 낮은 목표는 아무런 의미가 없다. 만약 벤치마킹한 기업보다 보다 더 우수한 경쟁력을 갖기 위해서는 그 기업보다 더 높은 목표를 수립하고 달성하도록 하여야 한다.

(4) 성공적인 벤치마킹의 조건

기업에서 수행하는 대부분의 벤치마킹들이 실패하는 주요한 이유는 프로세스 규율이 제대로 정립되지 않은 채, 전통적인 규칙과 패러다임에 의해 프로세스를 운용하기 때문이다. 그래서 Spendolini는 성공적인 벤치마킹의 조건으로 다음과 같은 6가지 조건들을 제시하였다.

① 변화를 추구하고 행동지향적이어야 한다. 벤치마킹은 변화를 좋아하지 않는 사람들에게는 적합하지 않다. 가만히 앉아서 남들이 제안한 아이디어만을 건지려고 하는 사람들에게 벤치마킹은 유용하지 않다.
벤치마킹은 변화를 추구하고, 무엇인가 개선하려는 의지가 있는 사람들에게 유용한 방법이다. 그래서 탁상공론만 하고 실천에 옮기지 않는 벤치마킹은 성공하지 못한다.

② 새로운 아이디어에 대해 항상 문을 열어 놓아야 한다.
벤치마킹은 새로운 아이디어를 가지고, 무엇인가 새로운 것을 향해 나아가는 것이다. 즉, 벤치마킹은 안주해 있던 상자 밖으로 기업이 나가도록 자극을 부여하는 것이다. 만약 자기합리화와 자기정당화 안에서 새로운 아이디어나 대안의 실체를 부정한다면 벤치마킹을 할 필요가 없다.

③ 다른 사람들과 조직들을 알려고 하기 이전에 먼저 자기 자신부터 알아야 한다. 벤치마킹은 자기 조직의 제품과 프로세스를 완벽하게 이해함으로써 가능하다. 자신을 잘 모르는 상태에서 다른 사람이나 기업을 벤치마킹하는 것은 시간낭비이다. 그래서 자기 자신과 다른 사람과 비교하기 이전에 먼저 자기 자신을 잘 파악하도록 하여야 한다.

④ 실적향상에 초점을 맞추어야 한다. 또 생산품에 초점을 두지 말고 프로세스에 초점을 두어야 한다. 왜냐하면 상품은 정적이지만 프로세스는 동적이기 때문이다. 이렇게 벤치마킹은 결과보다는 과정에 중점을 둔다.

⑤ 훈련을 집중적으로 반복하여야 한다. 집중적인 훈련과 교육 없이 벤치마킹은 절대 성공할 수가 없다. 그리고 초기단계서부터 무엇인가를 빨리 달성하겠다는 생각을 버려야 한다. 왜냐하면 이것은 실패로 끝날 수 있기 때문이다.

⑥ 일을 제대로 하기 위해 자원을 제 위치에 배치하여야 한다. 그래서 변화와 행동에 동조하지 않는 사람들은 벤치마킹에서 제외하여야 한다.

1.4 비즈니스 · 프로세스 · 리엔지니어링 (BPR)

1993년 미국에서 출판된 서적 Reengineering The Corporation이 화제가 되어 비즈니스·프로세스·리엔지니어링(BPR : Business, Process, Reengineering)을 검토하는 많은 기업이 나타났다. 그 후 표면상 BPR의 붐은 지나간 것같이 보이는 경향이 있지만, 실제로는 지금이야말로 각 기업에서 여러 형태로 BPR에 관련된 개혁이 진행되고 있다. 사람, 물건, 돈, 정보라는 기업의 자원을 최적화하는 체계를 어떻게 구축할 것인가라는 전략이 BPR 그 자체이다. BPR은 "애덤 스미스 이래의 분업의 개념을 부정하고 업무프로세스를 발본적으로 재검토하면서 최신의 정보기술을 사용하여 생산성을 극적으로 향상시키는 기법"이다.

(1) 비즈니스 · 프로세스 · 리엔지니어링의 정의와 의의

비즈니스·프로세스·리엔지니어링은 간략화하여 리엔지니어링 또는 BPR이라는 약어로 표현되는 경우가 많다. 그 제창자는 M. Hammer와 J. Champy이다. 해머 등은 BPR을 "비즈니스를 근본적으로 다시 생각하고 발본적으로 다시 설계하는 것"이라고 정의하여 목표를 어디까지나 고객만족에 두고 있다.

소위 '리스트럭처링'에서는 사업부 등을 재검토하여 채산이 맞지 않는 부문의 축소, 잉여 생산설비나 공장의 폐쇄, 경비의 삭감, 불필요한 관리직의 조기퇴직제도의 도입 등이 행하여져 왔다. 이에 반해 사람, 물건, 돈, 정보라는 기업자원을 최적화하는 체계의 구축을 목표로 '애덤 스미스 이래의 분업의 개념을 부정하고 업무프로세스를 발본적으로 재검토하면서 최신의 정보기술을 사용하여 생산성을 극적으로 향상시키는 기법'이 BPR이라고 할 수 있다.

IBM에서는 "모든 방식을 발본적으로 다시 검토하였다. 무언가 더 좋은 방법은 없는가라고 항상 자문하였다. 예컨대, 딜러에 대한 대응을 50명이 취급하고 있었다고 한다면 그것을 혼자서 할 수는 없는가? 그러한 측면에서 모든 업무를 재검토하여 보았다."라고 한다. 기존의 방식을 부정하고 비즈니스의 흐름을 근본부터 다시 검토하여 이상적인 업무의 흐름이나 조직을 재조정하여 새로운 체계를 만들어내는 경영혁신이 BPR이다. BPR은 단순한 업무의 재검토 소위 '개선'이 아니라 지금까지의 조직의 상식을 부정하는 혁명적인 기법이다.

해머는 "BPR을 성공시키기 위해서는 첫 번째로 경영자가 직접 진두지휘할 것, 두 번째로 개혁의 스피드를 빨리 할 것, 다시 말하면 조속히 지금까지의 방식을 버리고 새로운 방식으로 무엇이든 모두 바꾸어 가는 것이 중요하다."라고 말하고 있다.

BPR에서는 좁게 정의된 업무나 종래 조직의 범위 내에서 대상을 찾는 것이 아니라, 조직의 경계를 넘어서 업무프로세스에 주목하는 것이 중요하다. 또한 목표를 10%나 20% 정도의 '개선'에 두는 것이 아니라, 70%나 80%의 원가절감과 같이 과감하게 설정하는 것으로, 종래의 연장선에서의 개선이 아닌 발본적으로 개혁안을 만들어내는 것을 목표로 한다. 그를 위해서는 낡은 전통, 관습, 패러다임을 부정하지 않으면 안된다. 또한 그 개혁안에 따라 새로운 프로세스를 실현하기 위해 최근의 정보기술을 이용한다는 것은 피할 수 없다.

최근에는 인터넷이나 윈도의 붐에 맞춰 정보화시대, 정보무장 등으로 일컬어지는 말들이 유행하고 있지만, 단지 정보화를 위해 인프라를 구축하는 것만으로는 업무의 효율화는 이루어지지 않는다. 현대의 정보기술을 효과적으로 활용하기 위해서는 새로운 발상법이 필요하다고들 말한다. 그러나 경영자, 관리자, 매니저의 위치에 있는 사람들의 대부분은 문제를 인식하여 그것에 대한 해결책을 찾아내어 평가한다고 하는 '귀납적'인 사고방식에 젖어 있다.

이에 반해, BPR에서는 '연역적'인 발상이 필요하다고 지적하고 있다. 다시 말하면, 우선 강력한 해결책을 찾아내 그것에 의하여 해결되는 문제점들을 선별한다. 종래, 매니저가 인식하지 못하였던 것도 이 연역적인 접근법을 적용함으로써 '문제'로 새로이 인식되는 경우가 많다.

(2) BPR과 기타 합리화활동과의 비교

종래의 합리화, SIS(전략적 정보시스템), BPR이라는 3개의 합리화활동의 특징을 비교한 것이 표 6-1이다.

일반적인 합리화활동은 '개선활동'이라고 불리어 각 담당자가 자신의 업무효율화를 위해 실시하고 그 성과를 만끽한다. 이러한 하의상달식의 접근법이 일본기업의 장점이며 종래부터 특히 제조업에서는 큰 효과를 가져왔다.

한편 SIS(Strategy Information System ; 전략정보시스템)는 최고경영자의 경영판단을 위해 정보를 수집·분석하는 기법으로 구축되어 경영기획의 의사결정지원에 이용되어 왔다. SIS에 의해 상의하달로 사업전개의 방향이나 상품계열의 압축 등에 관한 방향이 설정된다.

이에 대하여 BPR은 부문 사이의 벽을 넘어 프로세스에 주목하여 발본적으로 개혁을 행하는 것이다. 즉, 과거의 방법, 조직을 전부 부정하여 원래의 바람직한 모습, 그리고 바람직한 프로세스의 체계를 새롭게 구축한다는 것이다. 커다란 효과를 기대할 수 있다는 점에서 경영자에게는 매력적인 반면에 리스크도 크다는 특징을 갖고 있다.

표 6-1 경영합리화활동의 비교

	리엔지니어링	SIS	합리화
기대효과	인원감축	수익향상	원가절감
성과의 수혜자	경영자	경영자	각 담당부문
활동방향	상의하달식	상의하달식	하의상달식
합리화대책	비즈니스·프로세스	경영기획	각 단위업무
리스크	대	중	소

해머 등은 BPR의 정의로서 "원가, 품질, 서비스, 스피드와 같은 중요하고 현대적인 성과를 극적으로 개선하기 위하여 비즈니스·프로세스를 근본적으로 다시 생각하고 발본적으로 그것을 다시 설계하는 것"이라고 하여 키워드로서 '근본적', '발본적', '극적', '프로세스'의 네 가지를 들고 있다.

각 부문의 업무범위 내에 구애받지 않고 모든 프로세스를 재검토하여 최선의 업무흐름을 구축한다. 그것을 위해서는 조직도 사람도 쇄신하는 것을 주저하지 않는다. 그러나 이 이상을 어떻게 실현할 것인가는 과제이다. BPR에서 내세우는 '백지상태에서의 비약'이 과연 합리적인지 어떤지 의문시하는 의견이나 소위 일본적 경영과의 적합성에 문제가 있다고 하는 지적도 보고되고 있다. 예를 들면, 일본기업에서의 BPR 성공의 조건으로서 다음 4개의 항목을 들고 있다.

① 최고경영자의 불퇴전의 강력한 리더십
② 고객만족 향상에 근거한 명쾌한 경영비전의 제시
③ 중간관리직의 설득 재교육 등 적절한 '잉여 인원대책'
④ 오픈 네트워크계를 중심으로 한 정보기술의 유효활동 등이다.

업무의 흐름을 발본적으로 재검토한 결과, 여분의 인적자원이 된 화이트칼라를 수용할 수 있는 별도의 조치가 없다면 리엔지니어링은 성공하기 어렵다. 나라에 따라 고용조정제도가 미국과는 다르다는 것도 충분히 고려되어야 한다. 또한 중간관리층의 권한 및 실질적인 책임범위가 각 기업마다 미묘하게 다른 점도 지적되어야 한다. 예를 들면, 일본기업에서는 중간관리자가 개인적인 판단으로 업무의 흐름을 원활하게 하거나 반대로 정보의 흐름을 차단하여 버리는 경우가 많다. 중간관리자가 리엔지니어링의 필요성을 인식하는 것이 무엇보다도 중요하다.

따라서 BPR이란 "정보기술에 의한 프로세스 개혁"이라고 협의의 정의를 채택하는 것도 좋을 것이다. 여기서는 BPR의 구체적인 어프로치를 명확히 하기 위해서, '최근 급속히 변화 · 진보하고 있는 정보기술을 적용하면 생산준비 업무프로세스를 쇄신할 수 있을 것이다.'라고 하는 것과 같은 기본이 되는 지침을 각 기업에서 설정할 것을 추천하고 싶다. 다만, BPR의 배경에는 최고경영자의 이해와 리더십이 필요하다는 것은 말할 필요도 없다.

(3) 정보기술의 동향과 BPR

각 기업의 경영정보화는 점점 더 가속되고 있다. 메이커의 치열한 개발경쟁의 결과, 기본성능이 월등히 향상됨과 동시에 저가격이 실현되어 대량의 PC가 기업에 도입되고 있다. 인터넷이나 전자메일을 구사하고 그룹웨어에 의한 정보공유가 이루어지고 있으며, 워크플로우 기능에 의한 업무관리의 추진이나 CALS에 의한 전자규격화의 물결, 사이버스페이스나 전자상거래 등 관련된 정보 분야에는 놀라운 변화가 일어나고 있다. 예를 들면, 주목해야 할 포인트로서 다음의 4개를 들 수 있을 것이다.

① 최종사용자 컴퓨팅의 추진
　: 사용자의 입장에서 정보화를 어떻게 진행시켜 갈 것인가?

② 네트워크에 의한 정보공유, 정보교류의 활용
　: 정보를 수신하여 정리할 뿐만 아니라 어떻게 조직간에서 필요한 정보를 공유할 것인가? 또한 어떻게 효율적으로 자신의 정보를 발신할 것인가?

③ 사이버스페이스에 있어서의 미지영역의 탐색과 예측
　: 가상 생산환경에서의 품질예측, 설계/생산작업의 동시 추구

④ 전자규격화에의 대응
　: EC, CALS를 중심으로 한 규격화의 동향을 파악한 뒤에의 정보화

한편 정보화의 궁극의 목적은 BPR이다. 즉, 업무개혁인 것을 잊어서는 안된다.

(4) BPR의 실시방법

해머는 다음의 4개를 고려하여 BPR을 실시할 것을 권하고 있다.

① 프로세스 지향 : 조직의 경계를 없애어 전체 프로세스를 본다.

② 혁신 : 10~20%라는 개산이 아니라 70~80%라는 약진을 목표로 한다.

③ 관행의 배제 : 낡은 전통을 깬다. 전문성, 계속성, 타이밍이라는 전제는 불식시킨다.

⑤ 정보기술의 창조적인 사용 : 정보기술은 조직이 근본적으로 다른 방법으로 움직이기 위한 필요불가결한 요인인 것을 인식한다.

이하에서는 BPR의 정의와 기본방침에 따른 BPR을 구체적으로 진행시키는 방법에 관해서 설명하기로 한다. 그림 6-6은 그 개요를 보이고 있다.

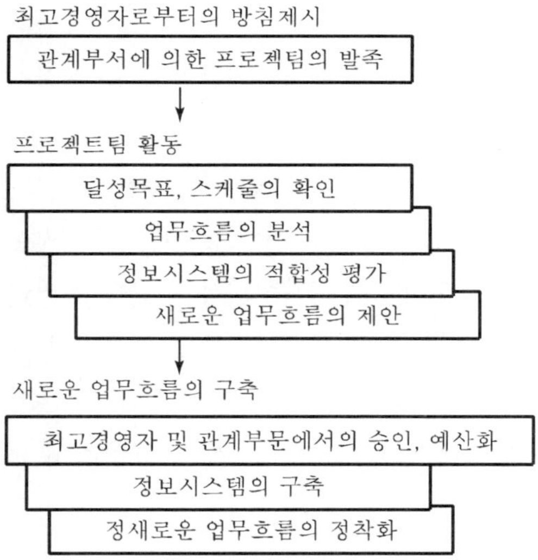

그림 6-6 BPR의 진행방법

1.4.1 BPR의 책임자

BPR은 최고경영자의 지시로부터 시작하여야 한다. 이 점은 해머 등이 지적한 대로이며, 그 개혁을 실시할 수 있는 권한을 보유한 리더가 필요하다. 방침의 명시는 상의하달로 행하여져야 한다.

1.4.2 프로젝트팀제

실제의 기획, 실행은 중간관리직에 의한 프로젝트팀으로 하여 중간관리층이 자신의 문제로서 이 활동을 한다. 형태로는 상의하달식이지만 실질적으로는 활동의 도중에서 최고경영자의 콘센서스를 얻으면서 성과를 올려간다고 하는 미들업형의 BPR을 실시한다.

항구적인 기업의 발전을 바라는 BPR이라면 최고경영자가 조직멤버의 가능성을 신뢰하는 것이 불가결하며, 장래의 변혁을 지속시키기 위해서는 중간관리층의 지지를 얻는 것이 성공의 필요조건이다. 예를 들면, 최고경영자로부터 지시에 의해 각 전문부문 및 본사관리부문, 정보시스템부문, 연구소 등으로부터 인적자원을 모아 프로젝트팀을 구성한다. 즉, 정보기술부문의 인적자원을 포함시킨 전사적인 프로젝트팀을 구성한다.

1.4.3 BPR의 목표설정

프로젝트의 목표는 인원삭감이 아니라 원가절감인 것을 명확히 하는 것이 중요하다. 이 점에 대해서는 각국 기업의 고용에 대한 패러다임을 충분히 고려할 필요가 있다.

그 위에 극적으로 개혁한다고 하는 장기플랜을 구축한 뒤, 실행에 있어서는 중기목표를 정하여 점진적으로 실현해 가는 방법을 택한다. 해머 등은 작은 개선을 반복하는 문화를 강화시키는 것은 악이며, 그것은 용기가 없는 회사로 만들어 버리는 것과 결부된다고 지적하고 있다. 그러나 어디까지나 프로젝트의 최종목표는 극적인 개혁에 두지만, 점진적으로 성과를 올려 나간다고 하는 진행방법을 택할 수도 있다.

여기서, 프로젝트팀의 달성목표와 스케줄을 검토·확인하여 최고경영자의 이해를 얻는 것이 중요하다.

1.4.4 업무분석

"프로세스에 주목한다."는 것을 염두에 두고 업무흐름을 철저히 분석한다. 최근 ABC (Activity Based Costing)라고 불리는 원가관리방법이 각 기업에서 적극적으로 도입되고 있다. 또한 ABM(Activity Based Management)이라고 불리는 경영수법('활동기준 원가계산'을 참조하기 바란다)이 BPR과 결합하여 주목받고 있다.

① 비즈니스·프로세스 분석

② 프로세스활동의 정의

③ 프로세스활동별 원가집계

④ 프로세스 가치분석

⑤ 개선안의 작성이라는 5개의 단계로 개혁안을 추진하고 있다. 이것을 활동분석이라고 부른다.

우선, 활동을 세분화한 프로세스 레벨에서 업무흐름을 기술한 뒤 프로세스를 처리시간뿐만 아니라 원가로서 계량화하여 파악한다. 이때 VE(Value Engineering) 수법을 간접업무에도 적용한 가치분석이 중요해진다. 각 프로세스에서 부가가치를 만들어내는지 아닌지를 검토하여 그것을 금액으로 환산한다. 가치(V)는 기능(F) / 원가(C)의 산식으로 표현되어 원가절감여지(C－F)를 계산하여 비교할 수가 있다.

또한 활동의 분류는 예컨대 2개(부가가치활동과 비부가가치활동) 또는 3개(핵심, 지원, 부수활동)로 나누어져 음미된다. 전형적인 활동의 비율은 핵심 30%, 지원 35%, 부수 35%라는 연구결과가 있다.

이 ABM에서는 실제업무에 적용하는 경우, 가치 V의 계량치를 어떠한 기준으로 산출할 것인가가 과제이다. 또한 가치분석은 목적이 아니라 업무개혁안을 생각해내기 위한 수단이며 이러한 귀납적인 접근법 이외에 연역적으로 개혁안을 생각할 필요도 있다.

예를 들면, 다음과 같은 3개의 착안점을 준비하여 업무흐름을 분석한다고 하는 방법이 있다. 즉, 각 조직에서 어떤 업무를 담당하고 있는가가 아니라, 그 생산을 위해 어떠한 프로세스가 행하여지고 있는가를 그림 6-7과 같은 업무흐름 차트로서 상세히 기술한다. 이때 서식은 중요하지 않지만 평균작업시간, 정체시간, 각 프로세스에서의 산출물(전표나 컴퓨터에 입력되는 데이터)에 관해서 현상 그대로 열거하는 것이 중요하다.

더욱이 다음과 같은 업무흐름 분석의 착안점 (a), (b), (c)를 준비하여 업무 플로차트를 다시 그려간다(그림 6-8 참조). 착안점 (a), (b)는 귀납적 분석방법이며, (c)는 연역적인 분석방법이다.

(1) 메인프로세스와 서브프로세스의 구분

① 필요불가결한 메인프로세스

② 메인프로세스에 부수적인 프로세스(Sub Process 1)

③ 제3자에게 설명하고 보고하기 위한 프로세스(Sub Process 2)의 3개로 나눈다.

여기서, Sub Process 1의 생략이나 Sub Process 2의 전산화를 검토한다. 그림 6-8의 착안점 (a)에서 이에 대한 분석의 결과를 가시화시킨다.

공 정	작업시간	정체시간	작성된 전표류 컴퓨터데이터
도면검토	1D		
↓ 공정설계	3D	1D	공정설계도
↓ 절판도 작성	1D	1D	절판 CAD도면
↓ 원가견적	3H		견적원가계산서
↓ 주문서 작성	2H	1D	주문서
↓ 로봇티칭	1D	2D	NC데이터
↓ 제 작	2D	1D	제작지시표
↓ 검 사	1D	2D	품질검사표
↓ 공정 재조정	1D	3D	공정설계도
↓ 생산개시			
총 시 간	9.5D	11D	

그림 6-7 업무흐름의 예

(2) 중복프로세스의 추출

프로세스별로 분석하여 객관적으로 보아 형태는 다르더라도 내용이 중복하고 있는 프로세스를 추출한다. 특히 담당부문 내에서는 유일한 프로세스라고 생각하고 있더라도 다른 부문까지 포함하여 횡단적으로 보면 형태는 약간 다르지만 내용이 같은 프로세스는 없는가에 관해 주목한다. 그림 6-8의 착안점 (b)의 예는 프로세스 2와 프로세스 4, 그리고 프로세스 1과 프로세스 5가 중복하고 있다는 것을 가시화시킨 것이다.

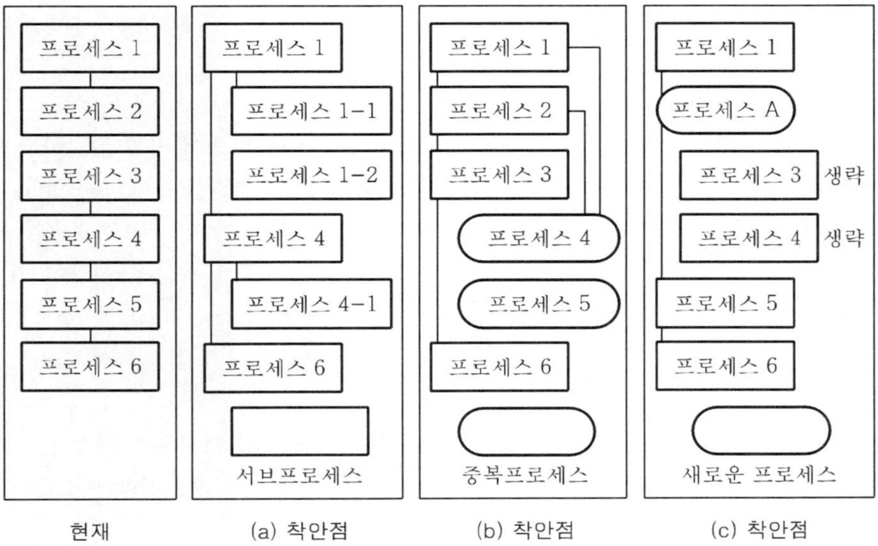

그림 6-8 업무분석의 도식

(3) 새로운 프로세스의 구축

그림 6-8의 착안점 (c)에서 보는 것과 같이, 새로운 프로세스(특히 정보기술을 구사한 프로세스)를 창안하여[그림 6-8의 착안점 (c)에서는 프로세스 A] 대체시킴으로써 다른 복수의 프로세스[그림 6-8의 착안점 (c)에서는 프로세스 3, 프로세스 4]를 생략한다. 또는 대폭 개선한다.

1.4.5 정보기술의 적용

각 착안점에서 정리된 업무흐름에 대하여 정보기술의 성숙도를 평가하여 그 적용을 검토한다. 필요하고 또한 투자효과가 인정된 도입안이나 어플리케이션 소프트웨어의 개발안을 입안한다. 기존 패키지 소프트웨어가 적용될 수 있는 곳, 기존 패키지 소프트웨어를 수정하면 대응할 수 있는 곳, 새롭게 소프트웨어를 개발해야 할 곳을 분류하여 정리한다. 이때 투자효과와 개발하는 경우의 그 개발기간을 정밀하게 견적할 필요가 있다.

또한 네트워크 정비나 데이터베이스의 통일 등의 필요한 전사적 인프라스트럭처에 관해서도 검토한다. 그 위에 각 정보기술기법의 개발, 도입계획의 입안 및 예산화를 실시하여 최종적으로는 정보기술을 적용한 새로운 업무흐름을 구축하여 정착화를 꾀한다.

실 무 사 례

(1) IBM 크레디트의 사례

IBM 크레디트는 IBM의 컴퓨터, 소프트웨어, 서비스의 판매에 따른 융자를 담당하는 회사이다. 당시의 IBM 크레디트에서는 다음과 같은 단계 ①~⑤의 순서로 업무가 수행되고 있다.

① 우선 융자를 요청하는 IBM의 현장 세일즈맨으로부터 걸려 오는 전화는 코네티컷주의 올드·글리의 회의실에 있는 14명 중의 1명이 수신한다. 전화를 받은 사람은 용건을 서류에 기입한다.
② 누군가가 그 서류를 위층의 신용부문으로 전달하면, 그 곳의 스페셜리스트가 정보를 컴퓨터에 입력하여 융자요청자의 신용도를 조사한다. 그리고 신용조사의 결과를 서류에 기입하여 비즈니스·프랙티스 부문에 건네준다.
③ 비즈니스·프랙티스 부문은 표준융자계약을 고객의 주문에 맞춰 조사하는 역할을 담당하고 있다. 비즈니스·프랙티스 부문도 독자의 컴퓨터시스템을 갖고 있어 종료시에는 요청서류에 특기사항이 추가 기입된다.
④ 그 요청서류는 프라이싱 담당자에게 보내진다. 여기서는 고객에게 청구하는 적정한 금리를 결정하기 위해 데이터를 표계산 소프트웨어에 입력한다. 그리고 프라이싱 담당자는 서류에 금리를 기입하여 별도의 서류와 함께 다음 단계인 사무부문에 보낸다.
⑤ 마지막으로 사무부문이 이들의 모든 정보를 신용장으로 하여 현장의 판매 대리업자에게 보낸다.

1.5 전사적 자원관리 (ERP)

최근의 치열한 경쟁의 기업환경은 경쟁사보다 저렴한 가격, 우수한 품질, 신속한 행동으로 고객을 만족시키도록 요구하고 있어 기업은 과거의 비즈니스 수행방식으로부터 변화하지 않을 수 없게 되었다.

그 변화도구로서 최근에 각광을 받고 있는 것이 ERP(Enterprise Resource Planning)로서 '전사적 자원계획'이라고도 변역되는 ERP는 기업이 가지고 있는 판매, 생산, 구매, 물류, 인사, 회계 등 별도의 시스템으로 운영되던 것을 하나의 통합적인 시스템으로 구축하여 경영자원을 효율적으로 운영하는 것을 의미한다.

이와 같은 ERP가 1990년대에 들어서 급속히 전파되어 왔고 앞으로도 그 추세가 지속되리라 전망된다. 미국과 유럽의 유수기업들이 이미 ERP시스템을 구축하였고, 국내에서도 수많은 기업들이 도입을 하였거나 추진 중에 있다.

1.5.1 ERP의 개념

전통적으로 기업의 운영이 개발·생산·판매·재무·인사 등 각 기능부문별로 이루어져 왔으며 운영시스템도 기능별로 개발되었다. 이로 인해서 부문간에 의사소통이 제대로 이루어지지 못하는 경우가 종종 발생하였고 상호협조가 이루어지지 못하였다. 이 같은 문제점을 해결해 줄 수 있는 대안으로 등장한 것이 ERP로서 전부문에 걸쳐 있는 경영자원을 하나의 체계로 통합한 정보시스템을 구축하여 생산성을 극대화하려는 개념이다.

정보시스템이 기업에 중요한 이유라 하면 그것은 모든 하부시스템이 하나의 시스템으로 통일되게 운영되게 하여 기업 내의 부서들과 고객, 공급업체 사이에 존재하는 정보의 괴리를 해소하는 것이라 할 수 있다. ERP는 기업경영의 프로세스가 바로 이러한 공통성을 갖도록 변환시켜 주는 개념이라 할 수 있다. ERP의 개념은 사용하는 사람마다 차이가 존재하는데, 협의의 개념은 컴퓨터의 네트워크를 이용한 통합시스템과 소프트웨어 패키지를 일컫는다. 이는 데이터를 어느 한 시스템에서 입력을 하면 전체적으로 자동연결되어 별도의 인터베이스로 처리하여야 할 필요가 없이 공유하도록 해주는 시스템을 의미한다. 한편으로 광의의 ERP는 그와 같은 통합시스템을 이용한 기업생산성 혁신운동을 의미한다. 전부문의 자원을 효과적으로 운영해야 하는 필요성은 고객의 수요를 가장 효과적으로 충족시킬 수 있는 상품이나 서비스를 생산하여 제공하고자 함인데 그 수단으로서 ERP를 이해하고 있다.

1.5.2 ERP의 등장배경

기업환경이 급변하고 경쟁이 치열해짐에 따라 기업들은 경영혁신에 대해 많은 관심을 보였다. 그 대표적인 것이 BPR(Business Process Reengineering ; 리엔지니어링)의 기법이었는데 그 성과가 기대에 못 미쳤다. BPR의 선구자인 마이클 해머 박사조차도 BPR을 도입한 기업 가운데 10개 중 7개 기업 꼴로 그 성과에 실망하는 결과를 낳았다고 자인했다. BPR을 실천하면 프로세스가 단순화되고, 따라서 업무의 생산성이 향상되고 부서간 의사소통도 원활히 될 것으로 기대하였다.

하지만 많은 경우에 의사소통의 개선이 이루어지지 못했고 많은 작업들이 여전히 수작업으로 진행되는 것이 보다 편하다는 생각을 하였다. 따라서 오히려 생산성이 저하되고 비용도 증가되는 결과를 초래하였다. 그러나 최근 들어 컴퓨터의 기술이 발전하여 워크스테이션이나 개인 PC의 보급이 급속히 확산됨에 따라 부서간 전산통합이 가능하도록 하는 패키지 소프트웨어가 개발되어 시장에 선보이면서 기업들이 다시 경영혁신에 관심을 보이는 계기가 되었다. 대표적인 경영혁신용 소프트웨어로서 SAP, BaaN, Oracle, Peoples Soft 등을 들 수 있다.

기업의 자원을 컴퓨터를 이용하여 관리하고자 하였던 것은 1960년대부터의 MRP (Materials Requirement Planning ; 자재소요계획)로 거슬러 올라갈 수 있다. MRP는 기준생산계획, 자재명세서, 재고정보의 세 가지를 기반으로 부품생산 및 자재의 구매일정을 구체적으로 계산하는 기법이다. 그 후 MRP개념은 생산계획의 주변 업무에까지 확대되어 생산능력계획, 조달예산계획, 설비구입계획, 판매계획 등과 연계되도록 발전하였는데, 이것을 MRP II(Manufacturing Resource Planning ; 생산자원계획)라고 불렀다.

ERP는 MRP II를 생산활동 중심에서 기업활동 전반에 걸친 모든 업무의 경영자원을 대상으로 확대함으로써 붙여진 이름이고, 그 내부에는 MRP의 기능을 지니고 있는 시스템이다. 이와 같이 ERP는 기업들이 고객만족을 극대화하기 위해서는 분산되어 있는 관리시스템들을 통합해야 하는 필요성을 느끼게 되었고 정보기술의 발전과 더불어 등장하게 되었다.

1.5.3 ERP의 구조와 특징

ERP의 구조는 기업의 모든 업무프로세스, 즉 판매, 생산, 회계, 인사 등과 같은 기능의 수행과정에서 이루어지는 정보를 발생부서에서 입력하면 통합데이터베이스에 저장되어 기업의 모든 부서에서 필요에 의해 접근하여 활용할 수 있도록 되어 있다. 예를 들어, 영업부서가 시장으로부터 상품에 대한 주문을 받아 ERP 시스템에 입력을 하면 그 주문정보가 모든 부서로 전달되고, 이에 따라 생산부서는 생산에, 물류부서는 상품 배송준비에 들어가게 된다.

재고관리부서와 구매부서는 생산에 따른 차질이 없도록 부품준비에 만전을 기하게 된다. 이와 같이 기업 전체가 주문과 동시에 필요한 정보를 얻고 행동에 옮기는 것이 가능해진다.

대부분의 ERP 패키지는 그림 6-9와 같이 모듈의 구조를 갖고 있으며 각 모듈은 하부시스템으로서 구체적인 업무의 처리프로그램으로 구성되어 있다. 이와 같이 모듈화구조를 갖고 있기 때문에 ERP를 도입하고자 하는 기업은 자사의 기업환경에 맞는 모듈만 부분적으로 선택하여 시스템을 구축할 수 있으며 언제든지 추가해 시스템을 확장할 수 있다. 또

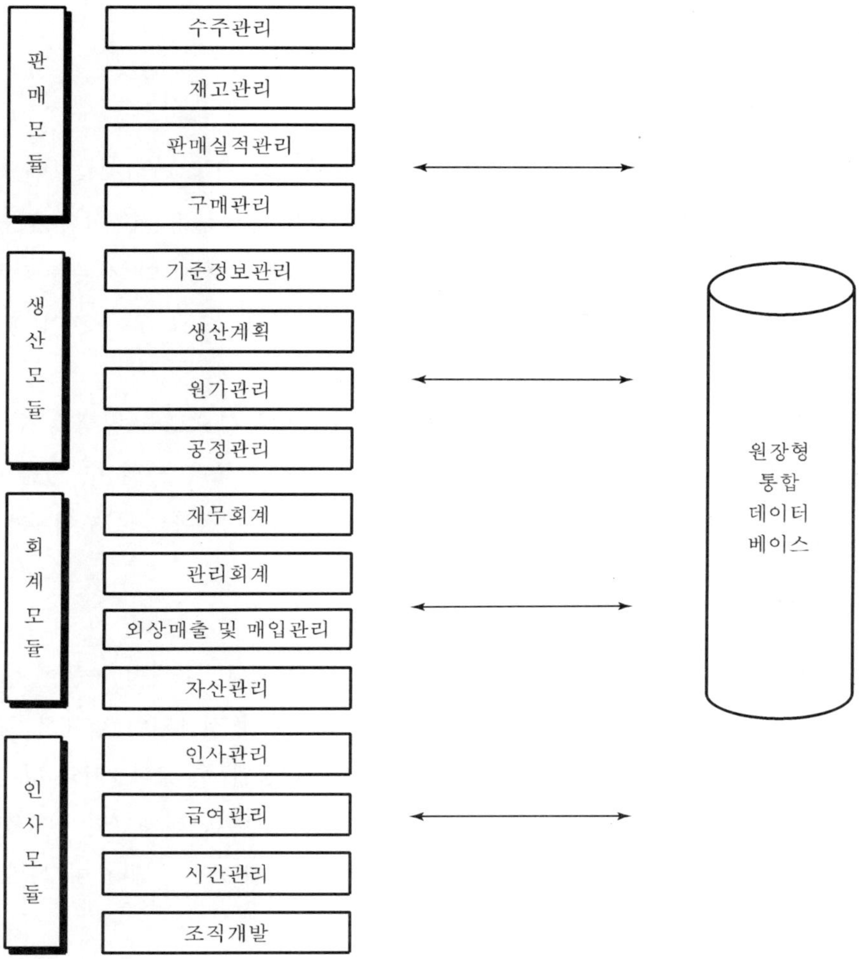

그림 6-9 ERP의 개괄적 구조

한 각 모듈은 원장형 통합데이터베이스를 통해 어느 모듈과도 완벽하게 연결될 수 있는 것이 특징이며, 최종시스템의 크기와 형태 또한 원하는 대로 조합할 수 있다. 이와 같은 시스템의 통합성과 유연성이 ERP의 최대강점이라 할 수 있다.

ERP가 프로그램하여 놓은 관리시스템은 그 패키지를 개발한 회사가 세계의 유수기업들의 프로세스를 분석하고 자문한 경험을 바탕으로 공통되고 표준화된 프로세스를 채택하였기 때문에 ERP를 도입하기 위해서는 소위 'Best Practice'라고 할 수 있는 표준프로세스에 의해 자사의 업무를 볼 수 있게 되는데, 이것이 곧 자연스러운 BPR의 실천이라고 할 수 있다.

1.5.4 ERP의 효과

(1) 업무능률의 향상

ERP가 통합데이터베이스를 운영함으로써 여러 부서를 거쳐 수행이 되는 업무의 자료입력에서 중복을 피할 수 있다. ERP를 도입하여 운영하고 있는 Columbia Contech의 관리담당 부사장은 "과거에는 재고관리를 하기 위하여 자재명세서(BOM)의 자료를 3번이나 입력해야만 했다. 그러나 ERP를 도입한 이후에는 단 한번의 입력으로 모든 것이 충분하였다." 고 말하고 있다.

중복된 업무를 제거함으로써 자료의 입력과 처리를 반복함으로써 발생할 수 있는 오류도 예방할 수 있다. 재고의 정확한 파악이 가능하여 재고부족을 줄일 수 있을 뿐 아니라, 물류의 과정에서 발생하는 단계간의 의사소통도 오류 없이 정확히 이루어지게 된다.

(2) 유연성의 향상

ERP시스템을 이용하면 정보전달에서 지체가 있을 수 없다. 고객의 주문이 발생하면 리얼타임으로 그 정보가 판매, 생산, 구매, 재무 등의 부서에 전달되어 필요한 행동을 즉시 취할 수 있기 때문에 고객의 요구사항에 대해 신속히 대응할 수 있다. 이와 같은 유연성의 향상은 미래에 대한 불확실성을 줄이는 데도 크게 기여하여 안전재고의 필요성이 없어지고, 현재 반드시 필요한 양만큼의 재고만 소유하게 되어 재고의 부패나 마모, 또는 불용재고의 위험을 줄일 수 있다.

(3) 신제품 개발의 개선

ERP는 시간과 공간의 벽을 넘어서 어느 곳에 위치한 사람들이라도 마치 같은 장소에 있는 듯이 의사소통을 할 수 있게 해준다. 신제품개발은 비단 설계엔지니어만의 역할이 아니라 최근에는 공정엔지니어, 구매전문가, 품질전문가, 상품기획전문가 등이 함께 참여하는 동시설계방식을 추구하고 있다.

ERP는 이와 같은 동시설계가 가능하도록 하여 제품개념단계에서 양산단계까지의 기간을 단축시켜 준다. 또한 모든 관련기능의 동시참여는 제품설계단계에서부터 생산의 용이성을 감안하여 설계(DFM : Design For Manufacturability)가 이루어지므로 원가와 품질의 측면에서 커다란 이점을 얻을 수 있다.

(4) 고객만족도의 향상

ERP를 통해 조직 내에서 발생하는 고객에 관한 모든 정보를 얻을 수 있게 된다. 고객의 문의사항, 구매기록, 서비스요청기록, 수선내용 등 고객과 관련된 모든 정보를 이용하여 영업부서는 효과적인 판매를, 신제품개발부서는 고객이 원하는 제품을 개발할 수 있다. 그리고 기업의 유연성 증가는 제품의 신속한 공급을 가능하게 하여 고객의 만족도가 크게 향상될 수 있다.

1.5.4 ERP의 도입과 평가

ERP를 대하면 누구나 그 능력을 반하게 된다. 많은 기업들이 갖고 있는 문제점들을 금방이라도 해결해 줄 수 있는 일종의 도깨비방망이로 생각하기가 쉽다. 그렇지만 모든 경영혁신기법이 그렇듯이 ERP도 치밀한 계획과 준비가 없이는 실패하기가 십상이다. ERP를 도입하고 실천하는 데는 많은 투자와 시간을 필요로 한다.

ERP가 단순히 소프트웨어를 구입하여 설치하는 측면으로만 생각한다면 필연적으로 기대하는 효과를 얻지 못하게 될 것이다.

(1) 최고경영자의 의지

도입에 앞서 최고경영자는 ERP를 정확히 이해하여 도입결정을 해야 한다. 우선, ERP한 단순히 시스템으로서의 의미 이상을 내포하고 있고 업무프로세스를 혁신시키는 기법임을 명심해야 한다. 쉬운 비유로서 문서작성 프로그램인 워드프로세스를 구입하여 PC에 설치하는 것만으로 업무의 생산성이 향상되는 것이 아니라, 워드프로세스의 다양한 기능을 이해하고 그 기능을 효율적으로 사용할 수 있는 업무의 수행방식을 변화시켜야 할 것이다.

예로서, 자주 쓰는 자료에 대해 표준양식을 작성하고 그 양식에 맞추어 자료를 수집하고 기록해야만 업무의 생산성이 향상될 것이다. 이와 같이 ERP를 도입하면 업무프로세스가 변화되어야 함을 모든 구성원이 받아들여야 하기 때문에 최고경영자의 의지가 적극적인 추진이 뒷받침되어야 한다.

(2) ERP 프로젝트의 추진 주체

ERP가 단지 소프트웨어를 설치하는 의미가 아니기 때문에 그 프로젝트의 추진을 기업의 전산팀이 주체가 되어 진행해서는 성공하기 어렵다. ERP의 궁극적인 의미는 업무프로세스를 효과적으로 변화시켜 새로운 기업경쟁력과 고객이 요구하는 가치를 창조하는 데 있기 때문에 현업부서의 실무책임자와 경영진의 적극적인 참여가 필요하다. ERP를 실제로 사용하고 영향을 받는 사람이 그 업무의 실무자들이고, ERP의 기능이 필요한지 또는 ERP에서 제시하는 업무프로세스를 적용하기 위한 변화가 무엇인지를 판단할 수 있는 사람이 그들이기 때문이다.

(3) BPR과 ERP

ERP를 성공적으로 실천하기 위해선 BPR을 우선 실천하여 업무프로세스를 단순화시켜야 한다. 경영혁신의 가장 간단한 원리는 프로세스를 이해하고(Understand), 단순화시키고(Simplify), 자동화(Automate)시키는 것이라고 할 수 있다. 이 과정에서 ERP는 자동화를 수행하는 기법이고 BPR은 업무의 단순화를 위한 기법이란 점을 감안하면 이 두 기법이 서로 병행되어야 함을 알 수 있다. BPR이 전제가 되지 않는 ERP는 오히려 혼란을 초래하여 업무의 효율성을 저해할 수 있고, ERP가 뒤따르지 않는 BPR은 시스템의 통합으로 얻을 수 있는 여러 가지 효과를 성취하지 못하게 된다.

1.6 JIT와 린(Lean)생산

JIT는 영어의 Just In Time의 약어로서 일반적으로 적시생산시스템으로 번역되고 있다. JIT는 원래 1970년대부터 일본기업들이 적용하고 있었으며, 낭비요소가 최소화된 효율적인 생산의 운영 및 통제시스템을 지칭하는 용어로서 1980년대 이후 미국을 비롯한 서양국가에서 활발하게 연구되고 도입되었다. 최근에 많은 경영혁신기법들이 등장함으로써 JIT의 개념이 다소 퇴색하고 있지만, JIT의 기본원리들은 앞으로도 지속적으로 타당한 것으로 인식될 것이다.

1.6.1 JIT의 등장배경

한때 일본기업의 제품은 조악한 품질의 싸구려제품으로 인식되었는데, 1970년대 이후부터는 서양기업들과 비교가 되지 않을 정도의 신뢰성 있는 품질의 제품을 상대적으로 저렴한 가격으로 시장에 내놓기 시작하였다. 일본의 도요타 자동차를 앞세워 미국시장을 공략했던 자동차산업이 그러했고, 기계제품, 가전제품, 복사기, 카메라 등 거의 모든 공산품에서 비슷한 현상이 나타나게 되었다.

그러자 미국의 기업인과 학자들은 "일본기업들이 무엇을 잘하고 있는가?", "우리도 배울 수 있는 기법인가?"라는 질문에 답을 구하고자 했다. 초기 연구자로서 Richard Schonberger와 Robert Hall은 일본기업의 독특한 생산관리접근법을 발견하였고 이러한 접근법을 JIT로 부르기 시작하였다.

Schonberger에 의하면 JIT의 개념은 대략 1960년대부터 일본의 조선산업을 중심으로 널리 사용되었다고 한다. 당시에 철강업체들은 과도한 확장에 따른 생산능력 과잉으로 말미암아 조선회사가 철강주문을 내기만 하면 신속하게 납품을 해줄 수 있었기 때문에 조선회사들이 유지해야 할 재고수준을 한 달분 정도에서 3일분 정도로 줄일 수 있었다. 이는 곧 철강을 적시(Just In Time)에 공급받을 수 있었기에 가능하였다.

그러나 세계적으로 JIT의 대명사로 회자되는 기업은 일본의 도요타 자동차회사이다. 1970년대 중반에 도요타 자동차회사의 부사장이었던 Taichi Ohno와 경영자문가였던 Shingeo Shingo 등이 일련의 기사, 논문, 책 등에서 도요타의 생산시스템을 소개하였던 것이 도요타의 생산관리기법 또는 JIT가 세계적으로 널리 알려지게 만들었다.

1.6.2 JIT와 린생산의 개념

JIT 시스템은 모든 생산과정에서 필요할 때 필요한 것만을 필요한 만큼만 생산함으로써 생산시간을 단축하고 재고를 최소화하여 낭비를 없애는 시스템으로 정의된다. 도요타 자동차회사는 생산시스템의 낭비요소를 7가지 범주로 분류하고 있는데, 과잉생산, 대기, 운반, 불필요한 생산과정, 불필요한 재고, 불필요한 행동, 불량품의 생산 등이다. 이와 같은 낭비요소들을 제거하게 되면 생산에 필요한 인력, 공간, 재고, 시간과 불량품 등이 최소화될 것이므로 JIT 시스템을 '얇다'라는 의미의 린생산(Lean Production)시스템이라고도 부른다.

JIT 관련문헌들에서는 JIT에 대해 크게 두 가지의 서로 상반된 시각을 보이고 있다. 그 하나는 JIT를 공장관리에서 발생하는 문제점들을 아주 실용적인 방법으로 해결하고자 하는 시스템으로 보는 시각이고, 또 다른 하나는 JIT를 혁신적인 경영철학 또는 기업문화로 보는 시각이다.

실용적 JIT 시각은 생산공정의 세세한 부분에 초점을 두고 있다. 즉, 어떠한 공장이라도 자재물류의 원활한 흐름을 방해하는 다양한 요소들이 존재하고 있다. 생산능력의 병목현상, 긴 작업준비시간, 기계의 고장, 품질불량 등으로 인해 생산이 지연되는 것이 빈번하므로 많은 재고를 보유함으로써 생산이 단절되지 않도록 하는 경우가 많다.

하지만 JIT는 방해요소들을 재고축적이 아니라 엔지니어링기법, 청렴한 작업환경, 품질관리기법의 사용, 제품설계의 단순화 등과 같이 아주 실용적이고 간단한 방법으로 해결하고자 한다. JIT를 '근본으로 돌아가는 운동(Back-to-Basic Movement)'으로 일컫는 이유가 여기에 있는 것이다. 작업공정간의 정보교환을 위해서 카드를 이용하는 칸반(Kanban)시스템도 최종제품의 수요와 일치하도록 자재흐름을 통제하는 간단한 기법이라고 할 수 있을 것이다.

실용적 JIT 시각은 분명히 과거와는 다른 방법으로 생산을 운영하도록 하지만 그 방법이 획기적인 방법이 아니라, 근본적인 운영패턴을 효율적으로 재구성하는 방법을 제안하고 있다. 따라서 그 개선효과도 단시간이 아니라 오랜 기간 동안 서서히 누적되어 나타나는 것으로 인식하고 있다.

반면에 낭만적 JIT의 시각은 단순함(Simplicity)으로의 즉각적인 행동을 주장하고 있다. 조직 내에 존재하는 기존의 복잡성을 완전히 제거하고 모든 면에서 단순하므로 무장된 이상적인 공장으로 전환하는 것이 진정한 JOT의 실천이라는 시각이다. Schonberger는 이러한 전환을 위해서 필요한 19가지의 '원리(Principles)'를 제시하면서 그 실천을 방해하는 가장 큰 요인을 관리자의 안일한 태도라고 지적하였다. 따라서 모든 부서관리자의 태도변화를 촉구하고 "단순화하면 모든 재화는 물처럼 유연하게 흐를 것이다."라는 정신으로 조직문화를 변화시켜야 한다고 주장하고 있다.

위에서 설명한 두 가지 시각의 차이는 JIT의 핵심개념인 단순함에 대한 접근법으로 요약될 수 있다. 낭만적 JIT가 상대적으로 단순함의 실천이 용이하다는 주장을 하는 반면, 실용적 JIT의 시각은 인내를 갖도 서서히 그리고 단계적인 개선을 주장하고 있다. Shigeo Shingo는 도요타 자동차회사가 JIT를 완전히 구축하는 데는 20년이 걸렸으며, 다른 회사가 이를 모방한다고 하더라도 만족스런 결과를 얻기까지는 최소한 10년이 필요할 것이라고 얘기하고 있다.

1.6.3 JIT의 특성

JIT시스템을 구성하는 하부 구성요소로서의 특성에 대한 다양한 견해가 있으나 아래와 같이 7가지 특성을 살펴보고자 한다.

(1) 소규모 로트크기

JIT의 핵심개념인 재고의 최소화를 위해서는 로트(Lot)크기를 줄이는 것이 중요하다. 로트란 한 작업을 위하여 작업준비를 하고 다른 작업으로 전환을 하기 전까지 생산하는 양을 의미하는 것으로 로트크기를 줄이면 여러 가지 장점을 기대할 수 있다.

① 생산된 로트는 생산된 시점에 모두 판매 또는 사용되지 않으면 재고의 형태로 남게 되기 때문에 로트의 감축은 곧 재고의 감축을 의미하게 된다. 따라서 재고유지를 위한 시간, 공간 및 비용을 절약할 수 있다.

② 작은 로트크기는 생산소요기간(Lead Time)을 감소시킨다. 생산이 진행되고 있는 시간 동안은 재공품 재고이기 때문에 리드타임의 감소는 곧 재공품 재고의 감소를 의미하게 된다. 물론 로트의 감소는 일정기간 동안의 목표생산량을 달성하기 위해서 생산작업준비의 횟수를 증가시키는 단점을 야기시키게 되겠지만, JIT는 작업준비시간을 감축함으로써 극복하고자 한다.

③ 작은 로트크기는 생산시스템에서 각 공정의 작업부하를 작업시간 동안에 균일화하는 데 도움이 된다. 로트크기가 크면 각 공정별로 소요되는 시간이 길기 때문에 다음 공정으로 넘어가는 데 걸리는 시간이 길고, 따라서 각 공정에서는 가동-대기가 긴 사이클로 반복될 가능성이 크게 된다.

하지만 로트크기가 작으면 가동과 대기의 사이클 시간이 짧기 때문에 작업시간 동안 작업부하가 평준화되는 경향을 보이게 된다.

(2) 생산준비시간의 감축

로트크기를 줄이면 생산준비(Setup)의 횟수를 증가시키게 된다. 예를 들어, 일정기간 동안의 목표생산량이 1,000단위일 때, 로트크기가 100단위이면 10번의 생산준비가 필요하지만 로트크기를 10단위로 하면 100번의 생산준비가 필요하게 된다. 생산준비시간(Setup Time)은 부가가치가 창조되지 않는 시간이므로 총생산준비시간을 줄이면 생산성이 향상될 것이다. 자동차산업의 경우 1960년대만 하더라도 철판의 성형작업에 필요한 수백 톤 무게의 금형(Die)을 생산모델의 변경시마다 교체하는 데 8시간씩이나 소요되었다.

도요타 자동차는 금형교체시간을 단축할 수 있는 방안을 지속적으로 고안해 온 노력과 자동화된 설비의 도움으로 10분 이하로 금형교체시간을 단축할 수 있었다. 그 결과로 생산로트크기를 줄이고 다양한 모델을 생산하더라도 생산준비시간의 낭비가 크지 않게 되었고 따라서 다품종 소량생산이 가능하게 되었다.

(3) 풀방식의 자재흐름(칸반시스템의 운영)

공정과 공정간의 자재흐름이 수요공정에서 필요로 하는 양만큼 공급공정에서 생산하도록 자재흐름을 관리하는 방식이 풀(Pull)방식이다. 반대의 개념인 푸시(Push)방식은 미리 승인된 각 공정별 생산계획에 따라 생산을 하고 다음 공정인 수요공정으로 전달하는 자재흐름형태이다.

따라서 풀방식에서는 현재 발생하고 있는 수요율(Demand Rate)에 따라 공급공정에서 생산이 이루어지기 때문에 필요 이상의 재고가 발생하지 않는 데 비해, 푸시방식에서는 예측된 미래수요에 의거하여 생산이 이루어지므로 예측수요와 실제수요가 차이가 나든지 또는 공정별로 생산능력이 불균형하면 많은 재고가 발생하게 된다.

JIT는 풀방식에서는 자재흐름을 통제하고 있으며 그 구체적인 수단으로서 칸반(Kanban)이라는 도구를 사용하고 있다. 칸반은 수요공정과 공급공정간에 생산요구와 관련된 정보를 주고받는 카드모양의 도구이다. 수요공정에서 필요로 하는 품목과 수량 등을 칸반에 기록하여 공급공정에 전달하면 공급공정은 칸반에 적힌 요구사항대로 생산하여 전달하게 된다.

따라서 칸반을 통해 필요한 정보가 즉시로 전달되기 때문에 모든 공정에서 생산율(Production Rate)이 조화를 이루게 되며 불필요한 과잉생산을 예방할 수 있다. 이와 같은 칸반이라는 도구의 사용이 서양기업인의 눈에는 독특하게 인식되어 일본기업의 JIT 시스템을 칸반시스템으로 일컫는 경우도 있었지만 엄밀하게 보면 칸반시스템은 JIT 시스템에서 자재흐름을 통제하는 구성요소이다.

(4) 노동력의 유연성과 팀워크

노동력의 우연성이란 노동자가 한 가지 이상의 작업을 수행할 수 있음을 의미한다. 노동자가 다기능을 수행할 수 있는 능력이 있으면 공정간 작업량의 불균형이 발생할 경우

작업자들의 이동을 통해 균형을 이루게 할 수 있다. 이렇게 함으로써 소위 공정의 병목현상을 완화시킬 수 있으며, 공정의 균형된 작업부하는 낭비되는 생산능력을 줄이게 된다. 또 다른 유연한 노동력의 이점은 단순한 작업의 반복이 아닌 다양한 작업을 수행함으로써 작업자의 만족도가 향상된다는 점이다. 그리고 팀워크도 좋아지게 된다.

다른 작업자의 직무에 대한 이해도가 높아지고 상호 의사소통과 정보교환이 용이해짐에 따라 작업자들간의 협력이 자연스럽게 이루어질 수 있다. 일본기업들의 공장현장에서는 동일부서의 작업자들끼리 팀회의를 통해 문제점을 분석하고 개선안을 실천에 옮기는 것을 어렵지 않게 볼 수 있다. 이 같은 팀워크과정을 통해 품질불량을 줄이고 생산성을 향상시키는 효과를 얻고 있다.

(5) 공급업체와의 유대강화

공장 내에서 만의 노력으로는 JIT의 효과를 얻을 수 없고 공급업체와 긴밀한 협조체제가 갖추어져야 한다. 공장 내에서는 아무리 소규모의 로트크기로 생산을 한다고 하더라도 공급업체로부터 자재나 부품을 큰 로트로 구입한다면 자재재고가 쌓이게 된다. 따라서 소규모 로트의 원칙이 공급업체까지도 확장되어야 하는데, 그러기 위해서는 선적의 빈도수가 많아지게 된다. 일본기업들이 공급업체를 근거리에 위치하도록 유도하고 있는 이유가 바로 수송의 리드타임을 줄임으로써 잦은 공급이 가능하도록 하기 위해서이다.

그리고 공급되는 부품의 품질, 수량, 납품시기의 측면에서 신뢰성이 매우 중요하다. 불량률이 높거나 공급수량이 요구한 수량과 일치되지 않는 경우가 많거나, 납품시기가 필요로 하는 시기를 맞추지 못하는 경우가 빈번히 발생한다면 구매업체는 많은 재고로 그 불확실성을 대비할 수밖에 없다.

이 같은 문제점은 공급업체와의 유대강화로 해결되어야 한다. 구매업체는 공급업체에게 기술지원, 경영지원, 자금지원 등을 통해 공급업체도 JIT 시스템을 실천할 수 있도록 지원하고, 공급업체는 우수한 품질의 부품을 적기에 필요로 하는 수량만큼만 공급할 수 있도록 최선을 다하는 파트너십의 관계가 요구된다. 파트너십의 관계는 나아가서 수년 이상의 장기공급계약, 생산계획과 원가 등에 대한 상호 정보교환뿐 아니라 구매업체의 신제품개발에 공급업체가 같이 참여하는 형태의 밀접한 관계까지도 의미하고 있다.

(6) 원천에서의 품질관리

재고를 최소로 유지하면서 공정간의 물류를 원활히 하기 위해서는 불량 없는 품질이 중요하다. 투입물에 불량품이 포함되어 있으면 사용가능한 수량이 그만큼 줄어들게 되고, 따라서 계획된 생산이 이루어지지 못한다. 이와 같은 생산의 단절을 예방하기 위해 투입물의 재고를 많이 축적해 두는 것을 흔히 볼 수 있다.

예를 들어, 텍사스 인스트루먼트의 안테나 부서에서 납땜작업의 불량률이 평균 20%에 달했을 때 이를 보완하기 위해 생산계획부서는 로트크기를 증가시켜서 재고량을 늘려야만 했었다.

JIT 시스템에서는 작업자들이 자신의 생산물에 대해 품질의 책임까지 지도록 하는 '원천에서의 품질관리(Quality at Source)'체제를 강조한다. 전통적인 대량생산시스템에서는 작업자의 책임은 목표생산량을 달성하는 것이었으며 품질의 책임은 QA 또는 QC 부서와 같은 품질관리부서의 책임이었다. 따라서 품질검사가 생산이 완료된 사후적으로 이루어졌기 때문에 불량에 의한 손실이 매우 컸었다. 그렇지만 원천에서의 품질관리가 이루어지면 크게 세 가지의 효과를 얻을 수 있다.

① 불량품이 조기에, 즉 발생하는 시점에서 발견될 수 있고, 발견된 불량품은 더 이상 부가가치활동이 더해지지 않으므로 손실을 최소화할 수 있게 된다.
② 불량품이 조기에 발견되어 제거되므로 불량품에 의한 사용가능한 양질부품의 수량 불확실성이 줄어든다. 따라서 불량품에 대비한 재고의 축적이 불필요하게 된다.
③ 작업자가 품질의 책임까지 담당하므로 QA 또는 QC와 같은 별도의 품질관리부서가 불필요하게 된다.

1.6.4 JIT의 성공요건

JIT 시스템의 개념이 세계적으로 알려지기 시작한 1980년대부터 많은 기업들이 재고를 인위적으로 축소하고 칸반에 의한 자재흐름의 통제를 도입하였지만 성공한 기업보다 실패한 기업이 더 많았다. 그 이유는 JIT의 효과에 대해 너무나 큰 기대를 가진 나머지 JIT의 구성요소에 대한 철저한 구축 없이 성급한 도입의 결과라고 하겠다. JIT의 효과적인 실행을 위해서는 다음의 사항에 대해 유의해야 할 필요가 있다.

(1) JIT 원리의 특성

칸반의 수단을 이용한 자재흐름 통제는 먼 미래의 수요를 반영하지 못한다. 풀방식의 자재흐름 하에서는 현재 발생한 수요가 후공정에 전달되는 형태이므로 현재의 수요에 반응하는 성격이며 미래의 예측수요에 반응하는 체제가 아니다. 따라서 JIT를 미래의 자재계획 수립을 위한 목적으로 사용함은 부적절하고 작업현장에서 자재흐름의 통제목적으로 사용되는 것으로 이해되어야 한다.

그리고 JIT는 현재의 수요정보만 공정간에 전달되므로 수요의 변동에 신속하게 대응하지 못한다. 따라서 수요가 급증하는 경우에 생산의 중단이 빈번히 발생할 수 있고, 반면에 수요가 급격히 감소하면 유휴자원이 과다하게 발생할 수 있다. 즉, JIT는 안정된 환경에서 효과적으로 적용될 수 있으며 모든 산업유형에 적합한 것은 아님을 이해해야 한다.

(2) JIT 구성요소의 우선 구축

JIT는 재고감축이 궁극적인 목표이지 결코 수단이 아니다. 기업들이 재고를 인위적으로 제거함으로써 생산중단, 납기지연, 생산성 하락의 결과를 초래한 경우가 많다. 재고는 작업준비시간의 감축, 불량률의 감소, 작업자의 유연성 향상, 공급업체와의 유대관계 강화 등이 선행됨으로써 자연스럽게 줄어들 수 있는 것이다. 따라서 JIT의 효과를 성급히 기대해서는 안되며 인내를 갖고 꾸준히 개선시켜 나가야 한다. 도요타 자동차회사가 JIT를 완성하는 데 20년 이상이 소요되었다고 한 점을 기억해야 한다.

(3) 조직구성원의 이해

조직구성원들은 변화를 싫어하는 경향이 있다. 분명히 JIT는 전통적인 생산통제시스템과는 다르며, 생산작업자들이 품질에 대한 추가적인 책임과 지속적인 개선요구에 따른 스트레스를 받기가 쉽다. 조직구성원들에게 JIT의 목표와 효과를 정확히 이해시켜서 자발적으로 동기부여가 되도록 경영자는 배려를 해야 할 것이다.

그리고 재고가 줄어듦으로써 노출될 수 있는 위험에 대비하기 위해 공급업체에 재고의 부담을 강요하는 경우도 흔히 있다. JIT는 공급업체의 협력 없이는 결코 성공할 수 없으므로 공급업체로 하여금 불신이나 적대적 감정을 갖지 않도록 배려해야 할 것이며, 그들도 JIT 시스템을 도입하도록 적극 지원해야 한다.

1.7 컴퓨터통합시스템 (CIM)

1970년대 중반에 나온 컴퓨터통합시스템인 CIM은 제조업체의 주요한 활동인 엔지니어링, 마케팅, 재무, 구매, 생산, 인력자원, 그리고 회계의 모든 활동을 데이터 커뮤니케이션 기술과 연계하여 고도로 자동화되고 탄력적인 강력한 컴퓨터시스템으로 통합한, 조직과 사람의 능률을 향상시키고, 고객만족을 향상시키는 기업의 경쟁력을 급진적으로 향상시키는 기업의 경영철학이며 중요한 생산혁신 개념이다.

1.7.1 서 론

새로운 기술은 계속 개발되고 고객은 점점 까다로워지고 있다. 고객은 점차로 성능이 우수한 저가 고품질의 제품을 요구하고 있다. 컴퓨터기술의 발전은 컴퓨터의 사용을 점차로 보편화시키고 있으며, 전자상거래의 급속한 발전은 시장판도의 변화를 예고하고 있다. 이러한 일련의 사태는 제조업자들에게 새로운 환경을 제공하고 있다. 이것은 기업체의 능력에 따라 기회나 또는 위협이 될 수 있다.

그러나 여기에서 한 가지 중요한 사실은 이제 컴퓨터가 생산의 통합적인 관리수단이 되었다는 명백한 사실이다. 그래서 이제 제조업체의 모든 활동들은 컴퓨터에 의해 통제받게 될 것이다. 따라서 기업의 주요한 직능들인 판매, 구매, 재무, 생산, 회계, 엔지니어링과 같은 모든 기능들이 강력한 컴퓨터시스템으로 통합되는데, 이것을 컴퓨터통합시스템인 CIM(Computer Integrated Manufacturing)이라 한다.

1970년대 중반에서야 CIM이 처음으로 알려졌지만, 그 이후에 CIM은 산업체로부터 폭발적인 주목을 받기 시작하였다. 컴퓨터가 최초로 1950년대에 나왔지만, CIM이 이렇게 늦게서야 제조업체에 도입된 이유는 컴퓨터를 사용하는 비용이 만만치 않았기 때문이었다. 그래서 제조업체에 있어서 컴퓨터를 사용하는 부서들이래야 겨우 회계나 재고를 관리하는 부서들 정도이었다.

그러나 최근 컴퓨터와 전자·전기 테크놀로지의 혁신으로 CIM의 사용이 현실화되게 되었다. 컴퓨터의 성능은 기하급수적으로 향상되고 가격은 기하급수적으로 감소되었다. 그래서 이제는 제조업체에서 컴퓨터를 경제적으로 사용할 수 있게 되었다.

1.7.2 CIM의 정의

CIM은 컴퓨터를 이용하여 통합된 관리를 하는 것이다. CIM의 의미는 기업과 조직의 규모나 특성에 따라 다르다.

CIM은 조직과 사람의 능률을 향상시키는 새로운 경영철학과 연계된 시스템과 데이터 커뮤니케이션을 사용하여 제조업체의 모든 활동을 통합한 시스템이다.

여기에서 제조업체의 활동이란 제품 및 공정설계로부터 모든 생산계획과 통제, 품질관리, 그리고 설비보전에 이르는 모든 활동을 말한다. 이러한 일체의 활동을 데이터 커뮤니케이션과 연계된 하나의 강력한 컴퓨터시스템으로 통합하는 것이다. 그래서 CIM은 고객으로부터 접수한 주문제품을 고객에게 납품하기까지의 모든 프로세스를 통합하여 고객만족을 향상시키는 시스템이다. CIM은 하나의 새로운 제조개념이면서 테크놀로지이다. 또 CIM은 기업의 경쟁력을 급진적으로 향상시키는 기업의 철학이다. 이렇게 볼 때 CIM은 최고경영자들에게 경영철학이며 중요한 생산혁신 개념이다.

CIM은 통합시스템이다. 통합은 기업의 모든 자원을 연계시켜 최상의 효과를 달성하고자 하는 것이다. 통합은 자원의 능률성을 최대로 보장한다. 그런데 통합은 컴퓨터를 이용하여 시기적절하고 효과적인 커뮤니케이션을 통해서만 가능하다. 그래서 CIM은 독자적으로 운영되는 모든 자동화 테크놀로지를 하나로 통합하여 탄력적인 시스템을 운영하고자 한다. 이렇게 CIM에서는 컴퓨터의 하드웨어와 소프트웨어, 그리고 데이터베이스가 산업로봇, 물류취급, 저장, 설계 등과 서로 연계되어 고도로 자동화되고 통합된 탄력적인 생산시스템을 구성하는 것이다. 또 통합은 기업의 자원뿐만 아니라 고객, 그리고 공급업자까지도 통합시켜야 한다.

CAD(Computer Aided Design)와 CAM(Computer Aided Manufacturing), 그리고 CAE(Computer Aided Engineering)는 주로 설계와 제조엔지니어링, 그리고 제품개발과 생산공정의 어떤 특수한 기능을 자동화하고 인공지능화하는 데 목적을 두고 있다. 그러나 이와는 달리 CIM은 CAD/CAM과 CAE 분야를 모두 포함한 기업의 모든 관리기능을 총괄적으로 관장하는 컴퓨터통합시스템이다.

CIM은 하나의 개념이면서도 테크놀로지이다. CIM은 기업의 성공을 앞당기는 기업의 철학이다. 그러면서도 테크놀로지 없이는 실행할 수가 없다. 사실 최고경영자에게 CIM은 경영철학이며 중요한 생산개념이다. 그리고 현장에 있는 실무진들에게는 하나의 테크놀로지이다.

1.7.3 통 합

위의 정의를 보면 CIM에서 중요한 용어는 중간에 있는 통합(Integrated)이다. 통합은 기업의 모든 자원을 독립적으로 사용하지 말고 함께 사용하여야 한다는 것이다. 그래야만 기업의 성공을 보장할 수 있다는 것이다. CIM에서의 통합은 컴퓨터를 이용한 시기적절하고 효과적인 커뮤니케이션을 통해서만 가능하다. 그래서 CIM은 독립적으로 운영되는 모든 자동화 테크놀로지를 통합하여 기업을 신속하고 능률적으로 운영하고자 한다.

즉, CIM에서는 컴퓨터의 하드웨어와 소프트웨어, 그리고 데이터베이스가 산업로봇, 자재취급기기, 보관기기, 제품설계 등과 서로 연계되어 고도로 자동화되고 통합된 탄력적인 생산시스템을 구성하는 것이다. 이렇게 CIM은 위에서 언급한 모든 컴퓨터자료를 이용하여 공장 전체를 보다 능률적이고 효율적으로 운영하고자 하는 통합적인 테크놀로지이다.

통합은 기업의 자원뿐만 아니라 기업의 자원과 고객, 그리고 공급업자까지도 통합시켜야 한다. 그래서 이 세 가지를 서로 연결시켜야 한다.

1.7.4 커뮤니케이션

CIM은 기업의 각 자원을 전부 통합적으로 연계하여 이용하고, 고객과 공급업자를 서로 연결하는 통합시스템이다. 이것을 가능하게 하기 위해서는 고객과 제조업자, 그리고 공급업자가 서로 정보를 효과적으로 주고받아야 하는데, 이렇게 하기 위해서는 이들 3자간에 원활한 커뮤니케이션이 필요하다. 커뮤니케이션은 근본적으로 사람과 컴퓨터, 그리고 커뮤니케이션은 CIM 커뮤니케이션의 가장 기본이다.

CIM은 기업의 모든 자원들을 통합하고, 각 구성요소들간의 커뮤니케이션을 필요로 한다고 하였다. 이것은 데이터베이스(Database)를 사용함으로써 가능하다. 즉, 데이터베이스는 기업의 여러 기능을 전자적으로 통합하는 중요한 수단이다. Martin은 “데이터베이스란 중복되지 않고 상호관련성이 있는 자료의 집합체”라고 데이터베이스를 설명하였다. 또 Date는 “데이터베이스란 전산화시킨 문서보관시스템”이라고 하였다. 이렇게 데이터베이스란 자료를 포함한 기록으로 구성된 관련된 파일의 집합체이다.

1.7.5 Manufacturing Automation Protocol

CIM은 여러 가지 컴퓨터와 기계, 그리고 기기들로 구성되어 있다. 그런데 여기에서 중요한 것은 이러한 요소들간의 대화가능성이다.

MAP(Manufacturing Automation Protocol)은 미국의 GM(General Motors)사에 의해 생긴 용어로서, GM의 전공장과 부품공급업자, 그리고 다른 관련된 기업들을 서로 연결시키는 표준화된 컴퓨터 커뮤니케이션을 말한다. 1980년대에 미국의 GM은 상호 대화가능성 때문에 많은 어려움을 겪었다.

왜냐하면 구입한 기계와 기기들이 서로 대화가 되지 않았기 때문에 CIM의 이용에 많은 어려움이 있었기 때문이다. 처음에는 새로 구입한 기계와 기기마다 프로그램을 작성해 입력하였는데, 사용하는 기계와 기기의 수가 점차로 증가함에 따라 이 방법이 너무 번거롭고 비용이 많이 소요되어 비현실적이 되었다. 그래서 이런 문제를 해결하기 위하여 자동화의 표준프로토콜인 MAP을 개발하였다.

즉, 다른 기종의 컴퓨터와 다른 공급업자들로부터 공급되는 기계와 기기간에 발생하는 커뮤니케이션의 어려움을 경감하기 위해서 MAP이 개발되었다. MAP은 조직의 모든 사람들이 동일한 데이터베이스를 사용함으로써 제품개발을 전보다 빠르게 하고 고객의 수요에 신속히 대응할 수 있으며 부품공급업자와의 관계가 많이 개선되었다.

MAP은 1985년 AUTOFACT 무역쇼에서 그 성능이 처음으로 입증되었다. 그래서 다양한 기업체들이 만든 PLC나 산업로봇간에 서로 대화가 가능하게 하였다. MAP은 공장에서 사용하도록 특별히 고안된 일종의 LAN(Local Area Network)이다. 그래서 네트워크화된 컴퓨터와 컴퓨터가 연결된 기기들간에 자료와 정보를 서로 교환하게끔 한다. 1985년에는 MAP 사용자그룹이 형성되었고 지금은 세계의 많은 기업들이 MAP을 사용하고 있다.

1.7.6 CIM의 효과

CIM을 도입하려면 상당한 자금이 필요하다. 그래서 중소기업은 물론이고, 대기업에서도 CIM의 도입을 신중하게 결정하여야 한다. 예를 들면, 물론 도입하는 범위에 따라 다르지만 우주공학을 다루는 기업에서 CIM을 도입하려면 수조원의 자금이 소요된다. 그럼에도 불구하고 세계의 많은 기업들이 CIM을 도입하는 이유는 CIM으로부터 파생되는 수익성이 상당히 크기 때문이다. CIM을 효과적으로 도입하고 실행하는 기업들에게 CIM은 다음과 같은 효과를 제공한다.

① 인건비를 감소시킨다.

이것은 자동화로 인해 인력자원이 상당히 감소되기 때문이다.

② 신제품 개발시간이 단축된다.
그래서 과거보다 훨씬 신속하게 신제품을 시장에 소개할 수가 있다.

③ 제품의 품질이 향상된다.
이것은 불량품이 현격하게 감소되기 때문이다.

④ 통합된 단일의 정보를 사용할 수 있다.
이것은 조직 내의 커뮤니케이션을 원활하게 하기 때문이다.

⑤ 생산성이 향상된다.

⑥ 고객만족도가 향상된다.
이것은 생산시간이 빨라지기 때문이다.

⑦ 수요변화에 효과적이다.
탄력성이 향상되어 수요변화에 신속히 대처할 수 있기 때문이다.

⑧ 기계의 이용률이 증가한다.
다양한 생산경로에 대한 정보로 기계의 이용률이 향상된다.

⑨ 종업원의 사기가 향상된다.
고품질의 제품이 생산되기 때문에 조직원들의 사기가 올라간다.

1.7.7 CIM의 성공적인 도입

CIM이 소기의 목적을 달성하기 위해서는 다음과 같은 조건들을 충족시켜야 한다.

① 최고경영자의 전폭적인 지지와 참여가 필요하다.
② CIM의 도입과 연계된 기업전략을 수립하여야 한다.
③ 모든 조직원들의 적극적인 참여와 정보의 교환이 필요하다.
④ 하나의 통합된 데이터베이스만을 사용하여야 한다. 여러 개의 자료를 사용하는 것은 시스템의 신뢰성을 떨어뜨려 성공할 수가 없다.
⑤ 시스템을 도입할 때 초기의 시스템을 보지 말고 미래의 시스템을 보아야 한다.
⑥ 단계적인 도입계획을 수립하여야 한다.
⑦ 기업 내의 모든 물자와 정보, 그리고 물류의 흐름을 완전하게 분석하여야 한다.

1.8 CIM (Computer Integrated Manufacturing)

1.8.1 CIM의 정의

CIM의 정의

컴퓨터와 네트워크 기술에 기반으로 물자와 정보의 흐름을 일체화하고 파악하며, 경영의 효율화를 도모하려는, 자율기능이 있는 유연한 생산시스템이다.

즉, 아래의 구성도에서 보는 바와 같이 경영전략을 핵심으로 각 분야의 컴퓨터 네트워크에 의한 종합화를 말한다.

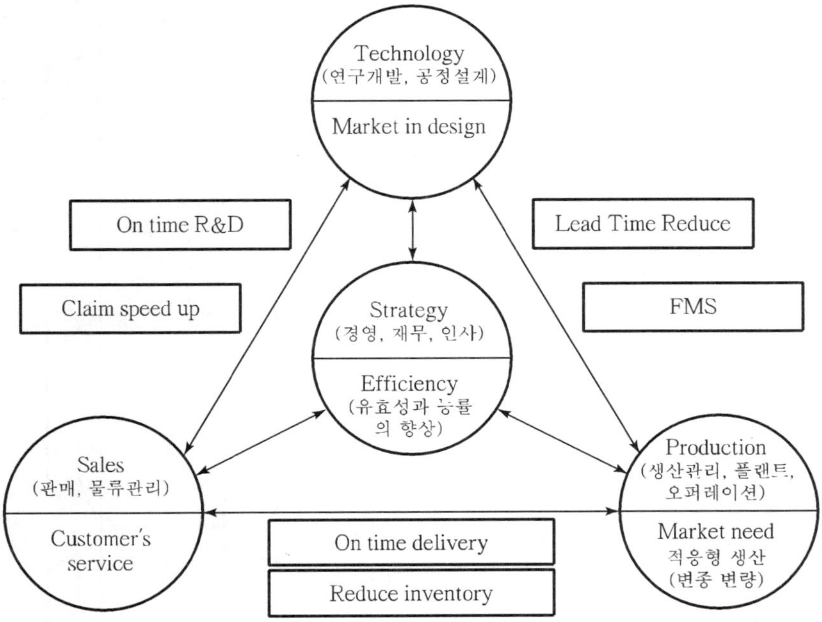

그림 6-10 CIM 정의

1.8.2 CIM의 도입 배경

기업을 둘러싼 환경은 크게 변화하고 있어 그 변화하는 환경에 어떻게 적절히 대응하는가가 경영관리자뿐 아니라 기업에서 일하는 모든 사람들에게 과제가 되고 있다.

첫째로, 경제환경면에서는 달러 강세, 무역마찰, 해외생산, 경제 Block화 등을 들 수 있다.

둘째로, 시장환경면에서는 고객니즈의 고급화·다양화와 제품수명의 단명화 등이 있다.

셋째로, 기술환경면에서는 네트워크화, 마이크로 일렉트로닉스화, 데이터베이스 매니지먼트 시스템의 진보 등을 들 수 있다.

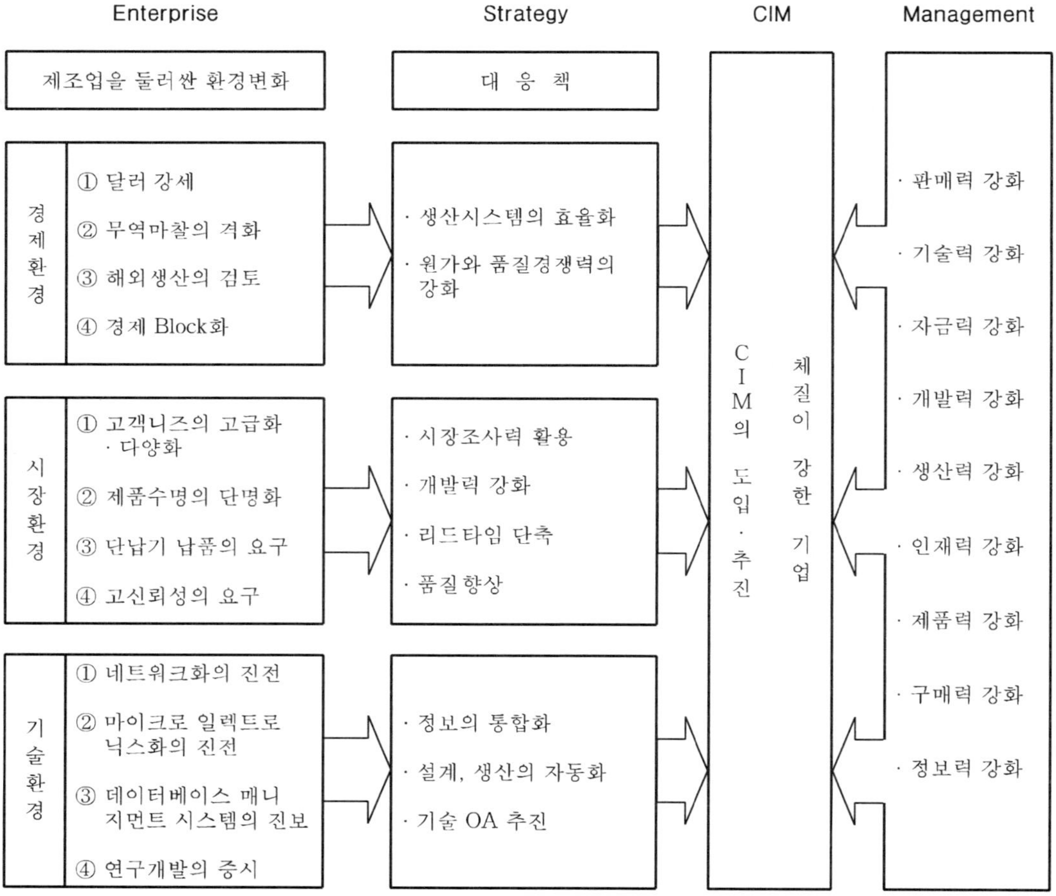

그림 6-11 CIM 구성도

그리고 앞으로의 환경변화에 대비하여 기업체질을 강화하고 동시에 매니지먼트의 신속화와 경쟁력 강화를 도모할 필요성이 증가하여 CIM 도입이 주목되고 있으며 구성도는 그림 6-11과 같다.

1.8.3 CIM의 구축순서

경영을 합리화하는 CIM의 현실적인 추진순서는 시스템의 목표를 명확히 설정하는 것이다. 시스템설계는 톱-다운식으로 하며, 구축은 보텀-업식으로 실시한다. 구축순서의 흐름은 목표설정, 현상조사 분석, 시스템 기본설계, 시스템 세부설계, 구축실시, 요원교육, 운용 순서는 다음의 Flow Chart와 같이 추진한다.

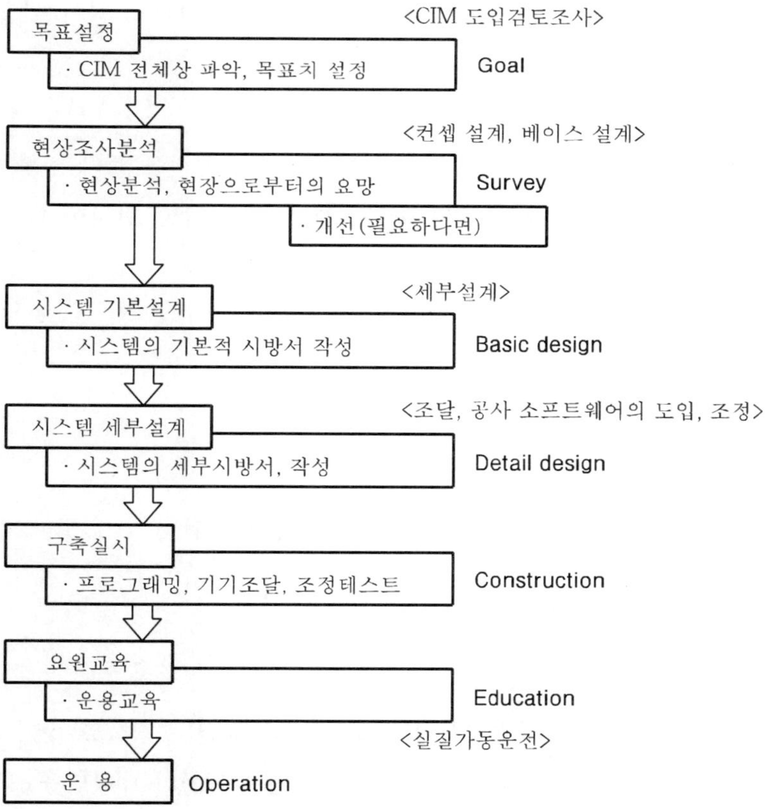

그림 6-12 CIM의 구축순서

(1) 목표의 설정

CIM의 이상적인 모습을 생각하고 합리화의 목표를 명확히 설정하는 것으로 생산의 리드타임 단축, 재고자산의 삭감, 생산성 향상 등의 목표를 정량적으로 설정한다.

(2) 현상조사 분석

각 부문의 시스템화에 대한 요망을 분석한다. 무엇을 통합하면 좋은지 생각한다.

(3) 시스템 기본설계

생산관리 시스템, 데이터베이스 시스템의 설계, LAN이나 정보기기 시스템의 설계, 운용시스템의 설계 등 CIM 시스템의 적합성은 단계에서 결정되므로 차분히 사간을 들여 현장에서 받아들여질 수 있는 편리한 도구가 되도록 최대의 창의적 노력이 필요하다.

(4) 시스템 세부설계

기본설계시방에 따른 구체적인 시스템 구축으로 채산성 계산을 보다 명확히 해볼 수 있다. 소프트웨어 설계에서도 장래의 유지·관리, 개량 및 보안을 철저히 할 수 있다.

(5) 구축실시

기존제도나 관행과의 정합성을 고려하고 한다.

(6) 요원교육

새로운 시스템에 익숙하도록, 그리고 CIM 도입효과가 발휘될 수 있도록 관련부분의 요원들을 교육시킨다.

(7) 운 용

설계대로 운용, 가동하는지 확인한다. 부적합한 점은 즉각 수정하고 정기적으로 시스템 검토를 실시한다. 과거의 생산효율화는 '정보의 섬'(업무부문)의 내부만을 자동화, 정보화하여 합리화한 경우가 많으며, 기업 전체로 볼 때 반드시 좋은 시스템이 되지 못한 경우가 흔히 있었다. CIM에서는 흔히 있는 '정보의 섬'을 표면적으로 연결하는 것이 아니라 근본적으로 통합화하는 합리화가 되어야 한다.

Chapter 02

6시그마에 대한 Q & A

2.1 6시그마(σ)에 대하여 처음 들어보는 경우

Q1 6시그마란 무엇인가?

A1 고객의 초점을 맞춘 목표와 측정을 활용하여 기업의 모든 부문에서 지속적인 개선을 이끌어내기 위한 품질 철학이다. 목표는 백만 단위당 몇 개의 결함만이 발생하는 강건한(Robust) 프로세스를 마련하는 것이다.

6시그마는 기업 전체가 포용하여야 하기 때문에 6시그마의 추진을 위하여 고위경영진의 리더십이 필수적이다.

Q2 정기적으로 고객조사를 통하여 살펴본 결과 우리 고객들은 만족하고 있다. 6시그마는 우리 회사에 어떤 혜택을 줄 수 있는가?

A2 귀가의 고객이 만족하고 있지만 고객조사에서 완전히 만족하고 있다는 답을 선택하지 않을 경우, 6시그마는 고객인식의 향상에 이바지할 것이다. 또 기억하여야 할 것은 현재 고객이 만족하고 있을지 몰라도 언제든지 생각이 바뀔 수 있다는 사실이다. 고객은 언제든지 시장에서 더 높은 가치를 약속하고 제공하여 주는 업체로 옮겨갈 준비가 되어 있다.

Q3 6시그마가 '무결점'을 의미하는 것인가?

A3 6시그마는 작고 한정된 개수의 결함을 의미한다. 그 개수가 너무나 작기 때문에 '사

실상의 완벽함'으로 간주되는 것이다. 6시그마에서 결함이 작기는 하지만 '무결점'이 아니기 때문에 사람들이 이성적으로 받아들이는 데 거부감이 없는 것이다. 사람이기 때문에 '무결점'이 가능하다고 믿지 않으며, 이를 받아들이지 못하지만 백만 단위당 3개의 결함은 한정된 숫자이기 때문에 받아들이는 데 문제가 없다.
그렇기 때문에 이 목표를 이루기 위하여 노력을 할 것이며, 이는 6시그마를 시작하기에 충분한 동기이다.

Q4 6시그마는 재무성과를 개선할 수 있는가?

A4 재작업, 재검사, 재수행, 재확인, 재체크 및 재기입 등의 단어를 생각하여 보면 서비스를 제공하고 생산활동을 하는 데 얼마나 많은 낭비가 이루어지고 있는지 알 수 있다. 6시그마는 이러한 낭비를 줄이는 데 초점을 맞추고 있으며, 이러한 노력의 결과는 재무성과의 개선으로 이어진다.
대부분 조직의 저품질의 비용은 매출의 10%에서 25%에 달하는데, 이 비용은 재무제표 즉 재무성과에 상당한 영향을 미친다.

Q5 서비스 공급업체이다. 우리 기업에서는 6시그마를 어떻게 적용할 수 있는가? 또한 시그마(σ) 수준 비교 정도는?

A5 서비스 제공업체나 제조업체 모두 프로세스를 통하여 일을 한다. 그리고 6시그마는 이 프로세스를 개선하려는 것이다.
서비스를 제공하는 프로세스에서 노력이 많이 낭비되는 것이나 제조프로세스에서 폐품이 많이 발생되는 경우나, 불만을 가진 고객에게는 별 차이가 없을 것이다.
서비스프로세스는 오히려 제조프로세스보다 개선 여지가 많을 수 있다.

표 6-2 시그마(σ) 수준별 불량 정도 사례

대 상	3σ	4σ	5σ	6σ
면 적	소규모 상점 넓이	평균 거실의 넓이	전화기 놓인 면적	다이아몬드 크기
오자 수	책 한 면당 1.5개	책 30면당 1개	백과사전 1절당 1개	소규모 도서관 소장도서 중 1개
10억 $당 부채	270만 $	6만 7,000$	570$	2$
거 리	미주 대륙횡단	차로 45분 거리	주변 주유소간 거리	4발짝 거리

2.2 시스템 측면

Q6 우리 회사는 이미 품질시스템을 마련하고 있는데 왜 6시그마가 필요한가?

A6 6시그마는 품질을 개선하고 원가를 절감시키는 지속적인 품질도구 모음이다. 귀사가 개선하고 있지 않다면 아마 후퇴하고 있을 것이다.

Q7 우리 회사는 현재 ISO 9000 인증을 추진하고 있다. 6시그마는 이러한 노력을 가속화 또는 후퇴시킬 수 있는가?

A7 ISO 9000, QS 9000, TL 9000, AS 9000 등은 품질을 위한 기본적인 시스템과 '프로세스' 중심 사고방식의 틀을 마련하여 준다. 세계 최우량기업이 되기 위하여서는 기본적인 품질시스템 이외에도 많은 요구사항이 존재한다.

고객을 감동시키기 위하여서는 품질에 대한 더욱 확고한 의지가 필요한데, 6시그마는 이런 높은 수준의 집중력을 가능하게 하여 준다. ISO/QS 9000 인증을 통하여 품질시스템에 대한 문서화와 감사과정이 마련되므로 6시그마 개선을 지원하여 준다. 2000년 개정판 ISO 9000과 현 QS 9000이 지속적인 개선을 요구하고 있다는 것도 주목할 만한 사실이다. 그러므로 6시그마는 지속적인 개선을 혁신하고 이끌어 가도록 설계된 훌륭한 철학이며 방법론이라 할 수 있다.

Q8 6시그마는 말콤 발드리지 상의 수여기준과 동일한 점이 많은가?

A8 말콤 발드리지 기준과 6시그마 모두 지속적인 개선에 기초하고 있다.

차이가 있다면 발드리지 기준은 기업의 품질시스템이 얼마나 효과적인지, 또 어느 정도의 사업성과를 창출하는지 측정하는 평가수단이라는 것이다. 6시그마는 이러한 품질시스템의 효과와 사업성과를 개선시키는 방법이다.

Q9 현재 가지고 있는 것을 측정하는 것 대비, 측정하여야 하는 것을 어떻게 다루어야 적절한가?

A9 이미 올바른 측정대상을 가지고 있을 수도 있으며, 만일 고객관점의 측정치들이라면 이미 제대로 측정을 하고 있는 것이다. 그렇지 않으면 전부터 6시그마 측정치를 이용하고 측정하였어야 한다. 즉, 고객으로부터 멀어지게 하는 측정치들은 과감하게 버려야 한다.

Q10 6시그마는 통계적 공정관리(Statistical Process Control)와 흡사한 것인가?

A10 6시그마는 완벽과 고객 감동에 대한 신념을 기초로 하는 철학이다. 통계적인 공정관리는 이러한 6시그마 철학을 지원하여 주는 도구의 하나이다.
파레토그림, 특성요인도, 관리도 및 일반통계와 같은 전형적인 품질도구들 모두 6시그마를 지원한다.

2.3 실행 측면

Q11 6시그마 용어들이 매우 기술적인 것 같은데 '백만 단위당 결함'은 무엇을 의미하는가, 또 '단위'는 무엇을 의미하는가?

A11 우선 '단위'란 귀하가 실행하는 업무의 측정치이다. 이것은 보고서, 장치, 계약이나 전화 통화 등 귀하의 제품을 나타내는 것이면 무엇이든 해당되므로 물론 서비스 공급업체에도 '제품'이 존재한다.
'백만 단위당 결함'은 귀하가 생산한 단위 중 몇 '퍼센트'의 결함이 프로세스의 다음 단계에 있는 '고객'에게 전달될 수 있는가를 나타내는 것이다.
백분율을 나타낼 때처럼 100을 사용하는 대신 100만을 기본단위로 사용하는 이유는 결함의 수가 매우 적기 때문이다.

Q12 6시그마를 활용하는 기업이 얻는 실질적인 절감과 혜택의 예를 알고 싶다.

A12 모토롤라(Motorola), 씨티은행(CitiBank), GE(General Electric), 얼라이드 시그널(Allied Signal), 텍사스 인스트루먼트(Texas Instruments) 및 기타 기업의 절감과 개선에 대한 전설적인 이야기가 많이 있다.
이들 기업의 연간보고서를 살펴보면 6시그마에 기인한 다양한 성공담을 접할 수 있다. 제대로 지원하고 추진할 경우, 성공을 거둘 수 있을 것이라는 믿음이야말로 성공의 열쇠이다.

Q13 6시그마를 이해하고 있다. 현 수준에서 활용할 만한 첨단도구는 어떤 것이 있는가?

A13 6시그마를 향상시키는 고객지향도구들은 다양하다. 품질기능전개(QFD : Quality Function Deployment)와 다구치기법(Taguchi Method)도 여기에 속한다.

서비스를 제공하거나 생산활동에 사용하는 전통적이거나 새로운 모든 도구들을 이해, 사용할 수 있다.

Q14 '블랙벨트'라는 단어를 자주 접하게 되는데 무엇을 의미하는 것인가?

A14 '블랙벨트'는 모토롤라 대학에서 처음으로 6시그마 도구를 적용하는 전문가를 지칭하는 용어로 사용하였다. 이는 블랙벨트가 전통적인 의미에서 태권도 전문가를 일컫는 것과 같은 맥락에서 활용되고 있다. 그러나 6시그마 도구의 대부분이 복잡하지 않기 때문에 블랙벨트만 이 도구를 사용하는 것은 아니다.

Q15 모토롤라는 6시그마를 어떻게 적용하고 있는가?

A15 모토롤라의 6시그마 추진의 핵심은 완전 고객만족팀(Total Customer Satisfaction Team)이라고 할 수 있다. 이 팀은 문제를 해결하기 위하여 업무그룹 또는 모든 임직원이 임시로 구성할 수 있으며, 전사적으로 프로세스를 개선하기 위하여 수천 개에 달하는 팀이 6시그마의 기초를 적용하여 왔다.

2.4 추진방법

Q16 6시그마를 추진하는 데 어느 정도의 시간이 소요되는가?

A16 6시그마를 창시한 모토롤라에서도 이 개념을 진정으로 적용하기 시작하는 데 5년에서 10년이라는 시간이 소요되었다. 6시그마 훈련, 교육, 고위경영진의 의지, 그리고 질문에 대한 답변을 통하여 보다 빠르게 실수를 최소화하고 잘못된 출발을 줄이며 6시그마를 추진할 수 있을 것이다.

Q17 6시그마를 추진하는 데 비용이 얼마나 필요한가?

A17 적시에 유용한 도구에 대한 훌륭한 훈련프로그램에 사용되는 자금을 비용이라고 하기보다는 투자라고 말하는 사람도 있다. 초기지출액은 6시그마 기초훈련과 비부가가치비용을 제거하는 작업에 훈련받은 인력을 전시간 전담하게 하는 데 사용된다. 사실상 이러한 훈련과 배치는 처음부터 하였어야 하는 일을 더욱 잘하도록 만드는 것이다.

Q18 6시그마 도구에 대한 훈련은 누가 받아야 하는가?

A18 이 질문에 대한 답은 간단하다. 모든 임직원이 훈련을 받아야 한다. 전사적으로 6시그마에 대한 의지가 존재하고 또 6시그마에 대하여 이해할 때 가장 많은 성과를 거둘 수 있다. 그러나 대다수 기업의 경우, 고위임원진이 이 프로세스를 시작한 뒤 팀리더를 파악하고 훈련한다.

Q19 '프로세스'가 의미하는 것은 무엇이며, 6시그마의 추진에서 중요한 이유는 무엇인가?

A19 프로세스란 일하는 방식을 말한다. 즉, 제품이나 서비스를 제공하기 위하여 사용하는 방법론이다. 이러한 '프로세스'에 초점을 맞춤으로써 개선의 기회를 찾고 더욱 낮은 가격에 더 많은 그리고 더 좋은 제품을 제공하고 고객을 만족시키는 방법을 발견하게 된다.

Q20 6시그마를 추진하기 위하여 필요한 인력 규모에 대하여 알고 싶다.

A20 인력 규모는 무관하다. 그러나 6시그마 철학의 위력은 서비스를 제공하거나 생산활동에 참여하는 모든 사람, 즉 관리자와 작업자 모두 훈련을 적용할 때 나타난다. 공통의 언어, 공통의 목표, 그리고 공통의 방법론 모두 이 개념의 효과를 강화하여 준다.

2.5 DMAIC Road Map 및 활용 Tool

2.5.1 정의단계 (Define)

정의단계는 업무 및 공정 중에서 고객의 관점에서 중요하고, 경영상의 영향도가 가장 큰 프로젝트를 도출하고, 이를 성공적으로 추진하기 위하여 프로젝트를 명확하게 정의하는 단계이다.

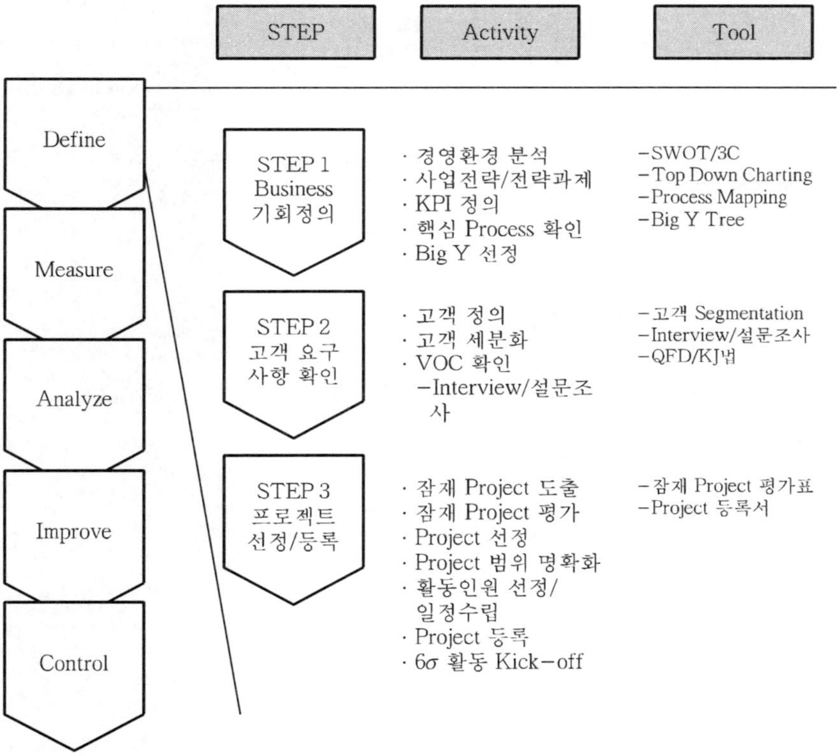

※ SWOT (Strong Weakness Opportunity Threat)
3C (Company, Customer, Competitor)

2.5.2 측정단계 (Measure)

측정단계는 선정된 CTQ의 현재 수준을 측정하여 Base Line을 확인하고, CTQ에 대한 개선 목표 및 방향을 설정하는 단계이다.

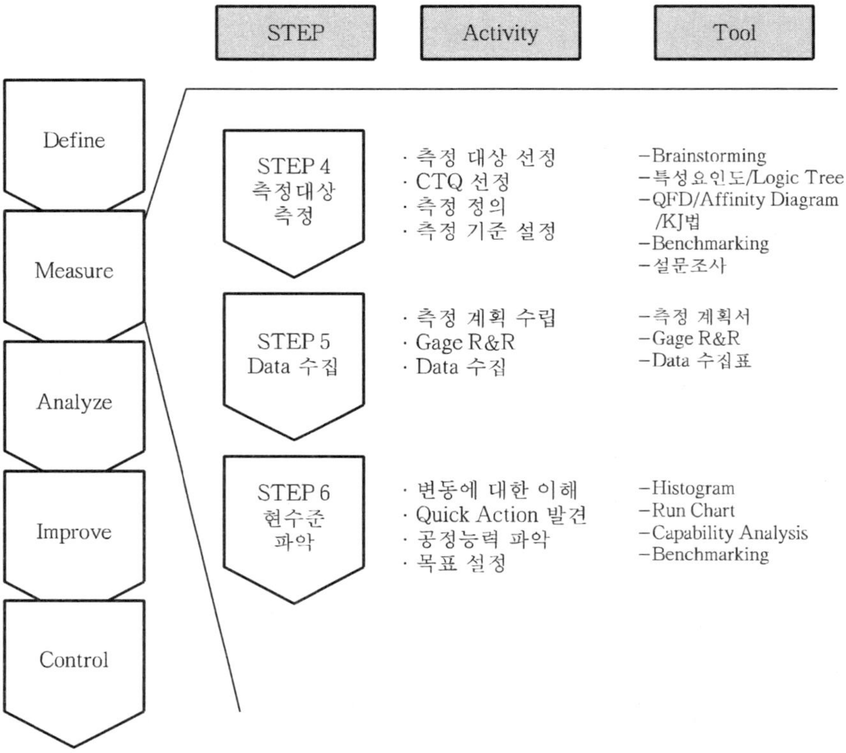

※ QFD (Quality Function Deployment)

2.5.3 분석단계(Analyze)

분석단계는 측정단계에서 도출된 CTQ의 현 수준의 원인을 분석하기 위해 도출된 가인자를 검증하여 치명인자를 선정하며, 치명인자의 세부의미를 분석하여 근본원인을 선정하는 단계이다.

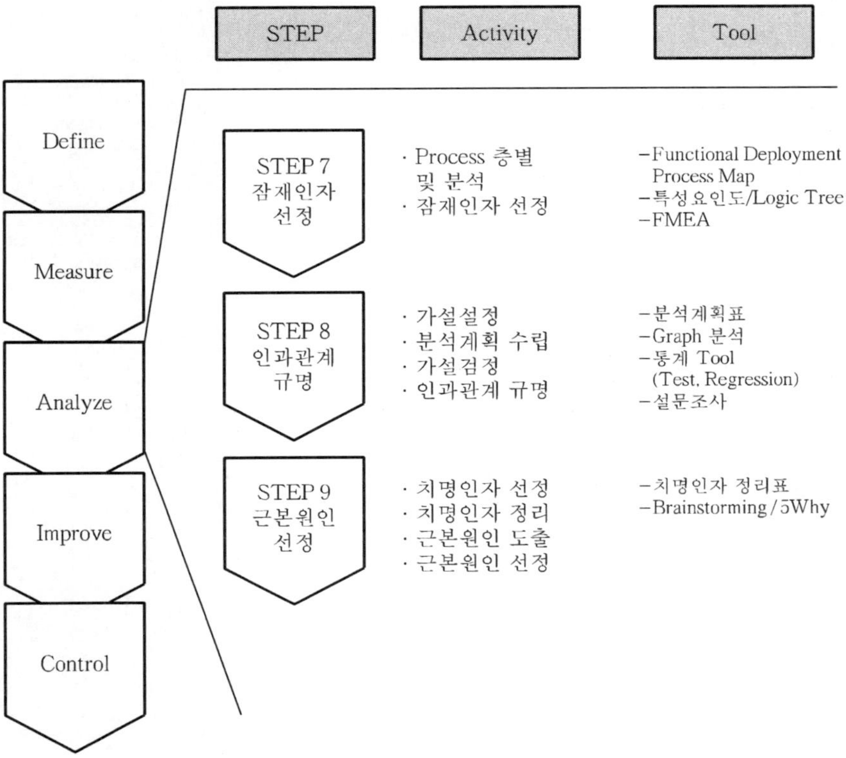

※ FMEA (Failure Mode Effect Analysis)

2.5.4 개선단계 (Improve)

개선단계는 산포를 일으키는 근본원인에 대한 개선방안을 도출하고 실행하는 단계이다.

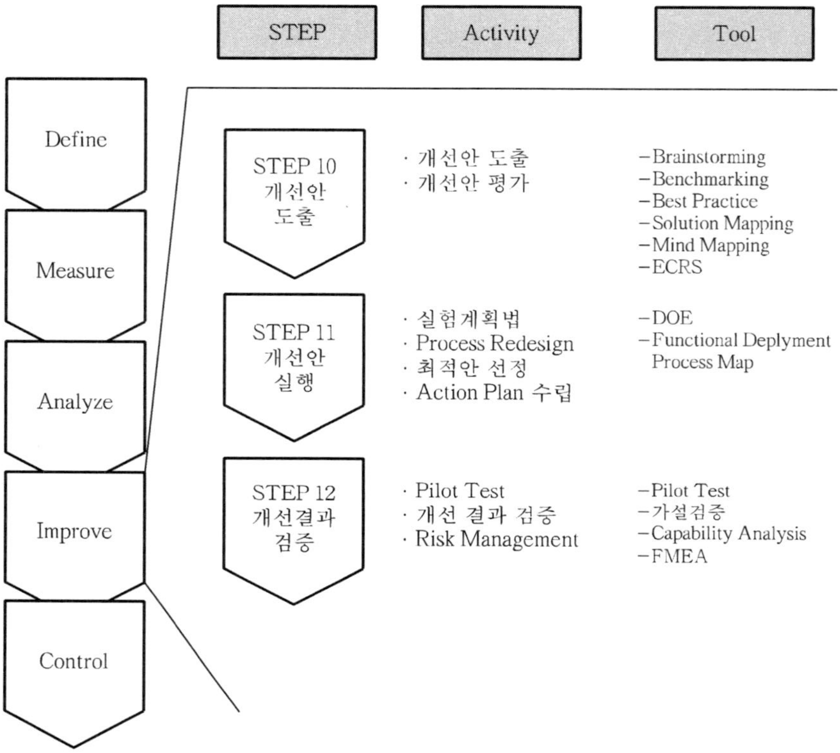

※ DOE (Design of Experiment)

2.5.5 관리단계 (Control)

관리단계는 개선결과에 대한 유지·관리를 위한 관리계획을 수립하고, 개선결과에 대한 성과 파악 및 자료의 지식화하는 단계이다.

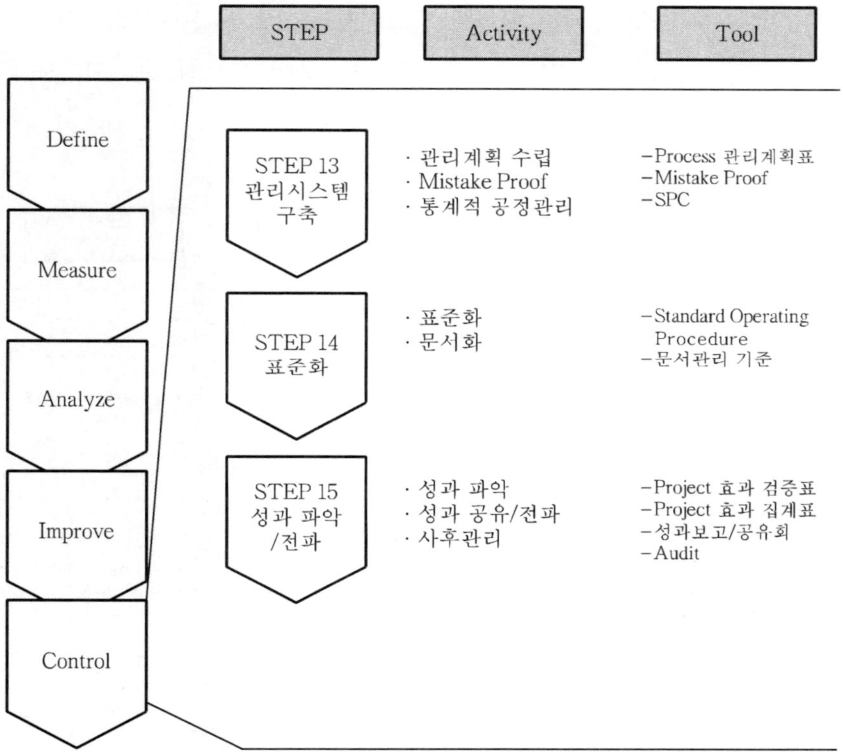

※ SPC (Statistic Process Control)

2.6 DFSS Road Map 및 활용 Tool

2.6.1 정의단계 (Define)

정의단계는 업무 및 공정 중에서 고객의 관점에서 중요하고 경영상의 영향도가 가장 큰 프로젝트를 도출하고, 이를 성공적으로 추진하기 위하여 프로젝트를 명확하게 정의하는 단계이다.

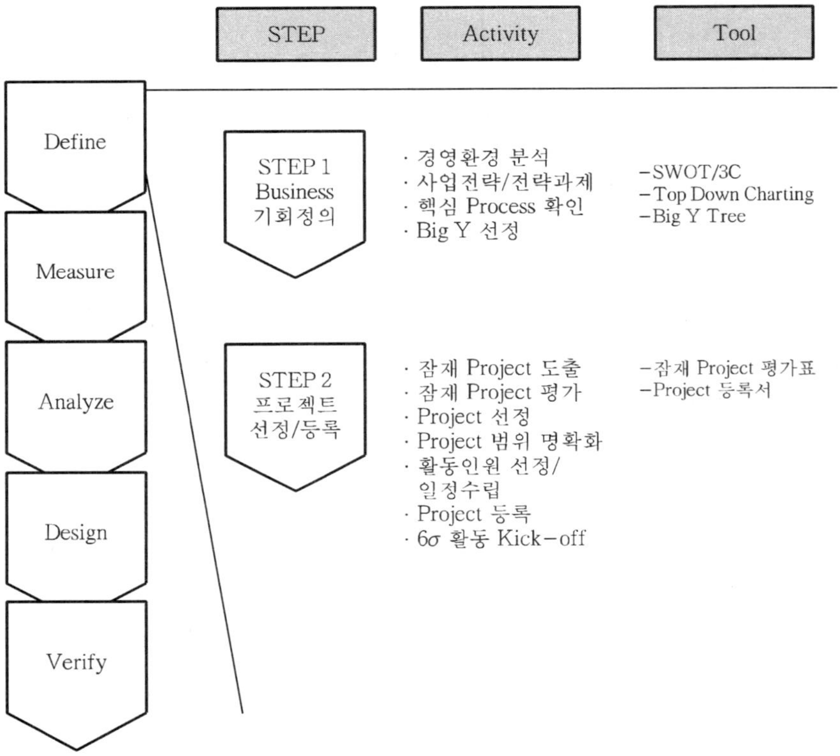

2.6.2 측정단계 (Measure)

측정단계는 선정된 CTQ의 현재 수준을 측정하여 Base Line을 확인하고, CTQ에 대한 개선 목표 및 방향을 설정하는 단계이다.

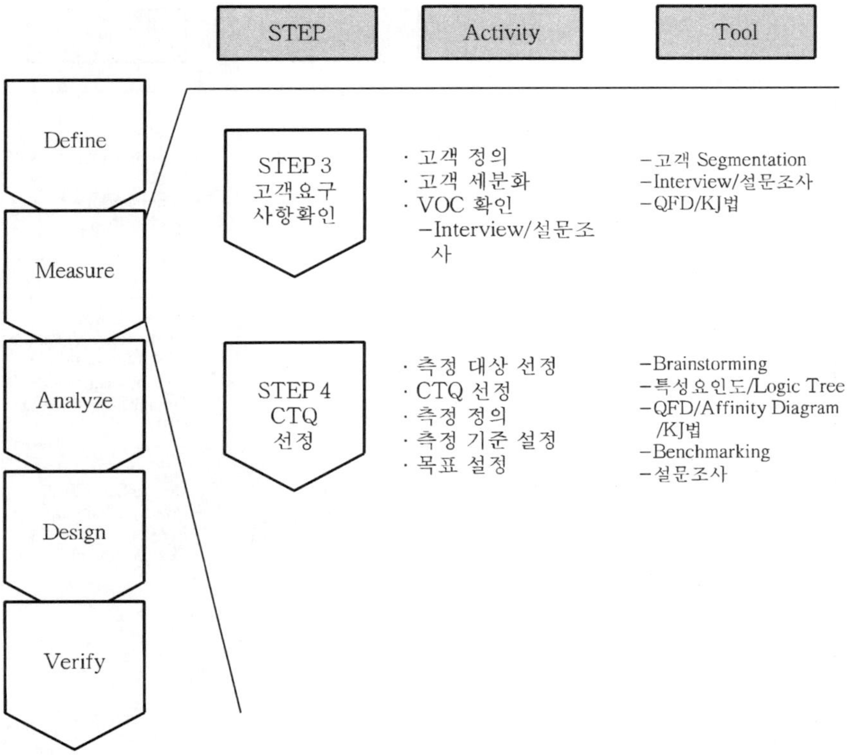

※ VOC (Voice of Customer)

2.6.3 분석단계 (Analyze)

분석단계는 측정단계에서 도출된 CTQ의 목표를 달성하기 위한 새로운 설계개념을 정의하고 이 개념을 충족시킬 요구조건들에 대한 상위설계를 수행하는 단계이다.

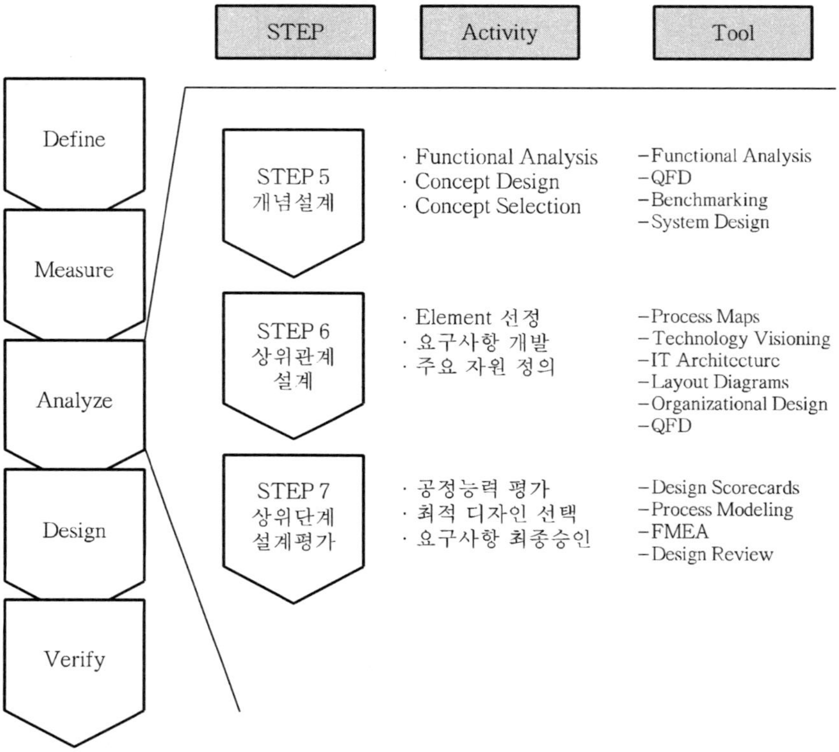

2.6.4 설계단계 (Design)

설계단계는 분석단계에서 정의한 각각의 요구조건에 대해 상세설계를 수행하고 상세설계 결과를 목표 대비 실적을 평가하는 단계이다.

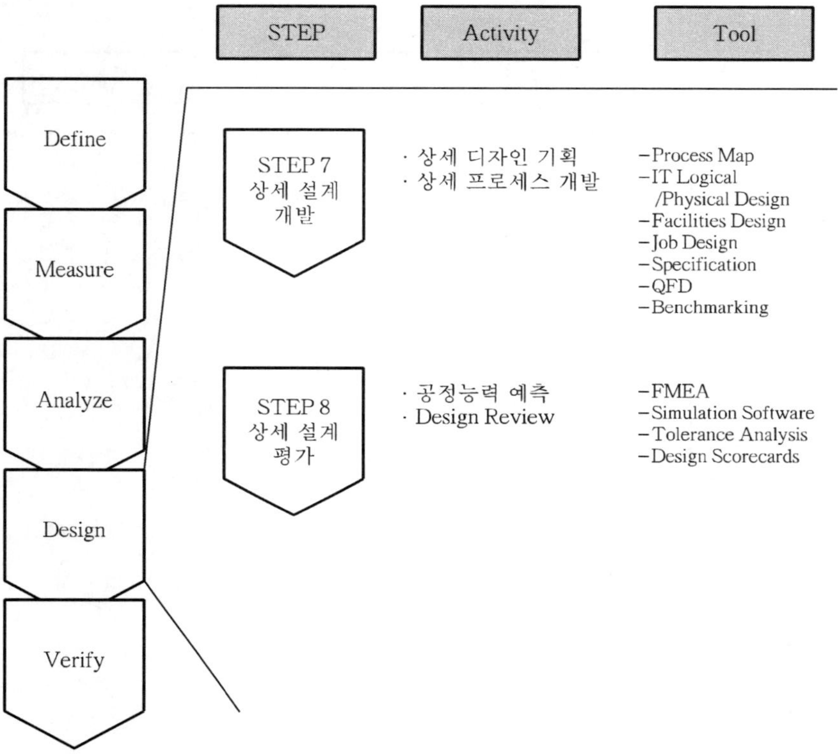

2.6.5 검증단계 (Verify)

검증단계는 Pilot Test를 실시하여 최종결과를 검증하고 본 실행을 실시하는 단계이며, CTQ의 유지·관리를 위한 관리계획을 수립하고, 개선결과에 대한 성과 파악 및 자료의 지식화하는 단계이다.

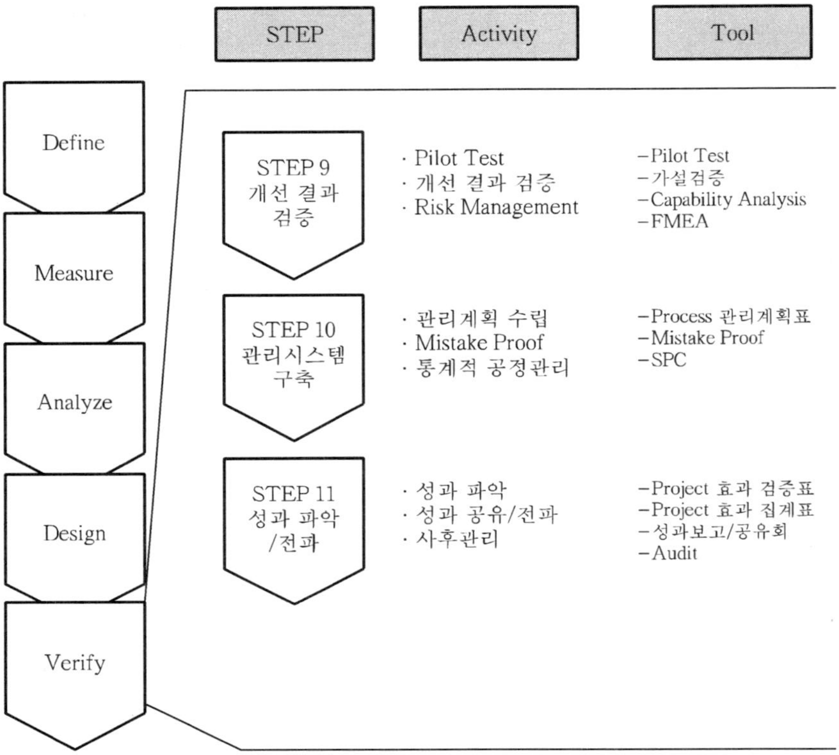

2.7 DMAIC와 DFSS Road Map

우리가 해결해야 할 과제는 개선대상 프로세스의 유무에 따라 다음과 같이 두 가지 경우로 나눌 수 있다.

- 프로세스의 개선
- 프로세스의 설계 / 재설계

위의 두 가지 경우 중 어느 경우냐에 따라 6시그마 로드맵도 달라진다.

2.7.1 프로세스의 개선

DMAIC는 프로세스의 개선을 위해 사용되는 6시그마 로드맵이다. 여기서, 프로세스의 개선이라 함은 현재 존재하는 기본프로세스는 그대로 둔 채, 프로세스의 변동원인을 제거함으로써 문제를 해결하는 것을 말한다. 즉, 프로세스의 결과물로 발생되는 Y에 결함이 발생하며 이러한 결함을 만들어내는 결정적인 X(원인)를 찾아내어 개선하는 것을 말한다.

DMAIC를 간단히 설명하면 다음과 같다.

① Define : 문제점과 고객이 원하는 것을 정의한다.

② Measurement : 결함과 프로세스의 능력을 측정한다.

③ Analysis : 데이터를 분석하고 문제의 원인을 찾아낸다.

④ Improvement : 결함의 원인을 제거하여 프로세스를 개선한다.

⑤ Control : 결함이 다시 재발하지 않도록 프로세스를 관리한다.

2.7.2 프로세스의 설계 / 재설계

위에서 설명한 DMAIC는 가장 일반적으로 사용될 수 있는 로드맵이다. 하지만 다음의 경우에는 DMAIC를 사용하기에 부적합할 수 있다.

- 프로세스가 현재 존재하지 않는 경우
- 점진적인 개선으로는 고객의 요구사항을 만족시키지 못하는 경우

이때 사용되는 6시그마 로드맵이 DFSS(Design For Six Sigma)이다.

DFSS 방법론은 신규 제품 및 신규 Process를 개발하기 위해 사용하는 방법론으로 고객의 요구사항을 정량화한 CTQ 및 달성목표를 설정하고 이를 달성하기 위한 설계개념(Design Concept) 개발과 개념(Concept)에 따른 상위/하위/상세 설계를 수행하며, 이에 대한 CTQ의 6시그마 달성여부를 지속적 으로 점검해 나감으로써 개발단계부터 고객의 요구사항인 CTQ의 6시그마 수준을 달성해 나가고자 하는 활동이다. 이를 통하여 수년간 해결되지 않았던 과제를 단기간에 혁신적인 방법으로 개선할 수 있으며, 제품의 불량률 및 개발 실패비용, 품질문제 등에 근원적으로 대응할 수 있게 된다.

사무 간접부문에서는 신개념의 업무프로세스를 구축하는 경우, 즉 SCM 체계 구축, CRM 체계 구축, 업무기능의 통합 및 재정립 등이 될 수 있으며, 제품생산에서는 신제품 개발 및 개량 모델개발에 적용될 수 있다.

DFSS에서 사용되는 대표적인 로드맵에는 다음의 두 가지가 있다.

(1) 새로운 프로세스의 설계시

① Define : 문제점과 고객이 원하는 것을 정의한다.

② Identify : CTQ를 하위전개하여 프로세스의 요구 Spec.을 명확화한다.

③ Design : 프로세스의 주요 인자 선정 및 상위수준의 프로세스를 설계한다.

④ Optimize : 세부프로세스를 설계하고 최적화한다.

⑤ Verify : 프로세스의 능력을 검증한다.

(2) 프로세스의 재설계시

① Define : 문제점과 고객이 원하는 것을 정의한다.

② Measure : 결함과 프로세스의 능력을 측정한다.

③ Analyze : 데이터를 분석하고 문제의 원인을 찾아낸다.

④ Design : 프로세스를 재설계하고 최적화한다.

⑤ Verify : 프로세스의 능력을 검증한다.

DMAIC와 DFSS의 또 하나의 차이점은 공정능력을 향상시키는 방법의 차이이다.

$C_p = (USL - LSL)/6\sigma$의 공식에서도 알 수 있듯이 공정능력을 향상시키는 방법은 분모인

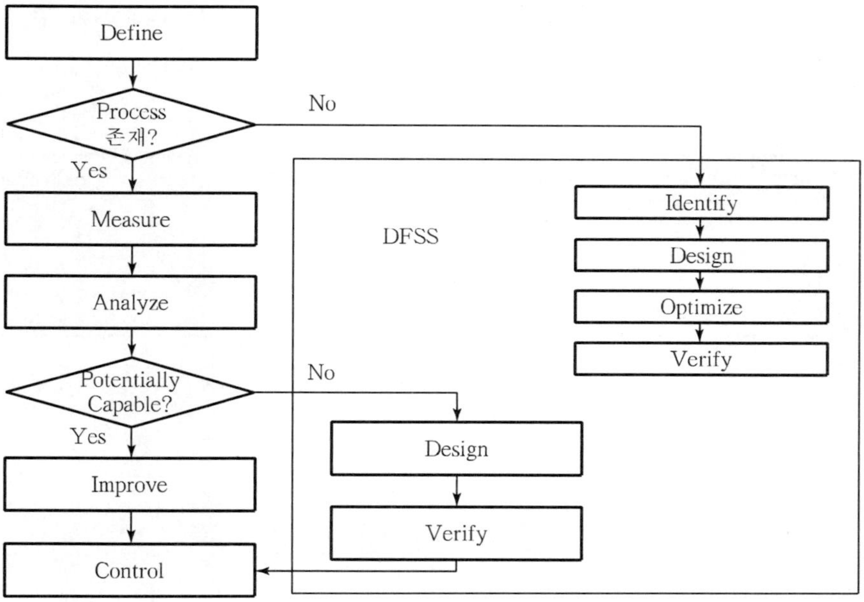

그림 6-13 각 상황별 6시그마 로드맵

산포(σ)를 작게 하거나, 분자인 허용공차를 넓히는 방법이 있다.

DMAIC가 주어진 공차 내에서 산포를 개선함으로써 프로세스의 공정능력을 향상시킨다면 DFSS는 프로세스상의 산포를 고려하여 최대한 허용공차를 넓혀줌으로써 공정능력을 향상시킨다는 것이다.

표 6-3 DMAIC와 DFSS의 차이점

구 분	DMAIC	DFSS
프로세스	기존 Process 존재	존재하지 않거나, 능력이 부족
활동방향	Process 내의 문제해결	Process 설계 / 재설계
공정능력 향상방법	산포의 제거	산포를 고려한 공차 부여

6시그마의 개선영역(제조, R & D, 사무간접)에 따라 6시그마 로드맵을 구분하여 사용하는 경우도 있으나(예를 들면, 제조 분야로 DMAIC, R & D는 DIDOV 등) 이는 바람직한 선택이라고 보기 어렵다. 제조 분야에서도 DFSS 프로세스를 적용해야 할 경우도 많이 있다. 제조라인을 새로 구축하는 경우 이때는 DMAIC보다는 DIDOV가 더 적당할 것이다. 따라

서 6시그마 로드맵을 선택할 때에는 업무영역에 따른 구분보다는 해결해야 할 과제의 프로세스 유무에 따라 선택하는 것이 바람직한 방법일 것이다.

분 야	DMAIC	DIDOV	DMADV
제조	◎	△	○
R & D	△	◎	○
사무간접	○	△	◎

◎ : 주로 사용, ○ : 보통, △ : 가끔 사용

2.8 6시그마 추진시 갖추어야 할 성공요소

6시그마를 도입하여 성공한 회사들의 사례를 살펴보면 여러 가지 공통점을 발견할 수 있다. 지금까지의 성공 사례를 토대로 6시그마 추진시 갖추어야 할 성공요소에 대해 살펴보기로 하자.

2.8.1 Top의 강력한 의지와 리더십

6시그마 역시 다른 경영혁신 프로그램이나 품질프로그램과 마찬가지로 최고경영자의 리더십과 의지가 가장 중요하다고 할 수 있다.

6시그마로 괄목할 만한 성과를 거두고 있는 GE에는 Jack Welch라는 카리스마가 강한 경영자가 자리 잡고 있었다.

6시그마의 효과에 대한 그의 믿음은 거의 신앙에 가까웠으며, 6시그마를 전개하면서 6시그마 활동을 승진, 승급과 연계시키며 전사원의 자발적인 참여를 유도하였다.

Motorola의 Robert W. Galvin 회장도 회의를 직접 주재하는 등 의지를 보였다.

최고경영자가 선두에서 진두지휘하면 당연히 현장에서의 성과도 빠르게 도출되기 마련이다.

혁신(革新)이란 말 그대로 가죽을 새로이 할 만큼의 의지와 노력, 그리고 때론 고통이 수반되는 활동이다. Top은 자신의 혁신활동에 대한 강한 의지에 대해 1,000번 이상 되풀이하여 말을 해야 전사원이 그의 의지를 이해하고 움직인다고 얘기하듯이, Top이 혁신활동을 추진함에 있어서 고통과 노력을 함께 하고자 하는 확고한 의지와 리더십을 보여 주지 않는다면 조직원들은 혁신활동에 동참하지 않을 것이다.

2.8.2 Right Project의 도출

Right Project란 과제 선정기준과 방법론에 입각하여 선정된 과제로서 경영전략과 직결되며 회사의 KPI(Key Performance Index)와 연계되어 운영되는 과제를 말한다.

6시그마에서는 Top Down식의 과제를 도출하는 것을 원칙으로 하고 있다. Bottom Up식 과제 선출방법은 조직원의 참여는 유도할 수 있으나 전체 최적화 관점이 아닌 부분최적화, 또는 해당부문 조직에서 쉽게 해결할 수 있는 형식적인 과제도출이 되기 쉽다. Top Down식 과제도출을 하려면 먼저 경영전략과 연계한 지표의 선정 및 관리가 중요하다.

사업의 목표를 달성하기 위해 상위지표들을 선정한 뒤 관리하면서 이를 달성하기 위한 세부과제를 하위전개하여 과제를 도출하여야 한다.

이에 대해 전략과제 또는 성과지표를 "Big Y"라고 정의하며, Big Y를 달성하기 위한 세부과제를 "Project Y"라고 한다.

2.8.3 Right Road Map의 선정

Project 선정을 통하여 목표를 설정하였다면, Project를 수행하기 위한 방법론인 Road Map은 목적지(목표)까지 가는 지도라고 할 수 있다.

목적지가 아무리 좋아도 그곳을 찾아가는 지도가 좋지 않다면 목적지에 도달하기 쉽지 않을 것이다. 현재 6시그마에서는 DMAIC 또는 DFSS 등 여러 방법론들이 나오고 있다. 처음부터 여러 방법론을 모두 사용하는 것보다는 6시그마에서 가장 기본이 되는 DMAIC를 우선적으로 몸에 익힌 후 다른 방법론을 도입하는 것이 좋다

2.8.4 Right People의 선발

아무리 좋은 목적지와 지도가 있어도 그곳을 찾아가는 운전수가 초보라면 쉽게 목적지에 도달하기 힘들다.

6시그마에서는 Belt 제도라는 전문가 제도를 통해 인재를 육성하고 있다. 여기서, 전문

가란 단순히 통계지식을 가지고 있는 사람을 말하지 않는다. 6시그마의 전문가인 MBB, BB는 통계지식과 더불어 의사소통 기술, 경영과 관련된 지식을 습득하고 있어야 한다.

Belt 제도는 조직원에게 참여를 유발할 수 있는 동기부여와 보상 측면에서도 훌륭한 제도라고 할 수 있다.

6시그마의 Belt 제도는 단순한 자격증 제도가 아니다. 경영성과를 창출하기 위해 육성되는 인재프로그램인 것이다. 많은 경우 과제수행을 위해서는 현업에서 분리되어 TFT(Task Force Team) 형태로 운영이 필요하다. 이러한 TFT에 투입되는 인원이 바로 Belt 제도에 의해 육성된 BB들이다. 많은 경우 BB들은 해당부서의 핵심인물인 경우가 많으며, 각 조직의 부서장들은 우수한 인재를 보내지 않는 경우가 많다. 이런 경우 가장 필요한 것이 Top의 6시그마 추진을 위한 강력한 의지이다. 지금 당장은 현업 부서가 힘들더라도 6시그마 활동을 통해 더 많은 경영성과를 달성할 수 있다면 핵심인재를 과감히 Project에 참여시켜야 할 것이다.

2.8.5 시스템의 구축

6시그마 활동이 성공하려면 체계적인 시스템의 구축이 필요하다. 조직의 시스템에 의한 뒷받침 없이 일시적인 6시그마 구호를 외치거나, 추진대회를 여는 것으로는 단기적으로는 성과를 거둘지 몰라도 장기적인 관점에서의 6시그마 활동은 성공할 수 없다. 6시그마 활동을 위해 구축이 필요한 조직의 시스템을 설명하면 다음과 같다.

① Belt 제도 : Belt의 자격조건 및 역할 정의, 보상 및 인사제도와의 연계
② 교육시스템 : 각 Belt에 적합한 교육체계
③ 성과평가 및 보상 : 프로젝트 성과에 대한 평가 및 보상제도
④ 경영정보 관리시스템 : 매출, 이익, 품질정보 등의 경영상의 Data를 관리
⑤ 프로젝트 관리시스템 : 프로젝트의 등록, 진행관리, 완료과제 공유

6시그마를 도입하려는 회사에서는 기본적인 6시그마의 개념을 공감하고 회사의 나아갈 방향을 설정하는 것이 무엇보다도 중요하다고 본다. 자칫 6시그마의 통계적 방법론에만 치우치면 SQC(Statistical Quality Control)로 전락하여 품질관리의 도구로만 인식되어져서 일부 생산라인의 품질향상을 위한 활동으로 이해될 수 있다(그러나 이러한 추진도 조직문화에 맞게 내재화하였다면 잘못된 방향은 아닐 수 있다). 또한 경영혁신의 개념만 강조하

다 보면 실행방법론(DMAIC 또는 DFSS)을 등한시하고 기존의 문제해결방식을 고수함으로써 기업문화의 변화를 가져오지 못하게 된다.

또 단순한 문제해결에만 치우쳐 기업의 경영전략에 부합되지 못한 성과에 매달려 균형적인 성장에 저해요인으로 작용될 수 있다. 그러므로 6시그마를 도입하여 수행하기 위해서는 6시그마의 기본개념에 충실하면서 수행 인프라 및 성공요소에 대한 깊이 있는 이해와 준비가 필요하다.

2.9 Belt의 인증제도 및 역할

6시그마에서는 혁신활동을 체계적으로 실시하기 위하여 전문요원을 체계적으로 훈련시키고 이들을 부서에 배치하여 과학적이고 조직적으로 혁신활동을 전개할 수 있도록 하고 있다.

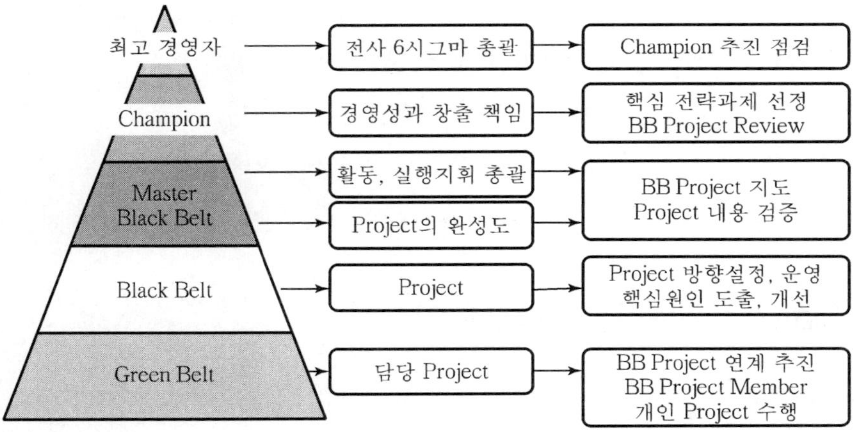

그림 6-14 Belt 제도별 단계

즉, Belt 제도라는 것을 운영하여 6시그마 추진에 필요한 인력을 제도적으로 관리한다.

Belt 제도는 모든 임직원의 품질개선 참여를 유도하고 과학적 문제해결능력을 갖춘 인재를 양성하기 위하여 단계별로 Champion, Master Black Belt, Black Belt, Green Belt 등의 자격을 두어 운영하는 제도를 말한다.

회사에 따라 약간의 차이는 있지만 대부분 이 정도의 제도를 운영하고 있다.

Champion은 6시그마의 전략 수립과 실행을 책임지고 있는 임원들이다.

이들은 6시그마 활동에 대한 진단과 점검을 통해 활동을 지원하고 추진과정을 조율하며, 6시그마 활동을 각 기능조직의 문화 속에 융화시키는 역할을 수행한다.

조금 더 구체적으로 보면,

① Black Belt의 선정과 중요 프로젝트의 배정

② 6시그마 활동에서의 목표수립

③ 각 기능집단간의 상호협조 유도

④ 추진상의 장애물 제거

⑤ 필요한 자원의 적시적소 배치 등의 역할을 수행한다.

Champion은 6시그마 추진을 위해 전임으로 일할 필요는 없지만 조직에서의 성공적인 추진을 위해서 필요한 경우 충분한 시간을 할애하여야 한다.

특히 Champion은 변화의 속도를 가속화시키는 위하여 다음과 같은 자세를 견지하는 것이 바람직하다.

① MBB와 긴밀한 유대 속에서 6시그마 성공을 위해 함께 노력한다.

② BB들에게 중점사항을 확인하기 위하여 많은 질문을 한다.

③ 활동을 격려하고 진행상황을 정기적으로 모니터링 한다.

④ 프로젝트가 개선관리단계에 도달하면 Process 책임자(관련부서 책임자)가 지원하고 있는지 확인한다.

2.9.1 Master Black Belt (MBB)

6시그마 활동의 전문가로서 관련된 모든 교육을 이수하고 인증받은 사람이며, 개선프로젝트 실행의 지도전담자이다. 이들은 6시그마 기법에 대한 깊은 이해, 강의능력, 리더십 등을 겸비하고 있으며, Champion의 프로젝트 선정을 돕고 BB에 대한 조언자이자 코치의 역할을 담당한다.

① BB의 Project 수행에 대한 자문과 지도

② 문제해결의 과정에서 생기는 각종 애로사항 해결 및 지원

③ 각종 6시그마 기법과 교육자료의 개발, Green Belt 교육 등

2.9.2 Black Belt (BB)

6시그마 활동의 전문가로서 BB 교육과정을 이수하고 인증받은 사람이며, MBB의 지도하에 개선프로젝트 해결을 위해 전담하는 사람이다.

BB는 6시그마 경영에 필요한 통계지식과 적극적인 사고를 가진 사람이 적합하며, 프로젝트를 이끌어 갈 수 있는 리더십과 팀활동을 위한 의사소통기술(Communication Skill) 등이 필수적이다.

BB의 역할을 조금 더 구체적으로 본다면,

① 6시그마 프로젝트 진행

② 6시그마 철학 및 방법론으로 공격적 목표를 설정하고 달성하도록 다른 사람들을 동기부여

③ Green Belt의 교육 및 지도 등

2.9.3 Green Belt (GB)

각 분야에서 해당업무를 담당하고 있는 실무자로서 GB 교육과정을 이수하고 인증을 받은 사람이며, BB가 주도하는 6시그마 프로젝트에 파트타임으로 참여하여 프로젝트 성공에 기여하는 사람을 말한다.

GB에게는 두 가지 주요 역할이 있다. 첫째는 BB의 6시그마 프로젝트의 성공적 추진을 돕는 것이며, 둘째 BB와 마찬가지로 각 분야의 소규모 프로젝트를 이끌어 나가는 것이다.

Belt 인증에 있어서, Champion의 경우는 직책을 가지고 있는 해당임원에게 주어지는 당연직이라고 할 수 있으며, 각 Belt의 경우는 각 Belt급에 해당하는 이론적인 평가를 거치게 되며 수행한 프로젝트의 성과와 함께 검토하여 인증을 받게 된다.

또한 BB와 MBB의 경우에는 평가시 이론적인 평가 외에 구술평가도 함께 이루어지는 것이 일반적이다. 각 Belt에 대한 인센티브의 경우는 기업에 따라서 차이가 있을 수 있다. 어떤 기업의 경우에는 MBB들에게는 스톡옵션의 기회를 부여하는 경우도 있고, 상여급 형태의 인센티브를 지급하는 경우도 있다. 인센티브의 크기는 기업에 따라 차이가 있다. Black Belt의 경우는 상여급 형태의 인센티브 보다는 프로젝트의 성과에 따라 BB를 포함한 활동팀원들에게 성과금액의 일정비율을 성과급으로 지급하는 경우가 일반적이다.

경우에 따라서는 6시그마 활동의 활성화를 위한 방법으로 초기에는 적극적인 인센티브를 적용하는 경우도 있다.

어쨌든 타 기업의 보편적인 인센티브 제도를 참고하여 각 기업의 수준에 맞게 처우를 하는 것이 좋다.

잭 웰치 어록

"This is not about slogan or bureaucracy or filling out forms, It finally gives us a route to get to the control function, the hardest Thing to do in a corporation"

– 6시그마는 슬로건이나 관료주의, 단순한 양식 작성이 아니다. 6시그마는 기업에서 가장 어렵다는 관리기능으로 도달하는 길을 제공한다.

"A global company needs a common language. Six sigma is it, more than English"

– 글로벌 기업은 공용어가 필요하다. 6시그마가 바로 그것이며 영어 그 이상이다.

2.10 잘 정의된 프로젝트란?

정의단계에서 가장 중요한 문제가 바로 프로젝트가 잘 정의되었는가에 대한 질문에 답을 하는 것이다.

본 질문은 6시그마 프로젝트로써 정의가 제대로 수행되었는가의 관점이라고 볼 수 있다. 그렇다면, 잘 선정된 프로젝트란 어떠한 기준을 만족해야 할까? 이에 대해 답하기 위해 자주 인용되는 표현이 바로 SMART이다.

그렇다면, SMART는 어떤 의미를 지니고 있을까?

SMART는 "현명한"이라는 사전적 의미를 지니고 있지만, 6시그마를 추진하는 지향점이기도 하다. 즉, SMART하게 일하기 위한 방법이 바로 6시그마에서 요구하는 일하는 방법(The Way We Work)일 것이다. 이러한 SMART라는 용어를 사용하여 프로젝트가 잘 정의되었는지를 평가하고 있다.

(1) S는 Specific(명확한)의 의미

프로젝트 추진범위 및 목표가 명확한지를 의미한다. 지금 내가 수행하고자 하는 문제의 영역이 전사적 해결의 문제인지, 사업부단위나 팀단위의 해결문제인지, 또는 달성하고자 하는 목표가 매출증대와 같은 전사적 목표인지, 프로세스상의 질을 개선하기 위한 목표인지를 명확히 정의하였는가이다.

예를 들어, "전세계의 평화 정착"이라는 말은 명확한 범위와 목표가 설정되지 않은 말일 것이다. 이를 구체적이고 명확하게 정의하자면, "1년 이내에 한반도의 비핵화 실현을 위한 협상채널 확보"와 같이 명확하게 정의되어야 할 것이다.

(2) M은 Measurable(측정 가능한)의 의미

"현재의 문제가 측정 가능하며 개선목표가 명확히 정의될 수 있는가"이다. 즉, "목표를 설정하지 못하거나, 측정할 수 없는 문제를 다루고 있는가"이다. 예를 들어, "멋진 다이빙 솜씨"는 "다이빙의 기술 및 미적 점수"로 정의될 수 있을 것이다.

(3) A는 Aggressive & Attainable(도전적이며 달성 가능한)의 의미

"설정한 개선목표는 계획한 활동기간 내에 수행할 수 있을 도전적이며 달성 가능한 목표인가"이다. 달성 가능한 목표가 아니라면, 챔피언 또는 MBB와 협의하여 가능한 자원 및 인원을 재조정하거나 활동기간을 재설정하는 방법을 사용해야 할 것이다.

예를 들어, "유럽지역 매출 증대"는 "6개월 이내에 유럽지역 M/S를 10% 이상 향상시킬 것"과 같이 명확한 기간과 이 기간에 따른 도전적이며 달성 가능한 목표를 제시해야 할 것이다.

(4) R은 Relevant(경영목표와 연계된), Required(고객으로부터 요구된)의 의미

프로젝트의 목적이 단·중기 사업전략 및 비즈니스 목표와 연계되어 있으며 고객의 요구사항을 반영하고 있어야 한다.

예를 들어, "6개월 이내에 유럽지역 M/S를 10% 이상 향상시킬 것"이 경영목표와 연계되어 있다면, 이를 위해 유럽지역 고객의 가장 큰 요구사항인 "신속한 주문 배송, 통화의 신뢰성"과 같이 고객의 요구사항이 명확히 정의되어야 할 것이다.

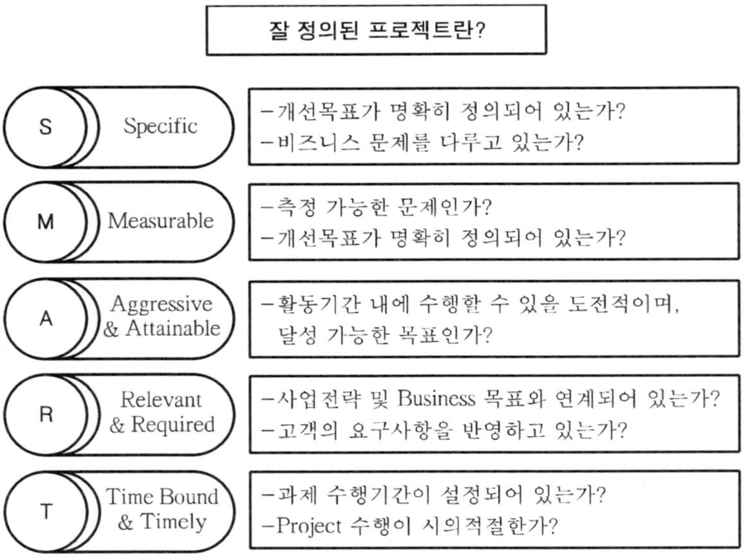

(5) T는 Time Bound(기간 설정), Timely(적시성)의 의미

"프로젝트 수행을 위한 기간이 적정하게 선정되어 있으며 명확한 목표기간이 정의되어 있는가"이다.

프로젝트 목표에 적합한 전체 활동기간이 정의되어야 하며, DMAIC 단계별로 프로젝트 활동기간을 선정하여 추진하는 것이 프로젝트 수행시 발생할 수 있는 각종 장애를 극복하고 조직적인 지원을 확보할 수 있도록 동기부여를 제공해줄 것이다.

또한 프로젝트가 현재 상태에서 챔피언의 관심과 자원제공을 받으면서 수행하기에 적절한가 여부이다.

2.11 각 부문별 특징적인 프로젝트 형태

현재 6시그마를 도입하여 추진 중인 각 기업체의 업종에 따라 특징적인 프로젝트의 형태를 정리하면 다음과 같다.

업 종	부 문	프로젝트 형태
제조업	영업 / 마케팅	Event 반응률 향상, 재구매율 향상, 고객 이탈율 감소, 대리점 방문율 향상, 대리점주 만족도 향상, 고객정보 수집 / 수정률 향상, 캠페인방법의 최적화, 제품 납기 단축, 고객 클레임 대응시간 단축
	R & D	공차해석, 최적 Spec. 설정, 중요 Spec. 6σ 달성, 개발기간 단축, 설계 변경률 감소
	생산	생산수율 향상, 최적 공정조건 설정, 공정불량률 감소, 고객클레임률 감소, 생산 L/T 단축, 생산계획 정확도 향상, 자재조달 L/T 단축, 출하 및 배송 L/T 단축
통신업	지원	고객방문 절차 간소화, 내부 고객만족도 향상, 고객만족도 향상, 출장 및 경비 처리절차 간소화, 채권회수율 향상, 조직활성화, 영선업무 절차 간소화, 인력 Pool제 운영, 교육진행 절차 간소화, 비품구매 프로세스 개선
	SVC	재클레임률 감소, 고객 방문응대 만족도 개선, Call 연결률 향상, 수리 대기시간 감소, 전화응대 친절도 향상
	기술	단말기 고장률 감소, 통신장애 감소, 가입자망 통신속도 개선, 통화품질 향상
	SVC	통신 개통시간 단축, 지점 방문고객 대기시간 단축, 설비적기 공급, SVC 정비시간 단축, 창구업무 One-Stop 처리, Call 상담원 이직률 감소
금융업	영업	창구업무 효율화, 운용리스크 감소, 대손율 감소, 입금액 정확도 향상, 채권 회수율 개선, 계약 전화응대 개선, 우편물 중복발송률 개선, 설계사 이탈률 감소, 보험해지율 감소, 카드 발급기간 단축, 가치집단별 고객관리, 고객 세분화 모델 개발
	지원	System Batch 작업시간 단축, Call 포기율 감소, Call 상담원 생산성 향상, 인터넷금융 효율개선, 법규정 준수율 향상, 지점지원체계 효율개선
유통업	객장	계산대 시간 단축, 상품진열 최적화, 매대별 매출향상, 계산원 효율향상, 우량고객 증대, 고객만족도 개선, 최적입지 선정모델 개발
	물류	배송시간 단축, 물류위치 확인체계 구축, 반송률 감소, 파손율 감소, 최적 배송방법 개발

2.12 프로젝트 등록서 작성방법

정의단계의 결과물로써 작성되는 것이 프로젝트 등록서이다.

프로젝트 등록서 작성목적은

① 개선의 목적과 목표를 명확히 함

② 문제가 무엇인지를 명확히 함으로써 업무개선 기회 강조

③ 팀에게 집중적으로 활동해야 할 내용 제공 및 사업목적과 일치여부 확인

④ 의사소통(Communication)을 위한 도구로 활용 등으로 설명할 수 있다.

프로젝트 등록서에 포함되어야 할 일반적인 내용은 다음과 같다.

항 목	내 용
소속	• Project 수행 주관부서 또는 TFT명
Champion	• Project 수행에 대한 Challenge 및 Support • Project Level에 따라 임원 또는 부서장이 될 수 있음
Project명	• Project의 내용을 쉽게 이해할 수 있는 Project명
Big Y	• Project를 수행했을 때 개선이 되는 상위의 경영지표
구분	• 제조, 업무, R & D 등의 Project 종류 구분, 또는 Big Y, Little Y, 직제 개선 등의 상위의 경영지표
개선대상	• 개선대상 제품 종류, 모델, Process를 정의 • Process의 경우는 시작과 끝을 명확히 해야 함
선정배경	• Project를 수행해야 하는 이유 • Project의 중요성 설명
개요	• Project 수행방향 및 방법기술
추진일정	• Project 단계별 일정계획 수립
팀 구성	• 팀 구성원의 성명, 소속, 역할(팀장, 팀원, 담당 MBB), 참여(상근, 비상근) 등을 기록
활동목표	• 수치적으로 표현 가능한 성과지표(Key Performance Index)의 현 수준, 목표수준, 개선 후 예상 성과금액 등을 기록
정성적 목표	• 수치적으로 표현 불가능한 예상 성과 표현
지원사항	• 필요한 예산, 인원, 도구 등을 기록

프로젝트 등록서에서 가장 중요한 것은 프로젝트의 범위와 목표 설정일 것이다.

명확한 프로젝트의 범위와 목표를 정하여 챔피언과 합의를 이루지 못한다면 프로젝트 수행 도중 내용이 변경 또는 수정되는 경우가 발생한다. 이를 방지하기 위하여 프로젝트 Kick Off 등의 공식적인 행사를 통하여 챔피언 및 관련부서간의 의사결정 및 합의를 이루게 된다.

특히 개선항목에 대한 현 수준, 목표수준 등은 측정단계가 끝나면 재검토 및 수정하는 경우가 발생하게 되며 이럴 때도 반드시 챔피언과의 합의가 필요하다.

프로젝트 등록서 양식 Sample

<table>
<tr><td>소 속</td><td colspan="3"></td><td>Champiom</td><td colspan="3"></td></tr>
<tr><td>과제명</td><td colspan="3"></td><td>Big Y</td><td colspan="3"></td></tr>
<tr><td>구 분</td><td colspan="3"></td><td>개선대상</td><td colspan="3"></td></tr>
<tr><td colspan="4">선정 배경</td><td colspan="4">추진 일정</td></tr>
<tr><td colspan="4"></td><td colspan="4">D M A I C</td></tr>
<tr><td colspan="4">개 요</td><td colspan="4">팀 구성</td></tr>
<tr><td colspan="4" rowspan="2"></td><td>성명</td><td>소속</td><td>역할</td><td>참여</td></tr>
<tr><td></td><td></td><td></td><td></td></tr>
<tr><td colspan="4">활동목표</td><td></td><td></td><td></td><td></td></tr>
<tr><td>KPI</td><td>현 수준</td><td>목표</td><td>개선금액</td><td></td><td></td><td></td><td></td></tr>
<tr><td></td><td></td><td></td><td></td><td></td><td></td><td></td><td></td></tr>
<tr><td></td><td></td><td></td><td></td><td></td><td></td><td></td><td></td></tr>
<tr><td colspan="4">정성적 목표</td><td colspan="4">지원 요청 사항</td></tr>
<tr><td colspan="4"></td><td colspan="4"></td></tr>
</table>

2.13 실험의 5대 원리

실험계획에 있어서의 기본원리로서 다음의 5가지를 들 수 있다. 실험을 계획하는 단계에서 실험자는 이 원리들을 항상 염두에 두고 실험계획을 작성하면 실험의 정도가 좋고 분석이 용이한 실험계획을 구상할 수 있을 것이다.

(1) 랜덤화의 원리 (Principle of Randomization)

실험의 순서를 임의적으로 배치하는 것이다. 뽑혀진 인자 외에 기타 원인들의 영향이 실험결과에 편의되게 미치는 것을 없애기 위한 방안이다. 주관적인 판단이 개입되는 실험에는 항상 사용되어야 한다.

(2) 반복의 원리 (Principle of Replication)

실험조건을 처음부터 다시 구성하여 실험하는 것이다. 실험의 재현성을 알아봄으로써 실험결과의 신뢰성을 검증할 수 있다.

같은 조건에서 2번 실험하여 실험결과가 심하게 차이가 나면 실험을 의심하여 잘못된 결론을 피할 수 있다.

일자간의 교호작용을 검출할 수 있다. 이원배치 이상에서 반복실험을 해야만 교호작용이 검출된다. 오차항의 자유도가 커지게 되어 오차분산의 신뢰도가 좋게 추정되고 실험결과의 신뢰성을 높일 수 있다. 또한 개개의 응답치를 분석시에 사용한다.

> 측정이나 실험과정상의 오류를 보상하기 위해 같은 시료에 대해 즉시 반복실험하는 경우도 있으며, 이럴 경우 개개 응답치의 평균값을 사용한다.

(3) 블록화의 원리 (Principle of Blocking)

동일한 성질을 가진 단위들의 집합(Block)으로 나누어 실험하는 것이다.

실험 전체를 시간적 또는 공간적으로 분할하여 Block을 만들어 주면 각 Block 내에서는 실험환경이 균일하게 되어 정도가 좋은 결과를 얻을 수 있다.

Block은 실험계획시 또 다른 독립변수(요인)로 취급해야 한다. 실험이 이틀에 걸쳐서 수행되었다고 하면 실험일을 Block이라 한다.

(4) 교락의 원리 (Principle of Confounding)

2개 이상 인자의 효과가 함께 나타나고 그 효과를 각각의 인자에 의한 효과로 분리해낼 수 없을 경우를 의미한다. 구할 필요가 없는 2인자 교호작용이나 고차의 교호작용을 블록 또는 주효과와 교락시켜 실험의 효율을 높일 수 있다.

(5) 직교화의 원리 (Principle of Orthogonality)

완전배치 또는 부분배치법에서 인자들의 효과를 분리하기 위하여 사용한다.

즉, 실험시 각각의 인자들의 효과를 분리해내기 위해서는 인자별로 서로 독립적으로 실험이 이루어져야 한다.

2.14 6시그마는 왜 인기가 있는가?

6시그마는 통계적 척도를 사용하여 실시하는 품질경영을 위한 기업전략이며, 넓게 보면 하나의 기업 경영철학이라고 할 수 있다. 그러면 왜 6시그마는 인기가 있는가?

그 이유를 몇 가지로 나누어 생각하여 보자.

2.14.1 참신한 품질 혁신전략

6시그마의 가장 기본적인 목표는 품질산포(또는 작업의 불균일성, 정상적인 일에서 벗어나는 실수 등)를 획기적으로 줄여 불량품(결함건수, 실수 등)의 발생소지를 없애자는 것이며, 이의 달성을 위한 전사적인 품질기준(6σ)과 이를 달성하기 위한 과정 관리방법을 제공한다. 이는 최고경영자가 볼 때 회사를 이끌어 갈 참신한 품질 혁신전략으로 평가할 수 있다.

현재까지 많이 사용되어 왔고 지금도 사용되고 있는 TQC, TPM, TQM, ISO 9000 시리즈, 100 PPM 등의 품질경영기법들이 많은 장점을 가지고 있고 좋은 성과를 올리고 있으나, 최고 경영자의 입장에서 회사를 새롭게 이끌어 가려면 모든 종업원들이 참신하게 느낄 새로운 전략이 필요한 것이다. 6시그마는 이러한 점에서 새로운 품질 혁신전략으로 대두되고 있다.

모든 기업 경영전략은 최고경영자의 강력한 리더십이 필요하고 종업원들의 호응이 있는 경우에만 성공할 수 있다. 6시그마의 경우도 마찬가지이다. 특히 6시그마는 실행에 있어 전사적인 교육과 훈련, 개선활동을 위한 세부적인 시스템 및 지원체계의 확립, 그리고 영업, 구매, 설계, 검사, 애프터서비스 등을 포함하는 전 종업원의 협력이 필요하므로 최고경영자의 리더십과 지원은 절대적이라고 할 수 있다.

대표적인 사례가 6시그마를 성공적으로 추진하고 있는 GE이다. GE는 다른 기업보다 늦은 1995년에 6시그마를 시작하였으나 현재 다른 기업의 벤치마킹 대상이 되고 있을 정도이다. 여기에는 GE 잭 웰치 회장의 강력한 리더십이 작용하고 있다. GE에서는 임원을 포함한 모든 직원이 6시그마 관련교육을 이수하여야 하고 또한 개선프로젝트를 수행하여야 한다.

그렇지 못할 경우, 보너스 지급이나 승진기회에서 차별대우를 받게 된다. 반면에 6시그마의 성공에 기여한 직원에 대하여서는 충분한 보상을 하여 주고 있다. 웰치 회장의 리더십은 전 종업원이 6시그마 운동에 적극적으로 참여할 수 있는 분위기를 조성하여 주었고, 기업성장에도 견인차 역할을 하였다.

1995년 10월 15일 GE에서 6시그마를 시작하면서 'Six Sigma Vision 2000' 운동이라는 경영전략을 내세웠는데, 이때 웰치 회장이 언급한 주요 부분을 발췌하여 소개한다.

"Quality is the next opportunity for our company to set itself apart from its competitors. Dramatically improved quality will increase employee and customer satisfaction, will improve share and profitability, and will enhance our reputation. This quality drive will require the passionate commitment of all of you to make it happen. A Six Sigma 2000 target will require a significant commitment of resources and your strong, highly personal commitment to the objective."

"품질은 우리 회사가 다른 모든 경쟁자들을 앞설 수 있는 우리에게 주어진 새로운 기회이다. 획기적으로 개선된 품질은 종업원과 고객만족을 향상시킬 것이며, 주주의 이익을 증대시키고 우리 기업의 신뢰도를 높일 것이다. 이 품질운동이 성공하기 위해서는 여러분의 열정적인 신념과 의지가 필요하다. '6시그마 2000'의 목표를 달성하기 위해서는 충분한 인적·물적 자원의 지원과 여러분 개개인의 강력한 의지와 헌신을 요구하고 있다."

2.14.2 품질성과에 대한 혁신적이며 과학적인 기준 제공

6시그마가 호응을 얻고 있는 두 번째 이유는 품질성과에 대한 혁신적이며 과학적인 기준을 제공하여 주고 있다는 점이다. 이제까지 3σ(공정능력지수 $C_p=1$에 해당)수준의 제품이나 서비스 또는 프로세스가 품질성과에 대한 기준으로 여겨져 왔다. 그러나 고객의 요구사항이 날로 까다로워지면서 3σ 수준의 품질이 기준이 되는 시대는 이미 지나가고 있다.

3σ 수준은 상상 이상으로 많은 결함품질을 내포하고 있으며, 이런 정도의 결함품질을 고객에게 전달하여서는 도저히 고객만족을 이룰 수 없는 것이다. 고객만족을 지상과제로 하고 있는 요즘의 기업 경영에서, 고객만족을 위한 가장 중요한 요소인 높은 품질수준을 확보하는 것은 기업의 생존과 직결되는 문제가 되었다.

6시그마는 높은 품질수준을 확보하고 유지할 수 있는 6σ에 도달하기 위한 혁신적이고 과학적인 길을 제시하여 주고 있다는 데 매력이 있다.

고객에게 결함 없는 제품, 서비스를 제공하기 위하여서는 높은 수준의 프로세스 품질이 필요하며, 특히 규격 안에 들어가는 산포가 작은 품질분포가 요구된다. 이와 같은 요구사항을 달성하기 위한 과학적인 관리방법을 6시그마는 제공하여 준다.

6시그마는 제품의 품질특성 결과보다는 이를 만들어내는 프로세스 자체의 관리에 더 무게를 둔다. 높은 품질수준의 프로세스는 결국 좋은 품질의 제품과 서비스를 적기에, 그리고 싼 값에 고객에게 제공하기 때문이다.

6σ의 높은 품질성과를 달성하고자 하는 것은 그 자체가 목적이 아니라 이를 통하여 고객을 만족시키고 기업 경영의 탁월성(Business Excellence)을 이루고자 하는 것이다. 이 탁월성에 도달하면 기업은 더욱 성장하고 번영하며, 고객에게 결함 없는 제품이나 서비스를 제공하여 사회에 기여하게 되는 것이다.

2.14.3 초우량기업들의 매력적인 성공사례

6시그마가 인기 있는 세 번째 이유는 세계의 많은 초우량기업들이 이를 도입하였고, 또 이 기업들이 큰 성과를 올리고 있다는 사실에 있다. 대부분의 일반기업들은 벤치마킹을 통하여 우량기업의 사례를 배우고자 하며, 우량기업들이 도입하여 성공한 경영기법의 벤치마킹에 관심을 가지고 있다. 6시그마도 같은 경우라고 할 수 있다.

앞에서 모토롤라가 6시그마를 도입한 뒤 11년 동안 이룩한 괄목할 만한 성과에 대하여 소개하였는데, 이외에도 상당히 많은 성공사례가 있다.

참고로 두 가지 사례를 더 소개한다.

GE는 1995년에 6시그마를 도입한 뒤 1996년에 교육훈련비용, 컴퓨터시스템 도입비용 등 투자비용이 무려 2억 달러에 이르렀지만 이로 인한 이익은 2억 달러에 미치지 못하는 것으로 추정되었다. 그러나 1997년부터 성과가 나타나기 시작하여 이익률이 14.5%에 달하였는데, GE는 이것이 6시그마의 열매라고 평가하고 있다. 이 해에 GE가 6시그마의 실행을 위하여 투자한 금액을 제외하고도 6시그마로 얻은 이익은 30억 달러 정도에 이른다고 자체 평가하고 있다.

이 회사의 웰치 회장은 6시그마를 도입한 뒤 5년 안에 GE에 80~120억 달러의 비용절감을 가져다 줄 것이라고 전망하고 있다.

미국의 Allied Signal사는 1994년 6시그마를 도입한 뒤 1997년 3월까지 'Operational Excellence(Allied Signal 시그널 사에서 사용하는 6시그마의 다른 이름)'로 인한 비용절감액이 8억 달러에 달한다고 발표하였다.

그러나 우리가 6시그마 성공기업의 사례에서 얻을 수 있는 교훈은 도입 초기 1~2년간은 투자액이 이로 인한 이익보다 클 수 있다는 것이며, 성공단계에 이르기까지는 보통 2~3년은 걸린다는 점이다. 따라서 6시그마의 도입을 원하는 기업은 최소한 2~3년간은 투자하겠다는 결의를 가지고 임하는 것이 바람직한 자세이다.

2.14.4 품질을 중시하는 기업문화 제공

6시그마가 인기 있는 네 번째 이유는 품질을 중시하는 바람직한 기업문화를 제공하여 준다는 것이다. 6시그마는 품질개선에 대한 체계적인 접근방법, 모든 품질수준을 σ의 척도로 나타내어 품질평가를 공통적인 언어로 구사할 수 있다는 점, 데이터에 기초한 관리 및 의사소통, 부서간의 장벽을 허무는 품질개선팀의 활동 장려 등 품질을 중시하면서 부서간의 협력을 유도하는 바람직한 기업문화를 조성할 수 있는 바탕이 된다.

또 끊임없는 품질개선 노력을 통하여 고객의 요구에 맞는 품질의 제품을 경제적으로 설계, 생산, 서비스하기 위한 기업 운영철학이라고 평가할 수 있다.

최고경영자는 이런 측면에 매력을 느끼고 6시그마를 도입하는 것이다.

지식의 필요성

1. 우리가 알지 못한다면 조치를 취할 수 없다.
2. 우리가 조치를 취할 수 없다면 손실의 위험이 아주 높다.
3. 우리가 알고 조치를 취할 수 있다면 위험은 관리될 수 있다.
4. 우리가 알면서 조치를 취하지 않는다면 손실을 입어 마땅하다.

2.15 6시그마 운영지침

2.15.1 프로젝트의 선정기준

① 프로젝트는 품질에 영향을 미치는 5가지 기준에 포함되어야 한다.
5가지 기준은 고객만족, 품질비용, 협력업체 품질, 내부 실적치, 양산성을 위한 설계 등이다.

② 인증에 유효한 프로젝트의 기준은 수행이 완료되었다고 인정되고, 기준효과 금액기준으로 블랙벨트는 연간 3,000만 원 이상, 그린벨트는 연간 2,000만 원 이상이다.

③ 프로젝트의 성과를 금액화하여 유형효과로 산출하기 어렵거나 기준효과금액이 미달되거나, 또는 무형효과가 클 때는 시간단축, 생산성 향상, 고객만족도 향상, 기회이득 등에 대하여 구체화·객관화하여야 한다. 단, 이 경우는 품질자격 인증위원회의 전원합의가 있을 경우에 한하여 인증이 가능하며, 6시그마 감사위원회의 우선 감사대상으로 지목하여 관리한다.

④ 프로젝트 인증을 위한 효과금액은 기준에 미달할 경우 이전에 승인된 프로젝트의 누계효과금액을 적용할 수 있다.

⑤ 다음과 같은 경우에는 유효한 프로젝트로 인정하지 않는다.
- 정해진 절차에 따라 등록되지 않은 프로젝트
- 프로젝트 등록 전에 효과가 발생한 프로젝트
- 동일한 내용으로 사내 다른 자격의 취득에 사용된 프로젝트
- 타인이 수행 중이거나 수행 완료된 프로젝트

2.15.2 프로젝트 포인트제의 적용

① 블랙벨트 인증을 위한 프로젝트는 프로젝트 완료시 블랙벨트 1명만

② 그린벨트 인증을 위한 프로젝트는 프로젝트 완료시 팀원에게 포인트를 부여하여 100점 이상의 포인트를 누적취득한 자에 한하여 그린벨트 자격을 인증한다.

③ 프로젝트는 부서간 프로젝트와 부서 내 프로젝트로 구분하여 부서간 프로젝트의 팀원들에게는 총 200점, 부서 내 프로젝트의 팀원들에게는 총 100점의 포인트를 부여한다.

④ 부서간 프로젝트는 서로 다른 그룹단위(최하단위가 팀인 경우에는 팀조직)의 부서원들

로 구성된 프로젝트를 지칭하며, 부서 내 프로젝트는 단일팀 또는 그룹의 팀원들로 구성된 프로젝트를 지칭한다. 단, 동일그룹이나 팀소속이지만 사업장 사무국이 서로 다른 업무기능이라고 판단할 경우에 한하여 부서간 프로젝트로 인정할 수 있다.

⑤ 포인트를 받을 수 있는 인원의 수는 프로젝트 효과금액 ÷ 2,000만 원을 초과할 수 없다. 또 부서간 프로젝트는 최대 5명, 부서 내 프로젝트는 최대 3명까지로 제한한다.

⑥ 팀원에 대한 포인트의 부여는 팀원의 수에 따라 아래와 같이 적용된다.

- 부서간 프로젝트
  - 5명일 때 프로젝트 리더 60점, 팀원 35점
  - 4명일 때 프로젝트 리더 80점, 팀원 40점
  - 3명일 때 프로젝트 리더 100점, 팀원 50점
  - 2명일 때 프로젝트 리더 120점, 팀원 80점
- 부서 내 프로젝트
  - 3명일 때 프로젝트 리더 50점, 팀원 25점
  - 2명일 때 프로젝트 리더 60점, 팀원 40점
  - 1명일 때 프로젝트 리더 100점

⑦ 포인트 취득시 유효기간은 3년으로 한다. 프로젝트의 등록, 검토, 승인 등의 제반 절차는 사내의 프로젝트 관리시스템을 사용하여 관리한다.

2.15.3 선정 및 등록

① 프로젝트는 회사 내 모든 업무에 대하여 개선이 필요한 사항을 선정할 수 있다.

② 수행하고자 하는 프로젝트의 내용이 타 부서나 타 부문에 해당되면서 내용의 60% 이상이 타 부서나 부문에 의뢰하여야 결과가 나타날 경우에는 등록이 불가하다.

③ 범위가 너무 크거나 활동기간이 너무 긴 프로젝트의 경우에는 사업장 사무국의 지도를 통하여 사전에 조정되어야 한다.

④ 프로젝트 리더는 프로젝트 등록시 등록서를 반드시 작성하여야 한다.

⑤ 프로젝트는 사업장 사무국 합의, 지도 블랙벨트 합의, 소속부서장(그룹장) 승인, 챔피언(팀장) 승인을 얻어야 정식 프로젝트로 인정한다.

⑥ 지도 블랙벨트는 합의요청을 받은 프로젝트에 대하여 실현 가능성, 활동기간의 적정성 등을 검토하여 조정 또는 등록을 거부할 수 있다.

⑦ 등록승인이 완료된 프로젝트는 싱글문서 관리시스템(DMS)에 등록 관리한다.
⑧ 등록된 프로젝트의 취소는 사업장 사무국의 승인을 얻어 취소할 수 있다.

2.15.4 수 행

① 지도 블랙벨트는 해당사업장 내에서 진행 중인 프로젝트에 대하여 반드시 수행단계(Chart-Solve-Implement)별 지도, 점검을 실시한다.
② 프로젝트 리더는 각 단계의 결과물을 프로젝트 검토서와 상세내용에 대한 보고서를 작성하여 지도 블랙벨트의 합의를 얻어야 한다.

2.15.5 승 인

① 프로젝트의 리더는 프로젝트 완료 후 승인요청서를 작성하여 사업장 사무국에 통보한다.
② 사업장(팀) 사무국은 해당사업장(본부)에서 인증이 필요하다고 판단되는 자에 대하여 품질자격 인증위원회를 개최하여 승인여부를 심사한다.
품질자격 인증위원회의 심사시 프로젝트 평가서의 평가항목에 대하여 평가를 실시하며, 필요시 사업장 사무국은 평가항목을 추가할 수 있다.
③ 품질자격 인증위원회의 평가점수에 따라 프로젝트를 A, B, C등급으로 구분한다.(A급 : 평균 80점 이상, B급 : 평균 70~79점, C급 : 69점 이하)
A급 프로젝트는 타 사업장(팀)에 적용을 추천할 수 있는 우수프로젝트이며, C급 프로젝트는 불합격에 해당하는 프로젝트이다.
④ 품질자격 인증위원회의 심사결과 승인을 얻은 프로젝트에 대하여 사업장 사무국은 챔피언의 승인을 얻는다. 그린벨트는 사업장(팀) 챔피언의 승인으로 인증이 확정되며, 블랙벨트 인증을 위한 프로젝트는 전사 사무국의 검토와 전사 사무국 챔피언의 승인을 얻어 인증을 확정한다.
⑤ 전사 사무국은 모든 프로젝트의 평가등급을 조정할 수 있다.
⑥ 인증이 완료된 프로젝트는 싱글문서 관리시스템(DMS)에 보관하여 관리한다.

2.15.6 사후 감사

① 프로젝트의 타당성, 정직성에 문제가 있다고 보이면 6시그마 감사위원회를 구성하여 감사를 실시한다.

② 6시그마 감사위원회에 의하여 부적합하다고 판정을 받을 경우 이미 인증된 결과에 대하여 취소판정을 할 수 있다. 부적합이란 인증기준에 적합하지 못하거나 인증 후 효과가 지속되지 못하거나 감소될 때를 말한다. 취소판정시 인증결과의 전부 취소와 일부 취소판정이 가능하다.

③ 감사위원회의 감사는 정기감사와 비정기감사로 나누어 실시한다. 정기감사는 연 1회 실시하고, 비정기감사는 특별사유의 발생이나 전사 또는 사업장 사무국의 요청이 있을 경우 실시한다.

2.15.7 자격의 유지

각 자격의 인증 후 유효기간 및 자격의 유지기준은 다음과 같다. 유효기간 내에 다음과 같은 활동이 지속되면 다시 추가 유효기간 동안 자격을 유지한다.

자 격	유지기준	유효기간
마스터 블랙벨트	연 2건 이상의 프로젝트에 참여 24시간 이상의 블랙벨트 교육 실시	영구
블랙벨트	연 1건 이상의 프로젝트 참여 그린벨트 프로젝트 연 3건 지도	5년
그린벨트	누적포인트 100점 이상	포인트별 3년
화이트벨트	3시간 이상의 품질 관련교육 수강	3년

"알고 있는 것에 대하여 수치화하여 말할 수 있다면
당신은 그 무엇인가를 제대로 알고 있는 것이다."
– Lord Kelvin

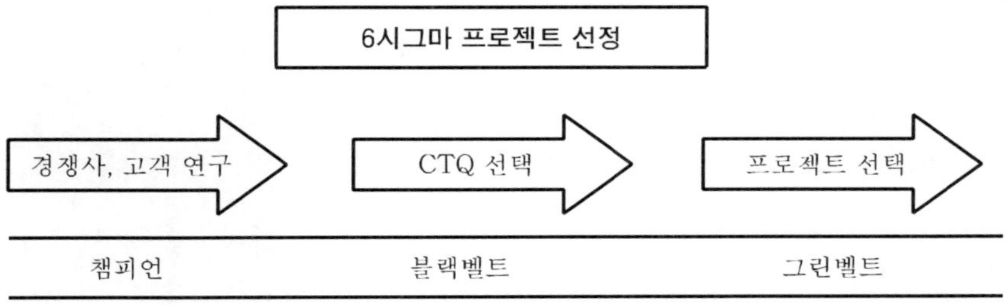
6시그마 프로젝트 선정
경쟁사, 고객 연구
CTQ 선택
프로젝트 선택
챔피언
블랙벨트
그린벨트

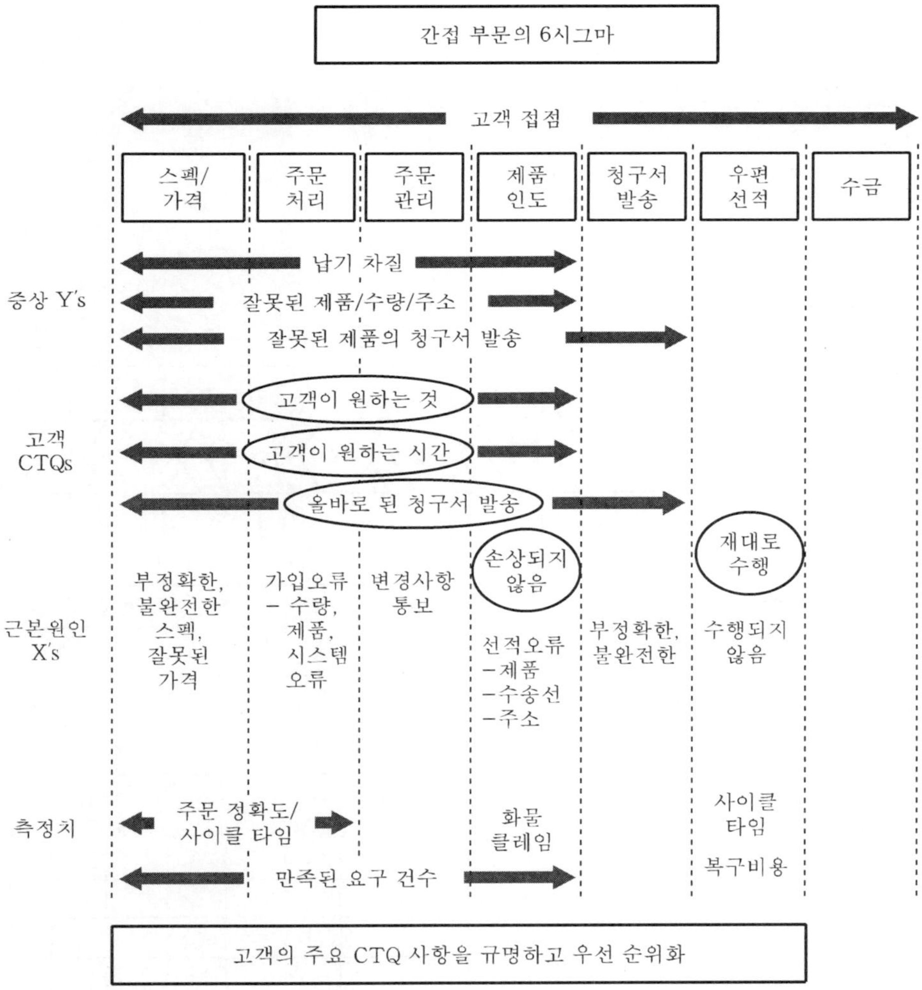
간접 부문의 6시그마
고객 접점
스펙/ 가격
주문 처리
주문 관리
제품 인도
청구서 발송
우편 선적
수금
증상 Y's
납기 차질
잘못된 제품/수량/주소
잘못된 제품의 청구서 발송
고객 CTQs
고객이 원하는 것
고객이 원하는 시간
올바로 된 청구서 발송
근본원인 X's
부정확한, 불완전한 스펙, 잘못된 가격
가입오류 – 수량, 제품, 시스템 오류
변경사항 통보
손상되지 않음
선적오류 –제품 –수송선 –주소
부정확한, 불완전한
재대로 수행
수행되지 않음
측정치
주문 정확도/ 사이클 타임
화물 클레임
사이클 타임
복구비용
만족된 요구 건수
고객의 주요 CTQ 사항을 규명하고 우선 순위화

10가지 주요 질문

① 누가 무엇이 최고인가?
② 당신의 비즈니스는 경쟁사에 비하여 어떻게 평가되나?
③ 개선을 위하여 무엇을 할 수 있나?
④ 고객에게 얼마나 중요한가?
⑤ 현재 일의 책임 중의 한 부분인가?
⑥ CTQ가 측정 가능한가?
⑦ 자료가 유용하거나 쉽게 생기나?
⑧ 프로세스가 안정화됐거나 또는 적어도 통제 가능한가?
⑨ 범위가 4~6개월 내로 끝내기가 적당한가?
⑩ 프로젝트를 변용(Translation)할 수 있는 가능성이 높은가?

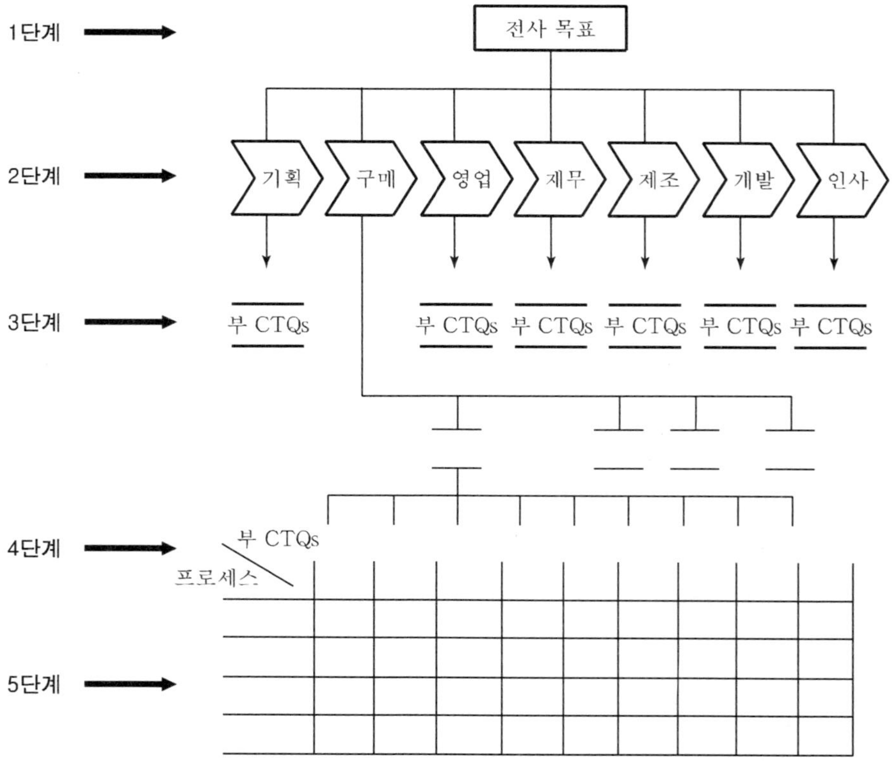

전사의 목표는 외부적 · 내부적 CTQ로 변환된다.

2.16 6시그마란 무엇인가?

6시그마란 '최고경영자의 리더십 아래 시그마(σ)라는 통계척도를 사용하여 모든 품질 수준을 정량적으로 평가하고, 문제해결과정 및 전문가 양성 등의 효율적인 품질문화를 조성하며, 품질 혁신과 고객만족을 달성하기 위하여 전사적으로 실행하는 종합적인 기업의 경영전략'이라고 정의할 수 있다. 이 정의에는 세 가지 내용이 담겨 있다.

첫째로, 6시그마는 통계적 척도(Statistical Measure)라는 것이며,

두 번째로, 6시그마는 효율적인 품질문화를 조성하기 위한 기업의 경영철학(Management Philosophy)이며,

세 번째로, 전사적으로 실행하는 종합적인 기업전략(Business Strategy)이다.

이에 관한 구체적인 내용을 살펴보자.

2.16.1 통계적 척도

시그마(Sigma : σ)는 그리스 문자로, 통계학에서 데이터의 산포를 파악하기 위하여 사용하는 표준편차(Standard Deviation)라는 하나의 척도이다. 6시그마(Six Sigma)에서 시그마는 품질의 변동을 의미하는 표준편차로 사용할 때도 있으나, 보통 '몇 시그마 수준'이라고 할 때에는 프로세스의 질을 나타내는 통계척도의 값이다. 이것은 결함 없는 작업을 수행할 수 있는 프로세스의 능력을 정량화한 값이라고 할 수 있다.

그림 6-15에서 보는 것처럼 품질분포의 평균(μ)에서 규격상한(USL : Upper Specification Limit)이나 규격하한(LSL : Lower Specification Limit)까지의 거리를 '시그마 수준'이라고 말한다.

이 그림에서 (a), (b), (c)는 각각 품질수준이 6σ, 3σ, 2σ이다.

시그마 수준은 제조프로세스이든 업무프로세스이든 프로세스의 품질성능을 동일한 척도로 바꾸어 비교할 수 있는 기준을 제공하여 준다.

그림 6-15에서 보듯이 어느 프로세스의 시그마값이 크면 클수록, 프로세스에서 규격을 벗어나 확률이 줄어들고 결함의 발생이 적어진다. Harry(1994)가 언급한 바와 같이 시그마값이 증가하면 생산성이 높아지고 비용이 감소하게 되며, 사이클 타임이 줄어들고 고객의 만족도는 증가한다.

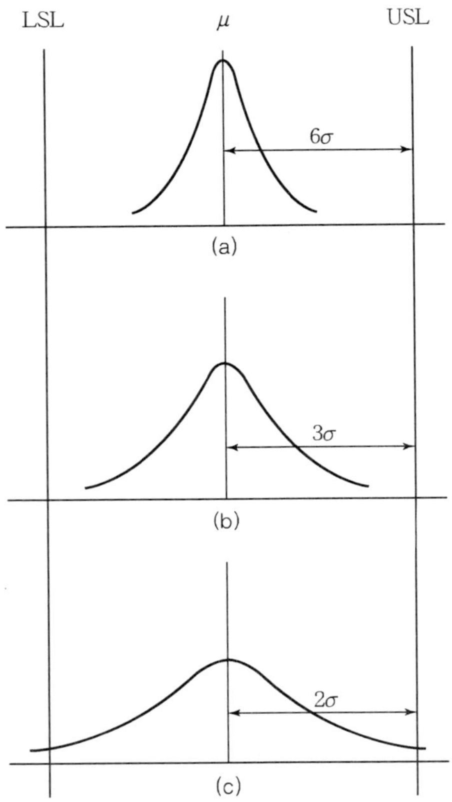

그림 6-15 품질산포를 나타내는 시그마 수준

여기에서 사용되는 프로세스(Process)의 의미는 '제조, 사무, 서비스 등의 업무에서 일정한 투입물(Input)이 들어가서 요구되는 결과물(Output)로 변화하는 활동(Activity)을 수행하는 하나의 시스템'을 말한다. 일반적으로 프로세스라면 공정을 생각하며, 제조공정에서 성형공정, 압출공정 등으로 제조의 한 단계로 인식되고 있다. 그러나 이 책에서는 공정보다 더 넓은 의미로 해석하여 우편물 처리, 병원의 수술, 약 처방, 영업 판촉활동 등도 프로세스로 간주하여 다루기로 한다.

그림 6-15에서 보면 품질이 정규분포를 하는 경우에 품질분포의 평균 μ로부터 규격한계가 3σ의 거리에 있으면 불량이 양쪽으로 각각 1,350 PPM(Parts Per Million ; 제품 백만개당 불량품의 수)이 발생한다. 예를 들면, 100만 개의 반도체를 만들 경우 이 가운데 2,700개가 불량품이 된다. 그러나 3σ 대신에 6σ가 되면 양쪽으로 각각 0.001 PPM이 발생하여 10억 개 가운데 2개만이 불량으로 불량률이 실질적으로 없게 된다.

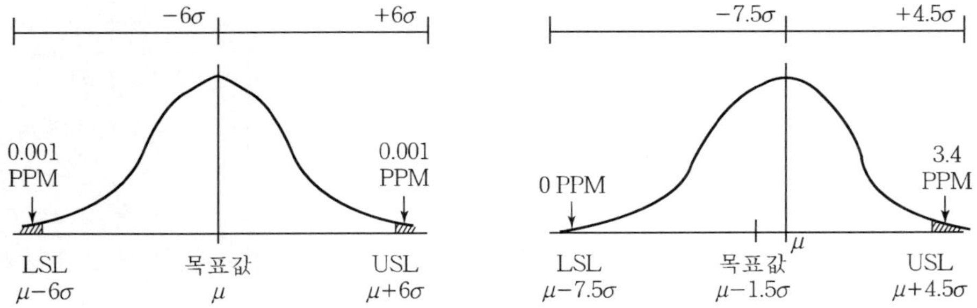

그림 6-16 6σ 수준이고 평균이 $\pm 1.5\sigma$ 흔들리는 경우의 불량률

그러나 실무에서는 품질산포의 여러 가지 원인(재료, 방법, 장치, 사람, 환경, 측정 등)에 의하여 평균 자체가 최대한 1.5σ까지 흔들릴 수 있다고 평가(모토롤라, 1988)되고 있다.

그림 6-16에서와 같이 정규분포를 가정하는 경우에 만일 프로세스 평균이 규격상한 방향으로 1.5σ만큼 이동하였을 때 규격상한을 벗어나는 불량률은 3.4 PPM이 되고, 규격하한을 벗어나는 불량률은 0 PPM으로, 불량률의 합은 3.4 PPM이다. 프로세스 평균이 고정된 경우와 1.5σ 흔들리는 경우에 시그마 수준에 따른 불량률의 계산결과가 표 6-4에 실려 있다.

품질수준은 제품만이 아니라 영업이나 사무부문에도 적용 가능하다. 이 경우에는 불량률 PPM을 말하는 것보다 100만 번의 기회 가운데 결함이 발생하는 건수로 DPMO(Defects Per Million Opportunities)를 사용하는 것이 바람직하다. 시그마 수준과 DPMO 값은 일대일로 대응시킬 수 있으며, 이 값들을 표 6-6에서와 같이 구할 수 있다. 이 경우에도 1.5σ 흔들리는 것을 가정하고 계산된 값들이다.

표 6-4 시그마 수준이 변하는 경우의 불량률 변화

시그마 수준	프로세스 평균이 고정된 경우		프로세스 평균이 1.5σ 흔들리는 경우	
	양품률(%)	불량률(PPM)	양품률(%)	불량률(PPM)
σ	68.26894	317,311	30.2328	697,672
2σ	95.44998	45,500	69.1230	308,770
3σ	99.72002	2,700	93.3189	66,811
4σ	99.99366	63.4	99.3790	6,210
5σ	99.999943	0.57	99.97674	233
6σ	99.9999998	0.0002	99.99966	3.4

표 6-5 3σ와 6σ 품질수준의 비교사례

3σ 품질수준 (66,811 DPMO)	6σ 품질수준 (3.4 DPMO)
한 병원에서 연간 1만 건의 틀린 처방약	이 병원에서 2년에 단 1회의 틀린 처방약
어느 나라에서 의사, 간호사의 실수로 땅에 떨어지는 신생아가 연간 100명	이 나라에서 의사, 간호사의 실수로 땅에 떨어지는 신생아가 200년에 한 건 정도
어느 도시에서 안전하지 않은 식수를 매월 약 2시간 공급	이 도시에서 안전하지 않은 식수를 10년 동안에 약 1분간 공급
어느 지역에서 매주 약 30분의 전화 불통 또는 TV 전송장애	이 지역에서 매주 약 0.1초간의 전화 불통 또는 TV 전송장애
한 대학에서 연간 약 200통의 우편물 분실	이 대학에서 100년간 약 1통의 우편물 분실
김포공항에서 연간 40건의 착륙 오류 발생	김포공항에서 500년에 한 건 정도의 착륙 오류 발생
어느 종합병원에서 연간 500건의 잘못된 수술	이 병원에서 40년에 1건 정도의 잘못된 수술

결론적으로 6시그마는 모든 프로세스의 품질수준이 6σ를 달성하여 불량률을 3.4 PPM (또는 결함발생수를 3.4 DPMO) 이하로 하고자 하는 기업의 품질경영 전략이라고 할 수 있다. 표 6-4에서 보면 품질수준이 3σ인 경우와 6σ인 경우의 DPMO의 차이를 보면 66,811 / 3.4=19,650으로 약 2만배 가량된다.

3σ인 프로세스가 6σ가 될 때에 품질개선 효과를 실감하기 위하여 실제문제를 예로 들어 설명하면 표 6-5와 같다.

DPMO 대신에 단위당 결함수(DPU : Defects Per Unit)를 사용하기도 한다. 이것은 단일 기회당 또는 단일제품당 발생하는 결함의 수로 %로 나타내기도 한다. 예를 들어, 표 6-4에서 품질수준이 3σ인 경우에 DPMO는 66,811이고 이를 DPU로 환산하면 0.066811이 되고, %로 나타내면 6.6811%이다. 일반적으로 DPU는 한 제품이 많은 부품으로 조립되어 있는 경우에 조립 완제품의 불량률을 나타내는 척도로 흔히 사용한다.

표 6-6 시그마 수준과 DPMO 값(1.5σ 흔들리는 것을 가정)

시그마	0.00	0.01	0.02	0.03	0.04	0.05	0.06	0.07	0.08	0.09
2.0	308770.2	305249.8	301747.6	298263.7	294798.6	291352.3	287925.1	284517.3	281129.1	277760.7
2.1	274412.2	271084.0	267776.2	264489.0	261222.6	257977.2	254753.0	251550.2	248368.8	245209.2
2.2	242071.5	238955.7	235862.1	232790.8	229742.0	226715.8	223712.2	220731.6	217773.9	214839.2
2.3	211927.7	209039.6	206174.8	203333.5	200515.7	197721.6	194951.2	192204.6	189481.9	186783.0
2.4	184108.2	181457.4	178830.7	176228.0	173649.5	171095.2	168565.1	166059.2	163577.5	161120.1
2.5	158686.9	156278.0	153893.3	151532.9	149196.7	146884.7	144596.8	142333.2	140093.6	137878.1
2.6	135686.7	133519.3	131375.8	129256.3	127160.5	125088.6	123040.3	121015.7	119014.7	117037.0
2.7	115083.0	113152.2	111244.7	109360.2	107498.9	105660.5	103844.9	102052.1	100281.9	98534.3
2.8	96809.0	95106.1	93425.3	91766.6	90129.8	88514.8	86921.5	85349.7	83799.3	82270.1
2.9	80762.1	79275.0	77808.8	76363.2	74938.2	73533.6	72149.1	70784.8	69440.4	68115.7
3.0	66810.6	65525.0	64258.6	63011.3	61783.0	60573.4	59382.5	58210.0	57055.8	55919.6
3.1	54801.4	53700.9	52618.1	51552.6	50504.3	49473.1	48458.8	47461.2	46480.1	45515.3
3.2	44566.8	43634.2	42717.4	41816.3	40930.6	40060.2	39204.9	38364.5	37538.9	36727.8
3.3	35931.1	35148.6	34380.2	33625.7	32884.8	32157.4	31443.3	30742.5	30054.6	29379.5
3.4	28717.0	28067.1	27429.4	26803.8	26190.2	25588.4	24998.2	24419.5	23852.1	23295.8
3.5	22750.4	22215.9	21692.0	21178.5	20675.4	20182.4	19699.5	19226.4	18763.0	18309.1
3.6	17864.6	17429.3	17003.2	16586.0	16177.5	15777.7	15386.5	15003.5	14628.8	14262.2
3.7	13903.5	13552.7	13209.5	12873.8	12545.5	12224.5	11910.7	11603.9	11303.9	11010.7
3.8	10724.2	10444.1	10170.5	9903.1	9641.9	9386.7	9137.5	8894.1	8656.4	8424.2
3.9	8197.6	7976.3	7760.3	7549.4	7343.7	7142.8	6946.9	6755.7	6569.1	6387.2
4.0	6209.7	6036.6	5867.8	5703.1	5542.6	5386.2	5233.6	5084.9	4940.0	4798.8
4.1	4661.2	4527.1	4396.5	4269.3	4145.3	4024.6	3907.0	3792.6	3681.1	3572.6
4.2	3467.0	3364.2	3264.1	3166.7	3072.0	2979.8	2890.1	2802.8	2717.9	2635.4
4.3	2555.1	2477.1	2401.2	2327.4	2255.7	2186.0	2118.2	2052.4	1988.4	1926.2
4.4	1865.8	1807.1	1750.2	1694.8	1641.1	1588.9	1538.2	1489.0	1441.2	1394.9
4.5	1349.9	1306.2	1263.9	1222.8	1182.9	1144.2	1106.7	1070.3	1035.0	1000.8
4.6	967.6	935.4	904.3	874.0	844.7	816.4	788.8	762.2	736.4	711.4
4.7	687.1	663.7	641.0	619.0	597.6	577.0	557.1	537.7	519.0	500.9
4.8	483.4	466.5	450.1	434.2	418.9	404.1	389.7	375.8	362.4	349.5
4.9	336.9	324.8	313.1	301.8	290.9	280.3	270.1	260.2	250.7	241.5
5.0	232.6	224.1	215.8	207.8	200.1	192.6	185.4	178.5	171.8	165.3
5.1	159.1	153.1	147.3	141.7	136.3	131.1	126.1	121.3	116.6	112.1
5.2	107.8	103.6	99.6	95.7	92.0	88.4	85.0	81.6	78.4	75.3
5.3	72.3	69.5	66.7	64.1	61.5	59.1	56.7	54.4	52.2	50.1
5.4	48.1	46.1	44.3	42.5	40.7	39.1	37.5	35.9	34.5	33.0
5.5	31.7	30.4	29.1	27.9	26.7	25.6	24.5	23.5	22.5	21.6
5.6	20.7	19.8	18.9	18.1	17.4	16.6	15.9	15.2	14.6	13.9
5.7	13.3	12.8	12.2	11.7	11.2	10.7	10.2	9.8	9.3	8.9
5.8	8.5	8.2	7.8	7.5	7.1	6.8	6.5	6.2	5.9	5.7
5.9	5.4	5.2	4.9	4.7	4.5	4.3	4.1	3.9	3.7	3.6
6.0	3.4	3.2	3.1	2.9	2.8	2.7	2.6	2.4	2.3	2.2
6.1	2.1	2.0	1.9	1.8	1.7	1.7	1.6	1.5	1.4	1.4
6.2	1.3	1.2	1.2	1.1	1.1	1.0	1.0	0.9	0.9	0.8
6.3	0.8	0.8	0.7	0.7	0.6	0.6	0.6	0.6	0.5	0.5
6.4	0.5	0.5	0.4	0.4	0.4	0.4	0.4	0.3	0.3	0.3
6.5	0.3	0.3	0.3	0.2	0.2	0.2	0.2	0.2	0.2	0.2
6.6	0.2	0.2	0.2	0.1	0.1	0.1	0.1	0.1	0.1	0.1
6.7	0.1	0.1	0.1	0.1	0.1	0.1	0.1	0.1	0.1	0.1
6.8	0.1	0.1	0.1	0.0	0.0	0.0	0.0	0.0	0.0	0.0

2.16.2 효율적인 품질문화 정착을 위한 경영철학

6시그마를 개념적인 측면에서 넓게 본다면 기업 운영철학의 하나로 종업원들의 일하는 자세, 생각하는 습관, 품질을 중요시하는 기업문화의 조성을 의미한다.

6시그마는 모든 프로세스를 정량적으로 평가하여 품질개선활동의 우선순위를 설정하고 이에 따라 효율적으로 프로세스 관리를 수행한다. 여기서, '효율적'이라는 의미는 무조건 열심히 일하는 것(Working Harder)이 아니라, 주어진 여건 아래서 객관적 통계데이터에 근거하여 효과를 최대로 올릴 수 있도록 지혜롭게 일하는 것(Working Smarter)을 뜻한다. 또한 일을 할 때에 '처음부터 바르게 하자(Doing it Right the Frist Time)'라는 개념과 동일한 내용이다.

6시그마는 고객의 관점에서 출발하여 프로세스의 문제(Project)를 찾아서 통계적 사고로 문제를 해결할 수 있는 과정을 제시하고 있다. 이를 문제점 해결을 위한 품질 혁신의 단계라고 부르는데, 모토롤라나 GE 등에서 채택하고 있는 방법으로, 4단계로 나누어 MAIC [Measurement(측정), Analysis(분석), Improvement(개선), Control(관리)] 문제해결과정이라고 부른다. 이에 관한 상세한 설명은 Harry(1994)에서 찾을 수 있다.

이 품질 혁신 4단계의 내용을 간단히 기술하면 다음과 같고, 그 흐름도와 주요 내용을 그림 6-17에 나타냈다.

① 1단계(측정) : 주요 제품의 특성치(종속변수)를 선택하고, 필요한 측정을 실시하여 품질수준을 조사하며, 그 결과를 공정관리카드에 기록하고 단기 또는 장기 공정능력을 추정한다.

② 2단계(분석) : 주요 제품의 특성치와 최고수준의 타 회사 특성치를 벤치마킹한다. 차이분석을 통하여 최고수준의 제품이 성공적인 성능을 내기 위한 요인이 무엇인가를 조사하고 목표를 설정한다. 경우에 따라서는 제품이나 공정을 재설계할 필요가 있다.

③ 3단계(개선) : 설정된 목표를 달성하기 위하여 개선되어야 할 성능특성치를 먼저 선택한다. 그리고 이 특성치에 대한 변동의 주요 요인을 진단한다. 다음으로 실험계획법, 회귀분석 등의 통계적 방법을 통하여 주요 공정변수를 찾고, 이들의 최적조건(새로운 공정조건)을 구한다. 그리고 각 공정변수에 대한 운전규격을 정한다.

④ 4단계(관리) : 새로운 공정조건을 표준화시키고, 통계적 공정관리방법을 통하여 그 변화를 탐지한다. 새 표준으로 공정이 안정되면 공정능력을 재평가한다. 이러한 사후분석결과에 따라 필요하면 1, 2 또는 3단계로 다시 돌아갈 수도 있다.

측정

1. 주요 제품 선택
2. 제품 구조도 작성
3. 성능변수 정의
4. 공정흐름도 작성
5. 성능(결과)변수 측정
6. 공정능력지수 설정

분석

7. 성능변수 선택
8. 성능계량치의 벤치마크
9. 일등 제품의 성능조사
10. 차이 분석
11. 일등 제품의 성공요인 발견
12. 성능 목표의 정의

개선

13. 성능변수의 선택
14. 성능변수의 진단
15. 원인변수 제안
16. 원인변수 확인
17. 작업한계의 설정
18. 성능개선 검증
19. 원인변수 선택

관리

20. 관리시스템 정의
21. 관리시스템 구축
22. 관리시스템 실행
23. 관리시스템 감사
24. 성능계량치의 추적

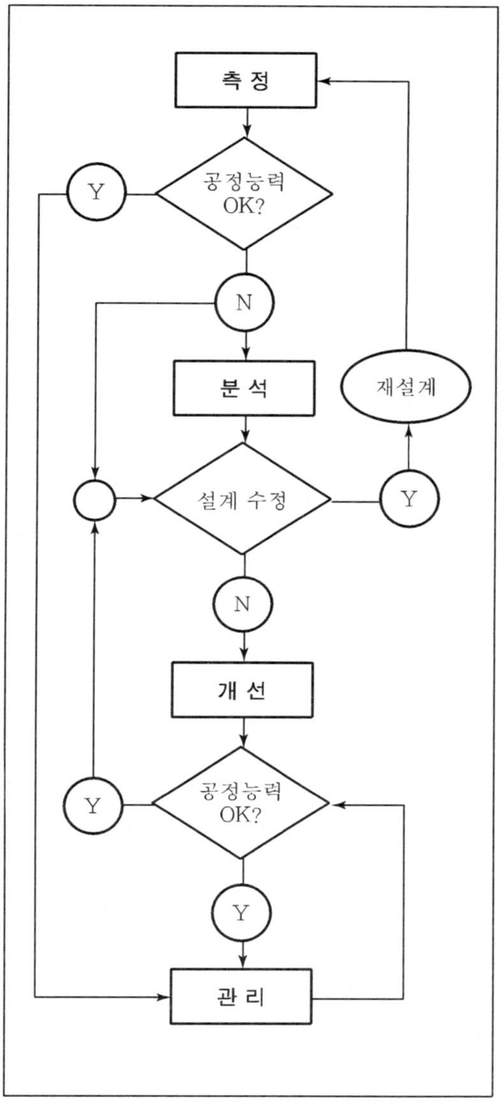

그림 6-17 품질 혁신단계의 흐름도와 주요 내용

이러한 품질 혁신 4단계는 6시그마를 도입하는 기업에 따라 약간의 차이를 가지고 운영되기도 한다. 예를 들면, 삼성전관에서는 4단계를 3단계로 줄여서 'Chart-Solve-Implement'의 단계를 거치고 있다. 여기서, Chart는 측정 및 통계적 현황조사를 의미하는 것이고, Solve는 원인분석, 대책수립 등을 뜻하며, Implement는 실시 및 관리를 의미한다.

기업 경영의 탁월성은 그 기업의 인력이 좌우한다. 즉, 인력의 효율적인 관리가 기업 성공의 열쇠이다. 6시그마의 성공여부도 인력의 관리에 달려 있다.

표 6-7 6시그마 추진을 위한 전문품질요원

품질요원 구분	주요 인력	역 할
챔피언	사업부 책임자	• 6시그마 목표설정 및 전략수립 • 6시그마의 이념확산 및 추진방법의 확정
마스터 블랙벨트	전문 추진지도자 (전업)	• 품질요원 지도교육 및 감독 • 품질기법의 이전
블랙벨트	전담요원(전업)	• 6시그마 프로젝트 추진
그린벨트	현업 담당자 (모든 임직원 포함)	• 6시그마 교육을 받은 요원으로 현직에서 수행하면서 부분적으로 개선활동에 참여
화이트벨트	현업 담당자 (모든 임직원 포함)	• 품질관리의 기본자질을 습득한 모든 사람

6시그마에서는 품질개선을 체계적으로 실시하기 위하여 훈련된 전문품질요원을 모든 부서에 배치하여 과학적이고 조직적으로 품질개선운동을 추진한다. 일반적으로 6시그마를 수행하는 데 사용되는 전문품질요원체제는 4등급으로 나누어진다. 기업에 따라 그린벨트 밑에 화이트벨트를 추가하여 표 6-7과 같이 5등급으로 나누어 관리하기도 한다.

6시그마는 올바른 품질문화의 정착을 요구한다. '올바른 품질문화'는 끊임없는 품질개선 노력을 통하여 고객의 요구에 맞는 품질의 제품을 경제적으로 설계, 생산, 서비스하기 위한 기업문화라고 볼 수 있다. 이러한 품질문화를 정착시키기 위하여 기업은 고객 중심의 경영철학을 가져야 하는데, 6시그마는 바로 이러한 기업 경영철학을 요구하고 있다. 물고기가 물을 떠나면 살 수 없듯이, 기업은 최종상품의 구매자인 고객으로부터 외면당하면 생존할 수 없다. 기업의 모든 촉각은 고객이 추구하는 것에 맞추어져야 하며, 고객의 요구에 가장 경제적으로 대응할 수 있는 기업만이 살아남을 수 있다.

6시그마는 고객만족 경영을 가장 중요시하는 철학을 견지하고 있다.

2.16.3 품질경영을 위한 기업전략

6시그마는 기업의 경쟁력을 확보하기 위한 하나의 전략이다.

기업이 품질 전쟁에 임할 때에 공통된 하나의 목표가 있어야 하는데, 6시그마는 분명한 품질목표와 달성방법을 제공한다. 모든 프로세스는 6σ라는 품질수준의 목표를 가지고 있으며, 이것이 달성되면 품질이 향상되고 비용은 줄어들며 사이클 타임이 감소되어 궁극적으로 고객만족과 회사의 발전을 도모할 수 있는 것이다.

표 6-8 시그마 수준의 향상에 따른 품질향상 배율

연도	품질목표 (시그마 수준)	DPMO	전년도 대비 품질향상 배율
현재	2	308,770	
1차년도	3	66,811	4.6배
2차년도	4	6,210	10.8배
3차년도	5	233	26.7배
4차년도	6	3.4	68.5배

또한 6시그마는 혁신적인 품질개선을 요구한다.

일반적으로 1년에 10%(1.1배)의 품질향상이 아니라 10배 정도의 품질향상을 요구한다. 예를 들어, 현재의 품질수준이 2σ인 기업이 1년에 한 σ씩 향상시켜서 4년 후에 6σ를 달성하는 전략을 세웠다고 하자. 그러면 표 6-8에서 보는 바와 같이 연도별로 4.6배(308,770 / 66,811로 얻은 수치), 10.8배, 26.7배, 68.5배가 되어 급격한 품질개선을 요구하는 것이다.

이 도표에서 보면 현재의 품질수준이 낮으면 품질향상 배율도 낮아서 달성하기 어렵지 않으나, 품질수준이 높으면 높을수록 배율이 대폭 증가하여 달성하기 어렵게 된다. 따라서 6σ 수준으로 향하는 과정에서 품질수준이 낮은 초기단계가 달성 가능성도 그만큼 높다.

이런 점에서 볼 때 현재의 품질수준이 낮다는 것은 6시그마를 도입하기에 좋은 기회라고 볼 수 있다. 6시그마는 기업전략으로 6σ를 품질목표로 삼고 다함께 매진하자는 뜻이 있으므로 중간과정을 중요시하며, 목표가 달성되지 않았다 하더라도 계속적으로 노력하는 데 의미가 크다고 하겠다.

모토롤라가 1987년 6시그마를 도입할 때 2년 내에 품질개선 10배, 4년 내에 100배의 품질개선 목표를 세웠으며, 1992년까지 6σ 수준을 달성하는 것을 목표로 삼았다고 한다.

이처럼 혁신적인 품질목표를 설정하는 것이, 통상적으로 6시그마 경영에서 추구하는 모습이다.

2.17 TQM (Total Quality Management) 전략

품질관리의 역사는 매우 오래 전부터 시작되었다고 볼 수 있다. 품질관리를 확대해석한다면 기원전 2150년 제정된 함무라비 법전에까지 거슬러 올라갈 수 있다. 그러나 현대적인 의미에서의 품질관리는 새로운 대량생산체제의 구축과 관련시켜 고찰하는 것이 바람직하다. 이와 같은 관점에서 볼 때, 품질관리의 역사는 통계학의 발전과 대량생산체제가 구축된 20세기에 시작되었다고 볼 수 있다. 현대적인 의미에 있어서 품질관리의 발전은 자본주의의 본산인 미국의 품질관리발전과 밀접한 관련을 갖고 있다. 파이겐바움은 미국 산업에 있어서 품질관리 발전단계를 다음과 같이 6가지 단계로 구분하고 있다.

① 작업자에 의한 품질관리(QCC) : 품질분임도
② 직장에 의한 품질관리(QC) : 품질관리
③ 검사에 의한 품질관리(IQC) : 수입검사
④ 통계적 품질관리(SQC)
⑤ 종합적 품질관리(TQC) : 전사적 품질관리
⑥ 종합적 품질경영(TQM) : 전사적 품질경영

파이겐바움이 지적한 바와 같이 품질관리는 검사지향적 단계에서 통계적 품질관리단계로, 그리고 품질보증 및 종합적 관리단계에서 종합적 품질경영의 단계로 발전되어 가고 있다. 본서에서는 품질관리발전의 최종단계인 종합적 품질경영(TQM) 내용들을 살펴봄으로써 품질의 문제해결을 위한 방안을 모색해 보고자 한다. TQM에 대한 정의는 매우 다양하거나 모호하여 1990년대 중반까지 일부조직에서는 TQL(Total Quality Leadership)로 TQM을 대신하기도 했다. 크로스비는 TQM을 정의가 없는 일단의 첫 글자들의 모임에 불과하다고 하였으며, 품질관리의 대가인 데밍은 아예 정의를 내리지도 않았다. 일부에서는 TQM을 전체조직의 경쟁력과 효율성, 그리고 유연성을 개선시키는 접근법일 뿐만 아니라 모든 사람을 개선과정에 투입하여 결과가 신속히 달성되도록 함으로써 사람들의 삶에서 노력의 낭비를 제거하는 방법으로, 모든 조직에 적용 가능한 기법으로 보기로 하며(John S Okland, 1995) TQM을 불량예방, 계속적 개선, 고객중심, 품질은 조직원 전체의 책임이라는 네 가지 개념에 초점을 두고 있는 기술들의 혼합체라고 정의 내린 경우도 있다(Berk & Berk, 1993).

본서에서는 종합적 품질경영 또는 총괄적 품질경영으로 번역되고 있는 TQM을 ① 고객의 욕구를 계속적으로 충족시키면서 ② 조직활동 모든 측면에서의 계속적인 개선을 달성하기 위하여 조직을 포괄적이고 통합적으로 관리하는 방법으로 정의하고자 한다. TQM에서는 품질을 고객의 관점에서 보고 이를 적극적으로 사용한다. TQM은 회사비전을 위한 하나의 여정으로서 조직의 모든 수준에 있어서 목표가 명확해야 하며, 진전/개선을 반영할 수 있는 측정이 있어야 하고 고객이 사용하는 것과 동일한 방법으로 서비스나 제품을 측정해야 한다. 이를 위해서 경영자는 고객의 진정한 욕구를 파악해야 하며 그것을 알고 있다는 가정을 해서는 안된다. 전진적인 변화를 달성하기 위해서 경영자는 고객욕구 특성변화보다 약간 앞서서 먼저 변화해야 한다.

일부 기업의 종업원들은 고객보다 상사를 더 중요하게 생각하고 고객을 희생하여 상사의 행복을 지키는 것이 그들의 임무라고 생각한다. 이러한 현상은 TQM을 통하여 시정될 수 있다. 그리고 TQM은 종업원들이 느끼는 공포를 신뢰로 바꾸어 주며 미래의 창조성을 부추기는 역할을 한다. TQM에 대한 정확한 정의는 없지만 본서에서는 앞서 언급한 것처럼 다음과 같은 단순한 정의를 사용한다.

"TQM은 계속적으로 고객의 욕구를 충족시키고 조직활동의 모든 면에 있어서의 계속적인 개선을 도모하기 위해서 조직을 포괄적이고 통합적으로 관리하는 방법이다."

TQM은 근본적으로 변화에 관한 관리를 주임무로 한다. 조직에 따라 변화는 다양하게 나타나며, 이는 조직의 정보 및 통제시스템과 관리 및 운영절차에 영향을 주게 되고 조직은 새로운 기술(프로젝트 기술, 고객접촉기술, 구조적 기술, 행동과학적 기술 등)을 필요로 하게 된다.

이와 같은 TQM 개념이 기업에 도입됨으로써 경영층은 품질을 부서차원에서 다루던 전술적인 관점에서 벗어나 전략적인 관점에서 조망하게 되었다. TQM 실시의 당위성은 고객의 기대욕구 증대와 소비자주도 시장환경에 기인한다. 기업이 소비자의 욕구를 충족시켜 주지 않으면 다른 경쟁업체가 그 욕구를 충족시켜 주게 되고 고객은 그 경쟁기업의 소비자로 변신하게 된다. 따라서 앞서 결정된 품질은 기업의 사활을 결정한다.

시장에서의 계속적인 생존을 위해서 기업은 고객의 요구에 신속히 반응할 필요가 있다. 강화된 경쟁 속에서 계속적으로 생존하면서, 그 분야의 리더로서 살아남기 위해서는 고객욕구충족과 계속적인 개선을 동시에 달성할 수 있는 정책이 필요하다. 기업의 생존을 보장받기 위해서 경영자는 고객에 의해 정의되고 결정되는 품질을 가업의 주요한 전략도구로 잘 이용해야 한다. 기존의 기업 성공요소이던 '가장 높은 제조품질'이라든가 '가장 믿을 수 있는 서비스' 등은 경쟁에 참여하기 위한 하나의 선결조건일 따름이다.

고객욕구로는 제품의 다양성, 신속한 반응, 경쟁적인 가격, 신뢰할 수 있는 인도시기 등이 있다. TQM 개발의 가장 중요한 조치 중 하나는 고객이 원하는 것을 생산하고 있다고 확신을 고객에게 심어주는 것이다.

TQM은 종착지가 아니라 하나의 여정이며 수단이지 목적이 아니다. 즉, TQM은 조직의 목표를 달성하기 위한 수단인 것이다. TQM의 성공적 달성을 위해서는 주요 전략적인 요소를 파악하고 이를 성실히 수행하는 것이 그 첩경이다.

2.17.1 TQM 모형과 조직

(1) TQM 모형

앞서 언급한 TQM은 근본적으로 기업의 성과를 개선시키고자 하는 것 으로 TQM 실시 그 자체는 목적이 아니라 조직목적 달성을 위한 하나의 수단이다. 여기서의 조직목적이란 바로 비전을 의미하며, 여기서 비전은 조직의 모든 구성원이 이해할 수 있도록 명확해야 하고 측정이 어느 정도 가능해야 한다. 조직목적의 구체적인 내용으로는 고객만족, 수익성/성과, 제품품질, 유능한 종업원 양성 등이 있을 수 있다. 목적수립 후, 이러한 목적들은 다음과 같은 구체적인 분야에 대한 측정으로 그 달성 정도를 평가한다.

① 고객만족과 기업의 수익성

② 계속적인 운영개선

③ 계속적인 단위당 원가절감

④ 비자발적인 구속적인 문화에서 하고 싶어서 하는 자발적인 문화로의 이동 정도

⑤ 고도로 숙련된 종업원의 수

TQM 비전 달성을 위해서 경영자는 구체적으로 종업원 훈련과 재훈련, 기업개선계획 수립, 공정개선 프로젝트 개발, 경영스타일과 문화적 변화, 그리고 개인과 조직간의 효율적인 의사소통을 확립할 필요가 있다. 전종업원의 참여와 경영층의 직접적인 주도가 앞서 언급한 모든 행동의 기초가 된다. 이를 표로 나타내 보면 다음과 같다.

	내 용	실 행 수 단
비 전	고객만족과 기업의 수익성 계속적인 운용개선 계속적인 단위당 원가절감 자발적 문화형성 고도로 숙련된 종업원 양성	기업개선계획 프로젝트 훈련과 재훈련 경영스타일과 문화적 변화 효율적인 조직 내 의사소통

* TQM 비전의 성공적 실행을 위한 전제조건으로 전종업원의 참여와 경영층의 직접적인 참여가 필수적이다.

(2) TQM 조직

TQM이 조직 내에서 제대로 실현되려면 전통적인 조직과는 다른 새로운 형태의 조직을 필요로 한다. 즉, 과거 생산자 중심시장에서의 조직은 사장 중심의 관료적인 조직으로서 상사가 하는 일은 무조건 추종하는 식의 하향식 의사결정조직으로서 고객의 의견이 제대로 반영되지 않는 정체된 조직이었다. 그러나 경영환경이 소비자 중심시장으로 변화함에 따라 조직형태도 달라질 필요가 있다. 앞서 TQM의 정의에 계속적인 개선이 포함되어 있었다. 이는 조직이 환경변화에 계속적으로 반응해 나가야 함을 의미한다. 따라서 TQM 조직은 기존의 전통적인 조직과는 완전히 상반된 형태를 갖게 될 것이다.

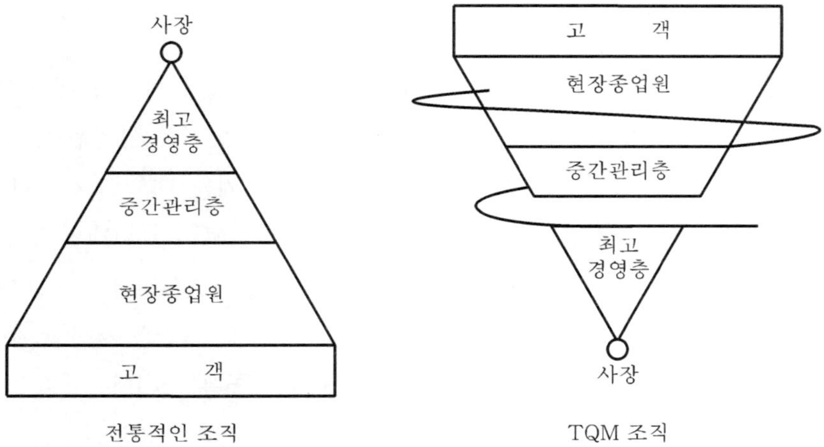

그림 6-18 전통적인 조직과 TQM 조직

위 그림 6-18에서 보면 TQM 조직은 전통적인 조직과는 달리 계속적인 개선이 없으면 쓰러지는 팽이와 같은 조직으로서 사장은 조직의 핵심요소로서 어느 조직원보다는 환경변화를 잘 인식하고 상부관리층의 욕구를 제대로 파악하여 그들이 맡은 바 임무를 성실히 수행할 수 있도록 지원을 해야 하며, 상부관리층은 중간관리층의 욕구를 정확히 파악하여 그들이 맡은 바 본연의 임무인 현장종업원 지원에 차질이 없도록 해야 하고, 현장종업원들은 고객의 욕구파악과 서비스 지원에 차질이 없도록 업무수행을 처음에 제대로 행해야 한다. 만약 욕구파악과 서비스 지원이 정확한 방향으로 진행되지 않으면 조직은 고객의 요구에 적합한 제품을 생산할 수 없으며, 고객의 욕구와 상이한 제품은 시장성을 상실하게 되고 경쟁력이 떨어짐에 따라 시장에서 퇴출될 수밖에 없다.

2.17.2 TQM 전략의 구성요소

성공적인 품질경영을 위해서 경영층의 참여는 필수적이며, TQM 전략은 다음과 같은 중요요소들을 포함해야만 한다.

- 고객중심적인 품질경영 : 고객중심
- 사실에 근거를 둔 의사결정 : Data 근거
- 공정중심적인 개선 : 공정중심
- 지속적인 개선 : 개선활동
- 전종업원의 참여 : 전종업원, 전조직

(1) 고객중심적인 품질경영

고객중심적인 품질경영에 있어 품질의 개념은 절대적인 것이 아니라 상대적인 개념을 의미한다. 상대적인 의미의 품질은 시장경쟁에 의해 품질의 의미가 결정된다. 고객에 초점을 둔다는 것은 고객의 욕구를 찾아내어 그 욕구를 충족시키는 데 기업경영의 중심을 둔다는 것을 의미한다. 시장조사를 통해 고객과 직접 접촉함으로써만 고객의 진정한 욕구파악이 가능하며, 이러한 욕구를 제품개발에 체계적으로 반영시킴으로써 제품으로 구체화할 수 있다. 이와 같은 과정을 거쳐야만 고객이 원하는 품질의 제품을 생산할 수 있다.

여기서, 언급한 고객중심이라 함은 고객이 항상 옳다는 것을 의미하는 것은 아니다. 그러나 고객을 이해하고 왜 그러한 욕구를 갖고 있는지 그 배경을 이해할 필요는 있다. 고객욕구와 그 배경을 이해해야만 고객에게 기쁨을 가져다 줄 수 있는 제품을 만들 수 있기 때문이다.

고객중심적인 품질경영에서 고객이란 외부고객만을 의미하는 것이 아니라 각 공정간에 연결고리 역할을 하는 전·후 공정인 내부고객도 역시 고객에 포함된다. 기업이 본래 의도한 품질의 제품을 생산하기 위해서는 내부고객의 욕구를 만족시켜줄 필요가 있으며, 내부고객만족을 통해서만이 최종고객인 외부고객의 만족을 유도할 수 있다.

(2) 사실에 근거를 둔 의사결정

현대 품질철학의 중요요소 중 하나는 의사결정을 명확한 사실에 근거를 두고 하는 것으로, 무작위적인 요인에 근거해 중요한 의사결정을 하지 않도록 하는 것이다. 국제적인 조사에 의하면 모든 제품개발 프로젝트의 20~95%가 사업상의 관점에서 보면 잘못된 것으로 나타났다. 이는 실제적인 고객욕구와 그 욕구를 충족시키기 위해 어떠한 준비를 해야 하는지에 대한 명확한 조사가 없었기 때문인 것으로 여겨진다. 사실에 근거를 둔 의사결정은 철저한 시장조사와 분석을 통해서만 이루어질 수 있다. 즉, 과거와 같이 경영자의 자의적인 추측이나 모델을 통한 접근은 사실을 왜곡할 수 있으며, 이는 기업의 품질전략 수립에 많은 차질을 가져올 수 있다.

제품출시에 앞서 제품에 대한 충분한 지식의 결여가 시장실패의 또 다른 주요 요인이 된다. 저가격의 좋은 품질의 제품을 생산하기 위해서는 제품설계에 관한 실험과 그 제품생산을 위한 공정개발이 상호밀접하게 연결되어 있어야 한다. 그런데 현실에 있어서는 이러한 사실이 상당부분 무시되고 있다. 설계변경은 개발 초기에 이루어지는 것이 비용면에서 훨씬 더 효율적이다. 일반적으로 일본기업과 미국기업을 비교할 때, 미국기업은 제품생산 개시 후 설계변경을 하는 경우가 많아 설계변경에 따르는 비용이 일본기업에 비해 훨씬 많다. 제품의 수명주기의 점진적인 단축에 따라 제품의 시장진입 후 개선여지가 점점 축소되고 있다. 따라서 판매로부터 바로 수익을 얻기 위해서는 출시 전에 완전한 제품을 만들어야 한다.

(3) 공정중심적인 개선 (3현주의 : 현상, 현실, 현물)

공정이란 자료나 원재료 등과 같은 투입자원을 받아들여 이를 재화나 용역과 같은 제품의 형태로 바꾸어 출력시키는 제반 활동을 의미한다. 이러한 관점에서 볼 때, 기업의 모든 조직화된 활동은 하나의 공정으로 간주될 수 있으며, 이들의 목적은 고객을 만족시켜줄 수 있는 제품을 고객에게 인도하는 것이다.

공정은 과거와 미래를 연결시켜준다. 공정을 통하여 자료가 만들어지고, 이러한 자료들을 통해 공정의 고객욕구 충족 정도를 알아볼 수 있다. 공정에 관한 과거 통계자료를 이용하여 공정의 미래 흐름과 공정개선에 필요한 정보를 얻을 수 있다.

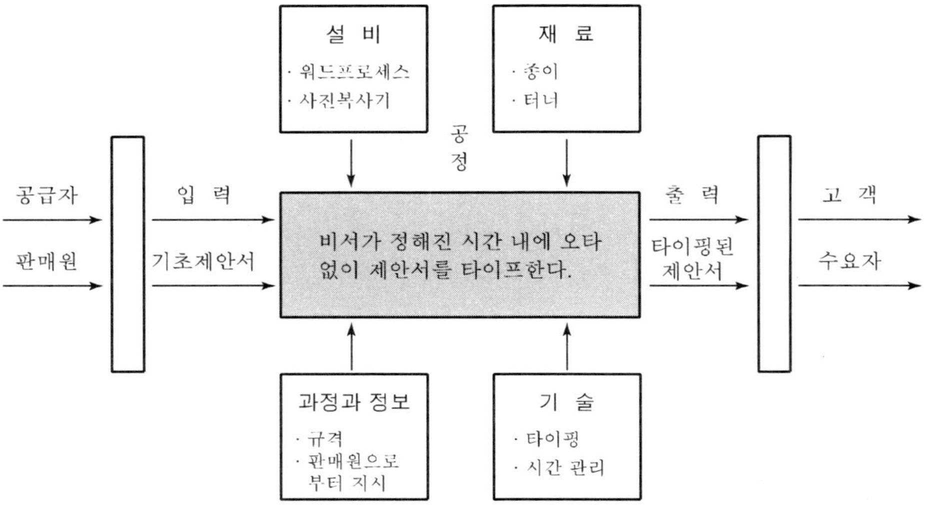

그림 6-19 공급자와 고객의 관계

공정의 관점에서 어떤 활동을 파악한다는 것은 개개의 사실을 단순한 하나의 개별적인 자료로 취급하지 않고 공정에 끼치는 영향과 개선방법에 관한 정보를 전해주는 통계치의 일부로 간주한다는 것이다. 판매조직에 있어서 소비자와 판매원간의 관계를 나타내는 공정의 한 예를 나타내 보면 다음과 같다.

고객과 접촉한다. → 구두나 문서로 제안서를 준비한다. → 비서가 제안서 초안을 타이프한다. → 판매원에게 타이핑한 제안서를 검토하게 한다. → 제안서를 검토하고 서명한다. → 판매원이 고객에게 제안서를 전달한다. 이를 공정모형으로 표시해 보면 그림 6-19와 같다.

(4) 지속적인 개선

성공적인 품질전략의 네 번째 요소는 지속적인 품질개선 노력이다. 지속적인 품질개선 노력은 품질에 대한 외부적인 요구가 계속적으로 증대하는 현실에서 기업의 당연한 임무이다. 이러한 품질개선 노력은 경쟁상의 이점을 강화하는데 도움이 된다. 기업 외부적인 요구가 없더라도 비용의 관점에서 지속적인 개선노력은 필요하다. 오늘날 제품결함과 관련된 비용은 판매가격의 5～15%에 달하는 것으로 나타나고 있다. 만약 높은 불량률이 예상되면 기업은 재공품 재고나 대량의 완제품재고로 이들 문제를 해결하려 할 것이다. 이와 같이 재고나 투자되는 자본비용은 불량에 기인한 품질비용으로 기록되지는 않으나 이들 비용의 상당부분은 불량에 기인한 것으로 볼 수 있다. 따라서 지속적인 개선은 처음부터 일을 바로 처리하는 것을 그 기본으로 삼아야 한다.

지속적인 품질개선을 위해 사용하고 있는 중요한 도구로서는 7가지의 품질관리기법(관리도, 파레토도표, 산포도, 자료수집, 히스토그램, 이시가와 도표, 층화도표)이 있는데, 이들은 아주 간단한 통계적인 방법들을 이용해 개발된 것들이다.

품질개선의 기본적인 규칙은 "품질을 개선시키고 동시에 비용을 감소시키는 것이 항상 가능하다."라는 논리이다.

과거 일부 품질전문가들은 최적품질에 대한 정의를 내리고 기업에 최대이익을 가져다주는 최적품질수준 이상으로 제품의 질을 개선시키고자 추구하는 것은 기업의 수익성에 도움이 되지 않는다고 믿었다. 그러나 최근에는 지식을 이용하면 비용을 증대시키지 않고서도 품질을 개선시킬 수 있는 무한한 가능성이 있다는 사실이 현실적으로 나타나고 있다.

품질척도로서 불량률을 언급하는 것이 때로는 적합하지 않다. 불량률이 0이라고 만족만 할 것이 아니라, 변동을 감소시킨다든지 고객욕구를 보다 적은 비용으로 만족시킬 수 있는 다른 방법을 찾음으로써 품질개선에 관한 또 다른 가능성을 모색해 볼 수 있다. 크로스비는 품질의 개선은 어떤 형태로든 총비용의 감소를 가져오는 이는 기업의 수익성을 증가시켜 준다고 했다. 이러한 사고가 "품질은 무료다(Quality is Free)."라는 유명한 글귀를 남기게 했다.

(5) 전종업원의 참여

품질전략의 성공적 수행을 위해서는 전종업원이 고객만족과 지속적인 개선활동에 참여해야 하며, 내·외부고객 모두가 만족해야 한다. 회사품질 전략의 다섯 번째 요소는 전종업원의 참여이다. 전종업원의 참여는 하나의 조건이라기보다는 다른 요소들의 결과로 해석될 수 있다. 기업은 제품 품질개선을 위해 종업원들이 직무를 훌륭히 수행할 수 있는 기회와 직업적인 자부심을 느낄 수 있는 작업환경을 만들어 주고, 성공적인 업무수행시 그 공로를 인정해 줌으로써 종업원들의 적극적이고 자발적인 참여를 유도하여야 한다.

여기서, 언급한 전종업원이란 회사 내의 모든 종업원뿐만 아니라, 원재료 공급업체의 종업원까지도 포함되며 이들 모두 품질개선작업에 참여해야 한다. 최근 공급업자수를 줄이는 것이 일반적인 경향인데, 이러한 방식이 납품가격 인하에는 공헌하지 못한다 하더라도 공급업자들의 참여의식과 책임감, 그리고 품질의식을 증가시키는 데는 도움이 된다. 계속적인 품질개선과 비용절감에 대한 전체적인 노력의 성공적인 달성여부는 품질문제에 대한 경영층의 적극적인 참여에 달려 있다. 쥬란과 크로스비를 포함한 대부분의 품질전문가들도 품질개선의 가장 기본적이고도 중요한 요인으로 최고경영층의 품질문제에 대한 적극적인 참여를 들고 있다. 성공적인 품질전략을 위해 회사 내 모든 부서의 적극적인 참여와 부서간 연결된 활동이 우선적으로 선행되어야 한다.

2.17.3 제품의 수명주기

품질개선을 위한 TQM은 제품의 수명주기 모든 단계에 걸쳐서 이루어져야 한다. 제품계획에 우선해서 고객요구와 시장의 요구에 대한 이해가 필요하다. 품질개선의 정확한 방향을 설정하기 위해서는 시장조사와 경쟁업체에 대한 분석이 선행되어야 한다. 이 과정을 통해 고객욕구는 제품요구조건으로 전환되어 제품개념과 제품규격, 그리고 원안에 반영된다. 고객욕구를 제품으로 전환하는 작업은 설계단계에서 이루어지는데, 이러한 단계는 다음과 같은 3단계로 구분된다.

(1) 시스템 설계

초기 시제품 생산을 위한 공학적·과학적 지식을 필요로 하는 단계로서 제품개념에 대한 기술적인 해가 만들어지는 가장 창조적인 단계이다. 시스템 설계시에 주로 사용되는 기법이 품질기능 전개(QFD : Quality Function Deployment)이다. 이 단계에서는 다양한 시장요구를 고려하여 제조에 대한 요구조건을 만족시키도록 규격을 설정한다.

(2) 파라미터 설계

선택된 기술적인 해에 대한 설계 파라미터가 결정되는 단계로서 환경적인 요인과 제품부식, 그리고 제조불안정으로 인한 변동에 덜 민감하도록 정상적인 값을 중심으로 제품과 공정 파라미터에 대한 규격을 설정한다. 환경적 요인이란 고객이 사용하는 제품의 환경조건과 관련된 것으로 제품을 다루는 데 있어서의 인적인 차이 등이 이에 해당된다. 제품부식이란 제품의 수명주기 동안 제품의 사용시간에 따른 제품이 정상적인 값에서 벗어나는 것을 의미한다.

(3) 공차 설계

변동에 따른 비용과 공정능력, 그리고 척도에 따라 허용치가 설정되는 단계로서 허용공차는 공차확대에 따른 고객손실과 공차한계 축소에 따른 생산자 손실을 감안해서 결정한다. 공차 설계란 파라미터 설계단계에서 결정된 제품이나 공정 파라미터의 표준환경에서의 공차값을 정하는 것이다. 환경요인과 제품부식에 의한 제품규격 변동을 파라미터 설계로 감소시킬 수 없을 때 공차를 허용할 수밖에 없다. 공차를 허용하는 것이 계속적인 개선에 반대되는 것은 아니다. 왜냐하면 엔지니어들의 설계개선을 위한 계속적인 노력과 현장작업자들의 파라미터 설계단계에서 작성된 표준값 유지에 대한 계속적인 노력이 있기 때문이다.

제조품질의 상당부분은 제조공정 설계시 결정된다. 제조 시작시 제조단계의 품질과 효율성을 개선시키기 위한 실질적인 노력이 필요하다. 통계적 공정관리(SPC : Statistical Process Control)는 변동의 원인규명과 새로운 변동이 발생하는 것을 방지하기 위한 공정통제에 중요한 도구역할을 한다. 최근에는 제품의 사용 및 폐기에 따른 환경문제가 대두되고 있으며, 이러한 환경문제는 품질문제와 아주 밀접한 관련을 갖고 있을 뿐만 아니라 기업의 미래를 결정하는 데 핵심적인 역할을 한다.

따라서 제품계획, 제품개발, 그리고 제조공정 개발시, 다른 품질문제들과 함께 제품의 이용 및 폐기에 따라 일어날 수 있는 환경문제들을 고려해야 한다. 최근 미국에서는 심각한 환경문제를 야기시키는 제품에 대해서는 수입을 금지할 수 있는 방향으로 법을 개정해 개발도상국의 경제발전에 위협이 되고 있다. 제품품질은 중요한 판매변수이므로 고객이 허위약속에 속지 않도록 마케팅이 사실에 근거를 두고 이루어져야 한다. 신제품 계획시 고객만족과 고객기쁨을 유도해내기 위해 제품의 수명주기 모든 단계에 걸쳐 품질문제를 고려한 TQM이 이루어져야 한다.

제 2 편

제 7 부

품질경영 총론

Chapter 01

품질관리개론

1.1 품질과 품질관리

1.1.1 품질의 의의

품질(Quality)이란 제품의 유용성(有用性)을 정하는 성질 또는 제품을 그 사용목적을 수행하기 위하여 갖추고 있어야 할 성질로서 여러 가지 품질특성(品質特性, Quality Characteristics)의 집합에 의해 이루어진다.

품질특성은 치수, 온도, 압력, 중력, 강도, 성분, 함유량 등과 같이 제품의 성질을 규정하는 요소 또는 품질을 평가하는 지표의 요소로서 시방(示方, Specification)에 의해 규정된다.

(1) 시장품질

시장품질(Quality of Market)은 소비자가 요구하는 품질로서 설계와 판매정책에 반영되는 품질이다.

이 품질의 달성을 위해서는 설계부에서 시장품질과 회사의 공정능력을 경제적으로 균형시킬 수 있는 시방을 설정하여야 하며, 제조부에서는 시방에 적합되는 품질의 제품을 제조하여야 한다.

(2) 설계품질

설계품질(Quality of Design)은 품질시방(Quality Specification)상의 품질로서 시장품질과 가격, 공정능력 등을 고려한 목표로 하는 품질이다.

이 품질을 높여 나가면 원가는 지수적(指數的)으로 상승하지만 가격은 어느 수준 이상으로 증가하지 않는다. 따라서 이러한 사실을 충분히 고려하여 설계품질을 결정하여야 한다. 이러한 관계를 나타내면 그림 7-1과 같다.

그림 7-1에서 보는 바와 같이 최적수준은 품질의 가치와 품질의 코스트와의 차가 가장 큰 점에서의 설계품질(Q_0)을 말한다.

설계품질을 높이면 품질의 코스트가 올라가고 품질의 가치도 올라가지만, 최적수준 Q_0를 지나면 가치와 코스트와의 차의 폭은 점점 좁아진다. 반대로 설계품질이 최적수준 Q_0 이하로 내려오면 품질의 코스트는 적게 들지만 품질 저하로 인하여 시장의 가치가 더 크게 하락한다.

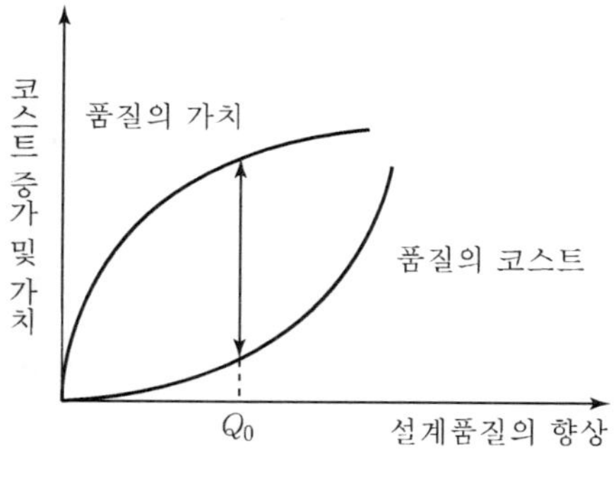

그림 7-1 원가와 설계품질

(3) 제조품질

제조품질은 설계품질을 제품화했을 때의 품질로서 이것이 설계품질에 어느 정도 적합되었는가의 의미에서 적합품질(Quality of Conformance)이라고도 한다.

품질관리에서 목표로 하는 것은 제조품질을 기술적·경제적인 허용범위 내에서 설계품질에 일치하도록 하는 일이다.

제조품질과 관련된 비용은 품질코스트와 공정코스트가 있다. 품질코스트(Quality Cost)는 목표로 하는 품질생산에 실패했기 때문에 발생하는 코스트로서 스크랩(Scrap), 재가공(Rework), 선별검사(選別檢査)에 드는 비용을 말하고, 공정코스트(Process Cost)는 관리비용으로서 설비나 측정기기의 정밀도 유지 및 향상비용, 작업자의 숙련도 향상비용 등이다.

그림 7-2에서 보는 바와 같이 공정코스트를 높여 제조품질을 향상시키면 품질코스트는 감소되나 상대적으로 공정코스트의 증가가 커지기 때문에 총원가는 높아진다. 또 공정코스트가 낮아지면 공정능력이 나빠져 제조품질이 저하되어 불량이 많이 발생하므로 상대적으로 품질코스트가 높아져 총원가는 급상승하게 된다.

따라서 최적제조품질은 공정코스트와 품질코스트 두 원가곡선의 합계에 의해 결정되는 총원가곡선의 최저점에서의 품질수준이어야 한다.

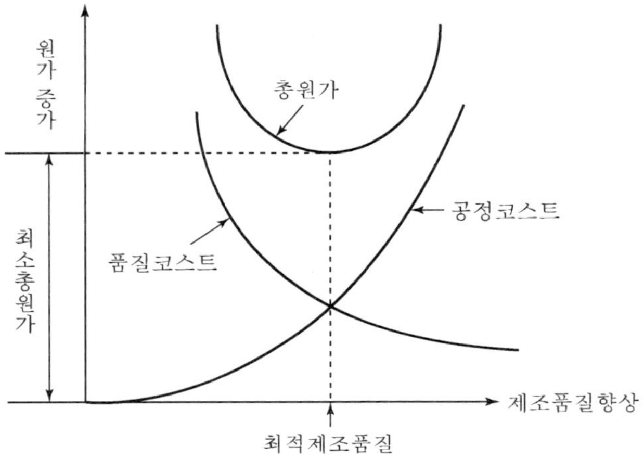

그림 7-2 원가와 제조품질

1.1.2 품질관리의 정의

(1) KS A 3001의 정의

품질관리란 수요자의 요구에 맞는 품질의 제품을 경제적으로 만들어 내기 위한 모든 수단의 체계이다. 특히 근대적인 품질관리는 통계적인 수단을 채택하고 있으므로 통계적 품질관리(Statistical Quality Control)라고도 부른다.

(2) W. E. Deming의 정의

품질관리란 가장 소용이 있으며 또한 구매자가 요구하는 제품을 가장 경제적으로 생산하는 방법을 말한다. 통계적 품질관리란 최대한으로 유용하며 더욱 시장성이 있는 제품을 가장 경제적으로 생산할 것을 목표로 하여 생산의 모든 단계에 통계학의 원리와 수법을 응용하는 것이다.

(3) J. M. Juran의 정의

품질관리란 품질의 표준을 설정하고 이것에 도달하기 위하여 사용되는 모든 수단의 체계이다. 또한 통계적 품질관리란 품질관리 가운데 통계적 수법을 응용하는 부분인 것이다.

(4) A. V. Feigenbaum의 정의

전사적 품질관리(TQC : Total Quality Control)란 소비자에게 충분히 만족되는 품질의 제품을 가장 경제적인 수준으로 생산할 수 있도록 사내의 각 부문이 품질개발, 품질유지, 품질개선의 노력을 조정·통합하는 효과적인 체계이다. 즉, 전사적인 품질정보의 교환으로 품질의 향상을 도모하는 관리개념이다.

1.1.3 품질관리의 역사

- 1920년대 : 영국의 통계학자인 R. A. Fisher 일파가 추측통계학(推測統計學)을 확립하여 오늘날의 품질관리의 기초를 형성
- 1924년 : 미국에서 시작한 대량생산방식으로부터의 요청에 의해 벨 전화연구소의 W. A. Shewhart가 관리도를 고안
- 1928년 : H. F. Dodge와 H. G. Romig가 통계적인 샘플링검사에 관한 논문을 발표
- 1935년 : 1933년 영국의 E. S. Pearson이 발표한 「The application of statistical method to industrial standardization and quality control」을 영국규격 BS 600으로 제정
- 1941년 : 제2차 세계대전이 일어날 무렵 미육군성이 W. A. Shewhart의 관리도법을 전시규격(戰時規格)으로 공포, 군수산업에 적용 시작
- 1950년 : 미국방성이 MIL-STD-105A를 제정 → MIL-STD-105D로 발전(1963)
- 1957년 : 미국군용규격 MIL-STD-414를 제정하여 세계 각국이 활용
- 1961년 : A. V. Feigenbaum의 TQC과 미국 Martin사의 ZD(Zero Defect) 운동 시작

우리나라의 품질관리의 기본이 되는 표준화사업은 모든 정책 및 국군장비 현대화계획의 진전에 따라 국가적 사업의 일환으로 전개되기 시작하였다.

- 1961년 : 9월 30일 법률 제732호로서 공업표준화법이 공포된 이후 표준국의 설치, 한국공업규격의 제정, 공업표준심의회와 공업표준규격표시제도 등이 이루어졌다.
- 1950년대 후반~1960년대 초반 : 한국생산성본부의 품질관리 개념 도입으로 본격적인 품질관리기법이 보급되기 시작
- 1967년 : 품질관리법을 제정하여 공산품에 대한 품질표시·품질검사·품질관리등급제 실시
- 1970년 : 한국품질관리학회 주최로 제1회 전국품질관리서클대회 개최
- 1971년 : 품질관리기사 1급 제도 실시
- 1992년 : 공업표준화법이 산업표준화법으로 개칭

1.1.4 품질관리의 기능과 업무

(1) 품질관리의 기능

품질관리의 기능은 계획기능과 통제기능으로 나눌 수 있으며, 계획기능의 주요 내용은
① 품질목표 및 정책의 수립
② 제품의 설계 및 평가
③ 품질 : 비용분석 등

통제기능의 주요 내용은 다음과 같다.
① 수입자재의 검사 및 관리
② 공구 및 측정기기 조정
③ 공정관리
④ 검사 및 시험 등

이를 그림으로 나타내면 그림 7-3과 7-4와 같다.

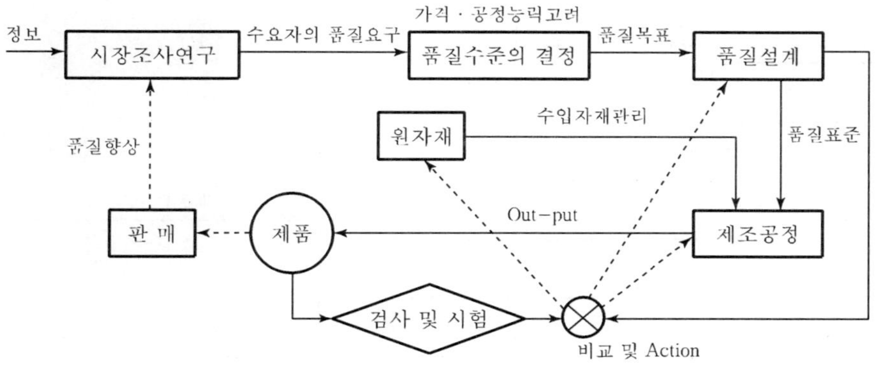

그림 7-3 품질관리의 기능

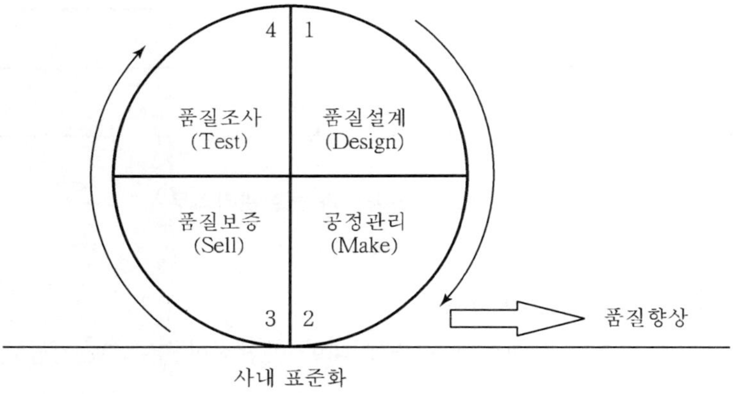

그림 7-4 품질관리의 기능

(2) 품질관리의 업무

품질관리의 업무는 신제품관리, 수입자재관리, 제품관리, 특별공정조사로 분류할 수 있으며, 이것과 생산공정과의 관련을 나타내면 그림 7-5와 같다.

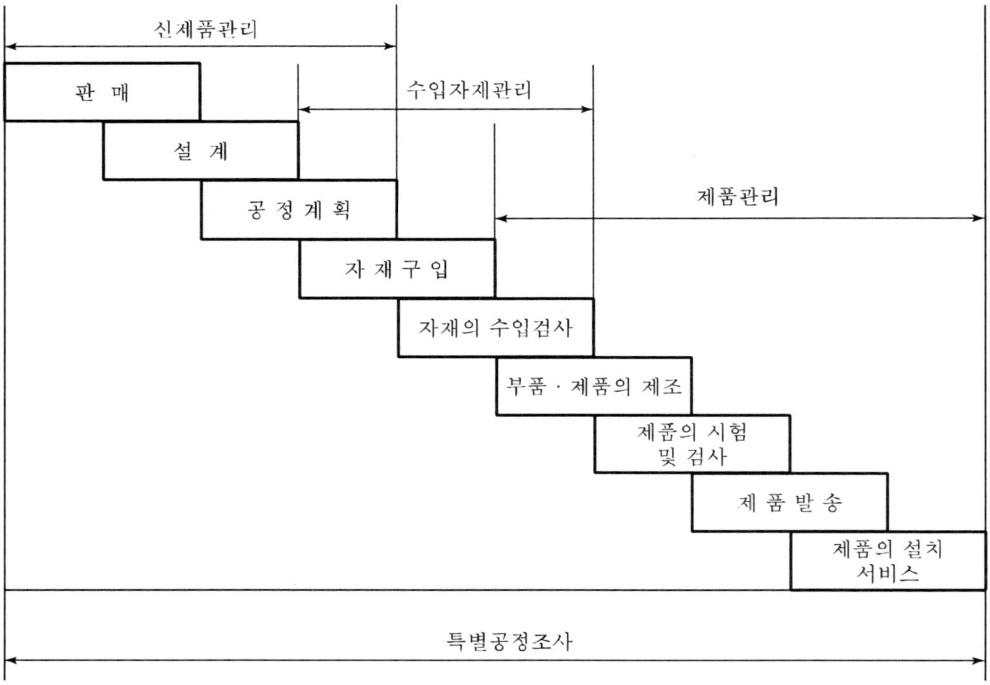

그림 7-5 생산공정과 품질관리업무

1) **신제품관리** (New-Design Control)

신제품관리는 표준설정의 단계로서 제품에 대한 바람직한 코스트, 기능 및 신뢰성에 대한 품질표준을 확립하여 규정하는 동시에 본격적인 생산을 시작하기 전에 품질상의 문제가 될 만한 근원을 제거한다든가 또는 그 소재를 확인하는 것을 말한다.

그리고 신제품관리의 수법으로는 다음과 같은 것들이 있다.

① 제품기능의 분석

② 환경조건이나 실제의 사용목적에 대한 시험

③ 품질특성의 분류

④ 품질수준이나 품질표준의 확립

⑤ 공정능력조사

⑥ 공차해석

⑦ 품질능력의 해석

⑧ 시작품 변환의 기록

⑨ 시작시험

⑩ 공정 파라미터(Process Parameter)의 확립
⑪ 제품평가
⑫ 제조공정의 검토
⑬ 신뢰성 표준의 확립
⑭ 보수성(保守性) 및 서비스성 표준의 개발
⑮ 양산 시작 등

2) 수입자재관리 (Incoming-Material Control)

수입자재관리는 시방의 요구에 알맞은 자재나 부품을 가장 경제적인 품질수준으로 수입 및 보관하는 것을 말한다.

수입자재관리의 수법에는 다음과 같은 것들이 있다.

① 납품자의 능력평가
② 납품자의 평가계획
③ 납품자에 의한 재료, 부품, 구성품의 품질보증
④ 품질요구의 성문화
⑤ 게이지, 표준 및 특수품질 정보장치를 사용하는 검사와 시험순서
⑥ 지정된 품질수준에 있어서의 경제적 샘플링법의 선택
⑦ 검사성능의 판정 등

3) 제품관리 (Product Control)

제품관리는 불량품이 만들어지기 전에 품질시방으로부터 벗어나는 것을 시정하고, 시장에서의 제품서비스를 원활히 하기 위해 생산현장이나 시장의 서비스를 통해 제품을 관리하는 것으로서, 그 수법은 다음과 같은 것이 있다.

① 공정 중에서의 품질관리와 제품의 최종수입검사에 대한 완전한 품질계획의 실시
② 공정능력의 조사
③ 공정 내의 시료채취방법
④ 관리도법
⑤ 치공구, 비품의 관리, 품질정보장치의 보정
⑥ 작업자의 교육과 훈련
⑦ 불만의 분석
⑧ 최적한 품질코스트의 해석과 시장서비스를 위한 품질코스트의 결정 등

4) **특별공정조사** (Special Process Studies)

특별공정조사는 불량품의 원인을 규명한다든지 품질특성의 개량 가능성을 결정하기 위한 조사나 시험을 말한다.

1.1.5 품질관리의 효과

품질관리를 실시함으로써 얻어지는 주요 효과를 들면 다음과 같다.

① 불량품이 감소되고 품질이 향상된다.

② 제품의 원가가 절감된다.

③ 생산량의 증가와 합리적인 생산계획이 수립된다.

④ 기술부문은 제조현장이나 검사부문과 밀접하게 협력하여 작업을 추진할 수 있게 된다.

⑤ 품질에 대한 책임을 각자가 인식하고 작업의욕이 향상된다.

⑥ 사내의 각 부문의 일이 원활히 진행되고, 사외에 대해서 신용을 높인다.

⑦ 검사 및 시험비용이 감소된다.

⑧ 생산자와 소비자 관계가 개선된다.

⑨ 연구에 대하여 합리적인 투자가 가능해진다.

⑩ 신제품개발이 빨라지고 잘된다.

1.1.6 품질관리의 추진

(1) 경영방침의 명시

품질관리의 성공의 열쇠는 최고경영자의 이해와 열의에 있다. 따라서 최고경영자는 품질관리에 대해서 경영관리방침과 교육방침을 명시해야 한다.

1) **품질관리방침의 명시**

최고경영자는 품질관리를 전사적으로 추진하려는 방침을 명시하지 않으면 안된다. "품질로 고객에게 봉사한다.", "품질제일주의" 등과 같이 사시(社是)에 품질관리의 기본방침을 세우고, 최고경영자가 솔선해서 품질관리를 이해하고 열의를 갖고 전사원으로부터 협력을 구하는 것이 품질관리의 첫째 조건임을 생각해야 된다.

2) 교육방침의 명시

다음에 최고경영자는 품질의 유지와 향상을 위해서 종업원에 대한 교육훈련 및 외주공장에 대한 기술지도를 적극적으로 추진하지 않으면 안된다. 또한 종업원과 협력공자에 대하여 품질의식, 문제의식, 개선의식을 철저히 갖게 하고 사기앙양과 질적 향상에도 노력할 필요가 있다.

(2) 조직의 편성과 운영

품질관리를 전사적이며 지속적으로 추진해 나가기 위해서는 효과적인 조직의 편성과 운영이 필요하다. 조직편성의 요점은 다음과 같다.

① 전체의 조직이 기업의 규모에 대해서 조화가 이룩되어야 할 것
② 품질관리방침을 계획하고 실시하기 위한 위원회를 설치할 것
③ 품질관리를 추진, 조정하는 부문을 설치할 것
④ 품질관리를 실시할 부문의 직무를 명확히 하여 그 책임과 권한을 수행할 수 있는 능력을 갖게 할 것
⑤ 품질관리에 관련되는 관계부문간의 업무연락이 원활히 수행될 수 있도록 조직화할 것. 그리고 이들에 대하여 전체적인 조직도와 품질관리부문의 조직도를 작성하여 업무 분장규정 또는 직무명세서를 성문화하고 각자의 품질에 대한 임무와 일의 상호관계를 명확히 할 것

1) 품질관리위원회

품질관리의 계획과 실시를 위해서 사장, 공장장 등의 품질에 대한 최고경영자의 자문기관으로서 품질관리위원회를 설치하는 것이 좋다.

이 위원회의 임무로서는 다음 사항을 들 수 있다.

① 품질관리방침과 실시계획의 검토
② 품질수준의 조정
③ 품질관리 연도계획 및 교육계획의 검토
④ 사내규격의 심의
⑤ 사내·외에서 발생한 공정불량에 대한 심의
⑥ 품질관리실시에 관한 각 부문간의 종합조정
⑦ 품질에 관한 각종 통계의 검토
⑧ 품질관리업무의 감사 등

2) 품질관리담당부문

품질관리업무를 추진하는 부문이나 품질관리위원회의 사무국은 품질관리담당부문을 설치하지 않으면 안된다. 담당부문은 관계부문간의 연락을 긴밀히 하고 설계, 구매, 외주, 제조, 검사 및 판매부문을 통해서 품질의 유지와 향상에 필요한 정보를 신속 정확히 각 관계부문에 전달하여 효과적이며 적절한 시정처리가 될 수 있도록 하여야 한다.

(3) 품질관리제도의 설정

회사는 품질관리제도를 확립하고 그 절차를 성문화하여 실시해야 한다.

그 주요 항목으로서 다음과 같은 것을 들 수 있다.

① 제품규격의 설정

② 사내표준화제도의 설정

③ 자재의 품질관리제도의 설정

④ 제조공정에 대한 품질관리제도의 설정

⑤ 기계설비의 정도(精度)와 관리제도의 설정

⑥ 제품관리제도의 설정

⑦ 불량처리제도의 설정

⑧ 특수시스템(재심제도)의 설정

⑨ 도면 및 기술자료의 변경관리제도의 설정

⑩ 관리기록의 보관제도의 설정

⑪ 품질관리업무의 감사제도의 설정

⑫ 검사제도의 설정 등

(4) 품질관리교육

품질관리의 추진에 있어서 매우 중요한 것 중의 하나가 품질관리교육이다. 이것은 품질관리활동을 성공시키는 밑바탕에는 최고경영자를 포함한 전종업원이 좋은 제품을 고객에게 서비스하지 않으면 안된다는 품질의식을 체득할 필요가 있기 때문이다. 그러기 위해서는 기업 내에서 품질관리의 계몽과 교육을 철저히 하는 것이 필요조건이 된다.

품질관리교육의 방법과 내용은 다음과 같다.

1) 사내교육

사내교육에는 일상업무 중에서 교육을 실시하는 OJT(On the Job Training)와 평소의 작업을 떠나서 전문적으로 집중교육하는 Off-JT(Off the Job Training)이 있는데 교육의 기본은 전자에 있다고 생각해야 된다. 평소의 실무를 통하여 최고경영자를 포함한 상사가 부하에 대한 열의를 갖고 반복적인 교육과 훈련을 하는 것이 최상의 방법이다. 따라서 상사가 품질관리를 정확히 이해하여 그 지식을 전문적으로 갖는 것이 필요함과 동시에 사내·외에서 품질관리교육을 철저히 실시해야만 된다.

사내집합교육으로서는 사내의 품질관리담당자나 사외의 대학교수 및 전문가를 초청하여 강습회를 갖는다. 그 외의 방법으로서는 해설서의 작성 배포, 표어나 포스터의 모집, 품질관리 강조기간의 실시 등이 있다.

2) 사외교육

사외교육에 대해서는 초기의 품질관리 도입시의 담당자는 처음에는 사외의 강습회에 의해서 양성시킨다. 따라서 권위 있는 교육기관에서 계획적으로 수강하고, 수료 후에도 그 기관의 연구회에 참가해서 평소에도 새로운 지식의 도입에 노력해야만 된다. 그런 뒤에 교육을 받은 사람들이 사내에서 보급활동을 하면 효과적이다.

3) 교육의 내용

① 이념에 대한 교육 : 이것은 품질의식, 문제의식, 개선의식을 갖게 하여 사기를 앙양하는데 우선 필요하다.

② 종합적 품질관리수법의 교육 : 품질관리를 구체적이며 전사적으로 조직활동을 하기 위해서 필요하다. 그리고 기업 내에 있어서 각자 및 상호의 품질에 대한 책임과 임무를 자각하기 위해서 필요하다.

③ 통계적 품질관리수법의 교육 : 이것은 품질관리의 실시에 있어서 품질문제를 통계적 방법으로 해결하는 데 필요하다.

이상의 3개항에 대한 대상을 각 최고경영자(중역), 품질관리담당자(QC 기술자), 관리자(부·과장), 감독자(직·반장) 및 작업자로 나누어서 교육해야 된다.

① 최고경영자에 대해서는 품질에 대한 기업으로서 책임, 품질관리의 중요성의 인식이 주목적

② 품질관리담당자는 품질관리의 이념과 시스템을 중점적

③ 관리자는 전문기술자로서 전문기술도 익숙하게 배우도록 함

④ 감독자는 품질관리의 사고방법과 부하의 통솔방법, 특히 작업표준을 지키는 방법을 주로 함

⑤ 작업자에 대해서는 일상업무를 통한 품질의식의 육성을 최대의 목적으로 하여 교육을 실시해야 된다.

(5) 품질관리감사

품질관리감사팀을 구성하여 연 1~2회 품질관리의 실시결과를 감사하고 그 결과를 품질개선에 반영한다.

1.2 사내표준화

1.2.1 사내표준화의 필요성

일반적으로 사내규격과 같은 것을 표준(Standard)이라 하고, 이와 같은 표준을 설정하고 활용하는 활동을 표준화(Standardization)라고 한다. 그리고 표준화가 회사 내에서 이루어지고 있을 때 그것을 사내표준화라고 한다.

오늘날과 같은 TQC 시대에 있어서는 TQC에 관계된 물(物)·작업·기계·동작·사무에 대한 표준화를 조직적으로 실시함으로서 품질관리의 보다 큰 효과를 기대할 수 있게 된다. 이와 같은 의미에서 본다면 품질관리와 사내표준화는 불가분의 밀접한 관계를 갖고 있을 뿐만 아니라, 넓은 의미에서의 품질관리업무는 사내표준화를 포괄한다고 해야 옳을 것이다. 여기에서 사내표준화가 필요한 이유를 좀 더 구체적으로 살펴보기로 하겠다.

기업은 물품을 구입하여 이것을 가공·조립하여 제품을 생산·판매하는 조직체이다. 그리하여 기업은 판매촉진, 원가절감, 작업이나 제품의 개선, 작업 또는 설비의 안전확보 등의 기업노력을 추진시켜 제품품질의 유지와 향상에 힘써서 사회에 봉사하고 그 보답으로 적정한 이익을 확보하고 있다.

이와 같은 기업활동을 적극 추진시키기 위해서는 기업의 구성원들이 언제, 어디서, 무엇을 어떻게 할 것인가의 역할을 적극적으로 규정하지 않으면 안된다. 이 규정은 기업이 의식적이고 적극적으로 설정하지 않으면 안되는 것이며, 이렇게 하는 것으로 기업의 행동의 관리사이클을 의식하고 적극적으로 회전시킬 수 있는 것이다.

기업의 행동에는 무의식적인 것은 없다. 언제든지 명확한 목표를 세워 빈틈없이 마련된 순서에 따라 행동하지 않으면 꼭 실패한다. 그러나 기업의 조직을 구성하는 개개인은 다만 동일한 기업에 속해 있다고 하는 것밖에 하등의 거침없는 자유인이며 타인이다. 이러한 기업의 구성원을 기업의 목표에 따르게 행동시키려면 조직의 한 사람 한 사람의 역할에 대하여 명확하게 하여야 할 것이 분명해진다. 더욱이 이 규정에 따르기만 하면 누구든지 그 역할을 다 할 수 있도록 그 규정을 구체적으로 문서화시키지 않으면 안된다.

즉, 기업이 목표달성을 위하여 적극적으로 행동하기 위해서는 사내표준화를 추진시켜야 한다.

사내표준화를 필요로 하는 또 하나의 면은 품질이다. 동일한 재료, 동일한 기계를 사용하여 동일한 사람이 동일한 방법으로 제품을 만든다면, 제조된 제품의 품질은 통계적인 의미에서 균질하다고 생각된다. 즉, 공정을 관리상태에 끌어들이기 위해서는 품질의 변동요소를 확실하게 잡아야 하는데, 일상작업이 그때뿐이면 품질의 변동요소는 무질서하게 변화하여 결코 관리상태는 실현되지 않는다. 때문에 공정을 관리상태에 놓고 품질을 안정시키기 위해서 기업은 재료·기계·사람·방법을 표준화하지 않을 수 없다.

특히 품질에 대해서는 기업은 수요자가 만족하는 품질이나 서비스를 목표로 하여, 이것을 달성하기 위하여 가장 경제적이며 유효한 기술적 수단을 개발하여 이것을 조직적으로 운영하여 수요자에게 품질이나 서비스를 보증하여야 할 것이다. 이것을 실시하기 위해서는 사내표준화가 절대 불가결한 것이다.

또 품질관리에 있어 품질표준을 설정하여 실시상황을 이것과 대조하는 데 따라 관리가 이루어지는 것으로서 사내표준화는 이의 표준을 부여하는 것이다.

1.2.2 사내표준화의 효과

사내표준화를 실시함으로써 기대되는 일반적인 효과는 다음과 같다.

① 생산능률의 증진과 생산비의 저하

② 품질향상 및 균일화

③ 자재의 절약 및 부품의 호환성(Interchangeability) 증대

④ 기술향상 및 기술지도와 교육의 용이

⑤ 표준원가 및 표준작업공수의 산정

⑥ 사용소비의 합리화

⑦ 거래의 단순·공정화 등

1.2.3 사내표준화의 추진

(1) 사내표준화의 추진순서

사내표준화 활동은 조직적 행위이다. 그리고 이 활동을 계획하고 활용하고 평가하는 소위 P-D-C-A의 관리사이클을 확실히 돌리는 것에 따라 기업의 이익을 도모할 수가 있는 것이다. 그 중에서도 표준화계획의 사고방식과 설계하는 방법이 표준화의 성패의 열쇠인 것이다. 품질을 설계하는 단계에 그 제품의 특색이 정해지는 것과 같이 표준화시스템이 그 기업의 체질을 정해 주는 것이다.

표 7-1 사내표준화의 순서

(1) 표준화의 체제 만들기	A. 톱, 관리층의 작용 B. 표준화의 중심적 역할을 할 부문(사람)을 정한다. C. 전원참가에 의한 작용
(2) 표준화의 계획(Plan)	A. 표준화시스템 설계와 그의 사고방식 a. 기업의 표준화 활동의 목적을 정한다. b. 개요 설계 c. 세목 설계 d. 안의 설계 e. 실행순서의 설계 B. 표준화시스템의 요소 a. 표준화의 목적 b. 표준화의 체계 c. 사내표준의 체계 d. 표준화 사무처리 e. 교육
(3) 표준화의 운영(Do)	A. 운영계획 a. 표준의 분류와 번호 붙이기 b. 표준의 취급 c. 표준의 발행 · 개정 · 폐지 d. 기타 계획 B. 표준작성상 주의점 a. 표준 그 자체도 시스템이다. b. 코스트와 표준의 적합 c. 세로계열에 한데 모을 수 있을 것 d. 개선을 모색 C. 사용상의 주의점 a. 표준대로 실시한다. b. 사용방법을 연구한다. c. 기초순서의 표준은 교육에 활용한다. d. 각 부문에 걸친 표준은 종합훈련을 한다.
(4) 표준화의 평가(Check)	A. 종합평가 B. 부문평가

따라서 표준화에 있어서는 자기 회사의 사회적인 입장을 고려하여 구체적으로 방침을 결정하고 그 방침에 합당하며 시대에 알맞은 독자적인 시스템을 만들어내는 설계적인 태도로 임할 필요가 있다. 사내표준화의 방법을 순서적으로 표시하면 표 7-1과 같다.

(2) 사내표준의 요건

사내표준은 타산이 맞고 효과가 큰 것으로 하려면 다음의 요건을 구비할 수 있는 작성방법과 관리방법이 필요하다.

① 실행 가능성이 있는 내용일 것
② 당사자에게 의견을 말할 기회를 주는 방식으로 정할 것
③ 기록내용이 구체적이고 객관적일 것
④ 작업표준에는 수단 및 행동을 직접 지시할 것
⑤ 기여도가 큰 것을 채택할 것(중점주의로 추진) : 중요한 개선이 있을 때, 숙련공이 교체될 때, 산포가 클 때, 통계적으로 방법을 활용하고 싶을 때, 기타 공정에 변동이 있을 때
⑥ 직감적으로 보기 쉬운 표현으로 할 것
⑦ 적시에 개정 향상시킬 것
⑧ 장기적 방침 및 체계 하에 추진할 것

(3) 사내표준의 종류와 그 체계

1) 사내표준의 종류

① 관리표준

각 부문에 있어서의 관리업무를 체계적으로 처리하기 위해서는 조직의 각 직위의 책임과 권한을 포함하고 수속·절차·운영방법 등을 정한 규칙류가 필요하게 되는데, 이들 처리에 관한 표준류를 총칭하여 관리표준이라 부른다.

또 각항에서 사용되는 전표류, 서류형식, 번호 붙이는 방법, 기입방법, 배부선, 배부방법 등의 처리방식을 포함한다. 일반적으로 ○○규칙, ○○규정, ○○관리라 불리는 일이 많다.

② 제품표준

만들려고 하는 제품이 구비해야 할 품질, 즉 시방·기능·구조 등 제품품질의 수준을 나타낸 것을 제품표준이라고 부른다.

이 품질은 거래선의 만족을 얻는 것이며, 또한 수익을 얻는 것이라야 하기 때문에 영업부문으로부터의 거래선의 요구에 대한 정보, 경리부문으로 부터의 거래선의 요구에 대한 정보, 제조부문으로부터의 공정능력에 대한 정보 등에 의해 결정된 기업의 방침이 구체적으로 표현된 형태로 되어 있는 것이 필요하다.

또 완성된 제품에 대한 최종품질의 보증을 하기 위한 시험이나 검사방법의 기준 및 합부판정기준도 명확히 해둘 필요가 있는데 여기서는 이들도 제품표준으로 생각한다.

더욱이 완성된 제품은 공장에 있어서는 만족할 만한 것이라도 거래선의 손에 들어갔을 때 사용하지 못하면 아무것도 아니다.

그러므로 제품의 운반·수송·보관 등을 할 때 외부로부터의 손상을 방지하고 물품을 보호하기 위한 포장방법을 정할 필요가 있다. 또 포장은 때때로 상품으로서 소비자의 구매의욕을 일으킬 수 있는 것일 필요도 있을 것이다. 특히 제품이 액체나 분말체이면 용기도 상품으로서의 커다란 요소의 하나이다.

최근과 같이 제품책임이 문제가 되고 있을 때는 사용자의 안전을 지키기 위해 포장이나 용기에 취급방법이나 금지사항을 명기할 필요도 생기게 된다. 따라서 포장방법도 제품표준의 하나라고 생각한다.

또 거래선의 현지에서 장치·조정 후 인도하는 제품에 대해서는 장치 조정의 기준을 제품표준에 포함하여 생각해야 될 것이다.

③ 설계표준

설계제도의 방식, 기능설계의 기준, 구조설계에 있어서 재료부분품의 선정기준, 표시기준 등을 설계제도를 하기 위해 필요한 표준류를 총칭하여 설계표준이라고 한다.

④ 재료부분품표준

제품의 품질수준이 결정되고 설계 내지 생산의 기본조건이 결정되면 생산활동이 개시되게 되는데, 우선 최초로 필요하게 되는 것이 원재료 또는 부분품이다. 이들 원재료·부분품은 제품품질을 확보하기 위해 필요한 품질수준에 있어야 하며 필요한 시기에 필요한 양을 생산 공장에 공급할 수 있다는 것이 중요한 요소이다. 또한 원재료·부분품이라고 하면 구입품에 한정된다고 생각되나 제조공정 중에 있어서의 반제품은 후공정에서 보면 원재료·부분품이라고 생각할 수 있으므로 반제품에 대하여도 후공정에 대한 원재료·부분품이라 간주하는 것이다.

이들 원재료·부분품에 관하여 요구사항을 정한 표준류를 총칭하여 재료부분품표준이라고 한다.

⑤ 제조기술표준

제조기술표준은 제조공정 중에서 품질을 만들어 넣기 위한 제조기술, 생산기술의 기본조건, 기준 등을 마무리한 것으로서 제조규격·제조표준이라고도 부른다.

⑥ 작업표준

일선 감독자 내지 작업자에게 직접 작업방법을 지시하는 것으로 제조관계의 표준으로서 극히 중요한 역할을 하는 것이다.

기업으로서는 제품의 품질·코스트·납기의 균형이 잡혀져 있다는 것이 중요한 요소이나 이들은 각각 단독으로 생각할 수는 없다. 왜냐하면 이들은 생산현장에서의 작업방법에 따라서 큰 영향을 받기 때문이다. 즉, 품질·코스트·납기는 하나의 작업결과로서 동시에 결정되게 되므로 별도로 취급할 수는 없다. 따라서 작업표준의 내용을 정하는 경우에도 품질상의 일만 아니라 능률 좋게, 그리고 적은 공수로 작업할 수 있게 함과 아울러 작업의 안전도를 고려하여 정해야 한다.

아무튼 작업표준은 어느 정도의 기초교육훈련을 받은 작업자가 사용하는 것이므로 개개의 작업에 대한 급소·요령·주의사항 등을 간단명료하게 지시하는 것이 무엇보다도 필요하다. 되도록 긴 문장은 피하고 그림·표·사진 등을 유효하게 사용하고, 직감적으로 이해되도록 하는 것이 사용되는 작업표준을 만드는 요령이다.

⑦ 설비보전표준

설비가 원인이 되어 발생하는 이상을 조금이라도 감소시켜 불량품의 발생을 미연에 방지하여 안정되고 가장 능률적인 생산을 계속해 나가기 위해서는 설비의 기능, 정밀도가 떨어지기 전에 이를 발견하고 사전에 이들 이상을 고쳐버린다는 소위 예방보전의 개념이 필연적으로 생기게 된다. 설비의 예방보전을 위해서는 설비를 정기적으로 점검하고 그 결과를 기록하여 정밀도가 떨어지는 정도, 성능이 달라지는 정도 등 버릇이나 경향을 파악하여 사전에 계획적으로 수리하는 것이 절대 필요하게 된다. 따라서 이들 방법을 설비보전의 표준으로서 명확히 규정하여 이것을 실행해 나가는 것이 중요하다.

지금까지 살펴본 7가지 표준에 필요한 표준류를 일람표로 나타내면 표 7-2와 같다.

표 7-2 각 표준에 따른 표준류

구분	내용	구분	내용
1. 관리표준	A. 표준관리의 규정 B. 거래선 시방 취급규정 C. 제품규격의 규정 D. 개발을 위한 규정 E. 생산명령의 규정 F. 도면관리의 규정 G. 구매를 위한 규정 H. 창고관리의 규정 I. 작업지시의 규정 J. 거래선 불만처리의 규정 K. 품질관리의 규정 L. 기타의 규정	3. 설계표준	A. 도면양식 B. 제도양식 C. 선정기준
		4. 재료부분품표준	A. 구매시방서, 구매규격 B. 재료부품의 규격 C. 외주의 시방서, 외주의 규격 D. 수입검사의 규격 E. 중간검사의 규격
		5.	제조기술표준
2. 제품표준	A. 제품규격 B. 도 면 C. 제품검사의 규격 D. 포장을 위한 규격	6. 작업표준	A. 공정분석표 B. 작업지도표
		7.	설비보전표준

2) 사내표준의 체계

앞에서 살펴본 사내표준을 체계화하면 그림 7-6과 같다.

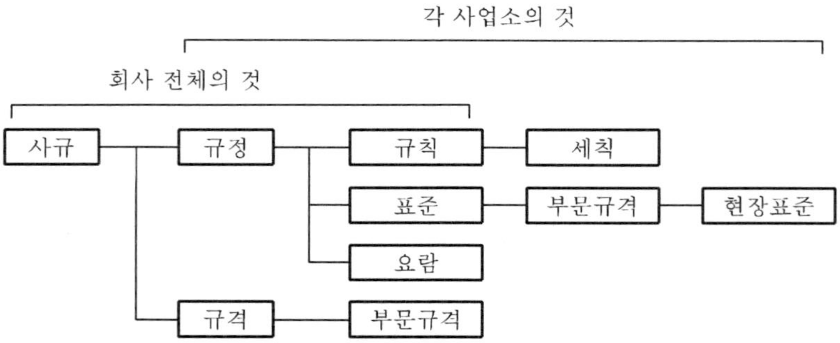

그림 7-6 사내표준의 체계

1.2.4 사외규격

(1) 단체규격(단체표준)

사업자 단체, 학회 등에 의하여 제정되고 원칙적으로 단체원 및 구성원의 내부에 있어서만 적용되는 규격을 말한다.

일반적으로 널리 알려진 각국의 단체규격은 다음과 같은 것이 있다.

- ASTM(American Society for Testing Materials ; 미국재료시험협회)
- SAE(Society of Automotive Engineers ; 자동차·항공기 기술자협회)
- ASME(American Society of Mechanical Engineers ; 미국기계기사협회)
- NEMA(National Electrical Manufactures Association ; 전국전기공업회)
- API(American Petroleum Institute ; 미국석유학회)
- TAPPI(Technical Association of Pulp & Paper Industry ; 미국지물·펄프기술협회)
- ASA(American Standards Association ; 미국규격협회)
- JEC(Japanese Electrotechnical Committee ; 일본전기규격조사회)
- JES(Japanese Cable Maker's Association ; 일본전선공업회)

(2) 국가규격(국가표준)

국가 또는 제도적으로 국가표준기관으로서 안정된 단체에 의하여 제정되고 전국적으로 적용되는 규격을 말한다.

KS(한국공업규격), JIS(일본공업규격), ASA(미국규격), BS(영국규격), DIN(독일규격), NF(프랑스규격), GOST(소련규격) 등이 있다.

(3) 국제규격(국제표준)

국제적 조직에 의하여 제정되고 국제적으로 적용되는 규격을 말한다.

- IEC(International Electrotechnical Commission ; 국제전기표준회의)
- ISO(International Organization for Standardization ; 국제표준화기구)
- IBWM(The International Bureau of Weights and Measure ; 국제도량형국)

1.2.5 KS (한국공업규격)

1961년 9월 30일 공업표준화법이 공포되면서 한국의 공업표준화 사업은 국가적 차원에서 전개되었다. 한국공업규격은 공업표준화법에 따라 정부에 의하여 제정되는 국가규격으로서 그 내용에 있어서는 제품규격, 방법규격, 기본(전달)규격 등이 포함되어 있으며 Korean Industrial Standards의 약자를 써서 KIS로 발음이 좋지 않아 KS 또는 ㉿란 기호로 나타낸다.

공업규격 제정의 목적은 광공업제품의 품질개선과 생산능률의 향상을 기하여 거래의 단순화와 공정화를 도모함이며, 그 수단은 공업표준의 제정이다.

(1) 한국공업규격 제정의 4원칙

KS 제정의 네 가지 원칙은 다음과 같다.

① 공업규격의 통일상 유지
② 공업표준 조사심의과정의 민주적 운영
③ 공업표준의 객관적 타당성 및 합리성 유지
④ 공업표준의 공중성 유지

(2) 한국공업규격부문과 분류기호

KS는 14개 부문으로 분류되며 각 부문별로 분류기호를 붙이고 있다. 표시할 때는 아래 보기와 같이 분류기호와 4단위의 번호를 붙인다.

보기 : KS A 3102(계수규준형 1회 샘플링검사)

한국공업규격의 부문과 분류기호는 표 7-3과 같다.

표 7-3 한국공업규격 부문과 분류기호

분류기호	부 문
A	기본(기본 및 일반포장, 공장관리 기타)
B	기계(기계기본, 기계요소, 자동차, 선박 등)
C	전기(전기일반, 전기재료, 전기기기 및 기구 등)
D	금속(금속일반, 분석원재료, 주물 등)
E	광산(일반정의 및 기호, 채광, 광산물 등)
F	토건(일반구조, 시험, 검사, 측량, 시공 등)
G	일용품(문방구 및 사무용품, 잡품, 가정용품 등)
H	식료품(농산물 가공, 축산물 가공 등)
K	섬유(일반시험 및 검사, 피복 등)
L	요업(도자기, 유리, 내화물 등)
M	화학(일반 공업약품, 플라스틱 등)
P	의료(기구)
V	조선
W	항공(일반용어, 기호)

(3) 한국공업규격의 제정절차

한국공업규격을 제정하는 절차는 다음과 같다.

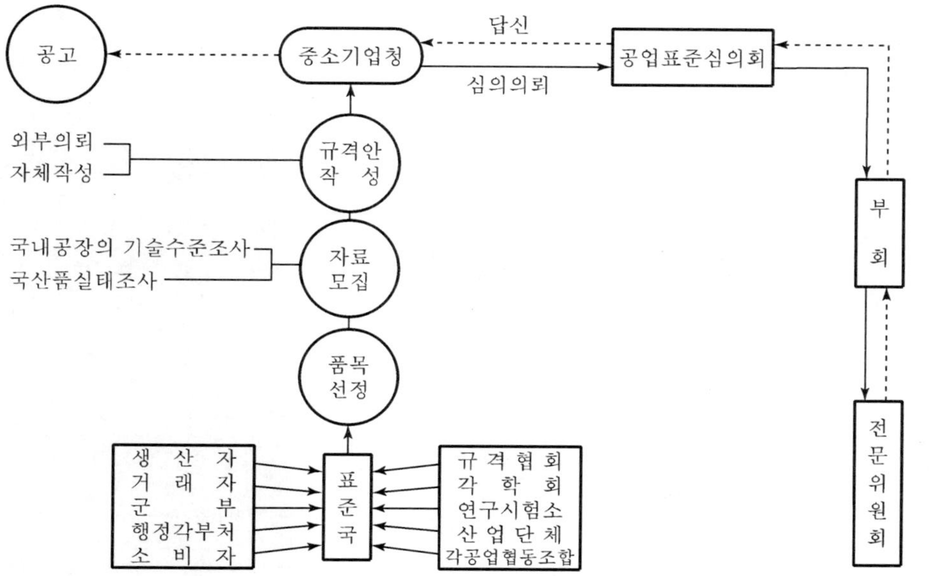

그림 7-7 한국공업규격의 제정절차

1.3 품질코스트

품질에 관한 과제는 첫째로 자기 회사의 제품품질을 높이는 것이며, 둘째는 품질에 관련된 모든 코스트를 저하시키는 것이다. 기업의 이익을 높이기 위해서는 실제의 업무에 있어서 위의 두 가지 과제를 함께 해결하지 않으면 안된다.

품질을 관리하는 데는 자연히 코스트가 수반된다. 따라서 "품질관리를 하는 데 어느 정도의 비용이 들었는가, 품질보증면에서 품질관리를 위해 어느 정도의 비용을 써야 적절한가?"라는 의문이 생기게 된다. 품질코스트는 품질관리활동을 코스트면에서 평가할 수 있는 경제적이고 합리적이며 효과적인 척도가 될 수 있다.

1.3.1 품질코스트

품질코스트란 요구된 품질, 즉 설계품질을 실현하기 위한 원가이다. 따라서 제품 그 자체의 원가인 재료비나 직접노무비는 품질코스트 안에 포함되지 않으며, 주로 제조경비로서 제조원가의 부분원가라 할 수 있다.

표 7-4 품질코스트

- 품질코스트
  - 예방코스트
    - ① QC 계획코스트
    - ② QC 기술코스트
    - ③ QC 교육코스트
    - ④ QC 사무코스트
  - 평가코스트
    - ① 수입검사코스트
    - ② 공정검사코스트
    - ③ 완성품검사코스트
    - ④ 시험코스트
    - ⑤ PM 코스트
  - 실패코스트
    - ① 납품 전의 불량코스트
      - 폐 각
      - 재 가 공
      - 외불불량
      - 설계변경
    - ② 무상서비스 코스트
      - 현지 서비스 코스트
      - 지참(Bring into) 서비스 코스트
      - 대품(代品) 서비스 코스트
    - ③ 불량대책코스트(재심코스트를 포함)

품질코스트는 예방코스트(P-Cost : Prevention Cost), 평가코스트(A-Cost : Appraisal Cost), 실패코스트(F-Cost : Failure Cost)로 나눌 수 있으며, 이를 표로서 나타내면 표 7-4와 같다. 각 품질코스트에 대한 내용을 좀 더 구체적으로 살펴보면 다음과 같다.

(1) 예방코스트 (P-Cost)

이것은 처음부터 불량이 생기지 않도록 하는데 소요되는 비용이다. 즉, 소정의 품질수준의 유지 및 불량품발생의 예방에 요하는 비용이다.

1) QC 계획코스트

TQC 계획 및 시스템을 입안하기 위한 조사, 교섭, 입안, 심의 공포 등에 소요되는 비용으로서 조사비·계획비 등이 있다.

2) QC 기술코스트

QC 스텝이 하는 평가, 입증, 권고, 기술원조, 회의 등의 비용과 타 부문이 하는 QC 비용을 포함한 것으로서 통계사무비·내외심사비·부문외비·교섭비 등이 있다.

3) QC 교육코스트

TQC의 보급선전, 종업원교육 및 스텝교육에 쓴 비용으로서 PR비·전산 교육비, 스텝 교육비 등이 있다.

4) QC 사무코스트

문방구, 사무용기기, 통계용 기구, 통신비 등의 모든 잡비를 포함한 것으로 사무용품비, 제잡비 등이 있다.

(2) 평가코스트 (A-Cost)

이것은 제품의 품질을 정식으로 평가함으로써 회사의 품질수준을 유지하는 데 드는 비용이다. 즉, 소정의 품질수준을 유지하는 데 드는 비용이다.

1) 수입검사코스트

구입재료, 부품 및 가공 외주품, 조립품의 수입검사에 소요된 비용으로서 검사감리비·검사작업비·검사준비비·검사자재비·검사사무비 등이 있다.

2) 공정검사코스트

부품가공공정 또는 조립공정검사에 들어간 비용으로서 검사감리비·검사작업비·검사준비비 · 검사자재비 · 검사사무비 등이 있다.

3) 완성품검사코스트

완성품의 최종검사 및 입회검사에 들어간 비용으로서 현장에서 장비한 후의 인도검사나 시운전 등의 비용도 포함된다. 검사감리비 · 감사작업비 · 검사준비비 · 검사자재비 · 검사사무비 · 검사입회비 · 장비검사비 등이 있다.

4) 시험코스트

검사로서가 아니라 검사 이외 또는 검사부문이 특정의 프로젝트로서 실시한 시험에 들어간 코스트를 말한다. 이것에는 재료시험비 · 기능시험비 · 환경시험비 · 신뢰도시험비 등이 있다.

5) PM 코스트

시험기, 측정기 및 치공구의 수입검사, 정기검사, 조정수리 또는 기준기의 검정시험 등에 들어간 비용으로서 수입검사비 · 정기검사비 · 검정시험비 · 보전비 등이 있다.

(3) 실패코스트 (F-Cost)

이것은 소정의 품질수준을 유지하는 데 실패하였기 때문에 생긴 불량품, 불량원료에 의한 손실비용이다.

1) 폐각코스트

사용자에게 납품하기 이전에 불량폐각이 될 원인이 사내의 생산공정에 있을 때의 손실코스트의 전부로서 재료비 · 작업검사비 · 간접경비 등이다.

2) 재가공코스트

고객에게 납품하기 이전에 재가공 원인이 사내의 생산공정에 있을 때의 손실코스트의 전부로서 작업검사비 · 간접경비 등이다.

3) 외주불량코스트

고객에게 납품하기 이전에 수입단계에 있어서 외주품의 불합격때문에 입은 손실코스트로서 지급재료비 · 검사비 · 불량조달비 등이다.

4) 설계변경코스트

설계변경에 의해 회사가 입는 손실코스트로서 설계변경비 · 부품처리비 · 치공구의 신제조 또는 수리비 등이다.

5) 현지서비스코스트

납품 후에 발생한 무상서비스에 속한 것으로 보증기간의 유무 또는 초과여하를 막론하고 당사의 책임에 의해 발생한 서비스코스트로서 고객측에 출장했을 때의 손실코스트 전부이다. 이것에는 출장여비·출장기간 중의 급여 및 경비·교환부품비 등이 있다.

6) 지참서비스코스트

전항과 같은 이유로 현지에서 수리가 되지 않았거나 클레임 접수 당초부터 반품으로 결정한 것을 사내 또는 협력공장에서 진단·수리하여 송부할 때의 모든 손실코스트로서 진단비·재료비·공장경비 등과 같은 직접수리비와 일반관리비 등이다.

7) 대품서비스코스트

이미 납품한 것이 고장이기 때문에 대품을 고객에게 송부할 때의 손실코스트로서 대품가격·제운임 등이다.

8) 불량대책코스트

불량대책을 위한 회의나 시험 또는 조치 등에 들어간 코스트로서 대책회의비·대책시험비·대책조치비 등이다.

9) 재심코스트

재심에 들어간 비용으로 회의비·처리비·사무비 등이다.

1.3.2 품질코스트의 특징

고객의 요구를 만족시키기 위해서는 검사를 엄격히 하여 불량품이 출하되지 않도록 노력하지 않으면 안된다. 따라서 검사는 까다로워지고 평가코스트는 증가하는 경향이 있다.

품질관리활동이 적절히 실시되면 불량품의 출현율이 점차 저하되며, 이로 인해 실패코스트는 점차 감소되어 가는 것이 상례이다.

제조공정이 안정되면 검사의 합리화·자동화 등에 의해 평가코스트가 저감된다.

일반적으로 품질관리활동의 초기단계에 있어서는 평가코스트나 예방코스트에 비해 실패코스트가 큰 비율을 점하게 된다.

예방코스트는 그것을 약간 증가시킴으로써 평가코스트와 실패코스트를 크게 절감시킬 수 있다.

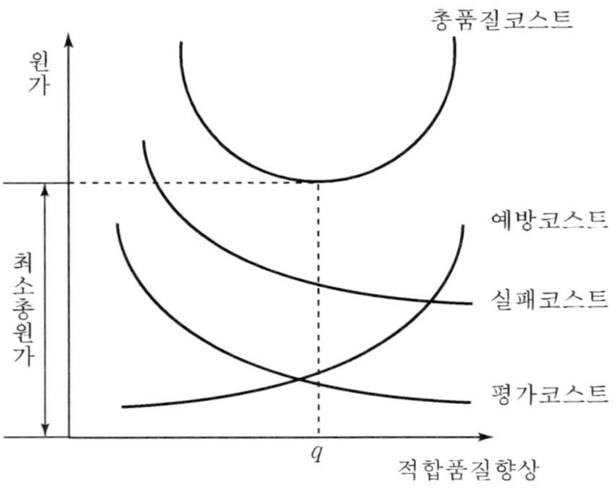

그림 7-8 품질코스트 관계곡선

요는 품질코스트를 최소·최적으로 하여 가기 위해서는 위의 세 가지 품질코스트의 균형(Balance)을 고려하여 전체로서의 품질코스트를 점차 저감시킬 수 있는 방향으로 조치(Action)할 필요가 있다. 평가코스트나 예방코스트가 실패코스트보다 크게 된다면 품질관리활동의 결과가 정말로 높아졌다고는 할 수 없을 것이다.

이들 세 가지 품질코스트의 특질과 품질과의 관계를 그림으로 나타낸 것이 품질코스트 관계곡선(그림 7-8)이다.

상기한 세 가지 품질코스트의 상대적인 비율의 크기는 회사에 따라서 차이가 있는 것은 물론이다. A. V. Feigenbaum에 의하면 미국에서는 일반적으로 제조코스트에 대한 품질코스트의 비율은 9%가 적당하다고 하고, 각 품질코스트의 비율은 예방코스트가 5%, 평가코스트가 25%, 실패코스트가 70%를 점하고 있다고 말하고 있다. 한편 제조원가에 대한 품질코스트의 비율은 대체로 6~7%가 적당하다는 것이 일반적인 의견이다.

1.3.3 품질코스트의 효용

A. V. Feigenbaum은 품질코스트의 효용을 다음 네 가지로 구분하고 있다.

(1) 평가기준으로서의 효용

품질코스트가 세 가지로 분류되므로 품질관리 산업기사는 용이하게 각각의 품질의 활동력으로서의 비용측정을 할 수 있게 된다. 예를 들면, 품질계획에 쓰인 비용은 그 활동으로서 사용된 품질관리 기술코스트로 측정된다. 이 비용의 용도가 올바르다는 것은 실패코스트가 품질계획의 결과 평가코스트가 감소한 것을 측정할 수가 있다.

즉, 어떤 목적을 달성했을 때의 품질코스트의 가치는 품질계획을 평가하는 평가기준을 비교하는 결과가 되는 것이다. 실은 실패코스트가 감소되지 않았다면 예방코스트의 사용 방법, 작업 방법, 열의, 협력, 시스템이 잘못되었다는 역설도 성립한다.

(2) 공정품질의 해석기준으로서의 효용

품질관리기사는 특수한 품질코스트를 분석하여 하지만 제품라인 또는 공정흐름의 각 부문별로 적당히 분해한다면 그것은 주요한 문제에 대한 정확한 목표를 정한다거나 분석의 수단으로서 유효하게 사용될 수 있는 것이다.

즉, 매월 어느 정도의 실패코스트를 내고 있는가, 그 원인은 무엇인가, 그 불량은 반복되고 있는가? 등의 해석을 할 때에 이것이 필요하다는 것을 알 수 있다.

(3) 계획수립의 기준으로서의 효용

위에서 말한 분석은 어떤 특정의 시정조치를 위한 기초를 제시하여 주지만, 이와 같은 시정조치를 실행하기 위해서는 프로그램을 만들 필요가 있다. 이 프로그램의 주요한 기능 하나는 그 조치를 취하는 데 유효한 인력 및 자금을 할당하는 것이다. 일반적으로 자금이 한정되어 있기 때문에 품질코스트는 시간적으로 가장 먼저 해야 할 조치가 무엇인가를 식별할 수 있는 수단을 제공하게 된다. 프로그래밍의 내용은 우선 취해야 할 시정조처, 그 완료시기, 조처의 책임자, 소요시간 또는 그 기대되는 결과 등을 기록한다. 이와 같은 프로그래밍에 의해 제품의 품질을 개량하고 품질코스트를 감소시키기 위해서 종업원을 가장 유용하게 활용하는 방법이 얻어진다.

(4) 예산편성의 기초자료로서의 효용

품질코스트는 결정된 품질관리프로그램을 달성하기 위해 필요한 경비를 예산화하는 품질관리기사의 지표가 된다. 그러나 그 프로그램 전부를 단시간에 실행하는 것은 사용재원의 면에서 문제가 있으므로 프로그램의 입안에 있어서는 그것이 계속적으로 실시되도록 하고 완전히 실현되기까지는 2~3년이 걸린다는 점을 감안할 필요가 있다.

Chapter

02 QC 7가지 Tools

2.1 기본 사고방식

- 정확한 Data, 객관적인 사실에 입각하여 판단하자.
- 잘못된 Data, 거짓정보는 현장에서 추방하자.
- 3현주의 : 현장, 현물, 현실

(1) 품질의 유의점

- 우리가 얻을 수 있는 모든 Data는 산포한다.
- 평균치와 산포는 함께 고려하여야 한다.
- 개개 제품 하나하나가 아닌 전체(집단 : Lot)로서의 품질을 고려하여야 한다.

(2) 사실의 정확한 표현 (Data는 사실을 나타낸다. : 5W1H)

- When(언제) : 2008.12.12 12 : 11
- Where(어디서) : CPT 3Line 도포공정에서
- What(무엇을) : 작업자를 교대하여 Line을 일시정지하다가
- Who(누구) : 교대작업자 중 1명이
- Why(왜) : 교육훈련이 안되어 작업방법이 미숙지되어
- How(어떻게) : LCD 5번이 파손되는 문제발생

(3) 현장에서 취하고 있는 Data (목적이 불확실한 Data는 취하지 않는다)

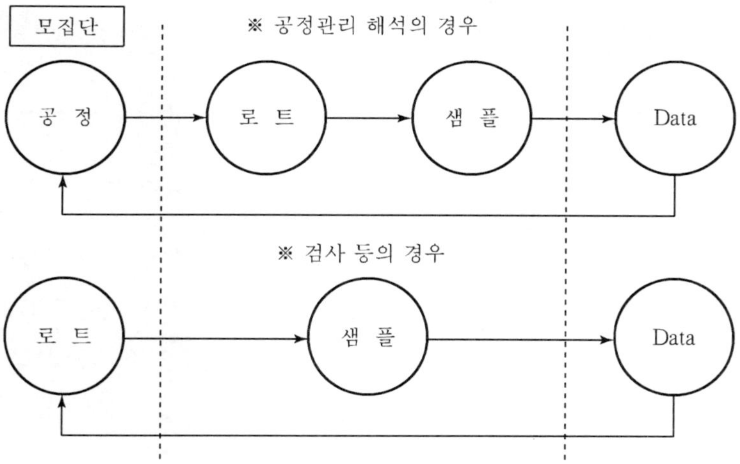

그림 7-9

- Data는 활용하기 위해서 취한다. 쓸 수 없는 또는 쓰지 않는 Data는 필요없다.
  (사실을 충실히 표현하도록 취한다)
- Data는 샘플을 측정해서 얻지만 조치 및 행동의 대상은 로트나 공정이 되어야 한다.
- 로트나 공정(모집단)은 산포를 가지고 있음으로 샘플은 랜덤하게 취해야 한다.

2.2 Data

Data는 어떤 사물의 대한 알림, 즉 정보라고 하며 특히 숫자로 나타낸 정보를 말한다.

(1) Data의 유형

구 분	정 의	유 형	실 례
계량치	연속적으로 변화하는 값	• 길 이 • 온 도 • 무 게 • 시 간 • 두 게	• 165 cm • 32℃, 49F • 70.7 kg • 12 : 23 : 11 • 10.5 cm
계수치	개수 등을 세어서 얻을 수 있는 불연속적으로 변화하는 값	• 불량개수, 불량률 • 재해 발생건수 • 냉장고 표면의 긁힘 개수	• 1,000개 중 불량품 10개 또는 1% • 10건 • 7개 긁힘

(2) Data의 정리

품질관리는 사실에 입각해서 행동하는 것이다. 사실을 표현한 데이터를 취하여 그것을 정리함으로서 필요한 행동지침을 얻는다. 품질관리에서 사용되는 QC 7 Tools는 데이터를 정리하는 데 유효한 수단이다. 그것은 Check Sheet, 특성요인도, 파레토도, 히스토그램, 그래프, 산점도, 관리도, 및 층별이 있다. 이때 층별은 기법이라기보다는 사고방법이라고 할 수 있다.

품질관리의 격언

- 숫자를 볼 때는 항상 산포를 생각하라.
- 제품을 사용할 고객의 입장을 생각하라.
- "문제가 없다"는 것은 진보가 정지되었음을 의미한다.

2.3 Check Sheet

Check Sheet란 종류별로 Data를 취하거나 확인하는 단계에서 누락, 착오 등을 없애기 위해 간단히 Check하여 결과를 알 수 있도록 만든 도표

(1) Check Sheet 종류

1) 기록용 Check Sheet

Data를 간단히 기호로 표시하여 정리함으로써 현상파악을 용이하게 한 Check Sheet이다.

표 7-5 M-막힘 Check Sheet

기 간 : 조사자 :

항목 \ 날짜	1	2	3	4	5	6	7	8	…	계	평균
GLASS계											
섬유계											
약품계											
기 타											
합 계											

* 참조 : 취급하는 Data와 분류항목을 결정
Data와 분류항목은 원인과 결과의 관계이다.
기록할 양식의 적절한 결정
Data의 표시

2) 점검용 Check Sheet

작업수행시 사고나 착오를 방지하기 위하여 점검이나 확인사항 등을 미리 정하고 그것을 하나하나 체크할 때 사용하는 Check Sheet이다.

표 7-6 설비점검확인용 Check Sheet

<table>
<tr><td>설 비 명</td><td></td><td colspan="4" rowspan="3"></td><td rowspan="3">결
재</td><td colspan="2">작성자</td><td>팀 장</td></tr>
<tr><td>보전등급</td><td></td><td colspan="2" rowspan="2"></td><td rowspan="2"></td></tr>
<tr><td>자산번호</td><td></td></tr>
<tr><td>NO.</td><td>점검항목</td><td>판정기준</td><td>점검방법</td><td>1</td><td>2</td><td>3</td><td>4</td><td>5</td><td>....</td></tr>
<tr><td>1</td><td>제 어 판</td><td>전류값
(기준선)</td><td>눈 확인</td><td></td><td></td><td></td><td></td><td></td><td></td></tr>
<tr><td>2</td><td></td><td></td><td></td><td></td><td></td><td></td><td></td><td></td><td></td></tr>
<tr><td>3</td><td></td><td></td><td></td><td></td><td></td><td></td><td></td><td></td><td></td></tr>
<tr><td>4</td><td></td><td></td><td></td><td></td><td></td><td></td><td></td><td></td><td></td></tr>
<tr><td></td><td></td><td></td><td></td><td></td><td></td><td></td><td></td><td></td><td></td></tr>
<tr><td></td><td></td><td></td><td></td><td></td><td></td><td></td><td></td><td></td><td></td></tr>
<tr><td colspan="2" rowspan="2">확 인</td><td colspan="2">담 당 자</td><td></td><td></td><td></td><td></td><td></td><td></td></tr>
<tr><td colspan="2">반 장</td><td></td><td></td><td></td><td></td><td></td><td></td></tr>
</table>

※ 범례 : ○양호 △보통 ×나쁨
* 참조 : 취급하는 Data와 분류항목을 결정
기록할 양식의 적절한 결정
표시기호의 선정
Data의 이력을 명확히 할 것(기계별, 공정별, 사람별 등)

(2) Check Sheet 작성목적

① 작업 및 기계정비 실시 등의 확인

② 불량 및 사고의 예방 : 규정된 품질 및 안전의 확보

2.4 Cause & Effect Diagram (특성요인도)

일의 결과(특성)와 그것에 영향을 미치는 원인(요인)을 계통적으로 정리한 그림으로 특성에 대해 어떤 요인이 어떤 관계로 영향을 미치고 있는가를 명확히 하여 원인추구를 쉽게 한 내용으로 공정의 여러 가지 문제(불량, 납기, 재해 등)에 대한 발생원인을 분석 정리하여 해결방안의 수립을 유도하기 위해 작성한다.

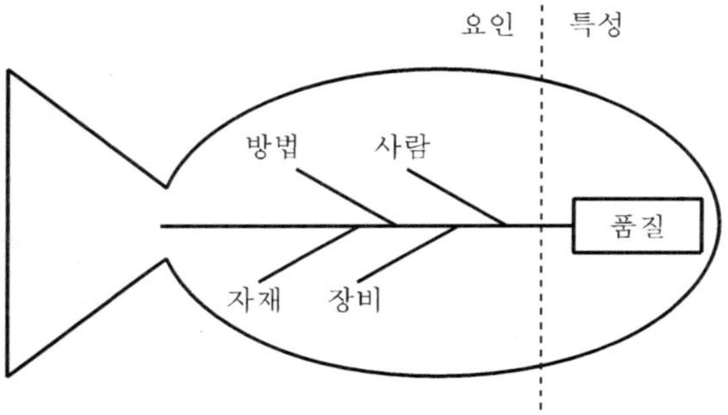

그림 7-10 어골도

- Effect(특성) : 길이, 속도, 불량률 등 제품의 품질을 표시하는 품질특성으로 제품의 기능, 성능을 나타내는 의미이다.
- Cause(요인) : 제품의 품질을 나타내는 특성은 수많은 원인에 의해서 변한다. 이때 원인은 무수히 존재한다고 할 수 있으며, 원인 중 특성에 영향을 미친다고 생각되는 것을 요인으로 하여 특성요인도에 기입한다.

(1) 특성요인도의 작성

1) 문제로 할 특성을 정한다.

특성은 일의 결과로 가능한 한 구체적으로(숫자) 나타낸다. 즉, 제품의 품질, Lot 생산량, 안전 등 현장에서 문제가 되는 것을 말한다.

2) 특성을 기입한다.

일의 결과로 나타나는 문제를 기입한다.

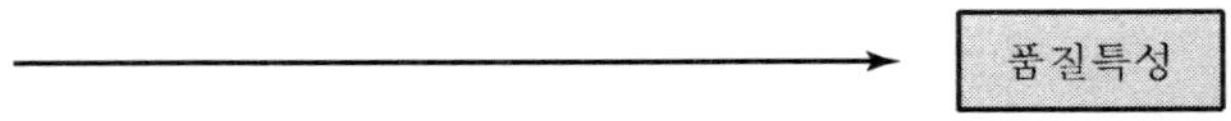

3) **큰 가지를 기입한다.**

보통 4M으로 하지만 그 이외에 측정이나 작업환경도 사용될 수 있다.

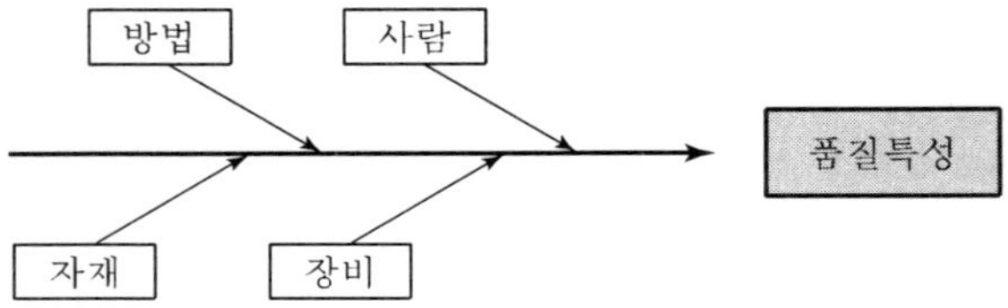

4) **작은 가지를 기입한다.**

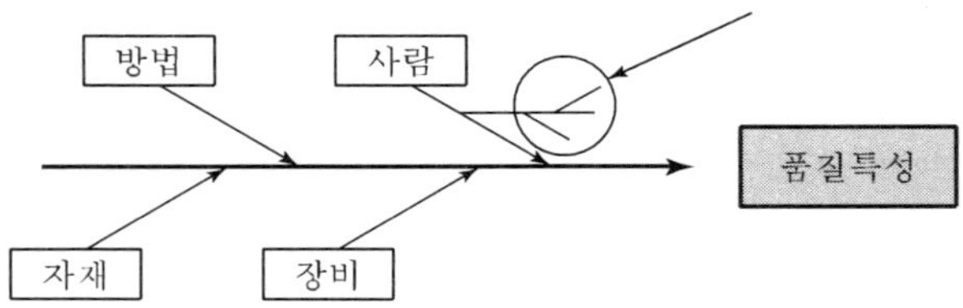

5) **요인을 확인한다.**

요인 누락 확인하고 가지와 요인간, 요인과 특성간에 인과관계가 확실하게 성립되는지를 Check 한다.

6) **특성에 직접적인 영향이 큰 요인을 확인하고 표시한다.**

대책강구를 염두에 두면서 확인한다.

7) **관련사항 기입한다.**

특성요인도 제목, 작성일, 작성자 등이다.

(2) 작성 Point

① 요인은 많은 사람에게서 많이 수집한다. (자율토론방법 이용)

② 항상 추가하거나 수정한다.

③ 특성의 나쁜 정도를 수치로 표시할 수 있게 한다.

④ 특성마다 특성요인도를 만든다.

⑤ 중요원인을 추출하여 그 특성요인도를 만들어 요인을 다시 추구한다.

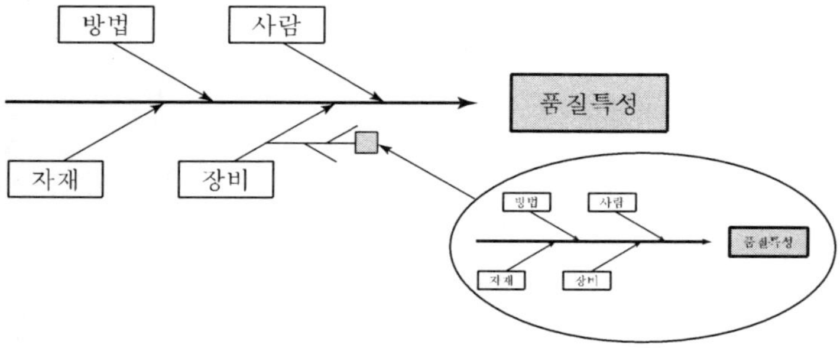

⑥ 현장 현물에 의해 사실을 확인하면서 요인을 생각한다.

⑦ 일반적으로 요인을 나타낼 때 "왜"를 5회 반복한다.

(3) 특성요인도의 용도

① 개선해석용

② 공정관리용

③ 작업표준 작성용

④ 품질관리용 및 교육용

연습문제

업무의 효율을 높이려면 어떻게 해야 할지를 특성요인도로 작성하시오.

2.5 Pareto Diagram (파레토도)

파레토도는 어디에 어떤 조치를 취하여야 하는가를 판단할 목적으로 불량이나 결점 등의 내용을 분류하여 크기순서대로 배열하는 동시에 누적수를 표시한 그림이다.

(1) 파레토도의 작성

① 테마 및 기간을 정하여 Data를 모은다.

② 분류항목별로 Data를 수집한다.

③ 누적수, 비율, 누적비율을 구한다.

표 7-7 누적수, 비율, 누적비율

불 량 항 목	Data 수	비 율	누 적 수	누 적 비 율
A	10	50%	10	50%
B	5	25%	15(10+5)	75%(50+25)
C	3	15%	18(10+5+3)	90%(50+25+15)
D	2	10%	20(10+5+3+2)	100%
합 계	20			

* 참조 : 불량항목은 크기순서대로 차례로 하여 나열한다.
단, 기타는 제일 하단에 표시한다.

④ 그래프를 그린다.

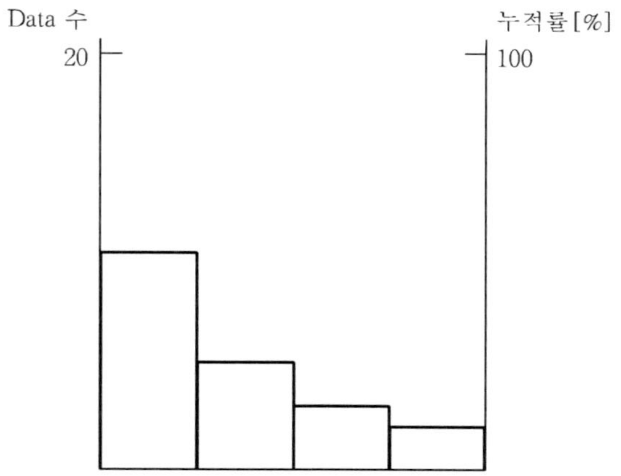

- 왼쪽(Data 수)과 오른쪽(누적률)의 비율을 일치시킨다.
- 기타는 항상 오른쪽 끝에 위치시킨다.

⑤ 누적 꺾은선그래프를 그린다.

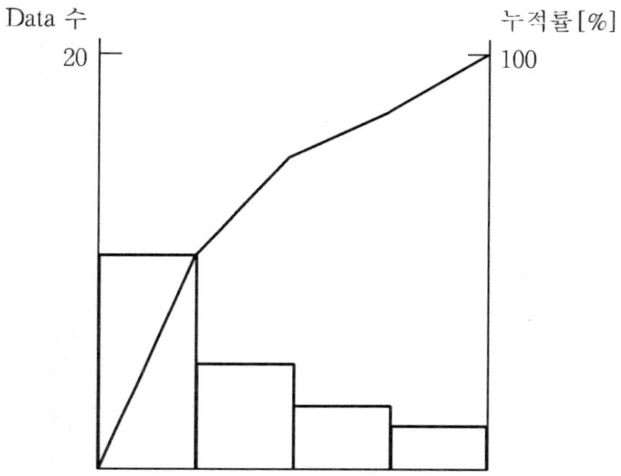

⑥ 누적비율의 눈금을 기입한다.

(2) 작성과 사용 Point

① 세로축을 금액으로 표시하면 더 실감이 간다.

② Data 수가 적은 항목은 일괄하여 기타로 표시하고 오른쪽 끝에 막대그래프로 표시한다.

③ 전체를 보고 문제가 어디에 있는가를 가르쳐 준다.

④ 결과정리뿐 아니라 원인분석에도 사용할 수 있다.

⑤ 불량수를 알기 쉽게 나타내고 문제의 소재를 가르쳐 준다(개선 전과 개선 후의 파레토도 비교).

연습문제

기판실 내 작업불량 Data가 다음과 같다. 기간별로 파레토도를 그리고 분석하시오.

NO.	불량항목	1995년 1~3월	1996년 1~3월
1	냉땜	400	100
2	Short	90	50
3	조정불량	120	80
4	Pattern Open	60	20
5	오삽(역삽)	40	30
6	누락	50	25
7	기타	20	35
생 산 대 수		88,800	120,000

2.6 히스토그램 (집단으로서의 품질)

히스토그램은 어떤 조건 아래 취해진 Data가 존재하는 범위를 몇 개의 구간으로 나누고 각 구간에 들어가는 Data의 출현도수를 헤아려서 도수표를 만든 다음 이를 막대그림으로 그린 것이다.

도 수 표

Boundarea (구간)	Frequency (도수확인)
45.45~45.95	//
45.95~46.45	卌
46.45~46.95	卌 //
46.95~47.45	卌 卌
47.45~47.95	卌 /
47.95~48.45	////
48.45~48.95	///

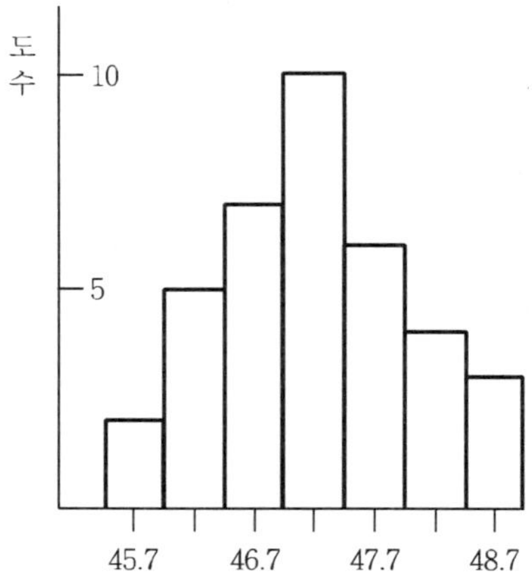

우리가 좋은 제품 양질의 품질을 만들려고 하지만 실제로는 같은 공정, 같은 설비, 같은 작업표준, 같은 재료에 의해 만들어도 완성된 제품의 품질에는 산포가 생긴다.

이때 품질의 특성으로 얻어지는 Data는 어떤 값을 중심으로 가장 많으며 중심에서 떨어짐에 따라 그 비율이 줄어진다. 이것을 제품의 분포, 산포라 하고 집단의 성질을 효과적으로 알기 위한 기법이 히스토그램이다.

(1) 용어설명

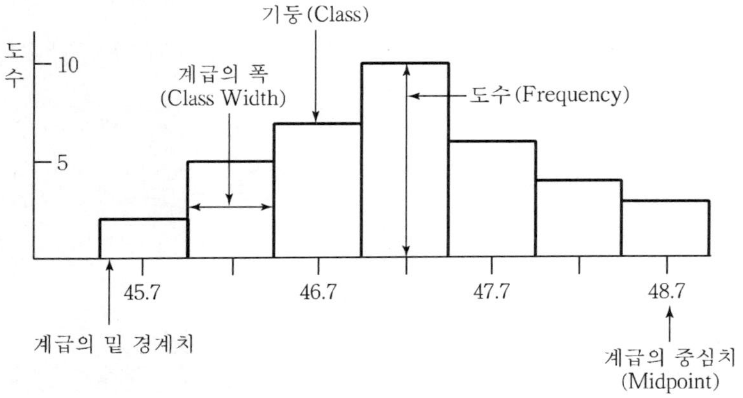

(2) 작성방법

① Data를 모은다. : 최소 50 이상 가능하면 100 이상으로 한다.

표 7-8 제품의 어느 부위 치수 예

(○○년 ○○일, N=100, 단위 : cm)

4.22	4.14	4.06	4.08	4.04	4.15	4.10	4.00	4.08	4.15
4.10	4.12	4.16	3.96	4.01	4.18	3.99	4.05	4.12	4.07
4.05	4.18	4.12	4.05	4.07	4.08	4.08	4.12	4.10	3.97
4.08	4.04	4.16	4.13	4.09	4.05	4.10	4.10	4.06	4.05
4.06	4.10	4.08	4.08	4.16	4.10	4.04	4.02	4.08	4.16
4.08	4.21	4.12	4.09	4.02	4.11	4.00	4.10	4.12	4.15
4.12	4.14	4.05	4.13	4.18	4.09	4.08	4.06	4.05	4.03
4.10	4.12	4.14	4.09	4.14	4.15	4.05	4.09	4.18	4.06
4.08	4.16	4.02	4.02	4.20	4.08	4.11	4.02	4.13	4.13
4.12	4.05	4.12	4.02	4.18	4.18	4.12	4.11	4.12	4.06

② Data의 최대값(X_{max}), 최소값(X_{min})을 구한다.

각 열의 최대치	**4.22**	4.21	4.16	4.13	4.20	4.12	4.12	4.12	4.18	4.16
각 열의 최소치	4.05	4.04	4.02	**3.96**	4.01	4.05	3.99	4.00	4.05	3.97

③ 구간의 수(기둥)를 구한다. : K

$$K = \sqrt{n} = \sqrt{\text{Data수}} = \sqrt{100} = 10$$

④ 구간의 폭을 구한다. : h

$$h = \frac{X_{\max} - X_{\min}}{K} = (4.22 - 3.96)/10 = 0.026$$

$= 0.03$ (최소측정단위 0.01의 정수배)

⑤ 구간의 경계치를 구한다. : 구간의 경계값은 측정간격의 1/2 되는 곳에 오도록 정한다. 제일 구간 아래쪽 경계값= $X_{\min}$ −(측정간격)/2 = 3.96−0.01/2 = 3.955

⑥ 구간의 중심값을 구한다. : (구간 아래쪽 경계값 + 구간 위쪽 경계값) / 2

⑦ Data의 도수(f)를 헤아린다.

NO.	구 간	경계중심치	도 수 확 인	f
1	3.955~3.985	3.97	//	2
2	4.985~4.015	4.00	////	4
3	4.015~4.045	4.03	~~////~~ ~~////~~	10
4	4.045~4.075	4.06	~~////~~ ~~////~~ ~~////~~ //	17
5	4.075~4.105	4.09	~~////~~ ~~////~~ ~~////~~ ~~////~~ ~~////~~ /	26
6	4.105~4.135	4.12	~~////~~ ~~////~~ ~~////~~ ////	19
7	4.135~4.165	4.15	~~////~~ ~~////~~ ///	13
8	4.165~4.195	4.18	~~////~~ /	6
9	4.195~4.225	4.21	///	3
			계	100

⑧ 히스토그램을 그린다.

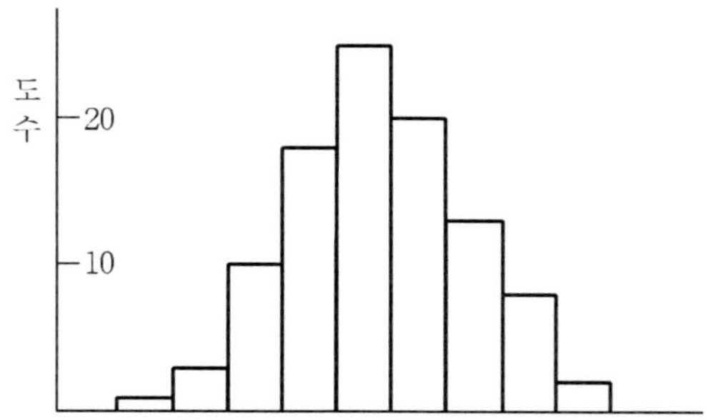

⑨ 필요사항을 기입한다. : Data 이력(제품명, 공정명, 규격, Data 취합기간, 작성일자, 작성일, 작성자)

(3) 히스토그램 보는 법

히스토그램의 형태	형태의 설명	Check Point	Remark
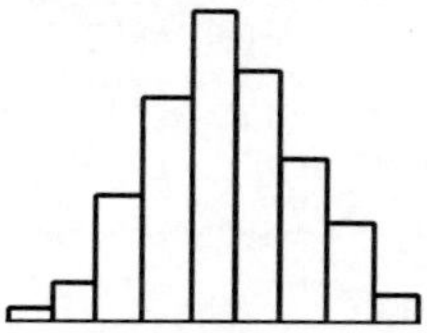 좌우대칭형	도수는 중심부근에서 많으며 중심에서 멀어짐에 따라 서서히 적어짐 (좌우대칭)	공정이 안정된 경우의 일반적인 형태임	
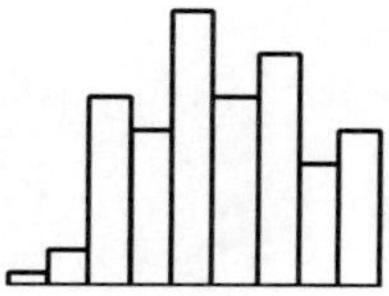 이 빠진형	구간의 하나 건너로 도수가 적어지고 이가 빠진 머리빗형임	구간 폭을 측정단위의 정배수로 했는지 측정자의 눈금 읽는 방법에 버릇은 없는지 등의 검토 필요	층별에 따라 전체의 산포를 여러 산포로 나눌 수 있음
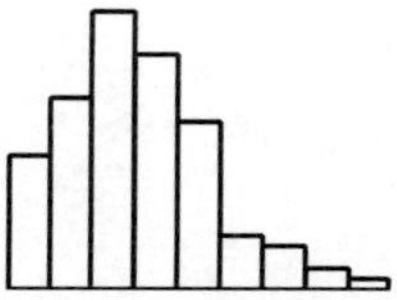 좌우로 기울어진 형	평균치의 분포가 좌우로 치우쳐졌으며 도수는 한쪽이 급하고 한쪽은 완만함 (좌우비대칭)	이론적 또는 규격치 등으로 하한이 억제되어 있고 어떤 값 이하는 취하지 않는 경우임. 불순물의 성분이 0%에 가까운 경우, 불량품수 또는 결점수가 0에 가까운 경우임	
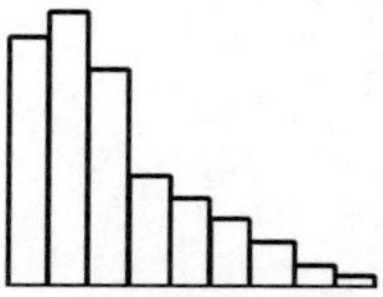 끝이 잘린 형	평균치의 분포가 극단적으로 좌우로 치우쳐 있음 (좌우비대칭)	규격 이하의 것을 전수 선별하여 제거했을 경우나 측정, 검사의 실수 또는 측정오차 등을 확인함	전수선별 경우는 공정능력을 높이든지 규격의 재검토 필요
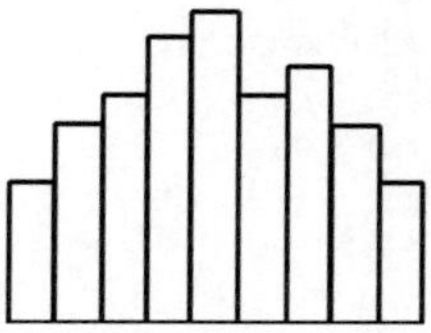 고원형	각 구간에 포함되는 도수가 변하지 않는 형태임	평균치가 다른 몇 가지 분포가 섞여 있을 경우에 나타남	층별하여 히스토그램 재작성(기계별, 원료별로 층별하여 히스토그램 작성)
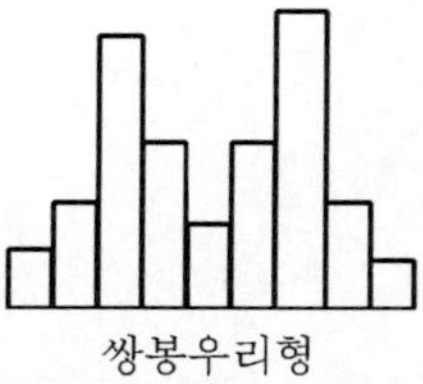 쌍봉우리형	분포가 중심부근의 도수가 적고 좌우에 산이 있음	평균치가 다른 두 대가 분포가 섞여 있을 경우에 나타남 (2대의 기계 사이 두 종류의 원료 등)	층별하여 히스토그램 재작성 2개의 분포차가 명확해짐)

히스토그램의 형태	형태의 설명	Check Point	Remark
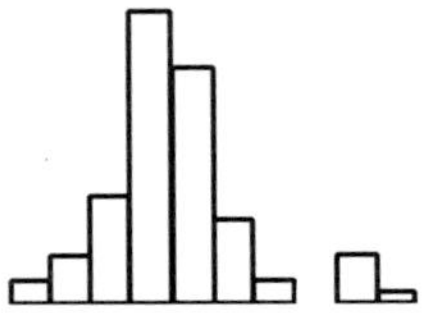 떨어진 봉우리가 있는 형	좌우대칭형의 히스토그램의 끝쪽에 떨어진 도수가 있음	서로 다른 분포에서 Data가 조금 혼입되었을 경우임	다른 공정의 Data 혼입 여부조사(발생원인 조사)

(4) 히스토그램의 규격과의 비교

1) 규격을 만족시키고 있는 경우

히스토그램의 형태	형태의 설명	Check Point	Remark
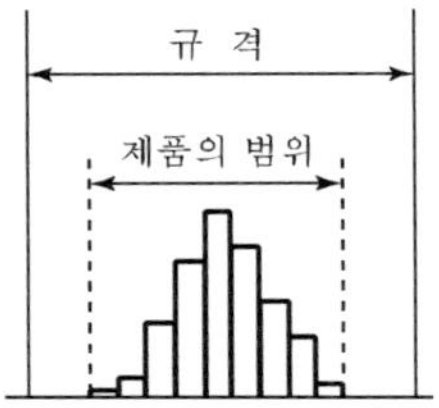 이상적인 경우	제품의 범위는 규격에 충분하며 평균치도 분포의 한가운데 있음	이상적인 경우	
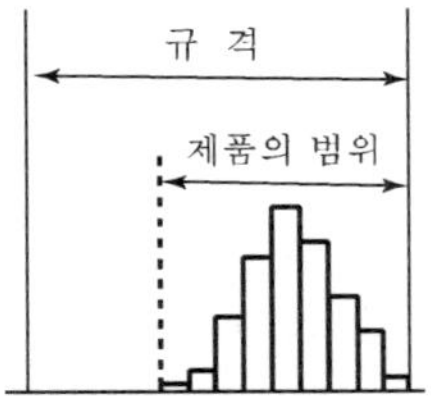 한쪽에 여유가 없는 경우	제품의 범위는 규격에 들어 있지만 평균치가 규격상한에 너무 가깝움	조그마한 공정의 변화에도 규격을 벗어난 것이 나올 위험성이 있음	평균치를 낮게 할 필요 있음
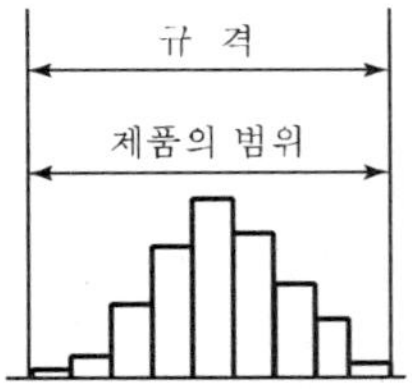 양쪽에 여유가 없을 때	제품의 범위와 규격이 일치함	조그마한 공정의 변화에도 불량품이 발생함	산포를 줄여야 함
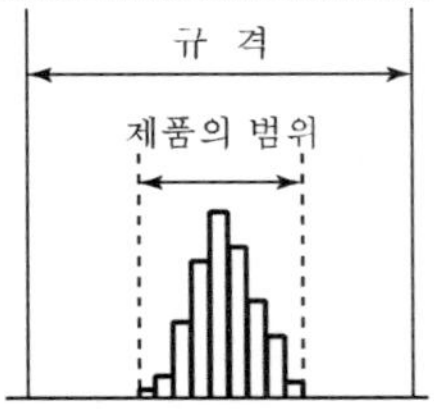 여유가 너무 있는 경우	제품의 범위가 규격을 지나치게 만족시키는 경우임	상당히 여유가 많으므로 규격을 바꾸거나 공정의 일부를 생략하여 제품의 범위를 넓게 함	

2) 규격을 만족시키지 못하는 경우

히스토그램의 형태	형태의 설명	Check Point	Remark
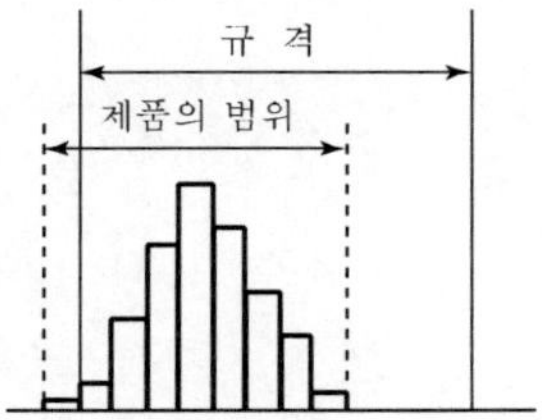 평균치가 벗어난 경우	평균치가 지나치게 벗어나 있음	규격의 중심치에 평균치를 가져오도록 함	
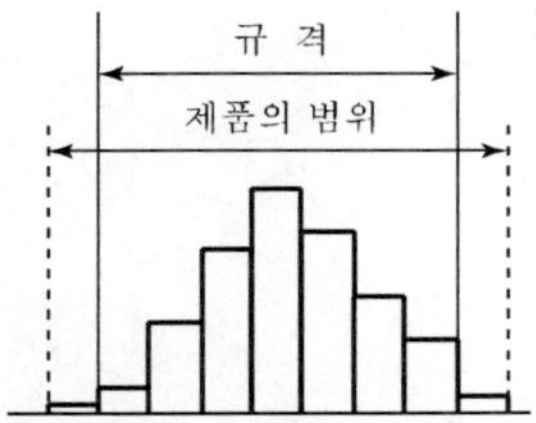 산포가 큰 경우	공정의 산포가 큼	공정을 개선해야 함	임시조치로 전수선별을 함
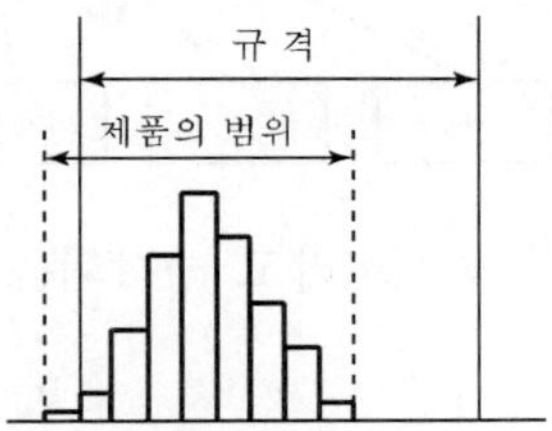 하한규격을 벗어남	하한규격쪽으로 벗어남	평균치를 올리거나 산포를 작게 함	
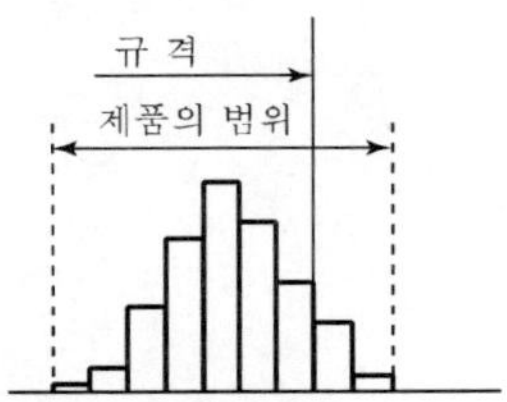 평균치가 벗어난 경우	상한규격쪽으로 벗어남(불순물의 양이 10% 이하가 되는 경우)	평균치를 내리는 등의 조치 필요	
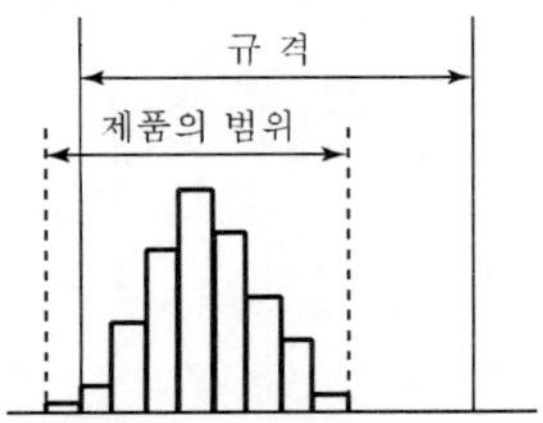 평균치가 벗어난 경우	규격에 대해 공정능력이 상당히 부족한 경우	규격이나 공정이 바뀌지 않으면 전수선별이나 층별을 실시함	

(5) 평균값, 표준편차 구하는 법

① 계산표 작성

NO.	구 간	경계 중심치	도 수 확 인	f	u	fu	fu^2
1	3.955~3.985	3.97	//	2			
2	4.985~4.015	4.00	////	4			
3	4.015~4.045	4.03	卌 卌	10			
4	4.045~4.075	4.06	卌 卌 卌 //	17			
5	4.075~4.105	4.09	卌 卌 卌 卌 卌 /	26			
6	4.105~4.135	4.12	卌 卌 卌 ////	19			
7	4.135~4.165	4.15	卌 卌 ///	13			
8	4.165~4.195	4.18	卌 /	6			
9	4.195~4.225	4.21	///	3			
			계	100			

순서2 순서3 순서4

② u의 작성 : u는 Data를 변환한 값으로 f(도수)가 크고 분포 중심이라고 생각되는 구간의 u를 0으로 한다.

이때 중심값이 작은 구간에 차례로 -1, -2, …로 표시하고 큰 구간에는 $+1$, $+2$, …로 기입한다.

③ fu의 값을 계산한다.

④ fu^2의 값을 계산한다.

⑤ $\overline{X}$을 계산한다.

$\overline{X} = X_o + \dfrac{\Sigma fu}{n} \times h$(여기서, X_o : u를 0한 중심값으로 가평균)

⑥ ΓV, C_p를 구한다.

$$S = \left[\Sigma fu^2 - \frac{(\Sigma fu)^2}{\Sigma fu}\right] \times h^2 \quad \Gamma V = \sqrt{\frac{S}{\Sigma f - 1}}$$

표 7-9 공정능력지수(C_p)

구 분	형 태	공 식
양쪽 규격	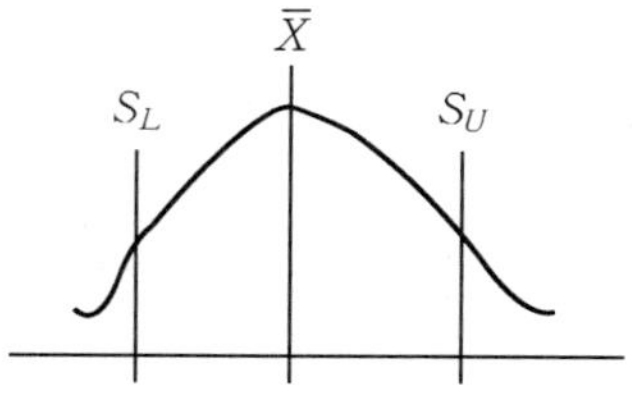	$C_p = \dfrac{S_U - S_L}{6\sigma}$
한쪽 규격 (상한규격)	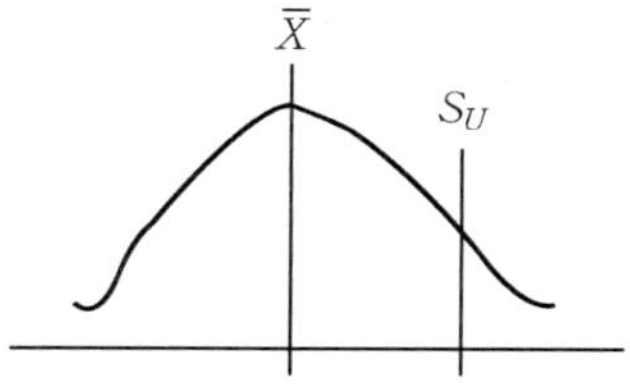	$C_p = \dfrac{S_u - \overline{X}}{3\sigma}$
한쪽 규격 (하한규격)	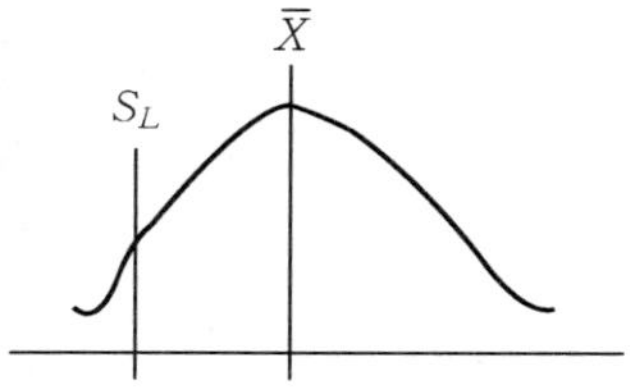	$C_p = \dfrac{\overline{X} - S_L}{3\sigma}$
양쪽 규격	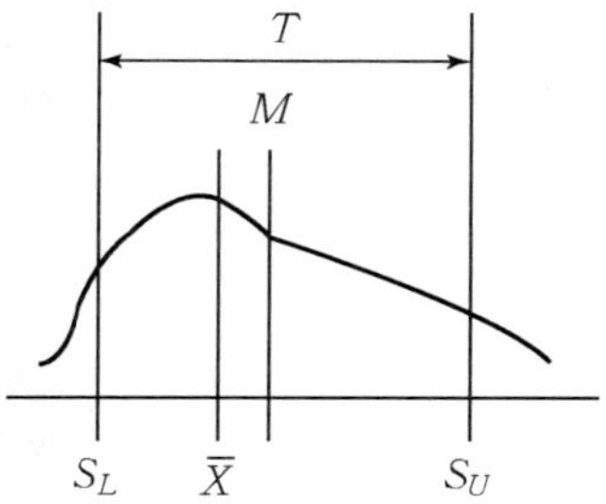	$C_{pk} = (1 - k)\,C_p$ $k = \dfrac{\lvert M - \overline{X}\rvert}{T\ /\ 2}$ (T: 규격 공차 M: 규격 중심)

표 7-10 C_p에 따른 문제점 조치

등급	C_p값	분포와 규격	공정능력 판단	Action
1	$1.67 \le C_p$	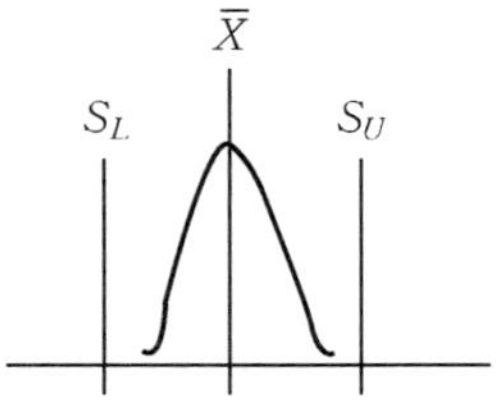	공정능력 남음	관리 간소화 및 Cost 절감방법 고려
2	$1.33 \le C_p < 1.67$	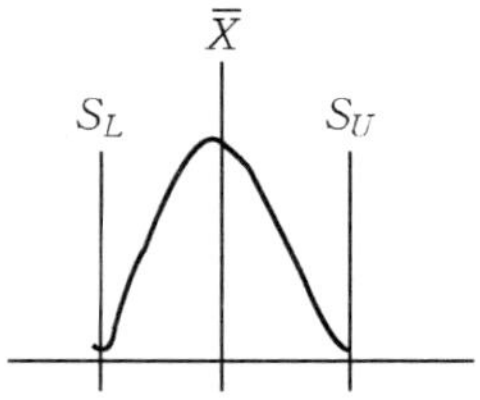	공정능력 충분함	이상적인 상태 유지·관리 필요
3	$1.0 \le C_p < 1.33$	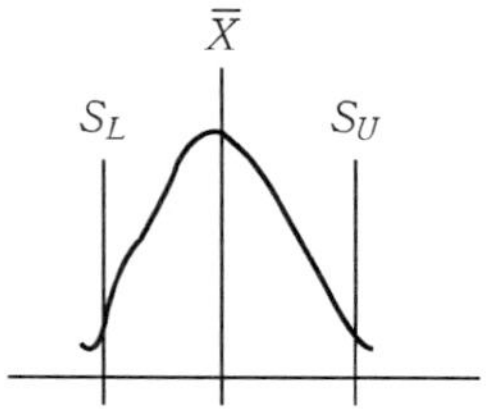	공정능력이 충분치는 않으나 근사함	Tight한 관리 필요함(불량발생 우려)
4	$0.67 \le C_p < 1.0$	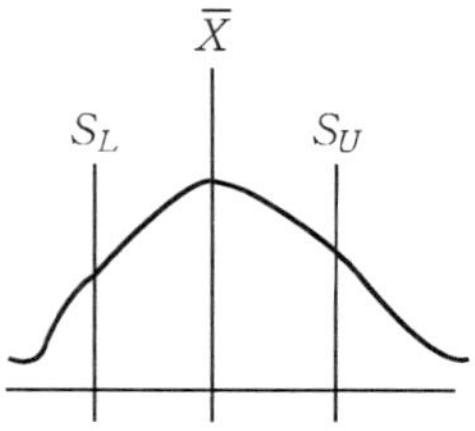	공정능력 부족함	전수검사 및 공정개선 필요
5	$C_p < 0.67$	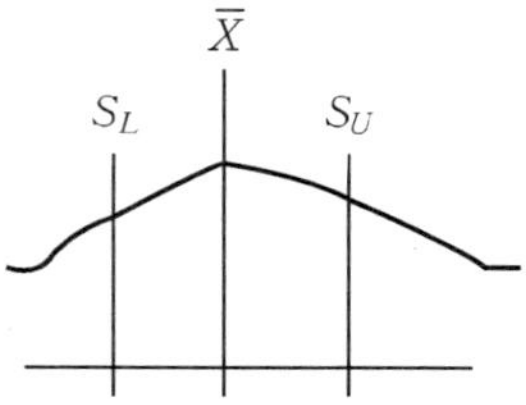	공정능력 대단히 부족	불량원인 개선 긴급조치 필요 또는 규격 재검토

(6) 히스토그램의 사용

① 분포(산포)의 모습을 보고 공정의 이상을 파악한다.

② 규격을 벗어난 것이 없는가를 조사한다.

③ 산포나 치우침의 원인을 조사한다.

④ 개선 전·후의 효과를 조사한다.

연습문제

어떤 공정의 제품을 측정한 결과 아래와 같은 Data가 나왔다. Spec.이 75 이하일 때 만족할 만하다 할 수 있는지 히스토그램을 그리고 판정하시오.

(N=100)

55	64	62	53	50	55	49	32	37	32
63	60	73	53	50	56	54	28	50	44
55	54	57	41	53	38	49	51	48	30
53	64	70	42	50	40	56	44	53	43
85	60	46	46	49	50	54	47	61	69
63	52	59	75	57	60	46	59	48	50
43	63	55	38	55	53	37	46	82	55
54	21	54	41	45	37	39	57	75	49
62	50	51	57	43	48	57	56	59	63
59	16	64	45	49	32	47	60	63	60

① Data를 수집한다.

② Data의 최대값(X_{max}), 최소값(X_{min})을 구한다.

각 열의 최대치										
각 열의 최소치										

③ 구간의 수(기둥)을 구한다. : K

$K = \Gamma n = \Gamma \text{Data수}$

④ 구간의 폭을 구한다. : h

$$h = \frac{X_{max} - X_{min}}{K}$$

⑤ 구간의 경계치를 구한다. : 첫 번째 구간 아래쪽 경계값 = X_{min} −(측정간격) / 2

⑥ 구간의 중심값을 구한다. : (구간 아래쪽 경계값 + 구간 위쪽 경계값) / 2

⑦ Data의 도수(f)를 헤아린다.

⑧ 도수표를 작성한다.

NO.	Boundaries	Midpoint	Frequency(Check)	f	u	fu	fu^2

⑨ 히스토그램을 그리고 필요사항을 기입한다. : Data 이력
(제품명, 공정명, 규격, Data 취합기간, 작성일자, 작성일, 작성자, 목적 등)

⑩ 판정결과는?

2.7 Graph (그래프)

Data를 도향으로 나타내어 수량의 크기를 비교하거나 수량의 변화하는 상태를 알기 쉽게 한 것의 관계를 보는 그래프이다.

(1) 그래프의 사용목적

① 사실에 의한 판단
② 시각적인 효과 : 숫자보다 그림이 알기 쉽다.
③ 각 Data간의 비교가 용이
④ Data의 전모 파악에 용이
⑤ 보는 이의 흥미유발
⑥ 보는 이가 알아보기 쉽고 구체적인 판단을 할 수 있다.
⑦ 쉽게 만들 수 있다.

(2) 표현방식에 의한 그래프 분류

① 막대그래프

일정한 폭의 막대를 나열하고 그 길이에 의해서 수량의 크기를 비교하는 그래프이다.

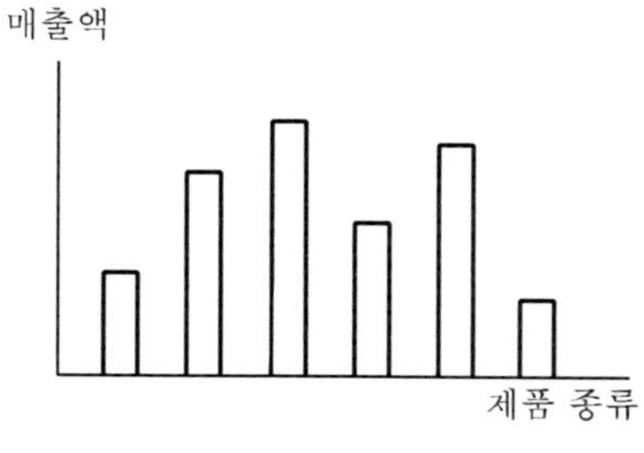

② 꺾은선그래프

선의 고저에 의해 수치의 대소를 비교할 수 있는 동시에 사간경과에 따른 변화를 알기 쉽다.

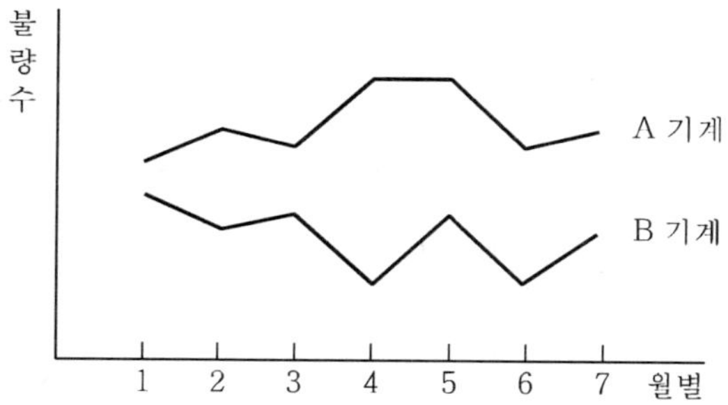

연습문제

어떤 회사의 연간 고객 Return 시료 불량률이 다음과 같을 때 선그래프를 그리고 분석하시오. 단, 물질목표는 1,400 PPM이다.

월	1	2	3	4	5	6
불량률(PPM)	1,120	1,325	1,205	1,121	985	1,411
월	7	8	9	10	11	12
불량률(PPM)	1,201	1,305	1,176	1,216	1,367	1,452

③ 원그래프

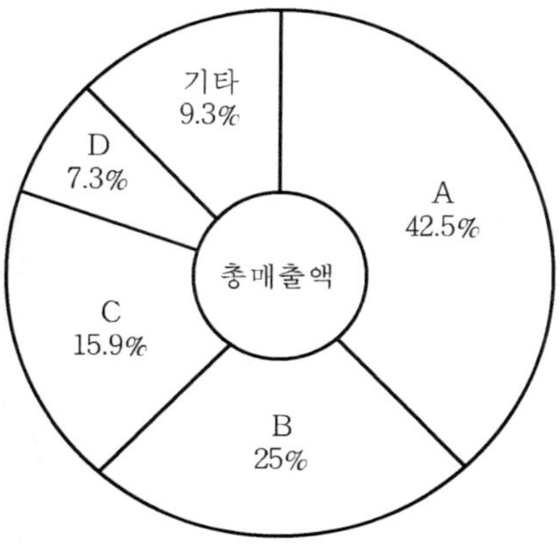

④ 띠그래프

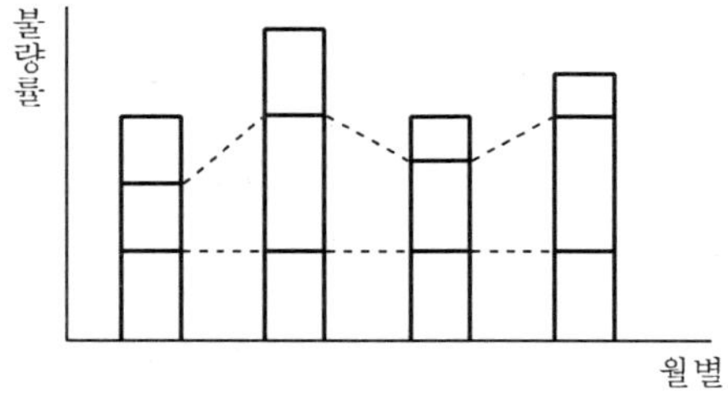

연습문제

사내에서 발생한 품질비용을 연도별 실적을 집계한 결과 다음과 같을 때 그래프를 그리고 해석하시오.

년도	2003년	2004년	2005년
예방비용(P-Cost)	7%	8%	10%
평가비용(A-Cost)	10%	16%	25%
실패비용(F-Cost)	83%	76%	65%

2.8 Scatter Plot (산점도)

대응하는 2종류의 Data를 가로축과 세로축에 잡아 타점하여 상호간의 관계를 보는 그래프이다.

(1) 사용목적

① 대응하는 2종류의 Data가 서로 관계가 있는가, 없는가를 확인

② 만약 관계가 있다면 어떤 특정치를 규격치의 범위에 넣기 위해서는 요인을 어떤 값으로 조절하면 좋은가를 조사하는 데 사용

(2) 대응하는 2종류 Data

① 원인(요인)-결과(특성)의 관계 : 원료 순도와 제품의 불량률, 조명밝기와 일의 능률 등

② 결과-결과 : 원재료의 인장강도와 경도 제품의 클레임률과 손율

③ 원인-원인 : 제품의 특성에서 반응온도와 압력

(3) 산점도의 작성

① 대응하는 Data를 시트에 정리한다. : Data 수가 적으면 상관관계가 잘 파악되지 않으므로 적어도 30개 이상의 Data를 모은다.

NO.	X	Y
1	1.20	0.3
2	1.02	0.1
.	.	.

② 그래프용지에 Data의 눈금을 기입한다.

③ 대응하는 Data를 그래프에 타점한다.

④ 필요사항을 기입한다. : Data 수, 조사기간, 작성자, 공정명 등

(4) 산점도 보는 법

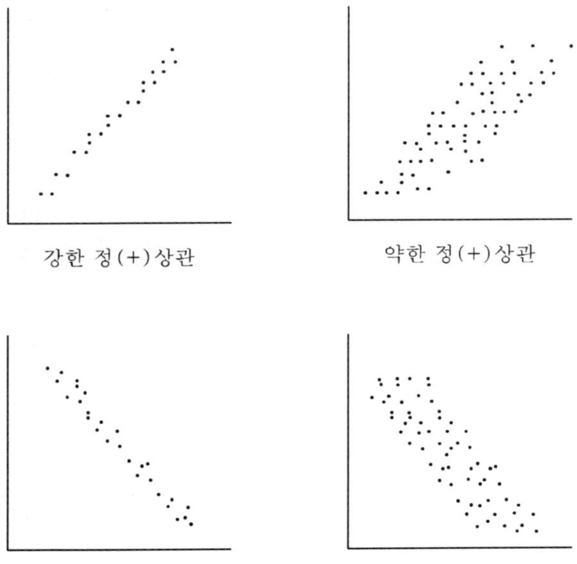

강한 정(+)상관 약한 정(+)상관

강한 부(-)상관 약한 부(-)상관

직선식이 아닌 관계

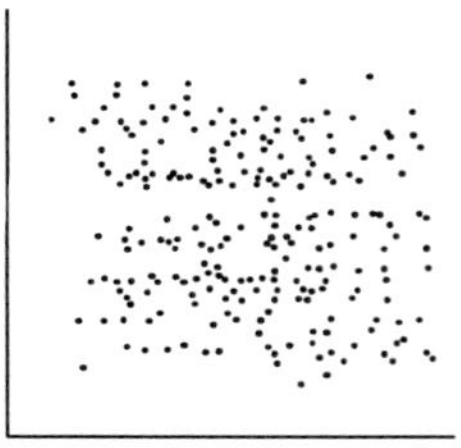

상관이 없다.

(5) 산점도의 Data 취합 Point

① 목적을 명확히 한다.

② 2종류의 Data의 관계를 확인한다.

③ 대응하는 Data를 취한다.

④ Data는 이력을 밝히고 층별할 수 있도록 취한다.

연습문제

점도가 중요시 되는 부재료가 단품상에는 문제없이 입고되고 있으나, 공정에 투입하여 사용 중 제품에 불량을 발생하고 있어 왜 점도의 변화가 있는가를 조사하기 위해 실내온도에 따른 점도 관계를 조사해 본 결과 다음과 같을 때, 실온과 점도 사이에 어떤 관계가 있는지를 해석하고 적정 실내온도조건을 논하시오.

실온(℃)	6	10	14	18	10	13	16	18	13	15	17	19
점도(초)	70	65	61	58	68	66	62	60	72	69	67	65
실온(℃)	8	12	15	18	9	12	15	18	12	14	16	18
점도(초)	69	65	64	60	70	66	63	62	69	67	66	65
실온(℃)	10	13	16	18	5	10	14	18				
점도(초)	70	65	64	62	69	63	50	56				

2.9 층 별

(1) 층별이란?

불량이 발생하였을 때 기계별이나 작업자별 또는 재료별, 시간별 등으로 구분해서 데이터를 잡으면 불량의 원인을 파악하는 데 도움이 된다.

그러므로 데이터를 혼입하지 않고 잡을 수 있도록 장비별, 사람별 등으로 층별하거나 Lot별로 흐르게 하면 즉각 제품의 이력을 알 수 있고 이상 발생시 추적이 쉬우며 조치도 매우 쉽다.

(2) 층별의 방법

작업자별, 기계별 등 5M2E1I에 의한 층별이 용이하다.

① MAN(사람)

② MACHINE(설비)

③ MATERIAL(원재료)

④ METHOD(작업방법)

⑤ MEASUREMENT(측정방법)

⑥ ENERGY(에너지), ENVIRONMENT(환경분위기 날씨)

⑦ INFORMATION(정보)

2.10 Control Chart (관리도)

(1) 관리도를 위한 사고

① 목표 및 계획대로 달성하기 위한 활동

② 규정된 범위 내 및 목표한 범위 내에서 유지해 가는 활동

(2) 관리도의 구조

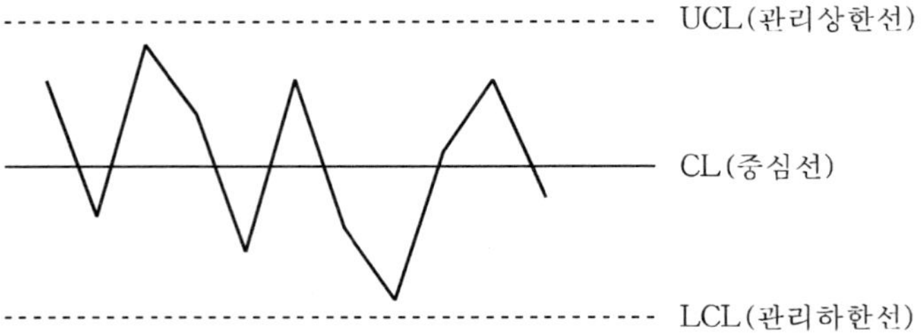

(3) 관리한계의 통계적 의미

① 공정(일정기간 Data 조사) 우연원인에 의한 산포의 크기 파악

② 우연원인에 의한 Data 산포범위 선정

③ 3σ 폭으로 관리 한계선 설정

④ 타점하는 점이 관리한계선 내에 있으면 우연원인 밖으로 나가면 이상원인으로 판단

(4) 관리도의 종류

대상이 되는 Data		사용하는 관리도와 명칭	
계량값 (연속적으로 변하는 값)	부품치수, 제품무게, 화학성분, 기계적 성질, 내용량 등	평균값과 범위의 관리도	$\overline{X}-R$ 관리도
		중앙값과 범위의 관리도	$\widetilde{X}-R$ 관리도
		개개의 Data와 이동범위의 관리도	$X-R_s$ 관리도
계수값 (단속적으로 변하는 값)	공정의 불량률, 제품에 포함되는 2급 품질 등	불량률의 관리도	P 관리도
	일정개수의 제품에 포함되는 불량의 수	불량개수의 관리도	P_n 관리도
	길이, 면적, 부피 등이 일정한 경우 그 속에 포함되는 흠이나 핀홀 등 결점의 수	단위당 결점수의 관리도	U 관리도
	일정한 길이, 면적, 부피 속에 포함되는 흠이나 핀홀 등 결점의 수	결점수의 관리도	C 관리도

(5) 관리도의 작성 ($\overline{X}-R$ 관리도의 예)

① Data를 모은다. : Data는 일반적으로 100개 이상으로 하고 가능한 최근의 것으로 하여 이력을 명확히 한다.

군 번호	월/일	X_1	X_2	X_3	X_4	X_5	ΣX	$\overline{X}$	R	비고
1	1/ 6	57	55	55	56	56	279	55.8	2	
2	1/ 7	56	55	55	53	56	275	55.0	3	
3	1/ 8	58	56	59	56	54	283	56.6	5	
4	1/ 9	55	53	54	53	54	269	53.8	2	
5	1/10	55	54	56	54	57	276	55.2	3	
6	1/11	55	57	59	60	60	291	58.2	5	
7	1/12	57	55	56	55	54	277	55.4	3	
8	1/13	55	58	54	54	55	276	55.2	4	
9	1/14	53	52	51	55	55	266	53.2	4	
10	1/15	58	56	56	55	55	280	56.0	3	
11	1/16	53	53	59	56	56	277	55.4	6	
12	1/17	52	55	55	57	56	275	55.0	5	
13	1/18	59	55	53	56	54	277	55.4	6	
14	1/19	52	55	55	54	53	269	53.8	3	
15	1/20	55	58	56	53	54	276	55.2	5	
16	1/21	56	57	57	57	56	283	56.6	1	
17	1/22	56	56	53	56	52	273	54.6	4	
18	1/23	61	58	51	50	55	275	55.0	11	
19	1/24	53	51	55	54	57	270	54.0	6	
20	1/25	58	54	57	55	58	282	56.4	4	
21	1/26	55	58	55	54	53	275	55.0	5	
	관 리 선					Remark	Sum	1160.8	90	
							평균	$\overline{\overline{X}}=$	$\overline{\overline{R}}=$	

	관 리 선
$\overline{X}$	$CL = \overline{\overline{X}}$ $UCL = \overline{\overline{X}} + A_2\overline{R}$ $UCL = \overline{\overline{X}} - A_2\overline{R}$
R	$CL = \overline{R}$ $UCL = D_4\overline{R}$ $UCL = D_3\overline{R}$

계 수 표

n	A_2	D_3	D_4
2	1.880	-	3.267
3	1.023	-	2.575
4	0.729	-	2.282
5	0.577	-	2.115
6	0.483	-	2.004

② Data를 시간순으로 배열한다(일자별).

③ Data를 군으로 나눈다(통상 5~6개 : K로 표시함).

④ Data 시트에 기입한다.

⑤ 평균값을 계산한다($\overline{X}$).

$$\overline{X} = \frac{(X1 + X2 + \cdots + Xn)}{n} = \frac{\Sigma X}{n} = (58+56+59+56+54)/5 = 55.6$$

(군 번호 3번 경우)

※ 모든 군 평균의 합도 계산하여 기입한다.

⑥ 범위 R을 계산한다. : R=최대값−최소값=59−54=5(군 번호 31번 경우)

⑦ 총평균을 계산한다($\overline{\overline{X}}$).

$$\overline{\overline{X}} = \frac{(\overline{X}1 + \overline{X}2 + \cdots + \overline{X}n)}{k} = \frac{\Sigma \overline{X}}{k} = 1160.8/21 = 55.276 = 55.28$$

여기서, k는 군의 수

⑧ 범위의 평균값을 계산한다($\overline{R}$).

$$\overline{R} = R1 + R2 + \cdots + Rk = \frac{\Sigma \overline{R}}{k} = 90/21 = 4.28 = 4.3$$

여기서, k는 군의 수

⑨ 관리한계선을 계산한다.

- $\overline{X}$ 관리도의 관리선

$CL = \overline{\overline{X}} = 55.28$

$UCL = \overline{\overline{X}} + A_2\overline{R} = 55.28 + (0.577 \times 4.3) = 57.76$

$UCL = \overline{\overline{X}} - A_2\overline{R} = 55.28 - (0.577 \times 4.3) = 52.80$

A_2값은 군의 크기에 따라 좌우되는 값이다.

- R 관리도의 관리선

$CL = \overline{R} = 4.3$

$UCL = D_4\overline{R} = 2.115 \times 4.3 = 9.0945 = 9.1$

$UCL = D_3\overline{R} = \cdots$ (고려하지 않는다)

D_3, D_4값은 군의 크기에 따라 좌우되는 값이다. 단, D_3값이 6 이하일 경우에는 고려하지 않는다.

표 7-11 $\overline{X}-R$ 관리도용 계수표

군의 크기	$\overline{X}$ 관리도	R 관리도	
	A_2	D_3	D_4
2	1.880	–	3.267
3	1.023	–	2.565
4	0.729	–	2.282
5	0.577	–	2.115
6	0.483	–	2.004
7	0.419	0.076	1.924
8	0.373	0.136	1.864
9	0.337	0.184	1.816
10	0.308	0.223	1.777

⑩ 관리도를 작성하고 필요사항을 기입한다.

예 를 들 면

P 관리도의 예

① Data를 모은다. : 검사수 및 불량수를 확인한 Data 20~25를 취한다.
② Data를 군으로 나눈다. : $n \geq 50$개 $np=225$개
③ Data 확인을 준비한다.
④ 불량률을 구한다. : $P(\%) = \dfrac{\text{불량수}}{\text{군의 크기}} \times 100$
⑤ 평균불량률을 계산한다. : $\overline{P} = \dfrac{\text{총불량수}}{\text{총검사수}}$
⑥ 관리한계선을 계산한다.

$$CL = \overline{P}$$

$$UCL = \overline{P} + 3\sqrt{\frac{\overline{P}(1-\overline{P})}{n}}$$

$$LCL = \overline{P} - 3\sqrt{\frac{\overline{P}(1-\overline{P})}{n}}$$

⑦ 관리도에 기입한다.
⑧ 기타 관련사항을 기입한다. : Data를 취한 기간, 측정자, 측정기 등

(6) 관리도의 해석

그래프의 상태	점의 배열	조 치
경향(Trend)	점의 배열이 상승 또는 하강의 양상을 나타냄	공정의 작은 주기적 변동 또는 변화가 있으므로 원인을 찾아 조치함 (기술상의 유익한 정보 제공)
주기(Cycle)	점의 배열이 일정한 형태로 나타나고 있음	공정의 작은 주기적 변동 또는 변화가 있으므로 원인을 찾아 조치함 (기술상의 유익한 정보 제공)
관리한계선으로의 접근	중심선과 관리한계 사이를 3등분하여 가장 바깥쪽부분에 점이 3점 중 2점이 들어가고 있음	공정의 산포가 증가하고 있으므로 관리점을 확인점검함
중심선으로의 접근	중심선에 가깝게 지속적으로 연속하여 점들이 나타나고 있음	샘플채취가 나쁠 때 또는 관리방법 변경시에공정이 안정되어 있음 일상적인 공정유지·관리 필요, 발생하므로 검토함
관리상태 및 안정상태	점이 중심선 근처에서 산초하거나 관리한계를 벗어나지 않은 상태로 점의 배열에 규칙이 없는 상태임	공정이 안정되어 있음 일상적인 공정유지·관리 필요
관리이탈	점이 관리한계 밖으로 나간 경우 $\overline{X}$: 공정의 평균치 변화 R : 공정산포 변화	공정의 이상원인을 조사하여 재발방지토록 조치함
런(Run)	중심선의 한쪽의 점이 연속하여 7개 이상 나타남	공정의 평균, 산포가 조금 변화하고 있으므로 원인을 찾아 조치함(기술상의 유익한 정보 제공)

그래프의 상태	관리도의 구조
관리상태 및 안정상태	
관리이탈	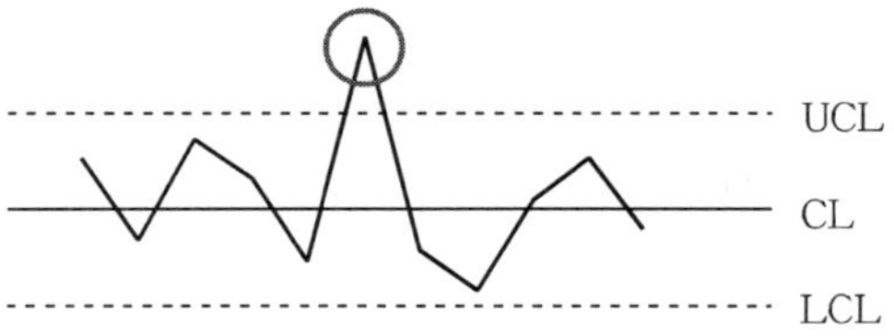
런(Run)	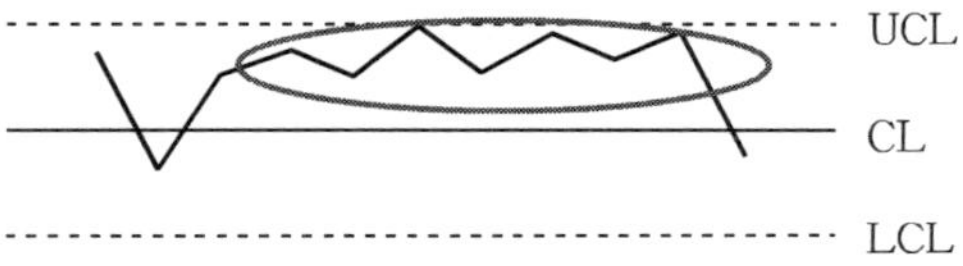
경향(Trend)	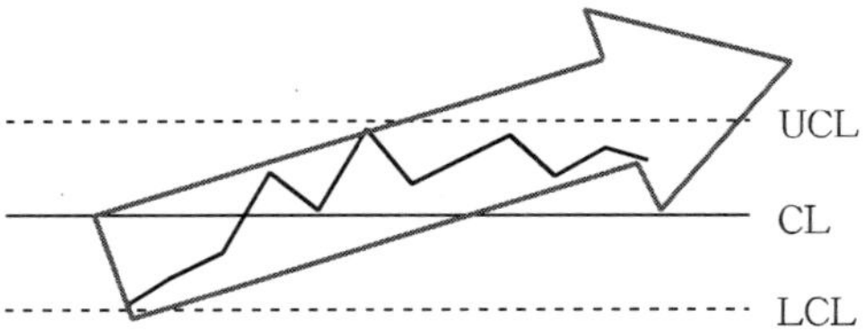
주기(Cycle)	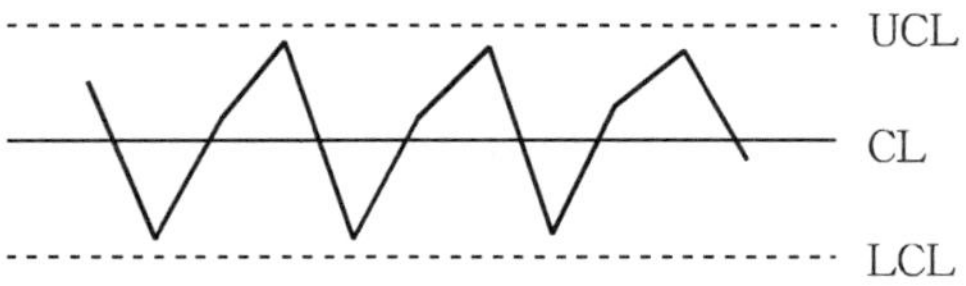
관리한계선으로의 접근	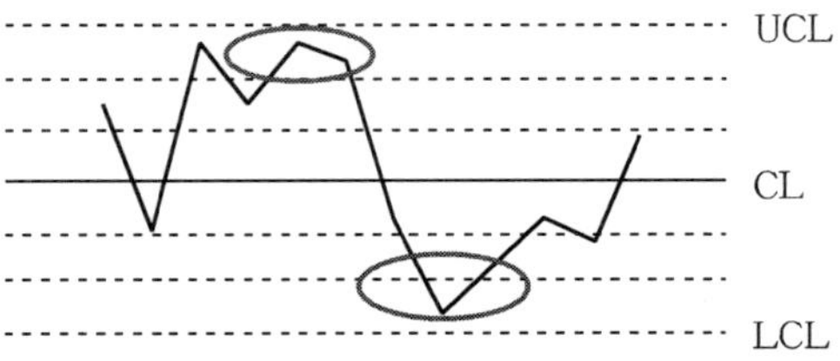
중심선으로의 접근	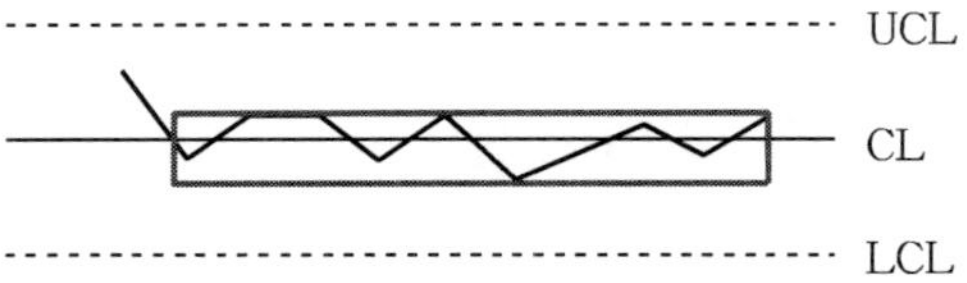

그림 7-11 관리도의 해석

연습문제

EDT 봉지공정에 대한 길이를 측정한 Data이다. $\overline{X}-R$ 관리도를 작성하고 해석하시오.

n	X_i					ΣX	$\overline{X}$	R	비고
	X_1	X_2	X_3	X_4	X_5				
1	131.0	130.9	130.9						
2	131.3	131.3	131.3						
3	131.2	131.2	131.2						
4	131.1	131.3	131.2						
5	131.3	131.3	131.3						
6	131.2	131.2	131.2						
7	131.3	131.2	131.2						
8	131.6	131.3	131.2						
9	131.2	131.3	131.2						
10	131.2	131.1	131.2						
11	131.2	131.3	131.2						
12	130.9	130.8	130.8						
13	131.3	131.3	131.3						
14	131.2	131.1	131.3						
15	131.2	131.1	131.2						
16	131.2	131.3	131.3						
17	130.8	130.9	131.0						
18	130.8	131.2	131.3						
19	131.3	131.3	131.3						
20	131.2	131.2	131.2						
						계			

연습문제

다음은 EDT CDT 15" 초기 EM 불량에 대한 Data이다. P 관리도를 작성하고 해석하시오.

일자	검사수	불량수	일자	검사수	불량수
1	4,957	160	16	4,907	331
2	5,061	254	17	5,022	261
3	4,921	224	18	5,780	181
4	5,601	227	20	3,815	270
6	4,364	139	21	5,102	413
7	5,064	252	22	5,127	462
8	5,013	557	23	4,957	660
9	4,988	419	24	4,929	375
10	5,063	356	25	4,716	193
11	4,979	510	26	5,028	196
12	5,073	402	27	4,775	182
13	4,952	467	28	4,037	174
14	4,932	285	29	4,834	179
15	5,046	325	30	5,062	212

2.11 QC Tools의 활용

(1) QC 7 Tools의 활용

① QC 7 Tools의 활용은 수단이며 목적은 공정의 일을 관리하는 것

② QC 7 Tools를 생각하기 전에 공정을 정확히 관리하자.

- 현장의 기능을 이해하자.
- 자신의 기본적인 역할을 명확히 이해하자 : Q(품질), C(원가), D(납기), S(안전)적 이해

(2) QC 7 Tools 활용의 마음가짐

① QC 7 Tools는 목적달성을 위한 유효한 수단이다.

② 문제의 95%는 간단한 QC Tools의 활용만으로 해결될 수 있다.

③ 이론을 알기보다는 실천적인 사용법을 아는 것이 중요하다.

④ 살아있는 QC Tools이 되기 위해서는 전원참여가 필수적이다.

⑤ 최종결과만으로 판단하지 말고 Data를 모은 과정을 중시하여 사실을 파악함이 중요하다.

⑥ 적절한 층별을 하지 않으면 좋은 해석도 관리도 바랄 수 없다.

2.12 QC Story

순서	내 용	실시사항	사용 QC Tools
1	테마의 선정	문제점 파악 테마를 정함	그래프 파레토그램
2	현상파악 및 목표설정	현상파악 및 사실 수집 공격대상(특성값) 설정 목표값 및 기한설정	파레토그램 그래프
3	활동계획서 작성	실시사항 결정 역할분담 및 일정 정함	그래프
4	요인해석	특성값의 현상조사 요인열거 및 해석 대책항목 결정	특성요인도 그래프 산점도 히스토그램 관리도
5	대책검토 및 실시	대책검토 및 아이디어 발상 대책내용의 확인 대책실시방법의 검토 대책실시	특성요인도
6	효과확인	대책결과의 확인 목표값과 비교 성과(유·무형) 파악	히스토그램 파레토그램 관리도
7	표준화관리의 정착	표준의 제정 및 개정(관리방법 결정) 관리의 정착(교육 및 유지·관리)	그래프 관리도 체크시트

2.13 QC Tools 활용의 기대효과

(1) 간접적인 효과

① 직감이나 경험이 아니라 계통적·종합적·계획적인 현상파악에 의한 분석 검토가 가능하다.
② 통계적인 사고방식으로 객관적인 판단이 가능하다.
③ 판단기준이 명확화되어 있으면 누구라도 정확한 판단이 가능하다.
④ 평소 눈에 띄지 않던 결점이 드러나 빠뜨림이 없어진다.
⑤ 문제가 커지기 전에 이상상태를 알 수 있다.
⑥ 불규칙한 가운데서 규칙성을 찾을 수 있다.
⑦ 개개의 문제가 아니라 전체를 볼 수 있다.
⑧ 공정 전체의 Check를 단기간에 할 수 있다.
⑨ 결과가 구체화(숫자, 도표)되므로 문제점의 파악이 용이해진다.
⑩ 결과에 대한 설득력이 높다(과학적·통계적인 뒷받침).
⑪ 객관적이기 때문에 의견통합이 쉽고 상황설명, 현장보고서 등을 간략히 할 수 있다.
⑫ 한눈으로 현상을 알 수 있으므로(그래프 등) 품질에 대한 책임과 관심을 높일 수 있다.
⑬ 간단한 통계를 아는 것만으로 사용 가능하므로(작업자) 작업이나 공정에 대한 이해를 깊이 할 수 있다.
⑭ Data의 산포에 대한 개념을 이해하게 되어 관리의식이 향상된다.

(2) 직접적인 효과

① 품질이 안정되고 향상된다.
② 불량품이 감소되고 수율이 향상된다.
③ 고객 클레임이 감소된다.
④ 제품의 코스트(Cost)가 떨어진다.
⑤ 제조원가가 내린다.
⑥ 생산량이 증가한다.
⑦ 불필요한 작업이 없어지고 작업상 과오가 줄어든다.

⑧ 제품에 자신이 생기고 신뢰성이 높아지며 능률이 오른다.

⑨ 검사 및 시험비용이 감소된다.

⑩ 공정 및 사무실에게 거짓 Data가 없어진다.

⑪ 공정설비 및 치공구의 수리와 개선, 증설이 합리적으로 이루어진다.

Chapter 03

신 QC 7가지 Tools

앞에서 설명한 품질관리 7가지 도구는 품질문제를 해결하려는 계량화된 품질개선기법들이다. 그러나 품질경영 추진과정에 있어 새로운 착안이나 언어데이터를 이용하여 문제를 분석하는 정성적 분석방법이 필요하다.

본 항에서는 설명해야 할 새로운 품질관리도구는 다음과 같다.

3.1 Affinity Diagram (친화도)

친화도(Affinity Diagram)란 확실하지 않고 혼돈된 상태에서 얽혀져 있는 정보를 언어데이터로서 포착하여 상호의 친화성에 의해서 정리함으로써 문제를 명확히 하는 방법이다. 따라서 친화도법은 어떤 문제의 요인간 관계를 검토함으로써 요인을 분석하는 데 도움을 준다. 그림 7-12는 친화도 문제에 관련된 것을 분류한 것이다.

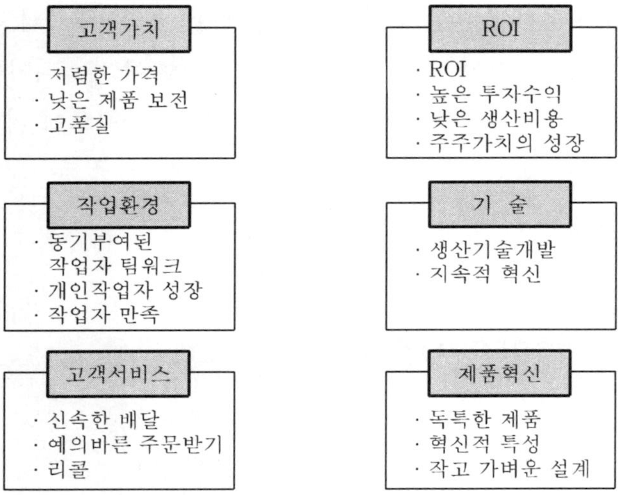

그림 7-12 친화도법

3.2 Relationship Diagram (연관도)

연관도(Relationship Diagram)란 친화도법에 의하여 문제나 이슈가 체계화된 이후에 관련된 개념이나 아이디어 사이에 존재하는 인과관계를 밝히는 데 사용된다. 즉, 문제가 되는 결과에 대하여 원인이 복잡하게 엉켜 있을 경우에 그 인과관계나 원인의 상호관계를 명확히 밝힘으로써 적절한 해결책을 유도 하는 방법이다.

연관도를 작성하기 위해서는 우선 팀으로 하여금 동그라미 속에 각 아이디어를 적도록 한 후 이들을 서로 가까이 놓게 한다. 다음에는 각 아이디어 사이에 영향을 미치는 관계를

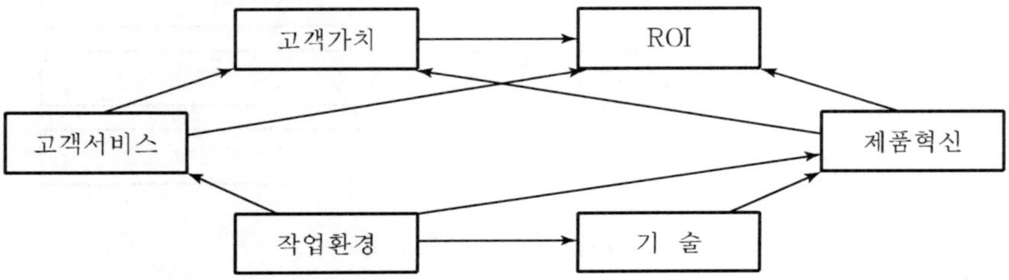

그림 7-13 연관도법

분석한 후 화살표를 사용하여 영향의 방향을 나타낸다. 유입화살표의 수를 감안하여 유출 화살표가 가장 많은 아이디어가 주요한 원인이기 때문에 이 아이디어를 개선하도록 해야 한다. 그림 7-13은 그림 7-12를 이용한 연관도법으로, 이 연관도에 의하면 작업환경이 주요한 과제이다.

3.3 Tree Diagram (계통도)

계통도(Tree Diagram)란 설정한 목표를 달성하기 위해서 목적과 수단의 계열을 계통적으로 전개함으로써 최적의 수단을 탐색하는 방법이다. 즉, 친화도는 문제를 밝히고 연관도는 그들의 상호관계를 밝히는 데 이용되지만 계통도는 이렇게 결정된 문제를 해결하거나 목표를 달성하기 위한 최적의 수단과 방법을 추구하는 데 이용된다. 따라서 계통도는 문제에 영향을 미치는 원인은 밝혀졌지만 이 문제를 해결할 계획이나 방법은 아직 개발되지 않은 경우에 사용된다.

계통도는 특정문제를 해결하기 위하여 해야 할 일은 무엇이며, 이들의 선후관계는 어떤가 하는 질문을 반복 및 탐색함으로써 작성할 수 있다. 그림 7-14는 계통도법의 예이다.

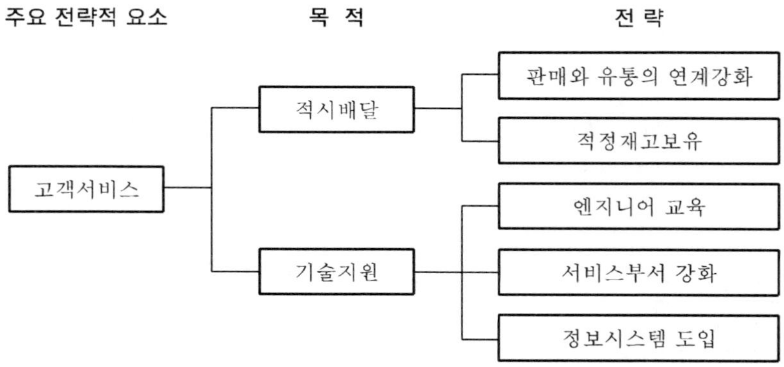

그림 7-14 계통도법

3.4 Matrix Diagram (매트릭스도)

매트릭스도(Matrix Diagram)는 앞서 설명한 도구에 의해서 얻은 정보를 이용하여 아이디어나 활동, 책임, 기능 등에 존재하는 논리적 연관성을 그래프에 표시함으로써 문제의 소재나 문제해결의 착상을 얻기 위해 사용하는 도구이다. 즉, 원인과 결과 사이의 관계, 목표와 방법 사이의 관계를 밝히고 이들 관계의 상대적 중요도를 나타내기 위하여 사용된다.

매트릭스도는 품질계획에서 많이 이용되는데 특히 품질기능전개(Quality Function Deployment)에서 무엇(What)과 어떻게(How)의 관계를 나타낼 때 이용된다.

표 7-12는 매트릭스도의 예이다. 이 표에서 3개의 기본적인 목적은 행에 표시하고, 이를 달성하기 위한 조치는 열에 표시하였다.

표 7-12 매트릭스도법

목적 \ 조치	신제품개발	공정혁신	작업환경개선
저 원 가		◎	
고 품 질		◎	○
납 기	◎	△	

◎ : 강한관계, ○ : 중간관계, △ : 약한 관계

3.5 매트릭스 데이터 해석

매트릭스 데이터 해석(Matrix Data Analysis)은 매트릭스도에 나타난 여러 요인간에 존재하는 관계의 정도를 수량화하는 데 이용된다. 각 요인에 대해 주관적인 가중치가 주어지고 요인의 우선순위를 결정할 점수제가 필요하다.

이 방법은 고객요구와 기업간 평가, 제품과 성능비교, 목표와 수단간의 평가 등에 이용된다. 표 7-13은 기업의 경쟁우위 창출을 위한 매트릭스 데이터 해석법이다.

표 7-13 매트릭스 데이터 해석법

경쟁우위 창출요소	중요도 가중치	경쟁기업	자 사	차 이
가 격	0.3	6	8	+2
기 술	0.1	7	8	+1
품 질	0.2	7	9	+2
서 비 스	0.4	8	5	−3

3.6 PDPC

PDPC(Process Decision Program Chart)법이란 어떤 프로젝트를 실행해 나가는 과정에서 발생할 수 있는 모든 상황을 상정하여 가장 바람직한 결과에 도달할 수 있도록 프로세스를 정하는 방법으로 과정결정계획도법이라고도 한다. 이 방법은 아직 문제의 개발단계에 있으면서도 상황의 전개를 예측할 수 있도록 하고, 바람직한 결과에 이르는 가장 좋은 과정을 선정하는 데 도움을 준다.

그림 7-15는 새로운 시스템을 설치할 경우 PDPC법의 예이다.

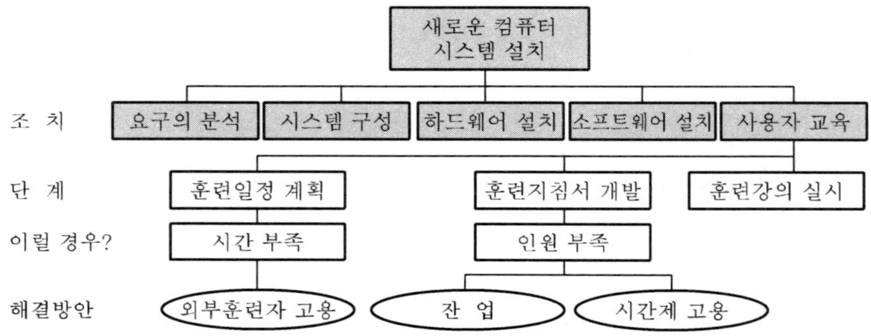

그림 7-15 PDPC법

3.7 Arrow Diagram (애로우 다이어그램)

애로우 다이어그램(Arrow Diagram)은 문제를 해결하는 활동에 필요한 사항을 주로 시계열적인 순서에 따라 네트워크로 나타내고 최적의 일정계획을 위한 진척도를 관리하는 방법이다. 프로젝트의 일정계획을 수립하는 데 이용되는 단순한 PERT/CPM 기법이라고 할 수 있다.

그림 7-16은 신제품의 개발 일정계획을 수립하는 데 이용되는 애로우 다이어그램법의 예이다. 그림에서 동그라미는 사상의 완료를 의미하고, 화살표는 사상의 완료시간을 의미한다.

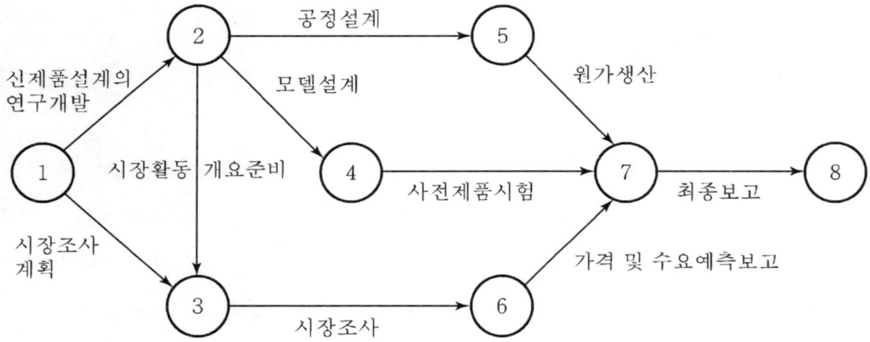

그림 7-16 애로우 다이어그램

Chapter 04 품질경영시스템 보증제도

4.1 ISO 9000 시리즈

오늘날 세계경제는 자국의 경제이익을 위해 상호개방을 부르짖으면서도 보호무역주의가 우세하며, 한편으로는 EC, NAFTA 등과 같은 경제블록화가 가속화되고 있다. 과거와 달리 국가간 거래가 어느 때보다도 활발하게 이루어지고 있으며 앞으로도 이러한 추세는 계속될 것으로 보인다. 따라서 국가간 무역의 원활한 촉진을 위해서는 국가 상호간에 동일한 기술규격의 적용과 제품품질에 대한 중복검사를 방지할 필요가 있다. 이러한 요구에 따라 ISO는 제품에 대한 규격뿐만 아니라 원활한 커뮤니케이션 활동에 필요한 용어 및 양식에 대한 규격, 그리고 조직을 효율적으로 통제하기 위한 관리규격 등을 제정하고 있다. ISO 9000 시리즈는 이들 중 관리규격에 속하는 것으로 제품 및 서비스를 제공하는 기업의 품질시스템을 규정하는 국제규격이다.

4.1.1 대두배경

ISO 9000 시리즈가 대두되게 된 배경은 제2차 세계대전 중 미국의 군수품 공급업체에서 일어났다. 당시 군수품의 60~80%가 품질에 이상이 있어 미국 정부는 1959년에 품질규격을 제정하였다(MIL-Q-9858A). 이 제도는 곧 NATO 회원국들에도 전해져 1960년대에 일반산업용 표준인 BS-5179가 영국에서 제정되었다. 그 이후 미국에서 국가표준기구 및 전문단체들이 자체 품질시스템 규격과 규정을 제정하였다.

이와 같이 여러 단체에 의해 규격이 무질서하게 제정되어 품질검사의 일관성이 상실되어 동일제품이 여러 규격에 따라 제조되는 등 혼란을 겪게 되었다. 영국 표준협회(BSI)는 영국 내 일반업체가 사용하는 품질요건시방을 표준화하고자 1972년 BS 4891 '품질보증지침'을 발간하였다. 이어 영국에서도 1975년 산업 전반에서 인정될 수 있는 BS 5179가 제정되었다.

BS 5179는 다수의 주요 구매자들에 의해 매우 성공적으로 활용되었으며, 납품업자와 공급자를 선정 및 평가하는 제도에 매우 효과적인 기반을 제공하였다. 또한 그것은 많은 회사들에게 품질규격의 개념을 소개함으로써 기존의 품질개념을 한층 새롭게 하였다. 주요 산업계에서 품질에 대한 인식을 새롭게 하게 된 것은 보다 엄밀한 규격을 요구하는 영국에서 BS 5750을 1979년에 다시 세 부분으로 나누어 발간하면서부터이다.

이와 같은 각국의 품질보증규격의 제정동향과 함께, 영국표준협회는 1979년 ISO로 하여금 품질보증에 관한 새로운 기술위원회를 설치하여 국제적으로 통일된 품질보증규격을 제정할 것을 제안하였으며, 이 제안이 받아들여져서 1980년에 ISO/TC 176(품질경영 및 품질보증에 관한 기술위원회)이 설립되고 초대 간사국으로 캐나다가 선출되었다.

ISO 9000 시리즈의 제정당시 주로 검토된 규격은 BS 5750을 기초로 하여 7년 동안의 검토와 수정을 거쳐 1987년 품질보증에 관한 최초의 국제규격인 ISO 9000~9004의 5가지 규격이 제정되었다.

이후 EC는 ISO 9000 시리즈를 유럽규격으로 채택하였으며 이에 각국이 호응하여 이를 국가규격으로 채택함으로써 전세계적으로 확산되었다. 국내에서는 1992년 4월 ISO 9000 시리즈를 KS A 9000 시리즈로 제정·고시하였다.

이처럼 기업들이 ISO 9000 인증을 받는 이유는 대개 해외 및 국내의 거래선 또는 모기업으로부터의 구체적인 외압에 의한 경우이다. 해외의 요구에 의한 경우로써는 IEC(국제전기협회)가 유럽 수출품에 대해 ISO 9000에 의한 인증을 요구한 것이 그 예가 되며, 기업 내의 향후 사업을 고려하여 자발적으로 한 경우로는 최근 일부 기업들이 자사의 품질관리체계를 정비하기 위해 실시하는 것이 그 예가 될 수 있을 것이다.

ISO/KSA TS16949 2002 개요

IATF(International Automotive Task Force ; 국제자동차협의회)에 의해 자동차업종 품질시스템 요구사항을 조화롭게 통합한 국제자동차분야 품질경영시스템 요구사항
미국(AIAG) : QS 9000 1998
이탈리아(ANFIA) : AVSQ 1994
독일(VDA) : VDA 6.1
프랑스(FIEV) : EAQF 1994

(1) ISO/KSA TS16949의 탄생

① ISO/KSA TS16949 Edition 1 1999.03.01
② ISO/KSA TS16949 Edition 2 2002.03.01

(2) IATF란?

① 국제자동차협의회(International Automotive Task Force)
② 전세계 자동차 이해관계자들로 1997년에 구성
- 자동차 메이커 : D/C, Ford, GM, Fiat, 푸조-시트로앵, Renault, BMW, Audi, VW 등
- 자동차공업협회 : 미국(AIAG), 이탈리아(ANFIA), 독일(VDA), 프랑스(FIEV), 영국(SMMT), 일본(JAMA)

(3) 제정배경

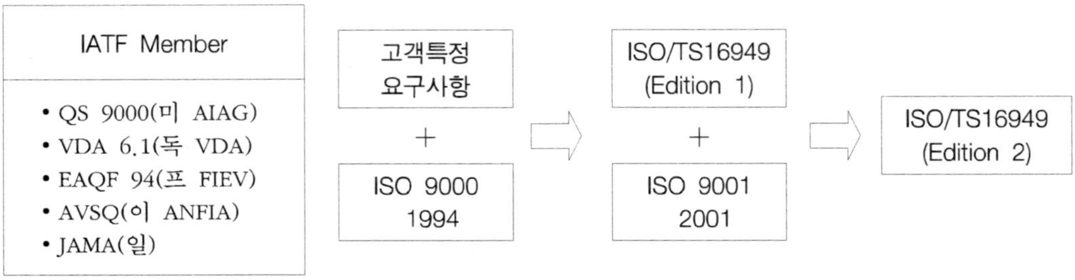

(4) ISO/KSA TS16949 Vs QS 9000

구분	ISO/KSA TS16949	QS 9000
규격주관	ISO/TC176 & IATF	미국 SQRTF
행정조직	IAOB	AIAG
고객	미국-유럽 자동차협회 및 메이커	미국 자동차 메이커(Ford, GM)
인증기관 승인	IATF에 의한	각국 인증기관에 의한(한국인증원)

① SQRTF : Supplier Quality Requirement Task Force(DC, Ford, GM 실무진)

② AIAG : Automotive Industry Action Group)

③ IAOB : International Automotive Oversight Bureau

(5) ISO/KSA TS16949 Vs QS 9000 변경 내용

구분	ISO/KSA TS16949	QS 9000
Base	ISO 9001 ; 2000	ISO 9001 ; 1994
접근방법	Process Approach 강조	문서화된 절차 강조
주요 개정내용	내부고객 동기부여 및 만족도 측정	-
	개발과정관리로 APQP 또는 Project 관리 적용	개발과정관리로 APQP 적용
	공정설계 입력자료 파악/검토/문서화	-
	회사가 기록 보유기간 설정	기록보유기간(1.3년 및 Active+1년
	시스템감사, 공정감사, 제품감사로 구분	내부감사
	직무교육훈련 추가(신입 보직변경시)	교육훈련

(6) ISO/KSA TS16949 Vs 2002

구 분	ISO/KSA TS16949 1999	ISO/KSA TS16949 2002
목 표	요건을 기준으로 한 일련의 과업 중심 System 성과 ≠경영목표달성	규정된 목표달성을 위해 Process를 설계하고 지속적으로 측정, 검토, 개선
목 적	절차는 과업의 완수	Process는 출력(Output)달성
초 점	절차는 규칙 준수	Process는 이해관계자의 만족
범 위	고객 주문과 직접 관계된 기능만을 품질경영시스템에 포함	모든 Process와 기능을 품질경영시스템에 포함
실 행	품질목표 달성보다 절차준수	품질경영 8원칙에 의해 사업과의 연관성 및 목표달성도 점검
문서화	기능 중심의 문서화	Process 중심의 문서화

(7) 자동차 OEM Maker의 요구사항

자동차 OEM	ISO 9000	QS 9000	VDA 6.1	EAQF	AVSQ	TS16949
GM	×	◎	×	×	×	●
D/Chrysler	○	◎	◎	○	○	●
Ford	△	△	×	×	×	△
VW Group	×	○	◎	○	○	●
BMW	○	○	◎	○	○	●
PORSCHE	○	○	◎	○	○	●
RENAULT	×	×	○	●	○	◎
FIAT	○	○	○	○	●	◎
VOLVO	△	△	△	△	△	△
Japan	×	×	×	×	×	×

◎ : 기본 요구사항, ● : ◎와 동등함, ○ : ◎을 취득하지 않아도 인정, △ : 권장, × : 불필요

4.1.2 ISO 9000 시리즈의 내용

ISO 9000 시리즈는 ISO에서 제정한 품질경영시스템에 관한 국제규격으로 기업이나 어떤 조직에서 품질경영을 위해 구비해야 할 최소한의 요구사항을 정한 것이다. ISO 9000 시리즈의 구성과 규격별 규정내용은 다음과 같다.

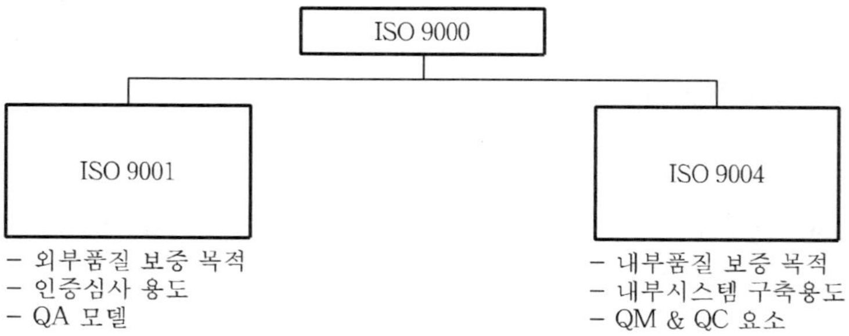

그림 7-17 ISO 9000 시리즈의 구성

(1) ISO 9000 (품질경영 및 품질보증 규격 - 선택 및 사용지침)

ISO 9000은 통상 9000 시리즈를 지칭하는 것으로 자문성격을 갖는 문서이다. 이것의 목적은, 첫째 품질개념간의 구별과 상호관계를 명확히 하는 것이고, 둘째 내부품질경영 목적(ISO 9004)과 계약상황에서의 외부품질보증 목적(ISO 9001)을 위해 사용할 수 있는 품질시스템에 관한 규격시리즈의 선택과 사용에 대한 지침을 제공하는 것이다.

(2) ISO 9001 (설계, 개발, 제조, 설치 및 서비스에의 품질보증모델)

ISO 9001은 시장 및 고객으로부터의 품질요구가 없거나 포괄적인 성능요구는 있어도 명확한 품질시방은 아니기 때문에 제조사가 설계에 의해 제품의 품질시방을 확정함과 아울러 품질적합성을 입증하기 위해 설계-제조-출하-설치에 대한 품질시스템의 유지가 필요한 경우 적용되는 것으로 가장 광범위한 품질보증모델이다.

(3) ISO 9004 (품질경영 및 품질시스템 요소 - 지침)

ISO 9004는 시리즈 중에서 두 번째의 자문성격의 문서이다. 이 규격은 ISO 9000 시리즈의 전반적인 품질경영과 품질시스템 요소에 관하여 상세한 자문정보를 제공한다. 계약문서로 이용되는 세 가지 규격요건(ISO 9001～9003)과 관련된 정보 이외에도 ISO 9004는 그 밖의 마케팅, 제품안전과 책임, 품질비용 등과 같은 분야에 대해서도 지침을 제공한다.

이들 규격은 품질시스템이 어떤 요소를 포함해야 하는가를 정하는 요구사항이지 품질시스템을 획일화하는 것이 목적은 아니다. 이들 규격은 포괄적이며, 특정산업 또는 경제분야와는 직접적인 관계가 없다. 품질시스템의 설계와 실행은 조직의 다양한 요구와 특수목적, 공급되는 제품이나 서비스, 그리고 적용되는 공정 및 고유한 관행에 영향을 받게 된다.

통상적으로 이 국제규격들을 현재의 형식 그대로 적용하는 것이 본래의 의도이지만 경우에 따라서는 특수한 계약상황에 맞도록 필요에 따라 해당 품질시스템 요구사항을 가감수정해도 좋다. ISO 9000은 이러한 가감수정과 적합한 품질보증모델, 즉 ISO 9001, 9002 또는 9003의 선택에 대한 지침을 제시하고 있다.

(4) ISO/KSA 9000 품질시스템 요건 요약

1) 경영자 책임 (Management responsibility)

① 품질방침(Quality Policy)

- 방침목표 책임 : 경영자는 품질에 관한 방침, 목표, 책임을 결정하고 문서화한다.

- 실시, 유지 : 설정, 문서화 전사원 이해 실행, 유지 개선해야 한다.

② 조직(Organization)

- 책임 및 권한, 상호관계를 명확화한다.
- 조직상의 자율권 보장 : 자율권한을 필요로 하는 사람

③ 경영자에 의한 검토

2) 품질시스템 (Quality System)

① 문서화된 품질시스템 수립 유지

② 품질계획

3) 계약 검토 (Contract Review)

① 계약내용 검토와 조정

② 계약 검토시 납기고객 요구사항, 서비스, 생산성 등 검토

③ 계약 검토

④ 기록 유지

4) 설계관리 (Design Control)

① 일반사항으로 관리 검증절차 등 설정

② 설계 및 개발계획

③ 조직 및 기술상의 상호관계

④ 설계입력으로 도면, 샘플, 시방, 계약 검토

⑤ 설계출력

⑥ 설계심사

⑦ 설계검증

⑧ 설계검인

⑨ 설계변경

5) 문서 및 데이터 관리 (Document and Data Control)

① 문서 및 데이터의 승인 및 발행

② 문서 및 데이터의 변경

6) 구매 (Purchasing)

① 구매를 위한 절차수립 및 유지

② 외주업체 평가 선정

③ 구매데이터

④ 구매품의 검증

7) **고객 지급품의 관리** (Control of Customer Supplied Product)

8) **제품 식별 및 추적성** (Product Identification and Trace Ability)

9) **공정관리** (Process Control)

① 일반공정

② 특수공정

10) **검사 및 시험** (Inspection and Testing)

① 검사 및 시험절차서 또는 품질계획서 수립 및 유지

② 수입검사 및 시험

③ 공정검사 및 시험

④ 최종검사 및 시험

⑤ 검사 및 시험기록

11) **검사계측 및 시험장비의 관리** (Control of Inspection, Measuring and Test Equipment)

① 일반사항으로 계측시험장비의 관리, 교정, 유지 절차

② 관리절차

12) **검사 및 시험상태** (Inspection and Test Status)

① 제품의 적합, 부적합 식별

② 품질계획서 또는 절차서 유지

13) **부적합품의 관리** (Control of Nonconforming Products)

① 일반사항으로 부적합품의 식별, 문서화, 평가, 격리조치

② 부적합품의 검토 및 처리

14) **시정 및 예방조치** (Corrective and Preventive Action)

① 일반사항으로 절차서 수립 및 유지와 시정

② 시정조치

③ 예방조치

15) **취급, 보관, 포장, 보존 및 인도** (Handling, Storage, Packing, Preservation and Delivery)

① 절차서 수립 및 유지

② 취급으로 손상 및 열화방지

③ 보관

④ 포장

⑤ 보존

⑥ 인도

16) **품질기록의 관리** (Control of Quality Records)

① 절차서 수립 유지

② 품질기록의 유지

③ 품질기록의 식별, 보관, 관리방법

17) **내부품질 감사** (Internal Quality Audit)

① 내부품질 감사를 위한 절차서 수립 유지

② 감사계획 수립 및 실시

③ 제3자에 의한 감사 실시

④ 감사결과의 처리

⑤ 사후관리

18) **교육훈련** (Training)

19) **서비스** (Servicing) : A/S, B/S

20) **통계적 기법** (Statistical Techniques)

① 통계적 기법의 필요성 파악

② 통계적 기법의 이용, 이행, 관리를 위한 절차서 수립

4.1.3 ISO 9000 인증의 효과

대체로 기업들이 ISO 9000 시리즈 인증을 받고자 하는 이유는 국제거래에서 외국의 구매자가 요구하거나 품질보증의 객관적인 수단이 될 수 있기 때문이며, 기업 내적으로는 업무관리의 기초로서 품질보증을 위한 최적의 생산자원의 구비수준과 관리요건의 척도를 나

타내 줄 수 있을 뿐만 아니라 제품에 대한 가장 기본적인 소비자의 요구사항을 규정하고, 또 인증심사의 사후관리의 엄격성 등을 통하여 기업활동을 형식적인 것에서 실질적인 것으로 변화시켜 주는 등 여러 가지 이점이 있기 때문이다.

이와 같이 ISO 9000 시리즈의 인증효과는 다음과 같이 요약된다.

① 제품이나 서비스의 매출액이 증가된다.
② 재작업이나 수리 등의 모든 불합리한 실패요소 제거에 따른 이익이 증가된다.
③ 개별 구매자로부터의 중복된 평가를 줄인다.
④ 기업의 모든 절차가 관리된 상태로 되어 업무결과에 대한 신뢰성이 증가된다.
⑤ 기업 내의 모든 업무가 체계화, 문서화되어 기업의 노하우가 축적된다.

4.1.4 심사절차

ISO 9000 인증을 위한 심사절차는 그림 7-18과 같다.

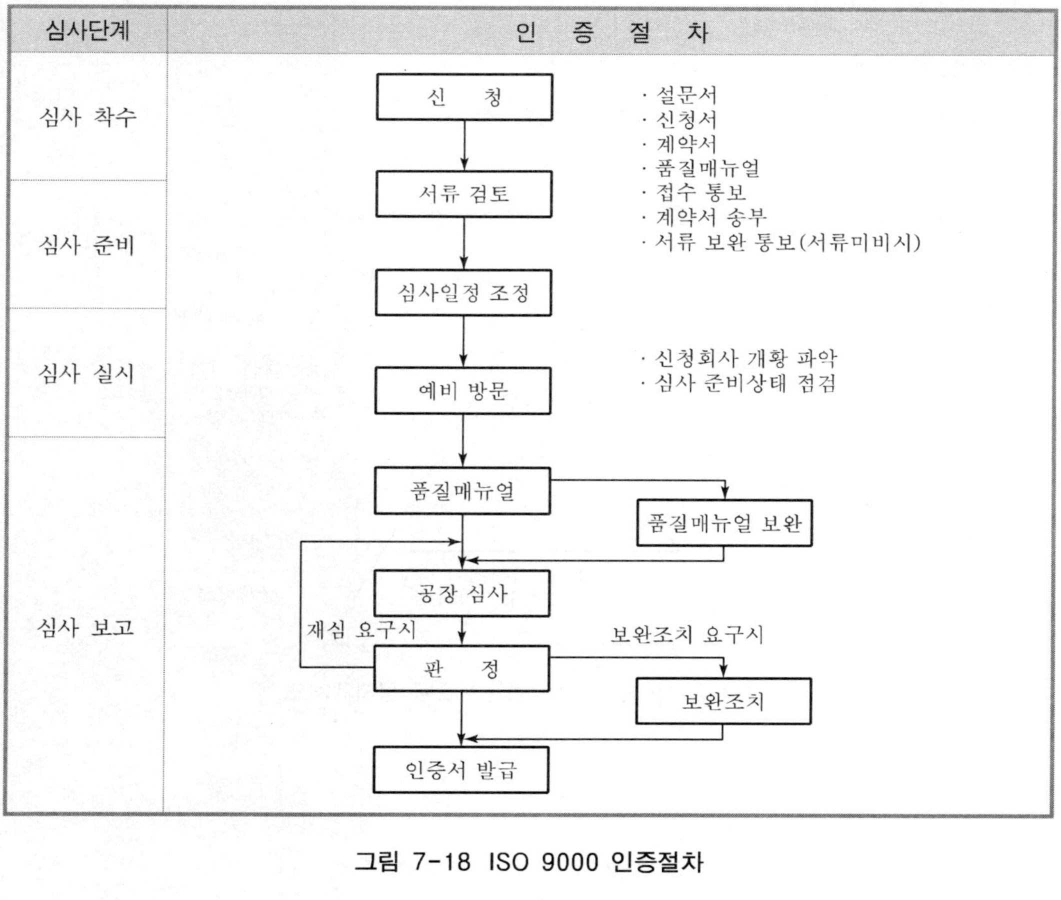

그림 7-18 ISO 9000 인증절차

4.1.5 품질매뉴얼

ISO 9000 인증을 받기 위해서 제일 먼저 준비해야 할 사항은 품질매뉴얼을 만드는 것이다. 품질매뉴얼은 품질방침을 기술하고 조직의 품질시스템을 요약하여 서술하는 문서로서 조직활동 전체나 그 일부에만 관련된 것이다. 그 문서체계는 그림 7-19와 같다.

품질매뉴얼은 기업품질에 관한 최상위의 문서로서 인증을 받거나 고객쪽에서 요구하면 제출해야 하는 것으로서, 기업의 품질보증에 대한 운영지침 및 품질시스템과 관련된 주요 문서이다. 품질매뉴얼은 기업 자체의 요구에 맞추어 그 내용의 깊이와 양식을 변경할 수 있으며, 하나 이상의 문서로 구성할 수도 있고 목적에 따라 여러 형태로 만들 수 있다.

품질매뉴얼에는 최소한 다음과 같은 내용이 포함되어야 한다.

① 품질방침

② 품질에 영향을 미치는 작업을 관리하고 이행하고 검증하거나 감시하는 사람들의 책임, 권한 및 상호관계

③ 품질시스템, 규정(절차서) 및 지시서

④ 매뉴얼이 적용되는 활동과 사업의 범위

⑤ 회사에 대한 설명(간략한 역사와 현재의 활동)

품질매뉴얼에 대한 상세한 지침은 ISO 10013에 제시되어 있다.

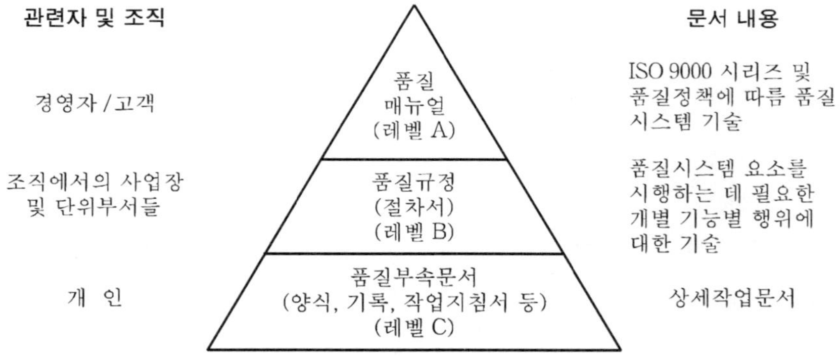

그림 7-19 전형적인 품질시스템 문서체계도

4.2 QS 9000(ISO/TS 16949)에 의한 인증

QS 9000은 1988년 6월 미국 품질관리협회(ASQC) 자동차부문 워크숍에 참석한 미국 3대 자동차 메이커인 GM, 포드, 크라이슬러의 실무팀에 의해 OEM 공급업체의 질적 향상을 도모하기 위한 토의에서 처음 태동되었다.

이들은 5년간의 토의를 거쳐 북미 공급기지에서 1994년 8월에 품질시스템 요구사항 QS 9000을 도입했으며 이와 아울러 품질시스템 평가서도 개발했다. 품질시스템 평가서(QSA)는 QS 9000의 Section 1과 Section 2와 관련된 일단의 질문서를 통해 품질시스템 요구사항이 현존 시스템과 일치하는지를 검토하는 것이다.

QS 9000 제정의 기초가 된 자료는 다음과 같다.

① 크라이슬러의 공급자 품질매뉴얼

② 포드의 Q-101 품질시스템 요구사항(총괄적 품질 수월성)

③ GM의 우수성 목표, 구매자재에 대한 유럽의 일반적인 품질표준

④ ISO 9000 품질시스템 요구사항

4.2.1 QS 9000의 목적 및 구조

QS 9000의 목적은 공급업체의 지속적인 개선을 이룩하면서 불량을 예방하고 산포와 낭비를 막을 수 있는 기초적인 품질시스템을 개발하는 데 있다. 이러한 목표는 QS 9000 두 번째 판에 명시되어 있다.

QS 9000의 구조는 그림 7-20과 같이 세 부분으로 구성되어 있다.

- Section 1 : ISO 9000에 기초한 요구사항으로 ISO 9001의 20가지 사항 모두를 포함하고 있다.
- Section 2 : 부문별 지정 요구사항으로 생산부품 승인절차, 지속적인 개선, 제조능력 등 세 가지 기본적인 부분으로 구성되어 있다.
- Section 3 : 고객지정 요구사항으로 크라이슬러 지정 요구사항, 포드 지정 요구사항, GM 지정 요구사항, 트럭제조업체 지정 요구사항의 네 가지로 구성되어 있다.

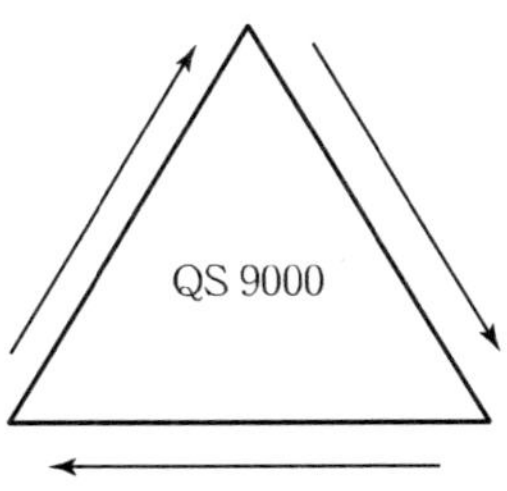

그림 7-20 QS 9000의 구조

- 부록 A : 품질시스템 심사절차
- 부록 B : 품질시스템 등록기관에 대한 실행규범
- 부록 C : 특별특성 및 기호
- 부록 D : ISO 9001에 해당하는 지역규격
- 부록 E : 약어와 그 의미
- 부록 F : QS 9000 인정기관의 실행요구사항
- 부록 G : 조사, 심사 일자표

QS 9000은 자동차 3사 외에 QS 9000을 준용하는 고객 중 ① 생산자재, ② 생산 및 서비스 부품, ③ 열처리, 도금, 도장 등 기타 후처리서비스를 다루는 기업의 내·외부 공급업자에게 적용된다.

QS 9000에서 요구하는 사항에 대해 자동차 3사는 제3자 심사를 채택하며, 공급자는 ISO 9000 인증서 QS 9000을 고려해야 한다.

4.2.2 QS 9000 실행

자동차 빅 3사와 트럭제조사 그리고 기타 이 규격을 준용하는 회사들은 그들의 부품공급업체에 QS 9000을 기초로 하는 효과적인 품질시스템을 수립하여 문서화하고 실행, 유지할 것을 요구한다. QS 9000의 적합성 평가를 통한 인증심사는 수납당사자인 제2(빅 3사)자에 의해 또는 빅 3사가 승인한 제3자(인정 및 인증기관)에 의해 실시되어야 한다. 승인된 인정기관으로는 RVC(네덜란드), UKAS(영국), RAB(미국) 등이 있다.

QS 9000 실사절차는 그림 7-21로 표현할 수 있다.

초우드허리와 짐머(Subir Chowdhury & Ken Zimmer)는 성공적인 QS 9000 실행을 위한 10단계 방법론을 제시했는데 그 내용은 다음과 같다.

① 경영층의 참여 : 품질의 중요성을 인식하고 최고 경영층들이 QS 9000 실행에 적극적인 역할과 책임을 져야 한다.

② QS 9000 실행팀 : QS 9000의 성공적인 실행을 위해 가장 중요한 요인으로서, 다양한 부서에서 차출되어 권한을 부여받은 실행팀이 필요하다.

③ 경영층 대표 : 실시 후 품질시스템의 효율적인 관리를 위해 경영층 중 한 명이 품질시스템 유지에 대한 책임을 져야 한다.

④ 교육과 훈련 : 교육과 훈련은 품질개선에 필수적인 요소이다.

⑤ 조직적 인식 : 건전한 품질시스템을 위해서는 정확하고 시의적절한 정보가 필수적이다. 따라서 조직은 잘 조직화된 정보채널을 통해 조직구성원에게 정보를 전달해야 한다.

⑥ 문서화구조 : QS 9000 품질시스템의 일반적인 문서화구조는 품질매뉴얼, 절차, 작업지시서, 기록(기타 문서)의 네 가지 단계로 구성되어 있다.

⑦ 시스템평가 : 시스템평가는 실행과정 중 어떤 단계에서도 이루어질 수 있지만 일반적으로 앞의 여섯 단계 뒤에 이루어지는 것이 좋다.

⑧ 내부품질 감사 : 많은 조직들이 품질시스템에 대한 내부품질 감사의 공헌도를 낮게 평가하지만 실제 내부품질 감사는 품질시스템의 효율성 평가시 중요한 피드백 역할을 한다.

⑨ 등록기관 선택 : 등록기관의 선택은 조직의 장기적인 파트너를 구하는 것을 의미한다. 등록기관 선택시 조직은 등록과정 동안의 비용과 산업지식, 위치, 그리고 분석과정 등을 고려해야 한다.

⑩ 제3자 평가 : 제3자 평가는 독립된 인증기관에 의해 조직의 품질시스템이 표준에 일치하는가를 평가한다. 평가결과는 조직의 품질시스템 상태를 결정하는 데 이용된다. QS 9000의 평가는 사전평가, 평가, 감독으로 구성되어 있다.

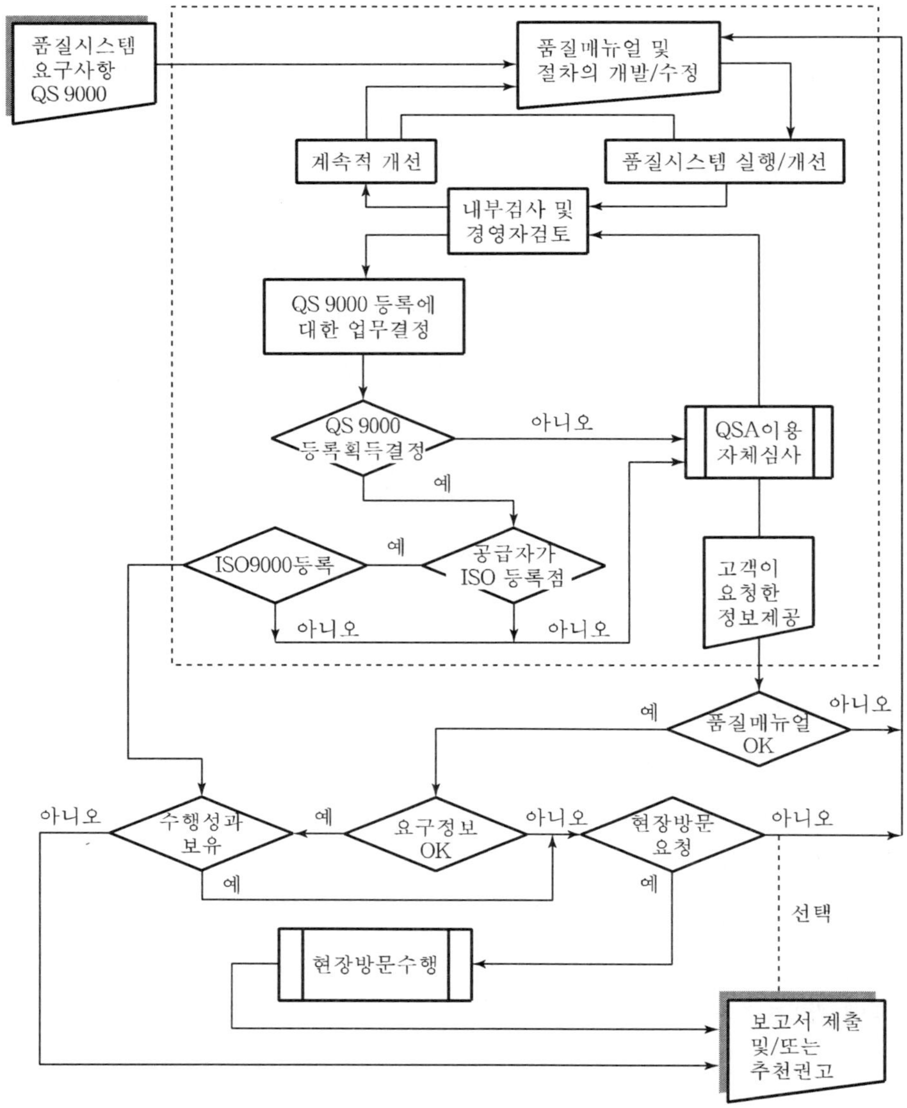

그림 7-21 QS 9000 심사절차

4.2.3 QS 9000 품질문화

QS 9000은 ISO 9001 등록 이후 취해야 할 다음 단계이다. 여기서는 MascoTech Automotive Systems Group(MASG) 부문 중 하나인 MascoTech Body Systems & Assembly(BS & A)이 QS 9000 등록을 어떻게 하여 성공적으로 이룩했는지를 살펴보고자 한다.

이 회사는 OEM 고객의 경험을 이용하여 QS 9000 인증을 받았다.

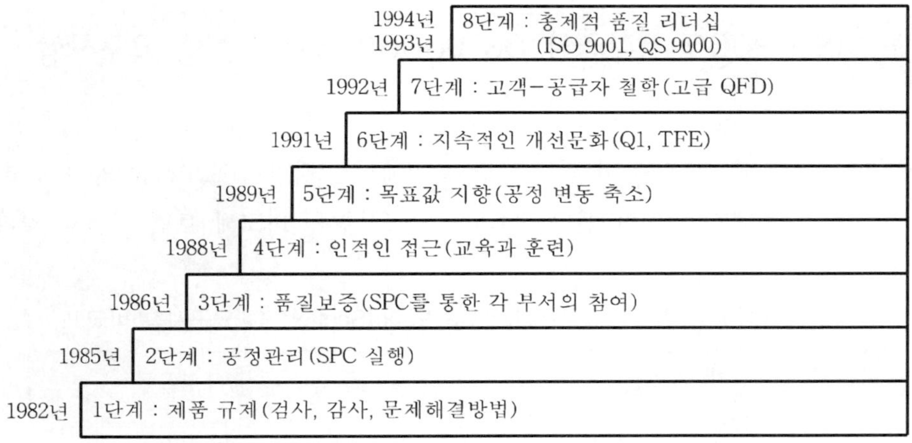

그림 7-22 품질확보의 8단계

품질확보를 위한 8단계는 그림 7-22와 같다.

- 1단계는 검사나 감사, 그리고 관습적인 문제해결방식을 통해 제품을 관리하는 단계이다.
- 2단계는 통계적 공정관리(SPC)에 초점을 두고 품질관리가 이루어지는 단계이다.
- 3단계는 SPC에 의한 부서간 접근법을 통해 기업에 품질보증을 도입하는 단계로 SPC의 효율성은 그 적용이 필요한 곳에서만 나타난다.
- 4단계는 종업원에 대한 훈련과 교육을 실시함으로써 기업의 강조가 인간적인 접근법으로 옮겨가는 단계이다. 즉, 이 단계는 5단계에서 6단계로의 성공적인 이행을 위한 초석이 되는 단계이다.
- 5단계는 공정변동을 축소시키는 데 전력을 투입하는 단계로 고객중심적인 공정관리에 초점을 둔다.
- 6단계는 다음 단계진입에 필요한 정확한 도구상자를 구비하는 단계로 품질문화 성숙의 가장 중요한 단계이다. 회사변형을 위해 사용하는 도구로는 포드의 Q1과 GM의 우수성 목표(TFE : Targets for Excellence) 등이 있다.
- 7단계는 고객과 공급자가 관계를 밀접하게 하는 단계로, 각 공장의 관련자들은 전후단계 공정에 대한 그들의 영향을 인식하고 QFD를 통하여 이러한 철학을 제도화한다.
- 8단계는 총체적 품질리더십(TQL)이 도입되는 단계로 ISO 9001과 QS 9000 등록을 목표로 하는 단계이다.

4.3 ISO 9000 시리즈와 QS 9000의 품질시스템 요구사항

ISO 9000 시리즈와 QS 9000의 인증을 받기 위해서는 각각이 요구하는 20가지 요구사항에 대한 철저한 준비가 있어야 한다. 이러한 요구사항을 비교해 보면 다음과 같다.

표 7-14 ISO 9001 요구사항과 QS 9000(Section 1) 요구사항 비교표

항 목	ISO 9001	QS 9000
경영자 책임	품질방침 조직(책임과 권한, 자원, 경영책임자, 경영검토)	동일 단, 경영책임자에 조직적 연계성 추가, 경영검토에 사업계획서, 기업수준 데이터의 분석과 사용, 고객만족 추가
품질시스템	품질시스템 절차 품질계획	동일 품질계획에 품질계획서, 특별한 특성, 타당성 검토, 공정고장모드 및 영향분석, 관리계획서 추가
계약 검토	검토 계약 변경 기록 유지	검토에 모든 고객요구사항의 충족 가능성 추가 동일
설계관리	설계 및 개발계획 조직적 및 기술적 연계성 설계입력 설계출력 설계검토 설계검증 설계유효성 확인 설계변경	설계 및 개발계획에 요구되는 기법 추가 설계입력에 보충사항 추가 설계출력에 보충사항 추가 설계검증에 보충사항 추가 설계변경에 보충사항 추가
문서 및 자료관리	문서의 승인 및 발행 문서변경	기술시방서 추가 동일
구 매	외주업체 평가 구매자료 구매품의 검증(외주업체 현장에서의 공급자 검증, 외주제품에 대한 고객의 검증)	외주업체 개발, 외주업체의 일정관리 추가 구매자료에 제한물질 추가
고객지급품의 관리		동일 - 참고 추가 고객소유의 치공구 및 회수 가능한 포장재도 이 요소에 포함
제품식별 및 추적성		동일 - 참고 추가 "해당되는 경우"에 대한 용어 설명

항 목	ISO 9001	QS 9000
공정관리	a) ~ g)	추가 : b)항 정부의 안전 및 환경법규 d)항 특별특성의 선정 g)항 예방보전 추가 : 공정감시 및 작업지침, 초기공정능력 요구사항, 현행공정성과 요구사항, 수정된 초기 및 현행능력 요구사항, 업무 Set-up의 검증, 공정변경, 외관품목항 추가
검사 및 시험	수입검사 및 시험 공정검사 및 시험 최종검사 및 시험 검사 및 시험기록	수입제품 품질 추가 불량의 예방활동 추가 전항목검사 및 기능시험 추가 동일
검사, 측정 및 시험장비의 관리	관리절차	동일 검사, 측정 및 시험장비의 기록 측정시스템 분석항 추가
검사 및 시험상태		제품위치 보충 검증항 추가
부적합품의 관리	부적합품의 검토 및 처리	동일 재작업제품의 관리 기술승인제품 인정항 추가
시정 및 예방조치	시정조치 예방조치	반송품 시험/분석 추가 동일
취급, 보관, 포장, 보존, 인도	취급 보관 포장 보존 인도	동일 제조관리 추가 고객포장 표준, 라벨링 추가 동일 공급자 인도성과 감시, 생산일정, 선적통보 시스템 추가
품질기록의 관리		기록보존 사양변경 부품항 추가
내부품질 감사		작업환경 포함
훈 련		전략적 이슈로서의 훈련
서비스		서비스로부터의 정보 피드백
통계적 기법		통계적 도구의 선택 기본적인 통계적 개념의 인식항 추가

* 항목 중 밑줄 친 것은 QS 9000에서 추가된 내용이 있음을 의미

4.4 ISO 14000 시리즈

"자연을 경외하라. 자연은 당신의 부모로부터 당신에게 주어진 것이 아니라 당신의 후손으로부터 잠시 빌려 온 것이다."라는 케냐 속담처럼 자연은 한번 파괴되면 회복이 매우 어려운 특성을 지닌 인류에게 없어서는 안될 매우 중요한 자산이다. 따라서 기업들도 제품 품질경영시 환경문제를 고려해야만 한다. 이러한 요구에 부응해 만들어진 것이 ISO 14000이다.

4.4.1 등장배경

1989년 3월 24일 엑슨 발데즈(Exxon Valdez)사 소속 원유수송선이 알래스카의 프린스 윌리엄 해협에 있는 블라이트(Blight) 해초지역 근처를 항해하던 중 35,000톤에 이르는 원유를 유출시켜 북미 역사상 최악의 생태학적 재앙을 유발시켰으며, 이로 인해 엑슨 발데즈사는 피해 당사자들로부터 50억 달러에 이르는 손해보상 청구소송을 당했다(출처 : Straits Times 싱가포르, 1997년 10월 26일자 34Pages).

해양생물들과 조류들이 바다에서 질식해 죽어 가는 추한 영상들은 이제 뉴스에서 사라졌지만 이러한 재앙으로부터의 경제적·사회적 관점에서 훼손된 회사 이미지는 아직도 엑슨사를 괴롭히고 있다. 1997년 10월 15일에는 이러한 불상사에도 불구하고 싱가포르 해협에서 2개의 원유수송선이 충돌하여 싱가포르 역사상 최악의 석유유출사고를 발생시켰다. 이외에도 바다를 오염시키는 다양한 사고가 발생하여 환경에 대한 의식을 제고하게 되었으며, 반복적으로 발생하는 생태학적인 재앙을 방지하기 위해서는 더 많은 조치가 필요함을 보여 주었다.

이처럼 환경이 오염되어가고 있고 그 손상의 정도가 가속화되어 가고 있다는 사실과 재생 불가능한 주요 천연자원이 급속도로 고갈되어 가고 있으며, 인구증가로 인한 지구온난화, 오존층 파괴 등은 세계가 관심을 쏟아야만 하는 주요 환경문제들이다.

따라서 환경파괴적인 재앙을 예방하기 위해서는 현재의 산업관행은 재고되어야 한다. 환경에 대한 더 이상의 폐해가 가해지는 것을 예방하기 위하여 국제적 차원에서 다양한 의정서와 협정이 이루어지고 있는데, 그 중요한 내용들로는

- 몬트리올 의정서 : 연산탄화수소(CFC) 소비를 줄이고 그 생산량을 동결시키기 위한 협

약 1992년의 환경과 개발에 관한 리오선언(부속서 2 참조)
- 지속적인 발전을 위한 ICC 기업 단체헌장(부속서 3 참조)
- 발데즈(Valdez) 원칙(부속서 4 참조)

이 있으며, 추가적으로는 ISO 14001과 같은 환경경영체제가 산업관행에 도입되고 있다.

많은 국가들과 의식 있는 고객들은 고품질의 상품과 더불어 환경보호의 중요성을 강조하고 있다. 그들의 관심은 이제 제품과 용역의 생산과정에서 환경의 훼손여부에 있으며 다수의 저명한 국제기구들도 환경보호문제를 강조하고 있다. 그러므로 ISO 14000 시리즈는 고객의 강력한 요구와 정부의 압력, 그리고 저명한 국제기구의 지원 하에 그 출현을 맞이하게 되었다.

4.4.2 ISO 14000 시리즈의 구성 및 내용

(1) ISO 14000의 구성

ISO 14000 시리즈는 몇 개의 가이드규격과 하나의 준수규격인 ISO 14001 환경경영규격으로 구성되어져 있다. 이러한 규격들은 전과정평가(14041, 14044), 환경라벨링(14020, 14024), 제품규격(14962)과 같은 제품과 공정에 관련된 측면뿐만 아니라 환경경영체제(14001, 14004), 환경심사(14010, 14012), 그리고 환경영향평가(14031)와 같은 조직적 측면을 포함한 환경분야와 관련된 광범위한 영역을 다루고 있다. 즉, ISO 14000은 환경경영규격의 전반적 시리즈를 말하는 것이다.

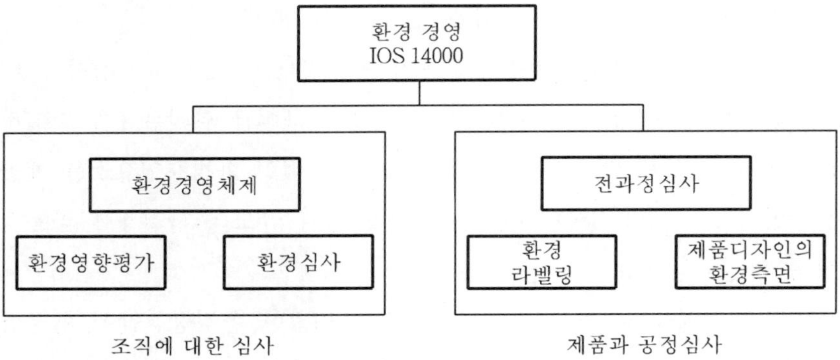

그림 7-23 ISO 14000 규격의 여러 가지 범주

최근까지 ISO 14000은 해당 시리즈의 특정규격, 즉 ISO 14000 안내규격을 명명하는 것이었다. 그러나 혼돈을 피하기 위하여 본 규격은 ISO 14004호로 변경되었다.

그림 7-23은 다양한 ISO 14000 규격들 사이의 관계를 보여준다.

현재로서는 ISO 14000 시리즈는 20개의 별개의 규격문서로 구성되어 있다. 이러한 문서들은 상세규격과 지침규격 등 2개의 기본유형으로 분류되며, 구격에는 인증등록 목적과 자기선언 목적으로 객관적으로 심사될 수 있는 요구조건만이 포함된다. 또한 지침규격은 환경경영체제와 원칙의 개발과 이행, 그리고 다른 경영체제와의 조율에 대한 안내를 제공해 준다. ISO 14001은 본 시리즈에서 유일하게 등록 가능한 상세규정이다.

(2) ISO 14000의 내용

ISO 14000은 통상적으로 환경경영이라는 약자로 통칭되는 효과적 환경경영체제의 기본요소들을 설명하고 있다. 이러한 요소에는 다음과 같은 내용들이 포함되어 있다.

- 환경방침을 수립한다.
- 환경측면과 주요 환경영향을 규명한다.
- 목표 및 세부목표를 수립한다.
- 이러한 목적을 달성하기 위한 프로그램을 실행한다.
- 발생되는 문제점을 시정한다.
- 영검토를 통해 계속적인 향상을 지향한다.

효과적인 환경경영체제는 기업운영상의 환경적인 측면을 관리, 측정, 향상시키는 데 이바지할 수 있다. 또한 환경경영관행이 모든 사업운영에 통합될 수 있으므로 기업들로 하여금 그 사회적 책임을 충족시킬 수 있게 도와준다.

ISO 14001 규격은 환경경영체제의 요구조건을 규정한 것으로 품질경영과 보증에 대한 ISO 9001 규격과 마찬가지로, ISO 14001은 사업체로 하여금 환경목표를 지속적이고 신뢰성 있게 달성할 수 있도록 함과 동시에 사업체에 효과적인 환경경영요소를 제공할 목적으로 고안된 규범적 문서이다. ISO 14001은 모든 유형과 규모의 사업체에 공통적으로 적용될 수 있도록 작성되었다.

ISO 14001 환경경영을 구축하고자 하는 조직은 명확한 환경방침안에 환경성취도에 대한 자신의 전반적인 의향과 헌신을 명시해야 한다. 환경방침은 환경목표 및 세부목표를 수립하는 기반이 된다. 다음 단계는 해당사업체가 자신의 업무, 상품, 그리고 서비스와 연관이 있는 환경측면 또는 영향을 정의하고 이러한 영향 중 어떠한 것이 중요한지를 결정하는 것이다. 최종적 단계는 ISO 14001에 규정되어 있는 모든 관련요소들을 만족시키는 선언된 목표 및 세부목표를 충족시키기 위한 문서화된 경영체계를 발전시키고 효과적으로 이행하는 것이다. 다른 무엇보다도 이러한 요소는 환경방침과 목표, 기획, 자원, 책임과 권한, 시정조치와 유지, 직원의 교육과 훈련, 경영자 검토와 지속적 향상, 그리고 심사 등을 포함한다. ISO 14000 규격내용은 다음의 표 7-15와 같다.

표 7-15 ISO 14000 규격과 개정 현황

규 격	제 목	현 황
ISO 14001	환경경영체제(EMS) - 사용지침	IS
ISO 14004	환경경영체제 - 원칙체계 및 자원기법에 관한 일반지침	IS
ISO 14010	환경심사지침 - 일반원리	IS
ISO 14011/1	환경심사지침 - 심사절차 환경경영체제 심사	IS
ISO 14012	환경심사지침 - 환경심사원 자격기준	IS
ISO 14015	환경영향평가	PWI
ISO 14020	환경라벨링 목표와 원칙	CD
ISO 14021	환경라벨링 - 환경주장 자기선언 용어와 정의	DIS
ISO 14022	환경라벨링 - 상징	WD
ISO 14023	환경라벨링 시험과 검증	WD
ISO 14024	환경라벨링 - 복수기준에 입각한 실행자 프로그램의 지도원칙 실행 및 범주(유형 I) - 인증절차에 대한 지침	CD
ISO 14025	유형 III 라벨링	PWI
ISO 14031	환경성취도 평가	CD
ISO 14040	전과정심사 - 원칙 및 지침	CD
ISO 14041	전과정심사 - 전과정 재고 분석	WD
ISO 14042	전과정심사 - 영향 평가	WD
ISO 14043	전과정심사 - 해석	WD
ISO 14050	용어와 정의 - ISO/TC 207/SC 용어정리에 관한 원칙 안내	FDIS
ISO Guide 64	제품규격에 있어서 환경측면의 포함에 대한 안내	ISO Guide

* PWI = 예비작업목록　　NP = 신규작업목록
WD = 작업초안　　CD = 위원회초안
DIS = 국제규격초안　　FDIS = 국제규격 최종초안
IS = 국제규격

4.4.3 ISO 14000 환경경영의 주요 특징

ISO 14000 환경경영의 주요 특징은 다음과 같다.

(1) 지속적인 발전

ISO에 의해 설립된 바 있는 환경에 관한 전략적 자문집단(SAGE)에 의하면 추후 만들어질 규격은 지속적 발전과 장래의 필요에 대한 효과적인 환경영향을 규정하여야 한다고 결정하였다.

(2) 공통성

다른 국제규격들과 마찬가지로 새로이 마련될 규격은 모든 산업에 적용가능 해야 한다는 관점에서 ISO 14000은 다음의 특징들로 구성되어 있다.

① ISO 9000과 같은 현존 품질경영체제 규격과 공존할 수 있을 것
② 환경경영에 있어서의 최선의 관행을 기술할 것
③ 전세계적인 일관성을 제시할 것
④ 효과적인 환경경영요소의 모델을 제시할 것
⑤ 성취도에 관한 기준이 규격에 특정되어 있지 않을 것
⑥ 경영층의 헌신적 노력을 요구조건에 포함시킬 것
⑦ 자발적 노력이 될 것
⑧ 적용할 경우 사업체에 가치를 부가시킬 수 있을 것
⑨ 전세계적 사업체의 영역에서 유효하고 전진적인 내용(Challenging)을 담을 것
⑩ 주주와 사회와의 의사소통 요구조건을 포함시킬 것
⑪ 응집력 있는 경영체제를 가능하게 할 수 있도록 공통어의 사용을 통해 다른 경영체제 규격과 ISO 9000을 연계시키도록 할 것

4.4.4 ISO 14000의 이점과 문제점

ISO 14000 적용에 따른 이점과 그 문제점들은 다음과 같다.

(1) 이 점

효과적인 환경경영체제(환경경영)는 환경품질을 유지시키고 향상시켜 준다. 이는 또한

다양한 생산활동에 따른 상품과 용역의 잠재적이고 위해적인 영향으로부터 인간의 건강과 환경을 보호해 준다. 한 사업체에서 효과적인 환경경영을 구축하는 데 따른 혜택은 환경을 보호하기 위한 사회적 책임에 대한 기업의 헌신과 이로 인해 사회 전반에 그 기업이 주는 공익적 이미지의 발현을 들 수 있다.

이는 장기적 측면에서 기업의 좋은 이미지, 이익 현실, 경쟁력 제고의 효과를 거둘 수 있게 한다. 또한 환경법과 규제를 준수함으로써 벌금과 구속과 같은 처벌로부터 자유로울 수 있다.

효과적인 환경경영의 구축과 연계된 잠재적 혜택은 다음과 같다.

① 환경경영을 실현하는 헌신
② 지속적인 기업홍보 효과
③ 저렴한 가격으로 인한 보험효과
④ 이미지 향상과 시장점유율 확대
⑤ 외주업체 인증기준 충족
⑥ 원가절감
⑦ 책임의 완화
⑧ 생산자재와 에너지의 절감
⑨ 산업허가와 정부당국의 기준이 되는 환경요건 충족
⑩ 발전을 촉진시키고 환경개선의 책임분담
⑪ 산업계와 정부의 관계향상

(2) 문제점

① ISO는 14001 규격에 대한 적합성이 정부규제에 대한 적합성을 충족시킨다는 점을 보장할 수 없을 수도 있다.
② 지속적인 적합성을 보증하기 위해 목적과 목표를 설정하는 것은 각 사업체 경영자의 책임이라 할 것이다.
③ 규제가 설정된 상황에서 ISO 14001이 요구하는 문서화된 증거는 몇몇 사업체에게는 부담스러운 업무가 될 수 있다.
④ 환경정책이 일반대중에게 쉽게 공지되기 때문에 만일 분쟁이 일어나게 되면 사업체는 불리한 입장에 처할 가능성이 높다.

4.4.5 ISO 14000과 ISO 9000 (1994 규격간의 관계)

두 규격을 비교 분석하는 것은 이들 규격 중 하나나 모두를 운영하고자 하는 조직에게 두 체계의 양립성을 보여주기 위함인데 이들 사이의 주요 유사점은 다음과 같다.

① 공정위주의 규격조항

② 자발적 규격

③ 제품 또는 서비스가 아닌 조직에 적용되는 점

④ 지침과 적합성 규격

ISO 14000은 ISO 9000을 대체하는 규격이 아니다. ISO 9000 인증등록을 획득한 회사는 ISO 14000 수립의 바람직한 토양을 갖추고 있으며, 두 체계 모두 조직의 전반적인 경영체계의 일부분을 형성한다. 또한 ISO 14000은 조직이 준수해야 할 규제, 법령, 그리고 사업관행을 대체하는 것이 아니라 이러한 요구조건에 관한 성취도를 감시하고 관리하고 향상시키는 체계를 제공한다.

ISO 14001은 문서관리, 경영체계심사, 공정관리, 기록관리, 경영방침, 배부감사, 교육훈련, 통계적 기법, 시정조치 및 예방조치 등의 내용에서 보는 바와 같이 ISO 9000과 그 근본적 체제가 동일하다. 그러나 명백한 차이점으로 ISO 14001은 ISO 9000이 현재 시행하고 있는 의사소통, 업무능력, 경제성에 대해 보다 명확한 기술을 하고 있을 뿐만 아니라, 또한 ISO 14001은 이해관계자의 관점과 환경정책에 대한 대중의 투명성 요구를 고려하여 목적과 계량화된 목표, 긴급상황 준비성(Emergency Preparedness)의 개념을 도입하였다.

표 7-16 QMS심사와 환경경영심사간의 주요 차이점

주요 차이점	QMS심사	환경경영심사
일관성	특정요구 조건과 함께 품질체제요소	환경경영심사 기준과 함께 환경경영체제
평 가	특정품질 목적으로 충족시키는 데 있어서 이행된 품질체제의 효과성	환경경영 성취도에 있어서의 체제향상
심사범위와 심사기준	심사가 가능하지 않은 구매자의 제품사양(Specification)에 의해 통제됨	심사 가능한 조직의 목적목표, 프로그램에 의해 통제됨
규제적인 요구조건	필요하다면 규제적 요구조건을 충족시키는 것	규제에 대한 준수를 보장함

ISO 9000 인증등록을 획득한 조직(Organization)이 ISO 14001 인증등록을 위해서는 준비해야 할 사항이 많다는 것을 깨닫게 될 것이다. 그러나 이와 같은 차이점에도 불구하고 경영체계는 두 규격 모두 일반적으로 일관성을 띠고 있다.

품질경영시스템(QMS, 즉 ISO 9000) 심사와 환경경영시스템(환경경영, 즉 EMAS, BS 7750, ISO 14000) 심사 차이의 차이점은 표 7-16과 같이 요약될 수 있다.

4.5 말콤 발드리지(MB) 국가품질상

4.5.1 생성배경

본 상은 1980년대 미국산업의 경쟁력이 일본에 비해 현저하게 뒤떨어져 경쟁우위 확보 방안으로 일본의 데밍(Deming)상에 버금가는 국가품질상 제정 필요성이 대두되자 1987년 8월 미국정부가 학계와 산업계의 중지를 모아 법을 제정해 만든 상이다. 미 공법 100-107에 의하면 당시 품질불량으로 인한 손실이 매출액의 20% 이상인 것으로 나타났다.

미국 정부는 국가품질상이 자국기업들의 품질과 생산성을 향상시킬 수 있을 것으로 생각했다. 즉, 품질향상에 대한 국가적인 인식은 다른 조직들에 한 예가 될 수 있을 뿐만 아니라 기업이나 기타 다른 조직들이 자신들의 품질개선 노력을 스스로 평가해 볼 수 있는 기준이나 지침을 세울 수 있다고 생각했다. 또한 수상기업의 품질관행에 관한 세부적인 정보는 타 기업들이나 조직이 자신들의 품질조직을 혁신하는 데 도움을 줄 것이라고 생각했다. 이러한 의도는 첫 수상 이래 100만 개 기업 이상의 수상신청서를 받아갔다는 점에서 상당히 설득력이 있는 것으로 나타났다.

4.5.2 수상자격 기준과 범위

(1) 수상자격 기준

이 상은 미국 상무부의 산하기관인 국가표준기술연구소(NIST)에서 관장하고 있으며, 미국품질관리위원회(ASQC)가 NIST와의 계약 하에 수상프로그램에 협조하고 있다.

시상은 대통령이 직접하며 품질경영과 성과에 탁월한 능력을 발휘한 미국기업들에 시상한다. 미국 내나 관할영역 내에 있는 어떤 기업들도 수상을 신청할 수 있다. 그러나 정부나 지방자치단체, 공공기관들은 신청할 수 없다. 수상자격 제한에 해당하는 네 가지 기준은 다음과 같다.

첫째, 주요 사업의 품질실무가 미국 내나 그 관할영역에서 이루어지고 검사가 가능해야만 수상이 가능하다.
둘째, 자회사 고객의 50% 이상이 모회사나 관련 다른 자회사인 경우는 수상자격이 없다.
셋째, 체인조직의 개별단체는 수상할 수 없다.
넷째, 모회사의 일부 기능을 담당하는 자회사는 수상자격이 없다.

이외에 같은 해에 모기업과 자회사가 동시에 수상을 신청할 수 없으며, 한 회사가 수상한 경우 그 회사와 자회사는 5년 동안 상을 신청할 수 없다.

(2) 수상범위

수상범위로는 제조업, 서비스업, 소기업 등 세 가지 범주로 분류되며, 각 분야에서 2개 기업까지 수상이 가능하다. 각 범주에 대한 정의는 다음과 같다.

- 제조업 : 제조품이나 제조공정을 생산, 판매하거나 농산물, 광산물이나 건설제품을 생산하는 기업이나 그 자회사
- 서비스 : 서비스를 판매하는 회사나 그 자회사
- 소기업 : 정규직 인원이 500명 이하인 기업, 업종은 제조업이든 서비스업이든 상관없음

4.5.3 평가기준

평가기준은 기업들이 개선된 가치를 고객에게 전달함으로써 시장에서의 성공을 유도하고 기업의 전반적인 성과와 능력을 개선함으로써 기업의 경쟁력을 강화하는 데 도움을 줄 수 있는 것들로 구성되어 있다.

(1) 평가기준의 핵심적인 가치 및 개념

말콤 발드리지 품질상 기준은 다음과 같은 핵심적인 가치 기반 위에서 만들어졌다.

1) 고객주도 품질

품질의 최종적인 판단자는 고객이다. 따라서 기업은 고객가치 창출에 공헌하면서 고객만족과 선호 및 유지를 유도해 내는 제품 및 서비스 특성을 강조한다. 이러한 특성은 본질적으로 동적이며 계속적으로 변화한다.

2) 리더십

상위경영진은 고객욕구 이상의 제품을 제공하며 제시된 목표나 목적을 달성할 수 있는 방법을 규정한 기업전략을 세운다. 상위경영진의 리더십은 역할모델로서 모든 종업원의 참여와 학습, 그리고 창조성을 고무시킨다.

3) 계속적인 개선과 학습

계속적인 개선과 학습은 전진적인 행동들이다. 문제는 원천적으로 제거된다.

4) 종업원 참여와 개발

교육과 훈련을 통하여 종업원들의 성장이 고무된다. 따라서 종업원 선발, 훈련, 경력개발업무는 기업전략과 연계되어 이루어져야 한다.

5) 신속한 대응

신제품이나 개선된 제품에 대한 사이클 타임이 계속적으로 단축되어가고 있는 실정이다.

따라서 시장변화에 신속히 대응하기 위해서는 공정분석과 공정단순화, 그리고 중복활동이나 부가가치가 이루어지지 않는 활동을 제거할 필요가 있다.

6) 설계품질과 문제예방

품질은 제품설계에 반영된다. 제품설계는 효율적인 생산 및 인도시스템 구축과 문제수정에 따르는 비용을 절감하는 데 중요한 역할을 한다.

설계에서 제품도입까지 걸리는 사이클 타임은 설계단계에서 관련정보를 숙지함으로써 대폭 단축시킬 수 있다.

7) 장기적인 관점

경영진은 기업의 이해관계자들(고객, 주주, 종업원, 공급자, 지역사회, 공공대중)에게 장기적인 공헌을 한다는 생각을 가져야 한다.

8) 사실에 의한 관리

자료와 정보는 제품과 공정, 고객, 시장, 공급자, 종업원, 비용, 그리고 재무목적과 관련된 다양한 성과척도를 얻는 데 사용된다. 이러한 정보는 기업활동 개선과 고객만족 개선을 가져다주는 요인을 찾아내는데 사용된다.

9) 파트너십 개발

기업의 전략목표는 내적·외적 파트너들의 협조를 통해 달성된다. 따라서 기업은 좋은 노사관계와 부서간의 협력을 통해 내적 협조를 촉진시키고, 고객 및 판매상과의 외적인 협조를 강화해야 한다.

10) 기업책임과 시민정신

모든 거래에 있어서 기업은 적절한 기업윤리를 유지하고 공공건강과 안전, 그리고 환경을 보호해야 한다. 또한 기업은 자원보존, 쓰레기 감축에 노력하며 교육과 건강을 개선시킴으로써 공공사회에 대한 책임을 질 필요가 있다.

11) 결과중시

기업은 모든 이해관계자들의 욕구를 충족시킬 필요가 있다. 이러한 집단들의 욕구는 변화하거나 서로 상충되기도 한다. 따라서 기업은 기업성과를 모니터하는데 균형 잡힌 종합화된 성과척도를 사용해야만 한다.

(2) 평가기준구조

이러한 가치와 개념을 종합해 보면 7가지 범주로 구분해 볼 수 있으며 이들이 평가를 위한 기본틀이 된다. 이러한 내용을 표로 나타내보면 표 7-17과 같다. 그 내용을 간략하게 살펴보면 다음과 같다.

1) 리더십

고객중심과 명백하며 가시적인 품질가치를 창출·유지하는 데 있어서 상위경영진의 개인적인 리더십과 참여를 검토하는 데 관련된 항목으로써, 품질가치를 회사경영시스템에 통합하는 방법과 회사의 공공책임 수행방법 등을 조사한다.

2) 전략적 계획

이는 회사가 경쟁위치 강화를 위해 어떻게 전략방향을 설정하는지와 전략의 실행계획으로의 전환방법 등을 조사하는 항목이다. 또한 계획이 효과적인 성과관리시스템으로 어떻게 변환되는가를 검토한다.

3) 고객과 시장 중심

고객의 기대와 시장요구사항이 회사에 어떻게 전달되는지를 검토하는 항목이다. 고객만족 강화 및 평가과정 등을 조사하고, 회사가 지속적으로 고객선호도와 충성심에 영향을 주는 요인들을 모니터하는가를 검토한다.

4) 정보와 분석

회사의 정보취급방법을 평가하는 항목이다. 회사의 정보선택, 이용관리는 회사의 공정관리에 영향을 미친다. 따라서 재무적 비재무적 자료관리기법 모두를 평가한다.

5) 인적자원 개발과 관리

6) 프로세스 관리

7) 사업결과

표 7-17 1999년 MB상 세부평가기준

범주 (Category)	항목(Item)	세부평가영역 (Areas to Address)
1. 리더십 (125점)	1.1 조직의 리더십(85점) 1.2 사회적 책임과 시민의식(40점)	1.1a. 상위리더십의 지향 1.1b. 조직성과의 분석 1.2a. 사회적 책임 1.2b. 지역사회에 대한 지원
2. 전략적 계획 (85점)	2.1 전략개발(40점) 2.2 전략전개(45점)	2.1a. 전략개발과정 2.1b. 전략적 목표 2.2a. 실행계획 개발과 전개 2.2b. 성과추정
3. 고객 및 시장 중심 (85점)	3.1 고객과 시장지식(40점) 3.2 고객만족과 고객관계(45점)	3.1a. 고객과 시장지식 3.2a. 고객관계 3.2b. 고객만족도 결정
4. 정보와 분석 (85점)	4.1 조직성과의 측정(40점) 4.2 조직성과의 분석(45점)	4.1a. 조직성과의 측정 4.2a. 조직성과의 분석
5. 인적자원 개발과 관리 (85점)	5.1 업무시스템(35점) 5.2 종업원 교육, 훈련 및 개발(25점) 5.3 종업원 복지 및 만족(25점)	5.1a. 업무시스템 5.2a. 종업원 교육, 훈련 및 개발 5.3a. 업무환경 5.3b. 종업원 지원 분위기 5.3c. 종업원 만족
6. 프로세스 관리 (85점)	6.1 제품/서비스 프로세스(55점) 6.2 지원 프로세스(15점) 6.3 공급업체와 협력업체 프로세스(15점)	6.1a. 설계 프로세스 6.1b. 생산/운송 프로세스 6.2a. 지원 프로세스 6.3a. 공급업체와 협력업체 프로세스
7. 사업성과 (450점)	7.1 고객중심의 성과(115점) 7.2 재무 및 시장성과(115점) 7.3 인적자원 관리성과(80점) 7.4 공급업체 및 협력업체 성과(25점) 7.5 조직 유효성 실적(115점)	7.1a. 고객중심의 성과 7.2a. 재무 및 시장성과 7.3a. 인적자원 관리성과 7.4a. 공급업체 및 협력업체 성과 7.5a. 조직 유효성 실적
총 1,000점	19개 항목	27개 세부평가영역

미국 말콤 발드리지(MB) 국가품질상과 일본 데밍(Deming)상 비교 [주관기관, 법적근거, 심사범주(범위), 기금]

표 7-18 미국과 일본의 비교

순위	항목	미국 말콤 발드리지상	일본 데밍상
1	주관기관	미국 상무성 국립표준기술원	일본 과학기술 연맹
2	법적근거	• 대통령상 • 제조부문, 서비스업, 소기업 구분 포상 • 미국 국내법인	• 일본 과학기술 연맹상 • 대기업, 사업부, 중소기업 • 해외기업 포함
3	심사범위	• 총 1,000점 - Leadership(120) - 전략기획(85) - 고객과 시장중심(85) - 정보와 분석(85) - 인력자원 중심(85) - 프로세스 경영(85) - 경영성과(450)	• 총 100점 - 기업정책과 방침 - 조직과 경영 - 품질교육과 홍보 - 품질정보 수집 및 이용 분석 - 표준화 - 통계 및 미래계획 - 품질보증 및 성과
4	기 금		

* 유럽(EQA)과 한국 국가품질상이 있다.
한국 국가품질상은 1994년 산업자원부 주관 창설되었고, 제조업, 서비스업을 각각 대기업과 중소기업으로 나누어 대통령상으로 포상한다.
심사기준(경영 및 품질방침과 전략, 최고경영자 리더십, 인적자원 육성과 관리, 품질설계와 관리, 공정관리, 구입품 관리 및 평가, 품질 실적과 경영성과, 소비지향 및 만족도)으로 국가품질대상 수상 후 3년 경과 후에 신청자격이 있다.

제 8 부

6시그마 추진과정

Chapter 01 Introduction

목 표

- 6σ의 여러 가지 의미를 설명할 수 있다.
- 6σ 활동에서 업무부문 6σ 활동의 필요성을 설명할 수 있다.
- 6σ 활동에서 사용되는 기본적인 통계수치의 개념을 설명할 수 있다.
- 6σ 활동의 Outline

1.1 6시그마(σ)의 이해

1.1.1 σ의 품질

(1) σ의 정의

σ는 그리스 문자로서 표준편차를 의미한다.

σ

σ(Sigma) is a letter in the Greek Alphabet

(2) σ Level과 품질과의 관계

① σ Level은 업무 Process 품질을 나타내는 통계적 측정단위이다.

② 측정된 σ Level은 DPU(단위당 결점수, Defect Per Unit) 등과 관련되어 나타낸다.

③ 높은 수준의 σ Level을 갖는 업무 Process가 결함을 적게 만드는 능력을 가지고 있다고 설명될 수 있다.

④ σ Level이 증가할수록 다음과 같아진다.

- 결함이 줄어들고
- Cost는 줄어들고
- Cycle Time은 짧아지고
- 고객만족도는 높아짐

1.1.2 σ Level과 품질수준

품질이란, 고객의 기대에 일치하는 것으로 이의 표현수단으로 σ Level을 사용한다.

표 8-1 품질에 관련된 수치의 비교

σ Level	%	PPM
6	99.99966	3.4
5	99.9796	233
4	99.379	6,210
3	93.3193	66,807
2	69.1463	308,537
	양호품률	불량률

1.1.3 왜, 6σ 수준인가?

(1) 6σ History

① Bill Smith 보고서 : 대부분의 A/S 제품이 현장에서 재작업을 거침

- Hidden Factory와 누적 직행률 개념 제공

② Mikel Harry의 구체적인 실천전략

③ 이후 Texas Instrument, ABB, Allied Signal, GE, Polaroid, Nokia Lockheed Martin, Sony 등에 전파

> • Hidden Factory란?
> • 누적 직행률이란?

(2) 누적 직행률과 6σ

하나의 공장에서 설계에서 최종판매까지 모두 10단계의 공정을 가지고 있을 경우 누적 직행률을 비교해 보면 다음 그림과 같다.

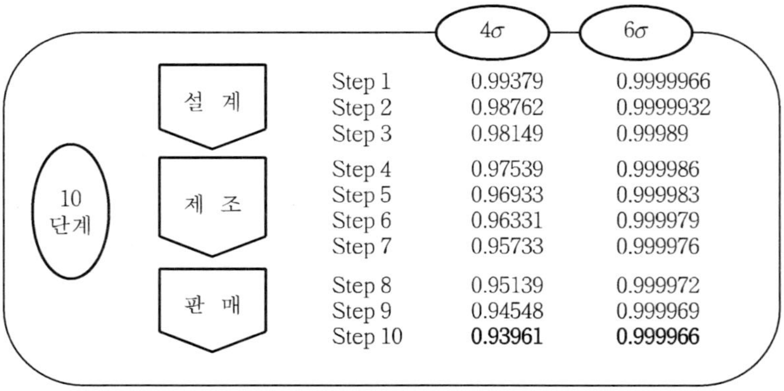

1.1.4 6σ의 목적

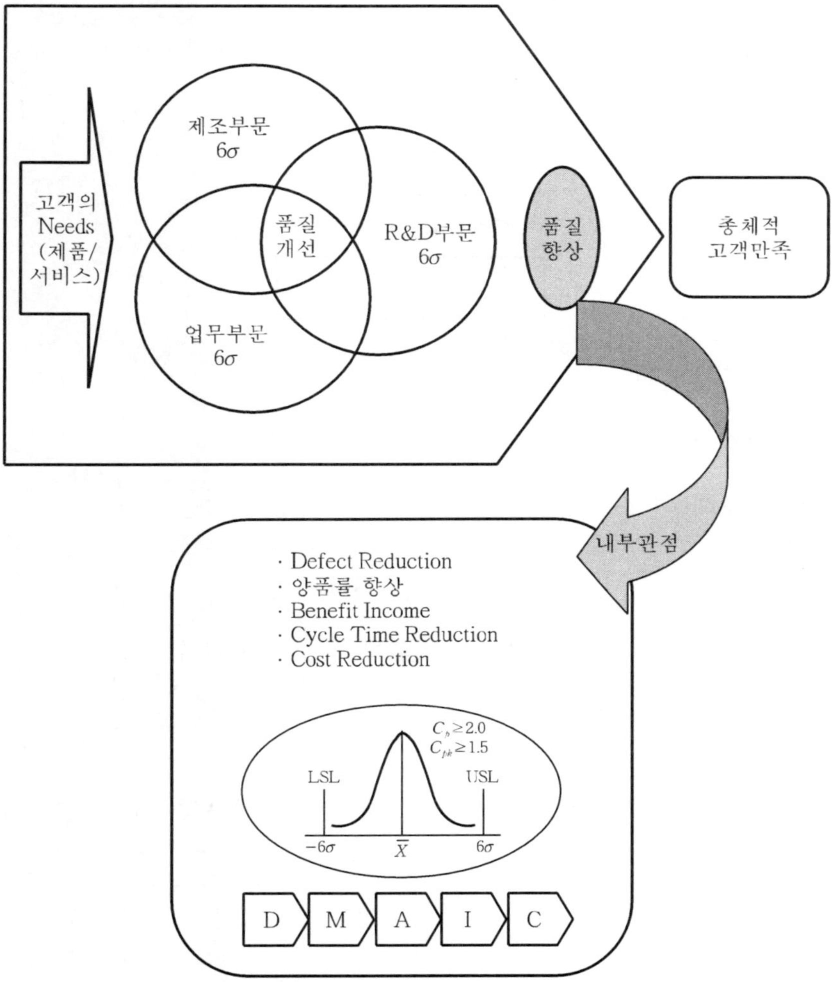

1.1.5 여러 가지 관점의 6σ

(1) 철학적인 측면에서의 6σ Concept

① 6σ 활동의 Focus : 최종고객 관점

② 고객이란?

- Process의 전개상에 있어서 내부 또는 외부 고객
- 제품 또는 서비스를 최종적으로 사용하는 사람

(2) 6σ 활동을 하기 전에

"고객의 목소리"는 "품질로 표현할 수 있는 요소"로 전환되어야 한다. 고객의 핵심 요구사항을 정량화하고 이에 상응하는 현 업무수행에 문제되는 핵심 Process를 추출하여야 한다.

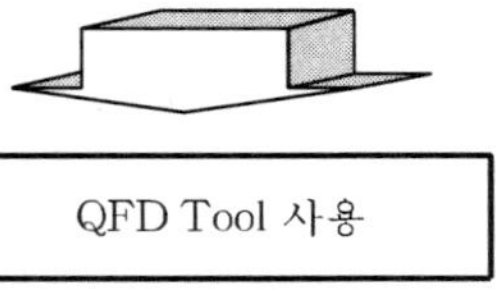

※ QFD : Quality Function Deployment(품질기능 개선)

(3) 문제해결방법 측면의 6σ Concept

① Y 또는 X 중에 어느 것이 Focusing이 되어야 할까?

$$Y = f(X)$$

업무수행의 결과물	업무활동 내용
■ Y ■ 종속변수 ■ Output ■ 결과 ■ 증상 ■ 관찰, 감시의 대상	■ $X_1, \cdots, X_n$ ■ 독립변수 ■ Input ■ 원인 ■ 문제점 ■ 관리대상

② Vital Few : 다수의 X인자로부터 치명적으로 영향을 주는 소수의 치명인자

③ 6σ 활동은 발생된 문제에 대하여 문제를 일으키는 중요 원인인자에 Focusing하여 개선한다.

1.1.6 6σ 활동방법 및 Tool

Step	활동 내용	주요 Tool
Define	· 테마등록서 작성 · 프로세스 분석 · 고객요구사항 정의	· Process Mapping · 설문/인터뷰
Measurement	· 측정대상의 결정 · Data 수집 · σ수준 확인	· 특성요인도 · 설문/인터뷰 · 층별 Sampling · Gage R&R · 그래프(히스토그램, 산점도)
Analysis	· X인자 Graph 분석 · X인자 통계분석 및 치명인자 확인	· 그래프 분석 (산점도, Box Plot, 파레토 차트) · Process Mapping · 가설검정
Improvement	· 개선안 도출 · 실행 및 검증 · 고객요구사항 정의	· 특성요인도 · X−Y Matrix · 실험계획법(분산분석, 상관분석)
Control	· Process 표준화 · CTQ 모니터링 시스템 구축 · 성과공유 및 종료	· 관리도/그래프 · Process Mapping

※ CTQ(Critical To Quality) : 고객에게 중요하게 영향을 미치는 품질특성

1.1.7 지금의 COPQ(Cost Of Poor Quality)는 빙산의 일각

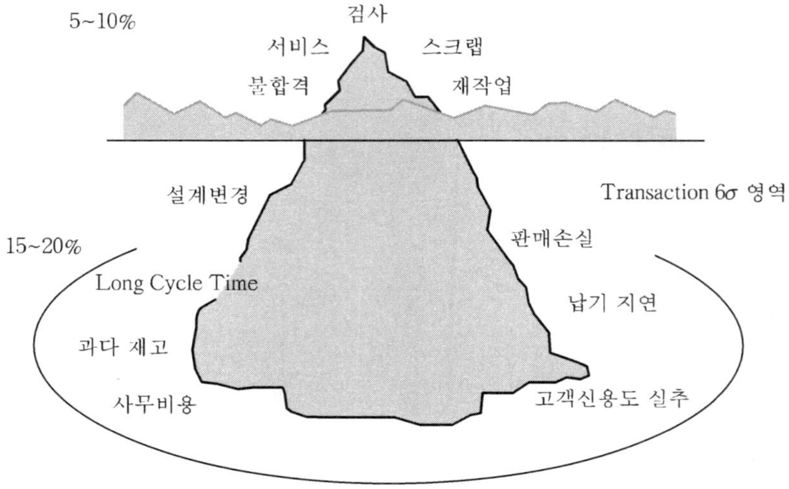

COPQ의 감소의 Key는 Transactional 6σ !!!

1.1.8 Transactional 6σ 개선영역

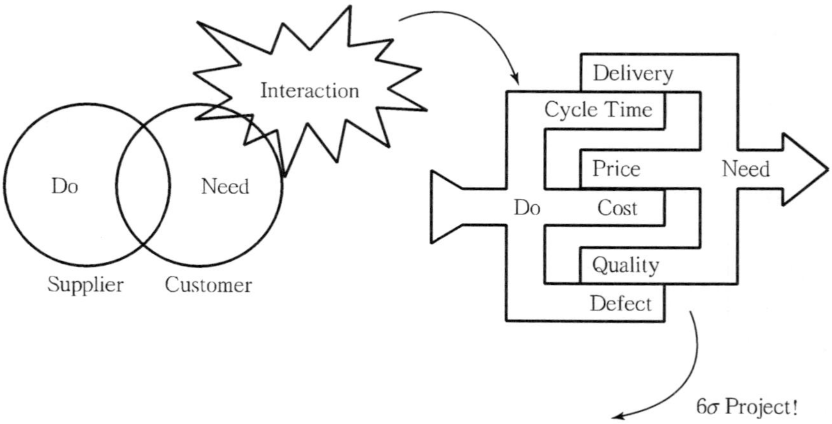

(1) Activity Focus(CTQs)

① 정시 배달

② 정확하고 완비된 주문

③ 고객 응답시간
④ 청구서의 정확성
⑤ 수리(설치)시간
⑥ 송장의 적기 송부
⑦ 통보의 정확성
⑧ 고객에 대한 친절도

1.1.9 6σ의 장점

(1) 6σ 공통언어 → 목표와 달성방법이 명확

① 원류단계에서 인자관리 → Loss 발생을 사전 예방
② 통계 S/W 지원 → 통계기법을 쉽게 활용
③ 실험에 의한 Data 분석 → 근본원인 제거
④ Data에 의한 판단 → 객관적·합리적 결정

조직문화가 논리적이고 개선력이 강한 실행조직으로 변화 !!!

1.2 6시그마(σ) History

1.2.1 6σ의 생성 및 발전

(1) 6σ의 생성

1987년 Motorola에서 시작되었다.

1) 일본과의 전쟁(1980년대)

우수한 성능의 반도체, 셀룰러폰, 페이저 등의 저가 공략

2) Robert W. Galvin 회장의 구상

"5년에 걸쳐 10배의 품질개선을 달성한다."

3) Bill Smith의 연구

① Field Claim 분석결과 : 제조과정에서 결함이 발견되어 재작업과정을 거친 제품일수록 고객에 의한 초기사용단계에서 고장이 많았다.

② Benchmarking : 세계 최고인 기업은 제품의 제조과정에서 수리나 재작업이 없는 제품을 생산한다. → "Do it right the first time"

4) Mikel J. Harry

6σ 달성을 위한 구체적인 전략과 방법론을 개발하였다.

(2) 6σ의 발전

1995년 GE가 도입되었다.

1) GE의 1995년 현황

① 종업원 : 222,000명

② 수입 : $70 Billion(수입성장률 17%)

③ 이익 : $6.6 Billion(이익성장률 11%)

④ 주당수익 : 13% UP(주당 $4.4, GM 앞섬)

⑤ 품질수준 : 3.6σ

2) 도입배경

Welch 회장의 "조직은 점점 커 가는데 이러한 실적이 계속 유지될 수 있을까? 어떻게?"

3) 추진전략 및 내용

① Project명 : "Vision 2000 : A dream with a plan"

② Six Sigma는 GE 역사상 가장 규모가 크고, 개인적 보상이 큰 Project가 될 것이며, 궁극적으로는 가장 돈벌이가 되는(Profitable) Project가 될 것이다.

③ 생산공정 뿐만이 아닌 전부문에 걸친 품질운동으로 발전시킨다.

1.2.2 6σ의 정의 (Mikel J. Harry 제창)

(1) 통계적 측정치(Statistical Measurement)이다.

객관적인 통계수치로 나타나기 때문에 제품이나 업종, 업무 및 생산 Process가 다르더라도 비교할 수 있다는 뜻이다. 따라서 고객만족(Customer Satisfaction)의 달성 정도와 방향 등을 정확히 알 수 있게 해 주는 척도이다. 즉, "제품과 서비스, 공정의 적합성을 재는 탁월한 척도"를 말한다.

(2) 기업전략(Business Strategy)이다.

경영 우위를 갖게 해주기 때문이다. 시그마 수준을 높이는 만큼 제품품질이 높아지고 원가는 떨어진다. 그 결과 고객만족 경영을 달성할 수 있다.

(3) 경영철학(Management Philosophy)이다.

6σ는 기업 내의 업무에 대한 사고방식을 바꿔버린다. 무조건 열심히 일하는 것 보다는 "스마트하게" 일하도록 하는 철학이 바로 6σ이다. 이 활동은 제품을 생산하는 제조방식에서부터 구매오더를 작성하는 방식까지 모든 작업에서 발생할 수 있는 에러를 줄이는 일이다.

1.2.3 6σ 해외 역사

(1) 6σ 경영의 태동 및 확산(외국)

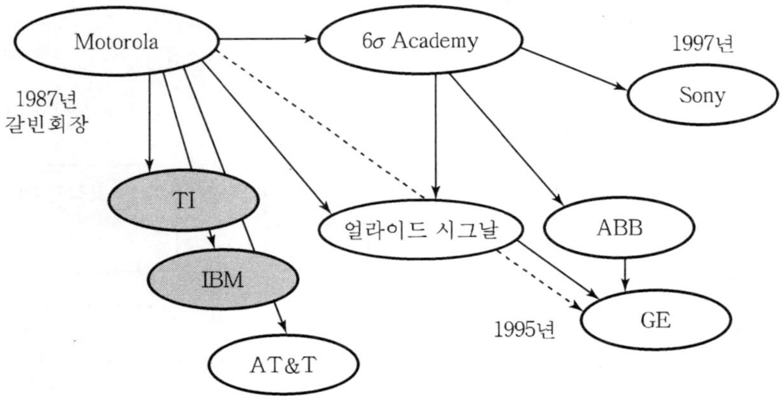

Jack welch의 21세기 Vision

"Quality는 우리가 경쟁사로부터 살아남을 수 있는 마지막 기회이다. 당신이 Six Sigma 2000 목표 달성을 위해 개인적으로는 강하고 높은 의지로 엄청난 노력을 해야 할 것이다."

– Jack F. Welch, 10/15/95

1.2.4 6σ 국내 역사

(1) 국내 기업의 6σ 경영 역사

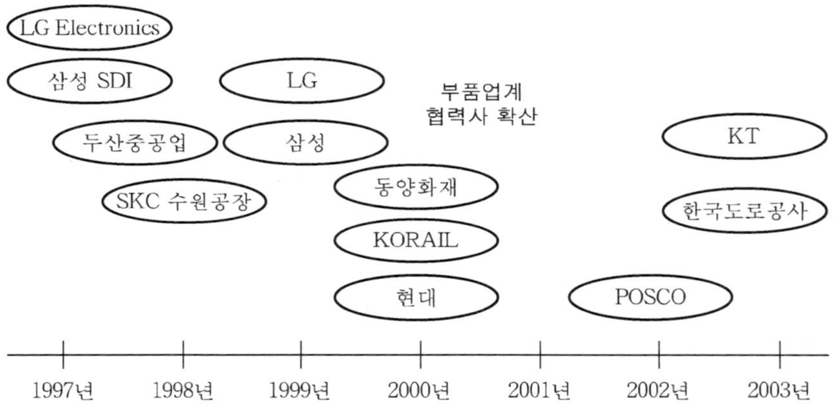

1.2.5 6σ란 무엇인가?

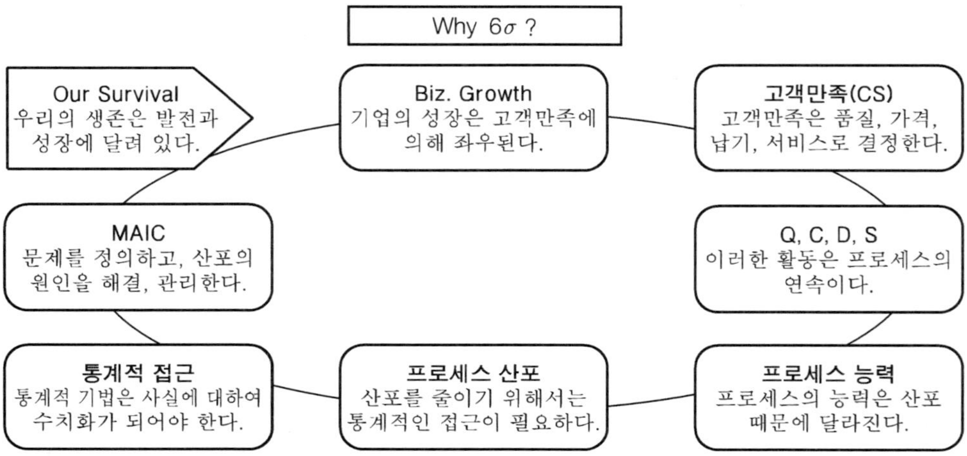

6σ의 목표 및 전략

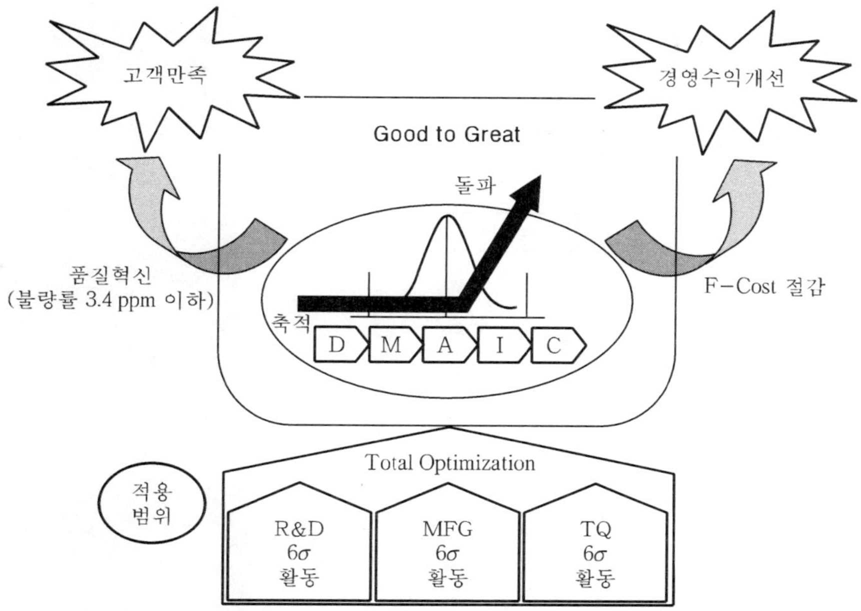

활동방법으로서의 6σ

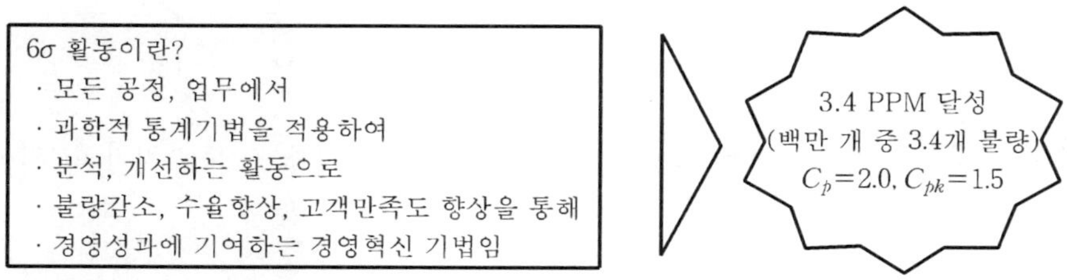

※ PPM : Parts Per Million의 약자로 백만 개 중 불량수를 나타내는 단위
C_p : Process Capability Index의 약자로 공정능력지수를 나타냄
C_{pk} : 평균값이 목표값과 다를 경우의 공정능력지수를 나타냄

1.2.6 왜 6σ를 하는가?

6σ 철학 2

"측정할 수 있으면 … 개선된다."

① 어떤 현상을 숫자로 표현하지 못한다는 것은

② 그것에 대하여 문제를 정확히 알고 있지 못하다는 것을 의미한다.

③ 알지 못한다는 것은 그것을 관리할 수 없다는 것으로 표현되고,

④ 이는 현재의 상태를 더 이상 개선할 수 없다는 것을 의미한다.

1.2.7 6σ 추진을 어떻게 하는가?

6σ 추진체계

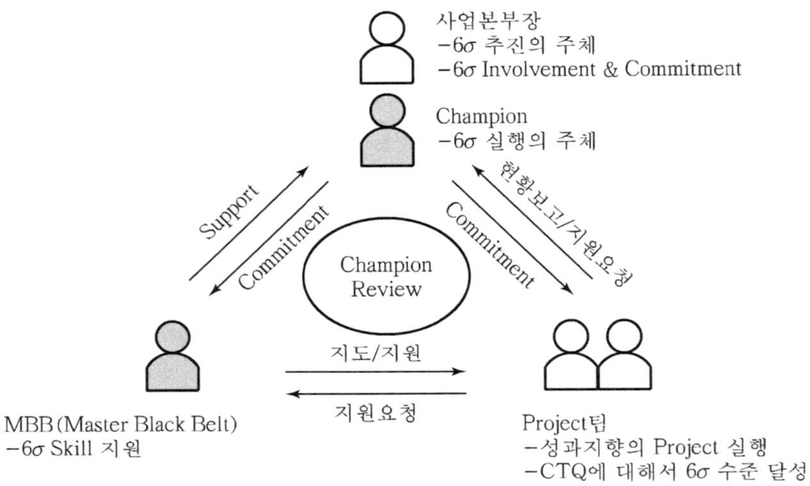

※ Champion Review : Champion이 6σ 추진현황에 대해 진도관리하고 의사결정하는 회의체

Belt 제도

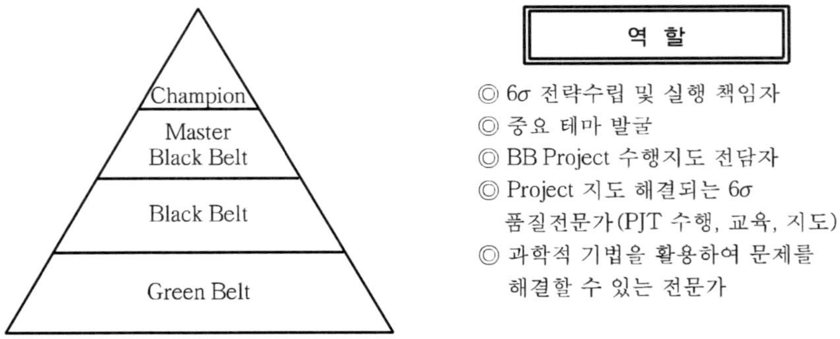

1.2.8 6σ 방법론

(1) 방법론(Methodology)

6σ는 기본적으로 인간이 문제발생시 해결하는 접근방법에 기초하여 만들어진 방법론이다.

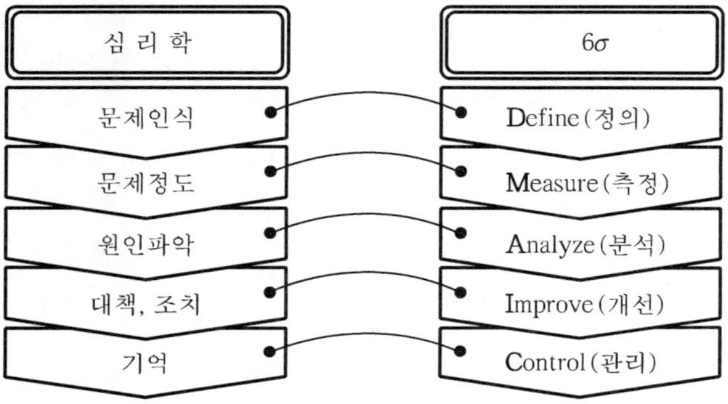

(2) Systematic Approach

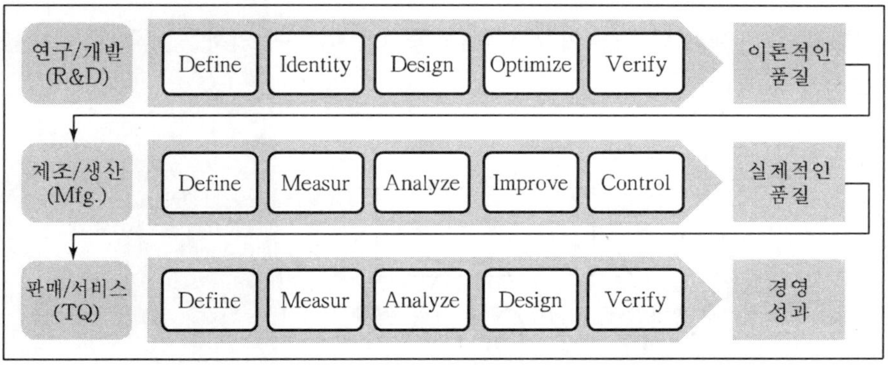

1.2.9 6σ 경영

(1) 고객지향적 경영철학

고객관점 (Customer Focused)

성공적인 6σ 실행을 위해서는 …	**METRICS** : 고객만족에 관한 모든 것을 측정하라.
우리의 신조 규칙 1. 고객은 항상 옳다. 규칙 2. 고객이 잘못되었다고 생각되면 규칙 1을 다시 읽어라.	You can have to **M**easure **E**verything **T**hat **R**esult **I**n **C**ustomer **S**atisfaction

(2) 경영이란?

6σ는 제품이나 서비스를 생산하는 과정의 수준을 측정하는 "척도"이며, 품질향상과 비용절감을 통해 소비자의 만족을 이끌어 내는 동시에 업무에 임하는 생각과 태도를 바꾸게 하는 철학이자 문화이다.

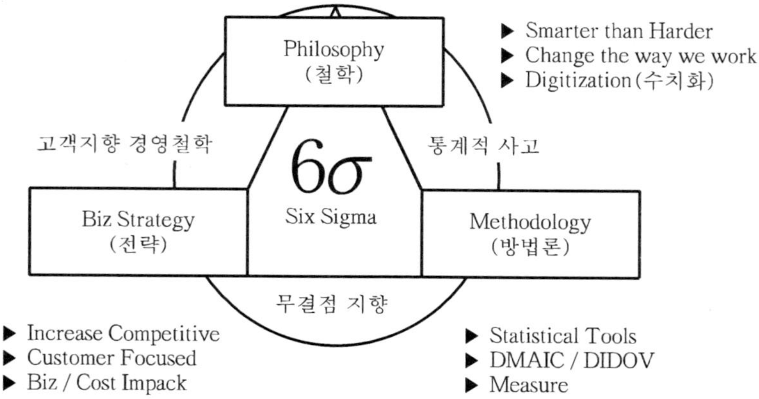

Chapter

02 Define

목 표

- 고객과 사업관점에서 유효한 영향을 미치는 개선의 기회를 명확히 하고 이에 대한 테마 등록서를 작성
- 프로세스의 중요성 이해 및 프로세스 분석을 통한 Quick Action 기회 발굴
- 고객소리 듣기를 통한 고객요구조사와 고객핵심 요구사항의 도출

2.1 테마 등록서 작성

2.1.1 Define Overview

(1) Define Flow

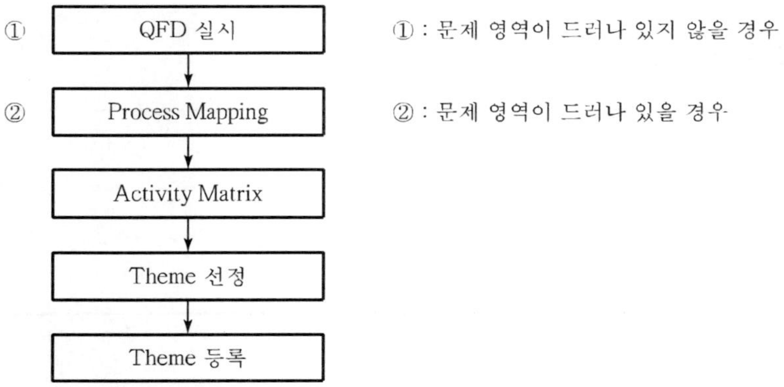

(2) 활동목표 및 Tool

활동목표	Tool
• 주요 고객 정의	• 설문/인터뷰
• 고객요구사항(CTQ) 파악	• QFD
• 내부 프로세스 정의	• Activity Matrix
• 해결 Theme 선정	• Process Mapping

2.1.2 Process란?

(1) 조직 내의 모든 활동은 Process이다.

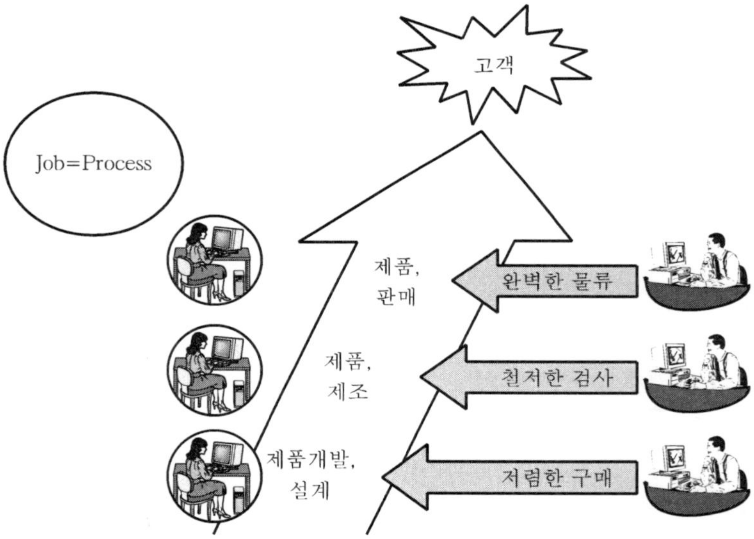

(2) 나의 업무 Process는?

Input　　　Process명　　　Output

2.1.3 CTQ(Critical To Quality)란?

(1) 정 의

고객의 관점에서 정의되고, 고객의 입장에서 품질에 치명적인 제품의 특성치 또는 Service 및 업무 Process의 특성을 말한다.

(2) CTQ를 파악하는 방법

① 고객에 대한 조사 또는 설문서를 통해서 고객에게 중요한 품질의 요소를 파악한다.
② 업무 Process의 Performance를 수행하는 데 Critical한 영향을 주는 항목을 파악한다.
③ Output에 대한 Risk(위험성)의 고려사항 파악한다.
④ Defect 감소를 통해서 충분한 경제적인 이익이 얻어지는지에 대한 고려사항 파악한다.
⑤ 법규사항이나 안전 관련된 요구사항의 고려사항 파악한다.

> 대부분의 CTQ는 고객의 관점에서 선정되어야 하지만 위험성, 경제성, 법규사항 등도 충분히 고려되어야 한다.

2.1.4 중요품질특성(CTQ)이란?

(1) CTQ는 왜 필요한가?

문제의 핵심이 되는 특성을 파악함으로써 무엇을 개선해야 할 것인가에 대한 우선순위를 결정한다.

(2) CTQ는 어떠한 특성을 가지고 있는가?

① 가시적이고 고객에게 중요하다.
② 측정 가능하다.
④ 허용범위의 설정이 가능하다.
⑤ 소수 핵심의 특성이다.

(3) CTQ를 파악하기 위하여 무엇이 필요한가?

① 개선대상의 범위(제품, 조직 또는 특정 프로세스)

② 고객의 정의

③ 고객이 원하는 것

2.1.5 고객과 공급자

(1) 고객의 정의 : 프로세스의 결과물(Output)을 받는 사람 또는 회사

① 내부고객 : 프로세스에서 창출되는 정보, 서비스 또는 자재를 제공받는 사내의 부서 또는 직원

- 내부고객은 우리가 만든 제품 또는 서비스를 사용한다.
- 내부고객은 우리들의 Output을 가지고 자신의 Input으로 변환한다.

② 외부고객 : 최종고객으로서 우리의 제품 또는 서비스를 사용 또는 구매하는 사외의 조직/개인

- 외부고객은 우리가 만든 제품 또는 서비스를 구매한다.
- 외부고객은 우리가 사업목표를 달성할 수 있는 원천이다.

(2) 공급자의 정의 : 프로세스에 입력물(Input)을 제공하는 사람, 회사 또는 설비

① 내부공급자 : 사내에서 프로세스에 정보, 서비스 또는 자재를 제공하는 부서 또는 직원

② 외부공급자 : 사외에서 정보, 서비스 또는 자재를 공급하는 모든 것

※ 개선의 기회를 찾고 확인하기 위해서는 고객에 대한 명확한 정의가 필요하다.

2.1.6 QFD란?

(1) QFD(Quality Function Deployment)란?

다양한 고객의 Needs로부터 적합한 업무 요구사항으로 전환하기 위한 체계적인 접근 방법이다.

(2) QFD의 활용목적

고객의 진정한 Needs를 찾아 그것을 만족시키기 위한 업무지원 품질을 정량적으로 평가함으로 고객만족 및 품질보증을 하기 위한 활동을 전개한다.

(3) QFD의 작성순서

① Function, Output, 고객 정의
② 설문/인터뷰
③ 고객 요구사항 Grouping(CTQ 파악)
④ Matrix 작성
⑤ 해결 우선순위 결정

2.1.7 테마 선정 (환경안전팀 사례)

(1) Step 1 : Process Mapping

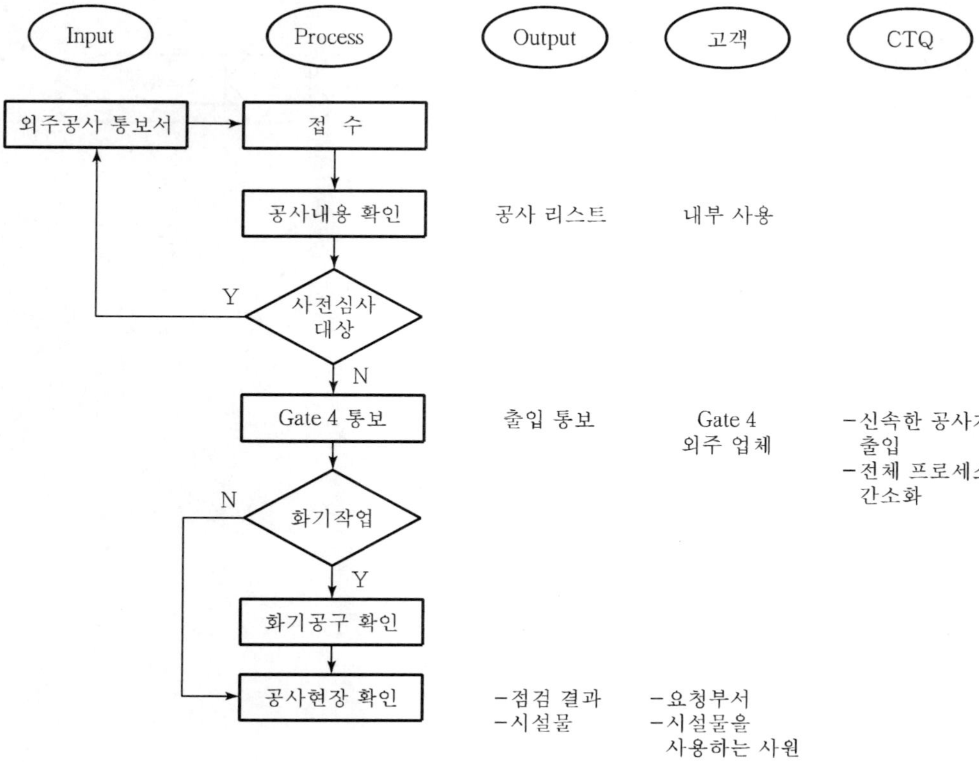

(2) Step 2 : 테마 등록서

<table>
<tr><td>소 속</td><td colspan="3">환경안전팀 ○○○, ○○○</td><td>PJT팀명</td><td>Speed</td></tr>
<tr><td>테마명</td><td colspan="3">공사지원 서비스 Cycle Time 단축</td><td>Time Line</td><td></td></tr>
<tr><td rowspan="2">테 마
선 정</td><td>Process 명</td><td>CTQ</td><td>테마 개요</td><td rowspan="2">추진체제</td><td rowspan="2"></td></tr>
<tr><td>외주
공사
출입</td><td>신속한
공사자
출입</td><td>부득이하게 발생하는 라인 고장시 수리하는 외주업체 출입시간을 단축하여 생산의 Loss 감소</td></tr>
<tr><td>기대효과
(정성/정량
코스트)</td><td colspan="3">• 출입시 대기시간을 10분으로 단축
• 대기시간 단축으로 연간 1억 6천만 원 절감</td><td>예상문제
대응방안</td><td>Cycle Time 단축으로 인한 관리소홀, 점검을 효율적으로 관리하도록 Check Sheet를 명확화함</td></tr>
<tr><td>소요비용</td><td colspan="5"></td></tr>
<tr><td>세부실행
일 정</td><td colspan="5">KSA → D → M → A → I → C → Closing</td></tr>
</table>

STEP 1 테마 등록서 작성

목 적

- 고객/사업 관점에서 유용한 영향을 미치는지에 대한 기회 명확화
- 프로젝트팀의 개선 목적, 목표를 포함한 개선범위 명확화

주요내용

- 고객, Supplier 명확화
- 사업/고객관점의 기회 명확화
- 테마 등록서 작성

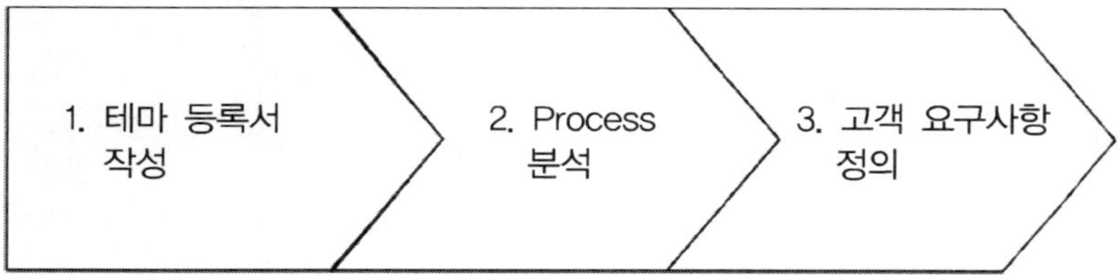

Output

- 사업/고객 Benefit 파악
- 팀 테마 등록서
  - 문제의 배경
  - 개선기회 기술
  - 목표기술
  - 프로젝트 범위
  - 프로젝트 계획

6σ 개선 테마

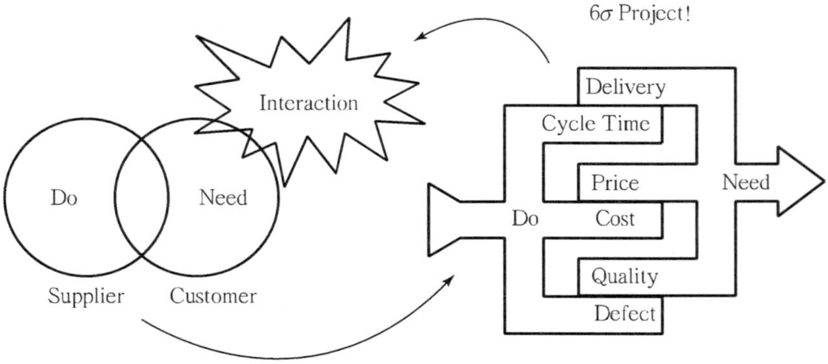

매출 증가
비용 절감
생산성 향상
시장점유율
효율 개선
효과 개선
기업의 신뢰도 향상
고객만족도 향상
투자수익 증대

- Buyer Order 단납기 대응시스템 구축
- 관세 환급 Lead Time 단축
- 특허출원 Delivery 단축

- SVC Location Error 개선
- 부과세 신고 조정

- 수주율 향상
- 판매활성화

- 재고 감축
- 사용설명서 개선
- 부문 예측정확도 개선

Step 1.1 고객과 Supplier 명확화

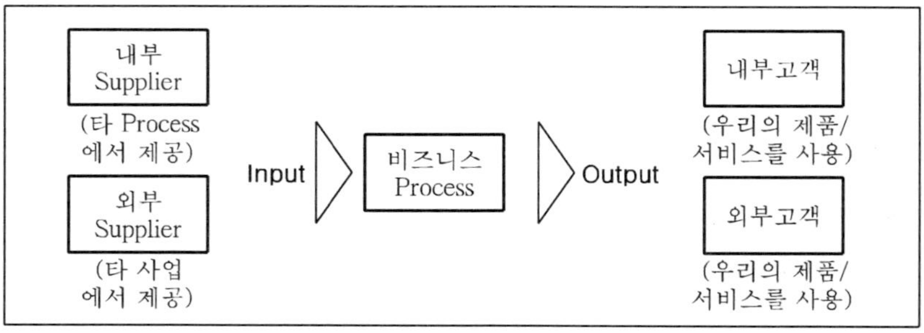

생각해 봅시다!!
Output, 고객, 공급자를 명확히 하기

1. 현재 고려되고 있는 테마영역에서 Output(문서, 정보, 부품, 전화걸기 등)은 어떠한 것이 있는가?
2. 각 결과물(Output)에 대한 수혜자, 즉 고객은 누구인가?
3. 앞에서 설명한 기준대로 고객을 내부고객, 외부고객으로 구분한다.
4. 현재 고려 중인 테마영역 내에 투입되는 모든 입력물(Input)을 나열한다.
5. 각 입력물(Input)의 공급자를 내부공급자, 외부공급자로 구분한다.

Step 1.2 테마 등록서 작성

(1) 정 의

테마 등록서는 개선활동의 시작, 필요한 자원을 나열하고, 팀의 역할기술, 개선활동의 범위, 실행계획과 문제점, 목표 등을 명확히 기술한 문서이다.

(2) 작성 목적

① 팀에게 집중적으로 활동해야 할 내용 제공 및 비즈니스 목적과 일치
② 문제가 무엇인지 명확히 함으로써 업무개선 기회 강조
③ 개선의 목적과 목표 명확화
④ 개선 노력의 범위 제시
⑤ 커뮤니케이션을 위한 도구로 사용

(3) 테마 등록서 작성을 위한 포인트

① 사업의 개선기회를 명확히 한다.
② 배경을 작성한다.
③ 개선기회를 문장으로 정의한다.
④ 개선의 목표를 정한다.
⑤ 일의 범위를 정한다.
⑥ 개략적인 프로젝트 실행계획을 개발한다.

⑦ 팀을 선정한다.

⑧ 책임사항을 정한다.

⑨ 작성된 테마 등록서를 다시 검토한다.

⑩ 경영층의 승인을 얻는다.

표 8-2 테마 등록서 작성 예

<table>
<tr><td>소 속</td><td>○○부문 ○○담당</td><td>팀명</td><td>○○혁신팀</td></tr>
<tr><td>테 마</td><td colspan="3">한국향 제품 재고일수 단축</td></tr>
<tr><td>구 분</td><td>Transactional 6σ(L/Time 개선)</td><td>활동
기간</td><td>2005. 02. 01～2005. 05. 03</td></tr>
<tr><td>테 마
개 요</td><td>Quick Response System 구축을 통한 제품 L/Time 단축 및 재공재고 감축을 통화여 재고비용을 개선하고자 함</td><td>추진
체제</td><td>Champion : ○○○상무
MBB : ○○○과장
팀 : ○○○과장(마케팅)
○○○과장(생산관리)
비상근 : ○○○과장,
○○○대리(자재팀)</td></tr>
<tr><td>목 표
및
기 대
효 과</td><td>〈정량적〉
• 공장 제품 재고일수 개선 : 50%
(12일 → 6일)
• 재고비용 개선 : 50%

〈정성적〉
• 불용재고 감소
(제품/자재)
• 비축재고 감소</td><td>목표
달성
방법</td><td>1. Transactional 6σ Tool 적용
2. Quick Response 체계 구축
(3R 개선 : D/B정보체계 구축, Loss 제거, L/Time 단축)
3. 재고손실비용 개선
※ 3R : Right Place, Right Time, Right Price
(적절한 제품을, 적절한 장소에서, 적시에, 적량을 최종고객에게 제공하는 것을 목표)</td></tr>
<tr><td>소 요
비 용</td><td colspan="3">인건비 : ○○○원, 활동경비 : ○○원</td></tr>
<tr><td>실 행
Process</td><td colspan="3">2/15 3/15 3/31 4/25 5/3
Define Y의 명확화 → 측정(Measure) → 분석(Analyze) → 개선(Improve) → 관리(Control)
Process Tool
Define: · 설문조사 & 인터뷰 · Process Map · CTQ 구체화
측정: · Data 수집 · Accuracy 확보 · Gage R&R (측정Sys 구축)
분석: · Benchmarking · CTQ Selection · Chi-Square · One-Way ANOVA · Graph Analysis · Fish-Bone Dia.
개선: · Workout · Training · DOE · ANOVA · T-Test
관리: · Control Chart · Tolerance 설정 · Monitoring System
Approach ← Transactional Quality(업무부문) →</td></tr>
</table>

표 8-3 양 식

소 속		PJT팀명	
Theme명		Time Line	
Theme 개 요		추진 체제	Champion MBB 팀원 비상근
기대효과 (정성/정량 Cost)		예상문제 대응방안	
소요비용			
세부실행 일 정	KSA → D → M → A → I → C → Closing		

STEP 2 Process 분석

목 적

- Process 측면의 비즈니스 정의 중요성 이해
- 목표 Process의 Tree Chart와 Cross Functional Process 작성

주요내용

- 비즈니스를 Process 관점에서 보기
- Process의 구성요소 정의
- Process 작성(Mapping)
- Process 정성적 분석

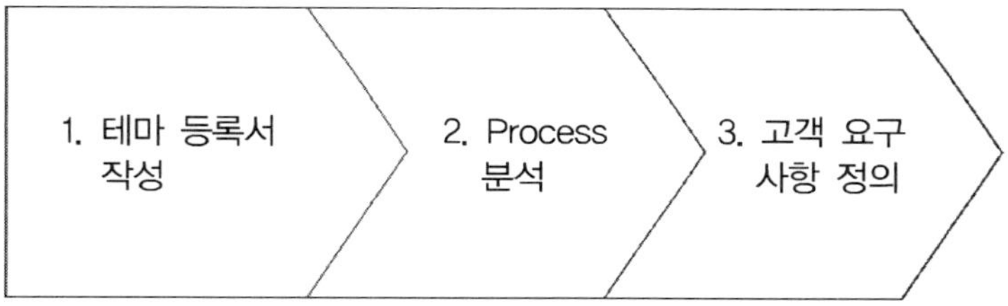

Output

- Process Map
- Quick Action 기회 발굴

Step 2.1 비즈니스를 Process 관점에서 보기

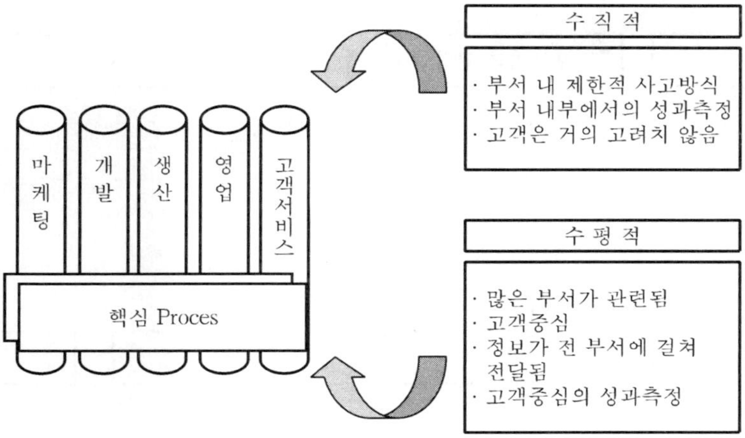

Process의 관점

1. 대부분의 고객은 비즈니스 Process의 Output만 느낌
2. 개선하고자 하는 비즈니스는 고객에게 제품과 서비스를 제공하는 Process의 관점에서 비즈니스를 파악해야 함
3. 고객만족을 향상시키기 위해서는 Process를 이해하고 개선시켜야 함

Step 2.2 Process Mapping

(1) Tree Chart 작성

1) 정 의

Tree Chart는 2개 수준으로 나누어 Process를 단순화하여 나타낸 것이다.

① 첫 번째 수준 : Process의 주요 Step

② 두 번째 수준 : 각 주요 Step에 존재하는 하부 Process

그 예는 다음 표와 같다.

Process : 주문 Process

접수	주문내역 입력	신용도 확인	Routing
창고 재고 주문	코딩/입력	신용도 검토	재고 위치
고객 주문	수정	승인/유보	제3공급자
S-form	Release		운송수단 선택
	고객서비스		
	고객마스터 셋업, 관리		

운송	제조	조달	대금청구
Pick List 검토	Work Order	원자재 구매	송장
생산/구매	제조/QC	Least-cost 구매	비용 할당
Carrier 스케쥴링	포장	승인 공급자 검토 및 관리	수금
	고객마스터 셋업, 관리		

2) 작성방법

① 시작점과 끝점의 확인

② 4~8개 정도의 주요 Step이나 Phase를 파악, Chart에 수평으로 배열

③ 각 주요 Step들을 3~7개의 하부 Step으로 분해, 주요 Step 밑에 기록

④ 작성된 Map을 검토하고 필요시 수정

3) 유용한 힌트

① 각 Step들을 정의하는 데에는 가능한 한 적은 수의 단어를 사용할 것

② Process의 필수적인 Step들에 대해서만 기록할 것

③ 주요 Step은 적어도 3개의 하부 Setp을 가지도록 할 것

④ Activity를 기술할 때에는 동사를 사용할 것(예 : 데이터를 수집한다)

연습문제

Tree Chart

앞서 풀었던 연습문제에서 작성된 Process에 대한 Tree Chart를 작성하시오.

Process :

하부 Process

STEP 3 고객 요구사항 정의

목 적

- 대상 Process의 고객 핵심 요구사항을 정의하고 고객이 기대하는 Spec. 결정

주요내용

- 고객의 소리(VOC : Voice Of Customer) 정의
- 고객의 소리 듣기
- 핵심 Issue 도출
- 고객 핵심 요구사항 정리

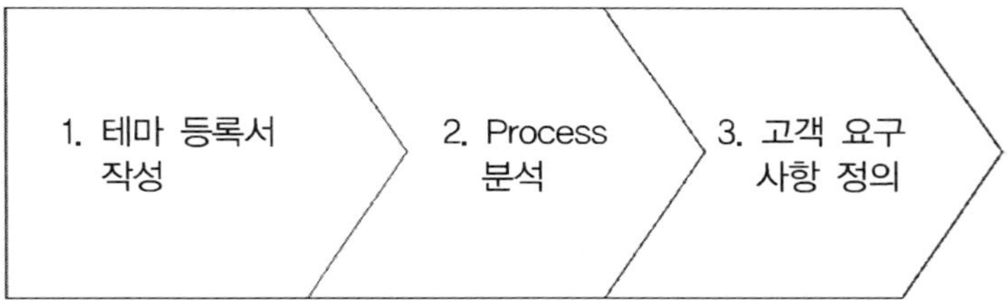

Output

- 고객 핵심 요구사항

Step 3.1 고객의 소리 듣기(VOC)

(1) 목 적

① 고객의 요구사항을 충족시키는 방법에 대한 신뢰할 수 있고 정확한 정보는 오직 고객만이 줄 수 있음

② 이와 같은 방법으로 기업이 생각한 것을 확인할 수 있고, 기업이 알지 못하는 것을 정의하고 그러한 것에 대해 더 확신을 갖도록 함

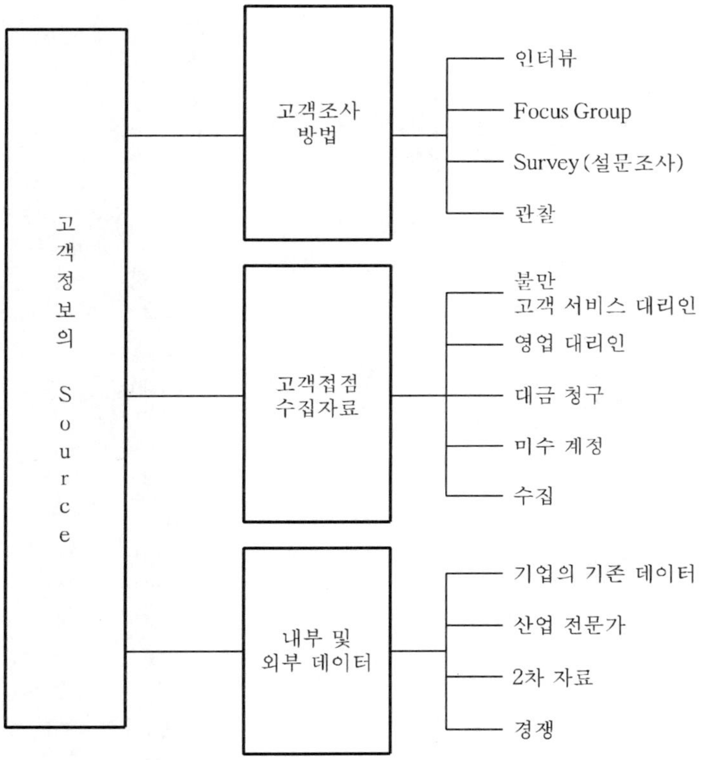

③ 데이터와 수집 Process 질을 향상시키기 위해서는 다음과 같은 것들이 필요하다.

- 데이터가 필요한 이유 명확화
- 질문과 답변 명확화
- 데이터의 통합과 분석방법 명확화

(2) 조사방법 선택

종 류	목 적	특 징
Interview	• 고객의 구체적인 견해 파악	• 개인 • 그룹 • 우편/전화
설문조사	• 고객 Needs 중요도 성능을 측정하기 위한 정량적 데이터 획득	• 전화 • Mail • 대면
Focus Groups Interview	• 세분시장을 대표하는 고객그룹의 집단적인 시각으로부터 정보를 수집하기 위해	• 고객의 Needs 명확화와 정의 • Needs의 우선순위에 대한 통찰력을 얻는 것 • 개념을 테스트하고 피드백 얻기
관 찰	• 주어진 특정상황 하에 사람들의 행동패턴을 도출하고 기록하기 위해 • 사람, 사건, 목적의 행동패턴에 관련된 주요 정보를 획득하기 위해	• Personal • Mechanical • Audit • Trace Analysis • Content Analysis
고객접점 수집자료	• 고객과 직접 접촉하여 정보를 얻어내기 위해	• 불만 • 고객서비스 담당자 • 판매서비스 담당자 • 대금청구서 등
기존의 기업 내 자료	• 문제 분석을 위한 데이터 수집 출발점	• 본부별 비용 및 매출 • 지역별 비용 및 매출 • 고객유형별 매출 • 종업원별 매출 • 시간대별 매출

고객 요구사항 조사방법

(1) Interview (면접조사)

1) 목 적

서비스 이슈, 제품/서비스 속성과 성과지표에 대한 고객의 구체적인 관점을 파악한다.

2) 용 도

① 인터뷰는 고객 Needs의 수집과정에서 유용

② 초반 : 고객의 기대사항 가설개발의 지원, 고객에게 중요한 사항 파악

③ 중반 : 특정 이슈의 고객에게 중요한 이유 또는 이해 명확화

④ 종반 : 발견사항 명확, 아이디어와 제안 획득, 고객과 아이디어 테스트

3) 인터뷰 Process

필요 정보	방법 결정	대상자	질문지	실시 약속	실 시	정 리
	-대면인터뷰 -전화인터뷰 -Focus Group Interview	-후보선정 -대상자 결정	-질문항목 결정 -질문지 -사전조사	-장소 -시간	-도입 -질문 -마무리	-결과 당일정리

4) 인터뷰 질문지 작성

필요정보	대상	질문문항

→ 인터뷰 질문지

5) 인터뷰 절차

도 입	질 문	마무리
ㅇ관계형성	ㅇ질문 -쉬운 것에서 어려운 것으로 -과거로부터 현재로 -추상적인 것에서 구체적인 것으로 -좋은 것에서 나쁜 것으로 -간접적인 것에서 직접적인 것으로	ㅇ상대방이 말을 많이 할 수 있도록 -잘 듣는 사람이 될것 -자신의 의견은 중요하지 않음 -이해가 되지 않는 부분은 확인 "예를 들면?", 구체적 수치 "왜 그렇습니까?"

(2) Survey (설문조사)

1) 목 적

세분화된 고객별 또는 전체 고객의 공통된 Needs의 중요도, 성능을 측정하기 위한 정량적 데이터 획득이 목적이다.

2) 용 도

① 대규모 모집단에서 많은 양의 정보 효율적 획득

② 통계적 유효성과 완전성을 가진 데이터의 결과분석

③ 변화와 인과관계 측정

- Survey(설문조사) Process

④ Survey의 목적 검토

⑤ 모집단으로부터 적절한 샘플 결정

⑥ 원하는 정보의 특정분야 도출

⑦ 질문 초안을 작성하고 측정척도 정의

⑧ Survey 마무리

- 설문작성 Process

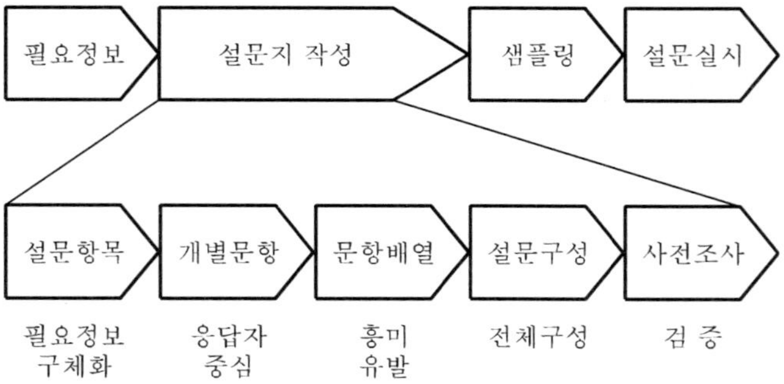

3) 설문지의 구성

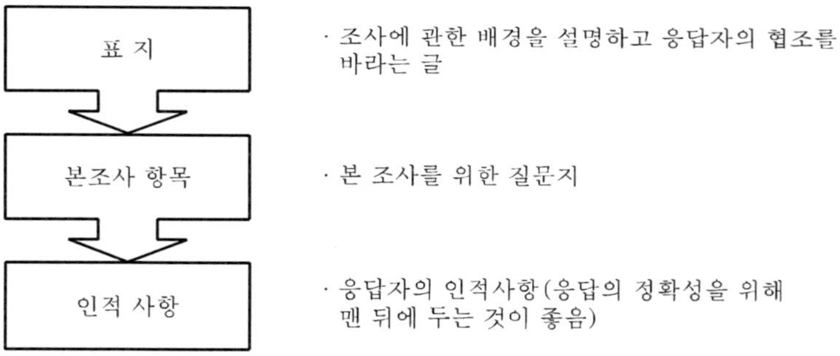

4) 설문시 단어의 선택

① 단어는 쉽고, 직접적이고, 모든 사람에게 친숙한 것일 것 : 교육 정도에 관계없이 누구나 이해할 수 있는 쉬운 단어 사용

[예] 댁에서는 자동차를 갖고 계십니까?

② 애매모호한 단어는 사용하지 말 것

[예] "자주", "가끔", "늘상"이라는 단어는 응답자마다 기준이 틀린다.

③ 한꺼번에 두 가지의 질문을 하지 말 것

[예] 서비스의 가격과 편리함에 대하여 만족하십니까?

④ 유도질문을 하지 말 것 : 답변을 암시 또는 응답의 범위가 충분하지 않은 경우

[예] ◦ 질문의 끝에 "안 그렇습니까?"라고 덧붙이는 경우
◦ 당신은 자유 시간에 TV를 보거나 또는 무엇을 하십니까?
◦ 주택문제 해소와 학교개선을 위해서 세금을 올려야 합니까?
◦ 감정이 섞여 있는 단어를 사용하는 경우 '사치품', '적정 이윤'
◦ '근본적인' 전문가집단이 제시하기를 … 이에 찬성하십니까?

5) 질문의 순서

① 처음에는 쉽고 부담 없는 질문으로 시작 : 조사목적과 별 관계없는 주위를 환기시키는 질문도 괜찮다.
② 새로운 주제로 넘어갈 때에는 전환을 알려주는 언급이나 질문을 배치한다.
③ 광범위한 질문에서 시작하여 구체적인 질문으로 좁혀 갈다. 응답자가 질문을 넓은 관점에서 이해할 수 있도록 배려한다.
④ 민감하거나 답하기 어려운 질문들은 뒷부분에 배열한다. 신뢰가 생긴 후에야 정확한 답변을 얻을 수 있다.
⑤ 앞 질문내용이 다음 질문에 영향을 주지 않도록 한다.

6) 설문의 형식

질문하는 방식으로 택일형, 척도형, 순위형 등이 있다.

① 택일형 : 보기 중에서 하나를 고를 경우(양자택일형, 선다형)

[예] 대통령이 장관의 인선시 무엇을 가장 중요하게 고려해야 한다고 생각하십니까?
1. 행정경험 2. 도덕성 3. 출신지역

② 척도형 : 질문에 대한 척도를 제시한 뒤 응답하게 하는 경우

- 응답척도(Indicator)는 고객이 쉽게 응답할 수 있게 하고, 사용 가능한 정보로 만들 수 있는 데이터를 쉽게 수집할 수 있도록 해준다.
- '예/아니오' 척도(Indicator)는 일반적으로 가치 있는 정보를 잃게 된다.
- 명목형과 서열척도(Indicator)는 중요한 통계적 한계가 있다.
- 등간척도(Indicator)는 보통 5개 또는 7개의 점으로 나눈다. 특히 중간점은 고객조사에 중요하다.

[예] 대통령이 장관의 인선시 다음의 항목을 어느 정도 고려해야 한다고 생각하십니까?

	중요하다				중요하지 않다
1. 행정경험	□	□	□	□	□
2. 도덕성	□	□	□	□	□
3. 출신지역	□	□	□	□	□

③ 순위형 : 주어진 보기를 순서대로 나열하게 할 경우

[예] 우리나라 역대 대통령을 뛰어나 업적 순서로 배열한다면?

표 8-4 Interview와 Survey의 비교

	인 터 뷰	설 문 조 사
장점	• 심층적인 자료수집이 가능하다. • 보충자료의 수집이 용이하다. • 융통성과 신축성을 발휘할 수 있다. • 응답자의 이해를 도울 수 있다. • 조사자와 응답자간에 상호작용이 용이하다.	• 짧은 시간에 많은 자료를 수집할 수 있다. • 수집된 자료의 분류와 해석이 용이하다. • 표준화된 자료를 수집할 수 있다. • 많은 양의 자료를 수집하는 데 비용이 적게 든다.
단점	• 조사자의 편견이 개입될 수 있다. • 자료를 통합, 분석하기가 곤란한 경우가 있다. • 자료를 수집하는 데 시간이 소모된다. • 면접기법이 필요하다. • 즉시 응답에 대한 압박이 있다.	• 잘못 설계된 질문지 때문에 오류가 발생할 수 있다. • 일방적인 의사소통이 이루어진다. • 회수율이 낮을 경우 자료의 정확성에 문제가 발생한다.

Step 3.2 "고객 핵심 요구사항" 정리

(1) 정 의

고객의 관점에서 정의되고, 고객의 입장에서 품질에 치명적인 제품의 특성치 또는 Service 및 업무 Process의 특성을 말한다.

① 고객에게 중요한 것 – "고객이 관심을 가지는 것"

② 구체적 요구사항 – "반드시 갖춰야 할" 또는 "반드시 있어야 할" 속성

- 궁극적인 만족사항
- 잠재적인 감동사항
- 법규 또는 안전관련 요구사항

③ 측정 가능한 것

④ 목표설정

- 고객 규격사항
- 허용될 수 있는 성능의 범위

- 궁극적으로 고객의 소리가 Process의 성과를 평가할 수 있도록 사용되는 "고객 핵심 요구사항"으로 변환시켜야 한다.
- 만약 "고객 핵심 요구사항"이 명확한 규격 목표로 설정되지 않는다면, 지금의 불량수준을 결정하는 데 이용되지 못한다.

(2) 고객 요구사항의 구체화

1) 목 적

일반적이거나, 모호하거나, 애매하거나 감정적인 고객의 피드백 또는 언급에서 도출된 고객 요구사항을 구체화한다.

2) 구체화 방법

① 파악된 고객소리를 유사하고 공통적인 내용은 Grouping

② 각 그룹단위에서 고객의 소리를 가장 잘 대표할 만한 1개의 기술 내용(Statement)를 선택/수정

③ 고객의 소리를 통해서 수집된 설명을 바탕으로 각 고객의 소리 기술내용과 연결된 고객의 주요 이슈(관심 사항, 가치 또는 기대)로 정의

④ 측정가능하고 구체적인 용어로 고객 주요 이슈와 연관된 "고객 요구사항"을 명확하게 함

고객의 소리	▶	고객 핵심 이슈	▶	고객 핵심 요구사항
그들이 지각하고 있는 실제 고객 기술서와 의견 • 제품이나 서비스의 속성 • 제품, 서비스, 그것의 납기에 대한 경험 • 비즈니스 Process나 대리인을 접한 경험		• 제품과 서비스에 대해 실제고객이 주의를 기울이는 것 • 가치 또는 기대, 감정이나 편의를 피하면서 고객이 제품이나 서비스에 관련된 주요 이슈를 기술하는 것임 • 고객이 기대하거나 원하는 재품 또는 서비스의 속성 주변의 경험 기술		고객이 주시하는 제품에 대한 구체적이고, 자세하며, 측정 가능한 기대

Chapter

03 Measurement

목 표

- 측정의 중요성을 이해하고 프로세스와 관련된 측정대상의 명확화
- 데이터의 수집방법을 이해하고 측정방법의 타당성 및 이상 Data 확인
- 현재 수준의 시그마 수준 확인

STEP 4 측정대상의 결정

목 적

프로세스의 결과와 관련된 지표의 명확화

주요내용

- Y의 명확화
- 잠정인자 X's 선정
- Y, X's 관계 Review

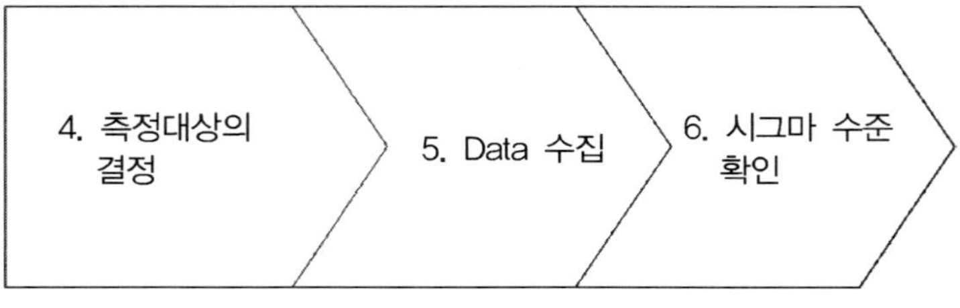

Output

- Y(Output 척도)
- X's 결정(Input, Process 척도)

측정대상 결정의 필요성

① 현재와 기대되는 성과의 차이가 가장 큰 영역에 개선노력을 집중하기 위해서 Process가 얼마나 고객의 요구를 잘 만족시키는가를 측정하는 것이 필요

② Process 내부에서 원인과 효과의 관계가 어떻게 이루어지는지를 이해하는 것은 무엇이, 어디서, 왜, 얼마나 많이 변화하는지를 알기 위함

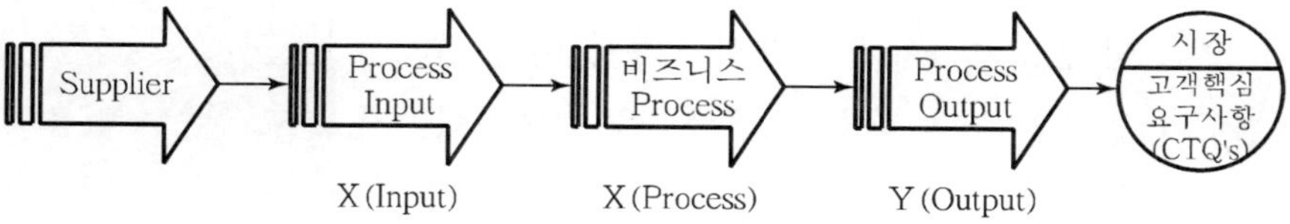

$$Y = f(X)$$

업무수행의 결과물	업무활동 내용
■ Y	■ $X_1, \cdots, X_n$
■ 종속변수	■ 독립변수
■ Output	■ Input
■ 결과	■ 원인
■ 증상	■ 문제점
■ 관찰, 감시의 대상	■ 관리대상

③ 유용한 측정지표의 특성

- 고객 핵심 요구사항에 연관
- 추세와 반복주기를 알려줌
- 명확하게 정의
- 수집이 용이함

- 통계적으로 신뢰성이 있음
- 이해가 간단함
- 반복 가능함
- 적절한 대응책을 도출하기에 좋음
- Process에 대한 대표성 및 타당성
- 원인 및 효과에 대한 통찰력을 제공

Step 4.1 Y(Output)의 명확화

Y는 "고객 핵심 요구사항"에 직접 관련되어 있어야 한다. 이러한 지표들은 고객의 기대가 어느 정보까지 만족하는지를 측정한다.

① 고객 핵심 요구사항의 Y결정
- 각 고객 핵심 요구사항에 대해서 Y가 있어야 함
- Y척도가 없으면 고객 핵심 요구사항을 만족시켰는지 결코 알 수 없음

② 유용한 주기
- 유용한 판단에 필요한 주기로 측정되어야 함
- 지나치게 드물게 측정되거나 자주 측정해서는 안됨

③ 명확성 및 이해가능성
- 각 "고객 핵심 요구사항"과의 관계 : 명확하고 이해 가능해야 함
- 데이터 신뢰성 확보 : 같은 방법의 측정, 같은 정의, 같은 기준 사용

④ 결함측정
- 항상 Process의 결함(바라지 않는 부분) 측정
- 성공률은 지표로 사용하지 않음

⑤ 실제결과 반영
- 평균을 지표로 사용하지 않음
- 개별 고객은 서비스의 평균대기시간이 얼마인지는 상관하지 않으며 오직 그들이 얼마나 기다렸는지 상관함

[Y의 예]
- 대출신청에서 완료까지의 전체시간
- 주문에서 배달까지 일수
- 고객서비스 전화의 응답까지의 벨 울림 수

- 고객 대기시간
- 잘못된 영수증 수(비율)

Step 4.2 잠정인자 X의 선정

Y값(Output 지표)에 영향을 줄 것으로 예상되는 인자들이다.

(1) 목 적

① Sample 추출시 고려사항의 명확화

② Y의 현재 수준파악을 위한 Data 수집 효율성을 높임

(2) 잠정인자 선정방법

① 문제 / 현재 상황 기술 : 『전표 Error율 감소』

② Y에 영향을 주는 잠정인자 Brainstorming

- "왜"라는 질문을 계속
- 4M 등을 사용하면 도움이 됨
- 프로세스 측면과 Input 측면을 고려하여 검토(Man, Machine, Material, Measurement, Process, 환경)

③ 항목 검토 및 정리

- 특성요인도 형태로 정리

(3) X's의 예

① 프로세스 내의 한 단계 또는 연속적 단계들을 완수할 때까지의 시간

② 잘못 접수된 주문건수

③ 통화되지 않는 전화의 건수(또는 비율)

④ 거절된 신청서의 수(또는 비율)

⑤ 에러의 유형

⑥ 정보가 누락된 신청서의 건수(비율)

⑦ 누락된 정보의 유형

⑧ 상담원의 경력

⑨ 응답속도

◎ 특성요인도

① 목적 : 문제의 근본원인을 도출해서 문제점들의 재발을 제거

② 사용시기 : 잠정후보인자의 도출 치명인자의 분석

[예] 전표작성 Error

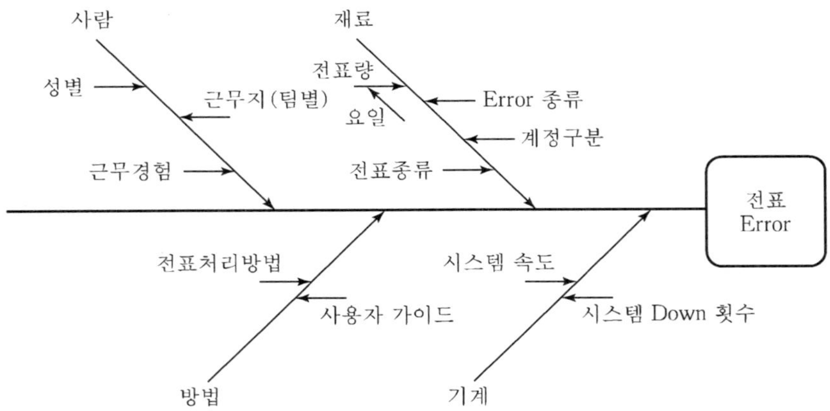

Step 4.3 Y와 X's 인자의 관계 Review

① Y의 검토

Y : 프로세스가 얼마나 효과적으로 "고객 핵심 요구사항"을 만족하고 있는가?

② 잠정 X인자의 검토

바람직한 Outcome과 결국에는 고객 요구사항 만족을 보장하기 위해 필요한가?

③ Y와 X인자 인자의 관계 Matrix

가장 중요한 지표의 우선순위 결정지원

표 8-5 Y, X's의 관계

Y \ X's	응답속도	종업원 능력	첫 번 응답 해답비율
콜(Call) 포기율	◎	△	×
고객만족도	◎	○	◎

◎ 강한 관계, △ 약한 관계, ○ 보통 관계, × 관계없음

※ 사례 : Answering Center

STEP 5 Data 수집

목 적

- 데이터 측정을 위한 데이터 수집의 비용을 효율적이고 효과적으로 활용할 수 있도록 원칙과 방법론을 구축한다.

주요내용

- 측정 Data의 정의
- Data 측정계획 수립
- 측정방법의 타당성 확인
- Data 수집
- 이상 Data의 확인

Output

- 데이터 수집계획
- 측정 Data
- Gage R & R

Step 5.1 측정 Data의 정의

(1) 목 적

① 무엇을 측정할 것인가와 측정지표의 주요 특징에 대한 정의 확정

② Data 수집에 있어서 일관성과 신뢰성의 구축

③ Data 측정범위의 기술 : 무엇을 측정할 것인지, 무엇을 측정하지 않을 것인지 정의

> "모든 사람이 갖고 있는 여러 가지 의미를 하나의 개념으로 전환시켜 준다."
> – W. Edward Deming
>
> "Data를 수집할 때 한번에 제대로 수행할 수 있게 해 준다."

(2) 방 법

① 불량 : 신청서에 대한 Cycle Time

② 양호

- 2006년 1월 3일부터 1월 17일까지
- 팩스로 접수된
- 모든 신청서
- Cycle Time은 팩스로 접수될 때 팩스에 찍혀진 수신 날짜와 시간으로부터 신청자에게 승인/거절서를 팩스로 넣어 찍혀진 시간으로 함

Y	수집기간	판단기준	수집방법	수집대상
	①	④	②	③

Step 5.2 Data 수집

(1) Data 수집시 유의사항

① 데이터 수집을 단순화시킬 것 : 필요한 데이터량을 가능한 한 감소시키는 방향으로 샘플링을 사용함

② 데이터의 일관성을 유지할 것 : 구체적인 가이드라인과 데이터의 수집방법, 시기, 장소를 제공

③ 데이터 수집을 용이하게 할 것 : Check Sheet와 표를 미리 준비하여 사용할 것

④ Test 데이터 수집 : 데이터 수집의 초기단계에서부터 데이터들을 잘 관찰하여 데이터가 타당하고 오류가 없는 것들인지를 확인

⑤ 데이터 수집의 변동을 최소화할 것 : 데이터 수집의 타당성을 해치지 않는 사람이 데이터를 수집하는지를 확인

⑥ 데이터 수집가에 대한 교육 : 데이터 수집자들이 데이터 수집방법뿐 아니라 왜 그 데이터들이 수집되는지를 이해할 수 있도록 설명

Step 5.3 Sampling

(1) 목 적

① Sample Data를 활용하여 전체 Data에 대한 결론 유도

② 전체 Data의 취합에 따른 시간과 비용의 절약

(2) 방 법

① 모집단에서 Sample 발췌

② 발췌된 Sample로부터 알고자 하는 통계값 계산

③ 계산된 통계값으로부터 모집단을 추정함

(3) 층 별

층별 Random 샘플링

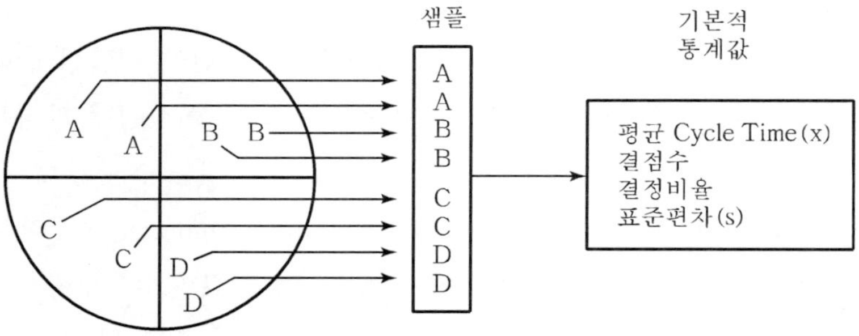

논리적 범주 내에서 무작위 샘플링

(4) Sampling의 빈도

① 모집단의 크기, Sampling의 정도에 따라 다름

② 불안정적인 프로세스 : 좀 더 빈번하게 측정(체계적, Subgroup 샘플링을 사용)

③ 안정적 프로세스 : 덜 빈번하게 측정(샘플크기를 결정하는 공식을 사용)

④ 유용한 의사결정을 내리기 위해 필요한 데이터 측정이 얼마나 정확한가에 따라 달라짐

(5) Sampling시 유의사항

① 프로세스나 모집단을 대표할 수 있는 샘플인가?

② 프로세스가 안정적인가?

③ 샘플이 무작위로 추출되었는가?

④ 데이터를 추출이 동일한 확률로 일어났는가?

⑤ 통계적으로 타당한 결론을 도출하기 위하기 전에 위의 각 질문들에 대해 "예"라는 대답을 할 수 있어야 함

Step 5.4 그래프 작성 및 결과 해석

(1) 히스토그램

1) 목 적

① 비정규분포의 원인을 파악하면 문제의 원인을 찾을 수 있음

② 이상현상을 찾아 분석단계 이전에 해결한 후 측정 Data의 재수집이 필요

2) 히스토그램의 비정규분포의 유형

① 이상점 : 분포의 나머지로부터 이탈된 데이터를 포함. 만약 이탈된 막대가 있다는 사실을 잊고 보면, 정규곡선을 닮은 곡선을 볼 수 있음. 이상점이 발생한 원인을 추적하여 제거함

② 쌍봉점 : 2개의 정점을 가지고 있는 분포. 〈Quick Action〉. 이 같은 분포는 Sub Grouping이 제대로 되지 않은 경우임. 만약 자세히 보면, 이 모양이 나란히 놓인 2개의 정규 분포를 닮은 것임을 볼 수 있음

③ Flat : 1개의 정점을 갖고 중심으로부터 멀어질수록 계속해서 줄어 들지 않기 때문에 Flat으로 불림. 이것은 자료를 제대로 층별시키지 못했거나 과도한 산포가 있음을 나타냄

④ 치우침 : 1개의 정점을 가지고 양쪽으로 계속해서 감소하나 모양이 대칭이 아님. 이 분포는 한쪽에 비정규산포가 존재함을 나타냄

⑤ Bunched at Extremes : 중심에 정점을 가지고 양쪽 끝 또는 한쪽에도 정점을 가짐. 이러한 이상한 모양은 주로 데이터 기록 실수를 나타냄

(2) Run Chart

1) 목 적

① Process의 경향성, 주기성의 관찰(히스토그램에서는 파악할 수 없음)

② 이상원인의 파악에 따른 Quick Action의 기회를 가짐

③ 현재 Process에서 발생되는 산포를 정확하게 이해하려면 히스토그램과 Run Chart를 동시에 드려야만 정확하게 파악할 수 있음

④ 이상원인 조치 및 Quick Action 후에 다시 그래프를 그려 확인함

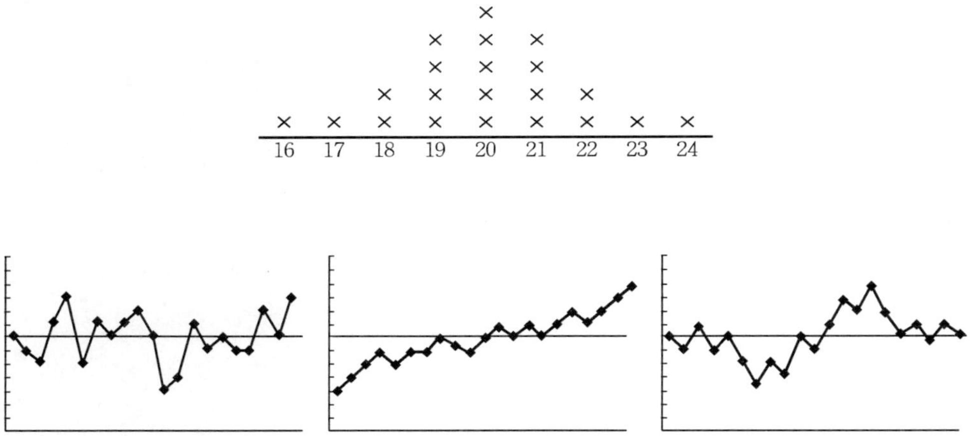

동일한 히스토그램이지만 다른 경향성을 가지는 예

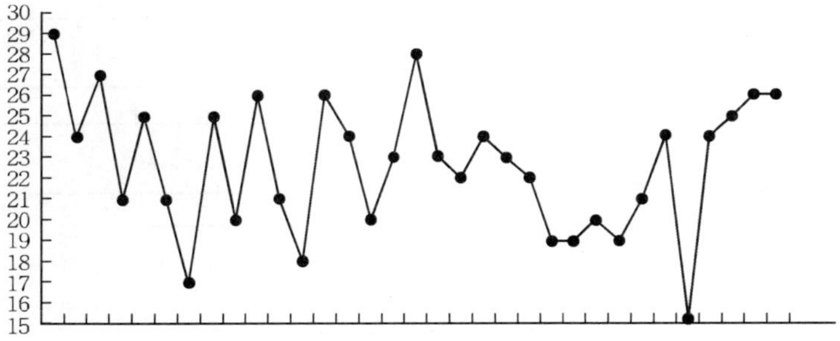

Run Chart에서는 알 수 없는 이상현상이 히스토그램에서 보이는 예

STEP 6 시그마 수준 확인

목 적

- Y에 대한 현재 수준을 σ수준(Z값)로 계산하여 개선목표 명확화

주요내용

- 이산형 데이터의 σ수준(Z값) 계산
- 연속형 데이터의 σ수준(Z값) 계산

Output

- Y의 σ(Z)-Level

Sigma 수준 계산절차

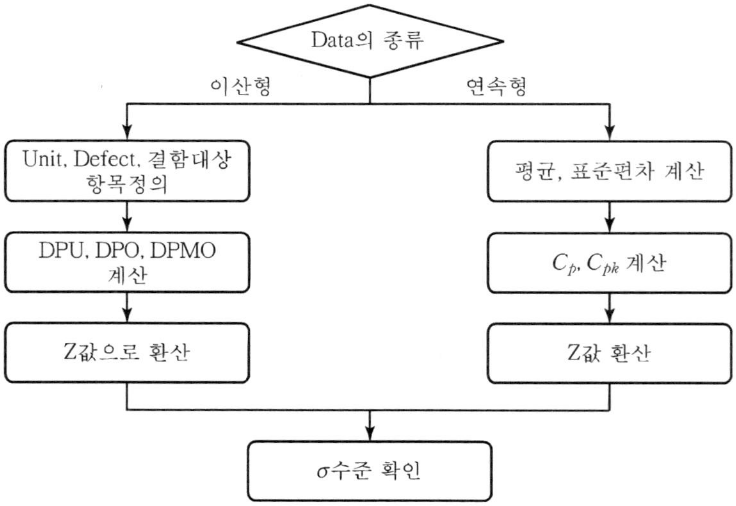

Step 6.1 공정능력지수(C_p, C_{pk}) 계산

① 공정능력지수란?

- 프로세스(공정, 업무)가 관리상태에 있을 때, 결과의 변동이 어느 정도인가를 표현하는 수치

② 공정능력지수 산출방법

- 수집한 Data의 평균과 표준편차를 구한다.
- 표준편차를 근거로 하여 C_p값을 구한다.
- 평균과 C_p값을 이용하여 C_{pk}를 구한다.

③ 공정능력지수(C_p)의 계산 : 치우침이 없다고 가정

- 짧은 기간 동안 최상의 공정상태를 표현하므로 "단기 공정능력지수"라고 함(Sample Data의 표준편차값을 활용함으로써 산포에 의한 공정능력을 확인하는 지수임)

$$\frac{\text{최대허용범위(상한값에서 하한값을 뺀 값)}}{\text{[공정의 일반적인 변동범위(일반적으로 } \pm 3 \times \text{ 표준편차를 사용함)]}}$$

$$= \frac{\text{상한값} - \text{하한값}}{6 \times \text{표준편차}}$$

④ C_p와 산포와의 관계

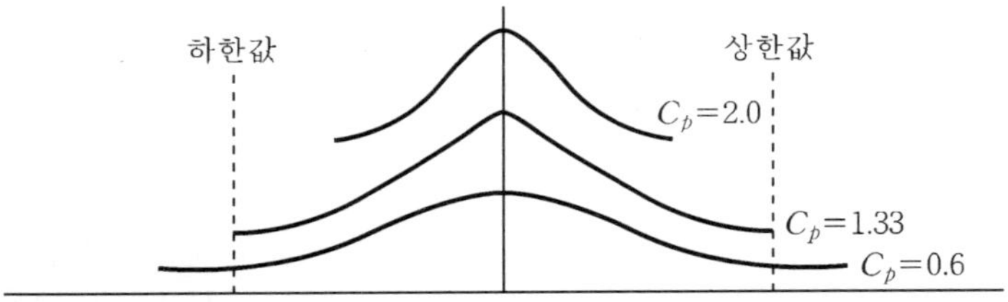

⑤ 공정능력지수(C_{pk})의 계산

- 평균의 변동이 고려된 공정능력지수
- C_p는 산포만 고려되어 실제 불량현상과 차이가 발생하므로 이런 내용을 보완하기 위한 지표임

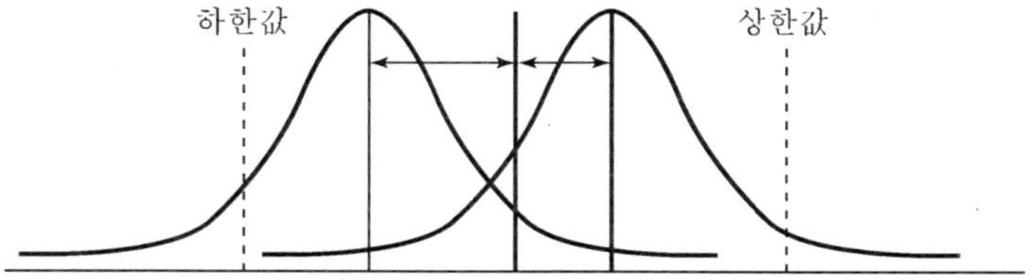

⑥ 평균과 중앙값과의 차이를 보정해 주어야 함. 보정값 K를 C_p와 곱해서 산출함

⑦ $K = \dfrac{|\text{측정값의 평균} - \text{허용범위의 중앙값}|}{(\text{상한값} - \text{하한값})/2}$

⑧ C_p와 C_{pk}와의 관계 : $C_{pk} = C_p(1-K)$

⑨ C_{pk}는 Sample Data의 산포와 평균을 동시에 고려한 공정능력임

연습문제

C_p, C_{pk}의 계산

외부 공사업체의 통문시간의 현재 수준을 측정하기 위해 Data를 수집하여 평균과 표준편차를 다음과 같이 구하였다.

① 평균 25분, 표준편차 5분

② 관리 Spec. : 상한 15분, 하한 10분

이러한 경우에 C_p, C_{pk}를 계산하시오.

Chapter 04 Analysis

목 표

- 측정단계에서 수집된 Data를 기초로 하여 CTQ Y에 영향을 주는 치명적인 X인자를 결정한다.

STEP 7 X인자의 Graph 분석

목 적

- 측정단계에서 얻어진 Data를 기반으로 CTQ Y에 영향을 주는 X인자를 찾아내기 위하여 Graph를 통하여 Y와 X의 현상을 파악한다.

주요내용

- 산점도
- Box Plot
- Pareto Chart
- Process 분석

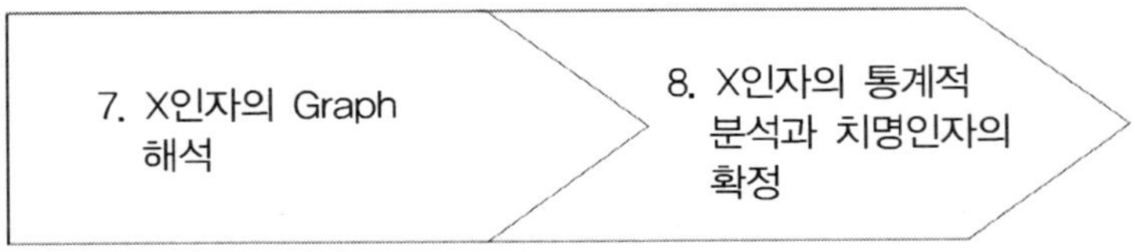

Output

- Y와의 관계를 나타낸 X인자들의 Graph

Step 7.1 홍보 X인자의 Narrow Down

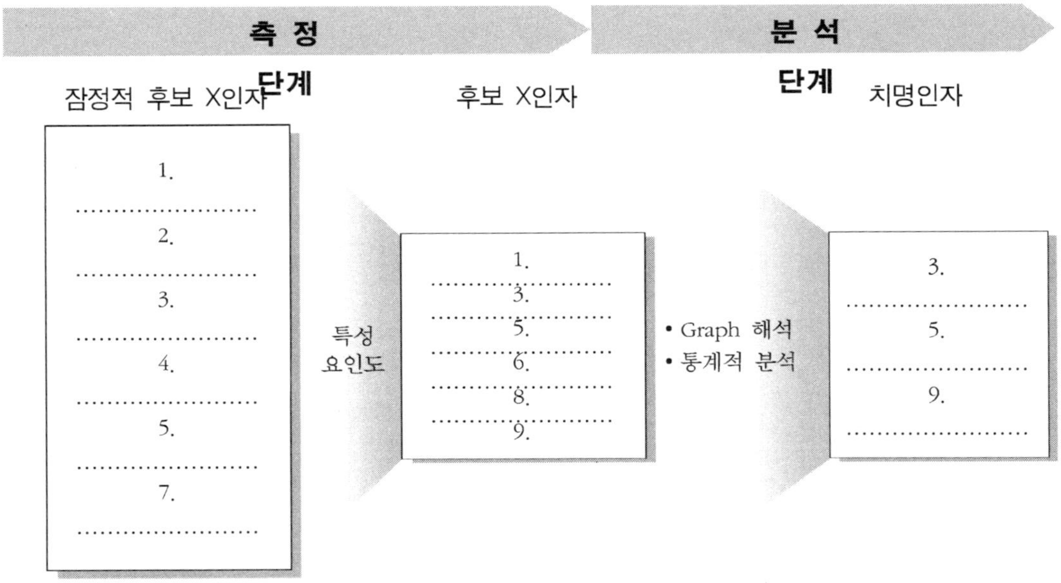

Step 7.2 Y 및 X의 Data의 유형별 Graph 분석방법

Y인자의 유형

X인자의 유형		연 속 형	이 산 형
	연속형	산점도(Plot)	
	이산형	Box Plot	Pareto Chart

① 고려사항

- 실제적인 문제와 관련하여 알고자 하는 것에 대한 Output을 명확히 한다.
- 예상하는 Output은 다음 단계(개선)와 관련한 내용으로 Focusing한다.

② Graph 분석결과에 대한 조치는?

- Graph 분석결과에 대하여 원하는 Output이 얻어졌는지를 확인하여 추가적으로 검토해야 할 사항이 있는지를 결정한다(통계적 분석).
- 실제 문제개선과 관련하여 즉시 조치를 취해야 될 사항은 즉시 개선 조치한다.

Step 7.3 파레토 Chart 분석

① 목적 : 분석할 대상을 구성하는 중요한 요인들을 보여 주기 위하여

② 언제 사용하는가 : Y의 Data가 이산형이고, X의 Data가 이산형일 경우에 사용한다.

미니탭 실행결과

① 예제파일에서 Y인자 결함수를 구성하고 있는 X인자(구성요소)별로 비교하자고 함

메뉴) Stat > Quality tool > Pareto chart

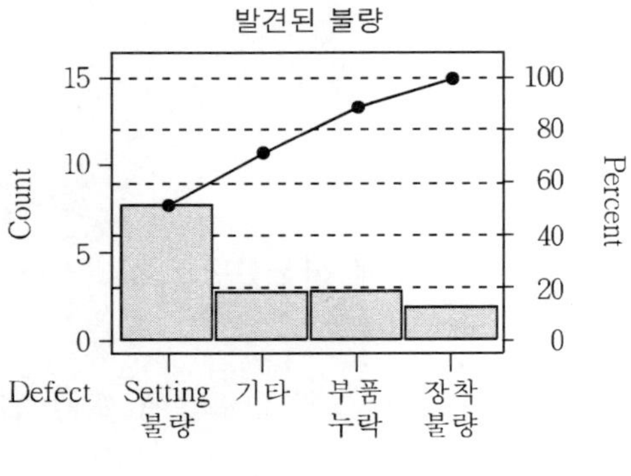

Setting 불량

$$\frac{8}{16} = 50\%$$

Component 누락

$$\frac{8+3}{16} = 69\%$$

장착불량

$$\frac{8+3+2}{16} = 81\%$$

기타

$$\frac{8+3+2+3}{16} = 100\%$$

② 파레토의 기본 아이디어는 80/20 법칙이다.

일반적으로 문제점의 80%는 원인의 20%에 의해 발생된다.

③ 파레토 차트에 정렬된 데이터는 "소수의 중요인자"를 밝혀내며, 근본원인을 결정하기 위한 추후 분석을 수행하도록 한다.

Step 7.4 Process 분석

① 목적 : 분석의 대상이 되는 Process의 특정 Step이 Data 분석의 결과 또는 정성적인 Issue 사항으로 보아 문제가 있어 보여 세부적으로 분석이 필요하다고 판단될 경우

② 언제 사용하는가? : 분석 초기단계에서 Pareto Chart, Process Mapping 등을 통하여 세부분석의 진행이 필요한 경우

- 수집, 분석된 Data로부터 테마 설정서에 작성된 가장 큰 효과를 줄 수 있는 Process의 단계를 도출할 수 있음
- 이것은 개선프로젝트에서 집중할 곳을 나타내줌

③ 파레토 분석의 결과와 Process 분석의 연결

- 다른 Process 척도, 즉 Process 시간 내에서 이 Process가 얼마나 잘 수행되었는지 조사함으로써 데이터를 좀 더 분석할 수 있음
- 목표는 9일 이하지만 실제는 12일이 걸리고 있음
- "신용 및 지불조회"는 Process의 약 50%를 차지하고 있어 이것은 분석의 노력을 집중해야 할 영역을 분명히 보여 주고 있음
- 이 Process를 좀 더 층별하여 좀 더 자세한 하부 Process Map을 작성하고, 신용 및 지불금액 조회 Process 시간을 줄이는 시도를 해야 할 것임

Step 7.5 산점도 분석

① 목적 : 두 변수간의 상관관계를 파악하고자 할 때

② 언제 사용하는가? : Y와 X의 Data가 모두 연속형일 때 사용한다.

③ 상관관계 분석

- 목적 : 측정에서 얻어진 Data에서 X인자의 Data들과 Y의 Data들과 상관성이 있는지 여부를 파악한다.
- 언제 사용하는가? : 가급적이면 X인자, Y인자의 Data 특성 모두가 연속형 Data 일 때 사용한다.

예 를 들 면

① 키 VS 몸무게, 성별 VS 월수입 등

② 담배문구 : "흡연은 폐암 등 각종 질병의 원인이 되며, 특히 임신부와 청소년의 건강에 해롭습니다."

③ 상관의 정도 표시 : 상관계수(r)

- 상관성을 나타내는 척도임
- 항상 −1과 1 사이에 있음
- −1과 1은 직선관계임
- 점들이 직선에 얼마나 모여 있는가?
- 이상점에 영향을 받음
- $|r| \geq 0.8$이면 강한 상관성이 있다고 함

④ 상관성과 인과관계

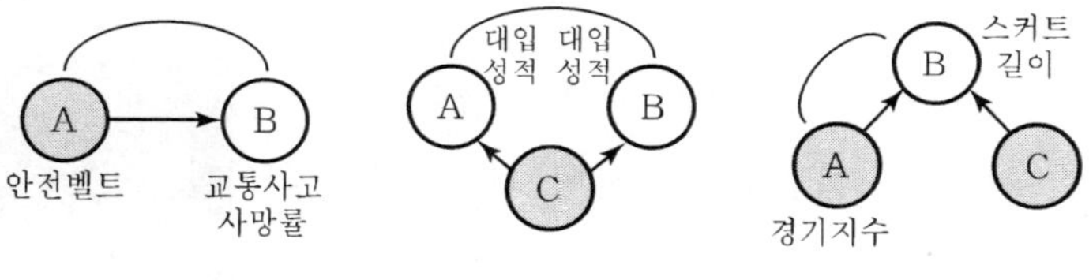

(a) 인과관계 성립 (b) 다른 인자가 모두 영향을 미침 (c) 우연한 상관관계 (인과관계가 없는 상관)

Chapter 05

Improvement

목 표

- 치명인자의 원인을 명확화하고 개선안을 도출할 수 있다.
- 최적의 개선안 선정 및 업무에 적용하여 개선효과를 확인할 수 있다.

STEP 9 개선안 도출

목 적

- 분석단계에서 결정된 치명인자 X에 대하여 실질적으로 이 인자를 개선하기 위한 잠재적인 근본원인을 명확화하는 활동

주요내용

- 치명인자의 근본원인 도출
- 실험계획법에 의한 최적조건 선정
- 실험계획법
- 개선안 도출

9. 개선안 도출 → 10. 실행 및 검증

Output

- 치명인자의 근본원인
- (필요시) 실험에 의해 선정된 최적조건
- 근본원인에 대한 개선 Idea 및 개선된 Process

Step 9.1 개선이란?

① 개선의 Process

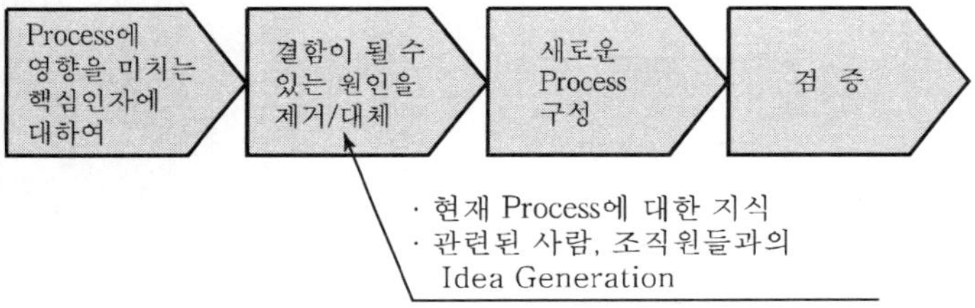

② 개선활동의 목적

- 활동에 대한 Lead Time을 줄인다.
- 비부가가치 작업을 제거한다.
- 일의 Balance를 맞춘다.
- 새로운 Process를 개발한다.
- 개선안에 대한 정확한 Action을 한다.

③ Lead Time을 단축하려면

- 모든 비부가가치 활동의 제거
- Process 품질향상
- 모든 불필요한 서류작업 감소
- 일의 Balance화

④ 비부가가치 요소

- 기다리는 모든 것, 불필요한 행동, 대기하고 있는 서류작업
- 불필요한 결재, 탐색, 걷기, 불만에 응대, 간청, 대부분의 회의
- 보고서 작성, 무엇인가 찾기

개선활동 Flow

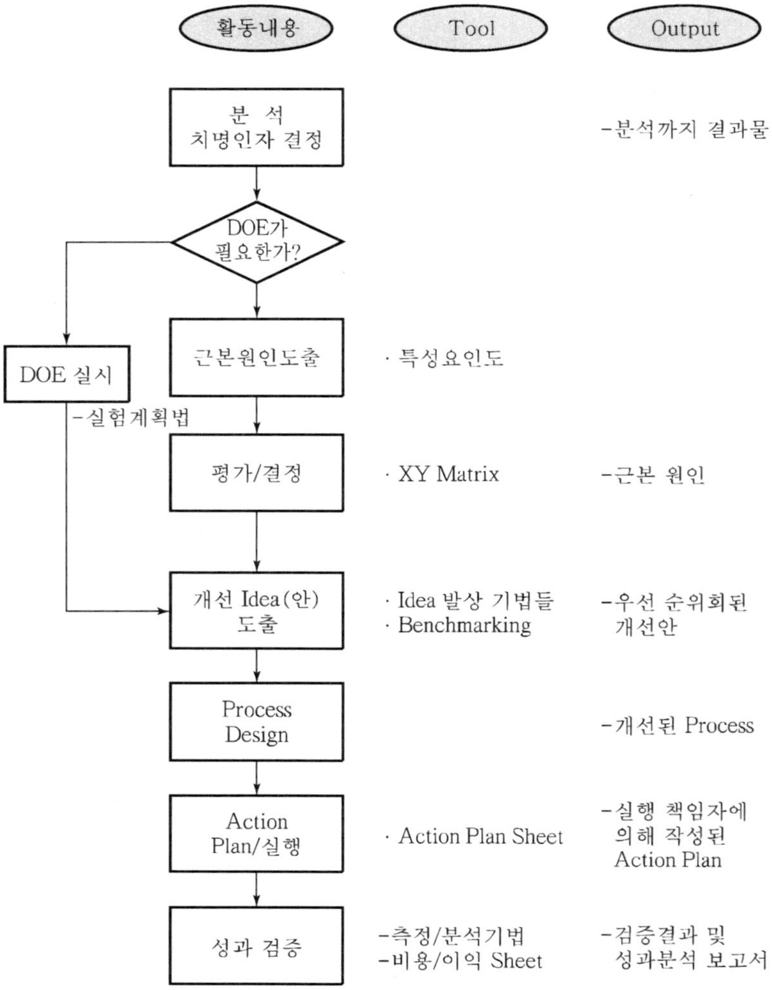

Step 9.2 치명인자의 근본원인 도출

(1) 목 적

① 분석단계에서 파악된 치명인자에 대하여, 실질적으로 이 인자를 개선하기 위한 잠재적인 근본원인을 명확화게 하는 활동이다.

② 특성요인도, Logic Tree, Brainstorming 등을 유용하게 사용할 수 있다.

Check Point

- 핵심원인(Root Cause)들은 우선순위화가 되었는가?
- 각각의 치명인자 X에 대하여 모두 검토한다.
- 원인 부분검토시 Process 인자를 반드시 포함한다.

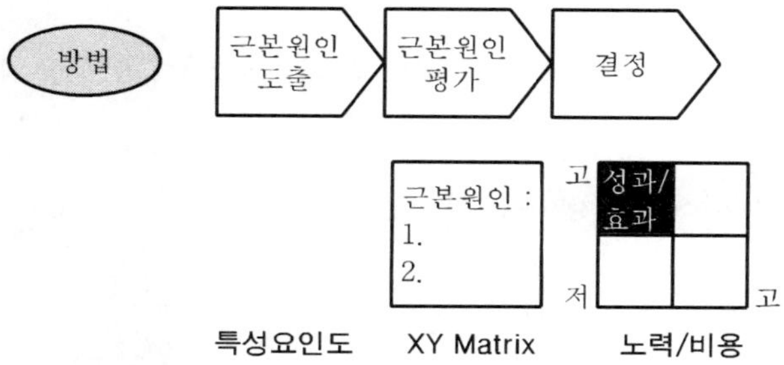

(2) **특성요인도의 작성**

① 문제로 할 특성을 정한다.

특성은 일의 결과로 가능한 한 구체적으로(숫자) 나타내며, 이것은 제품의 품질, Lot 생산량, 안전 등 현장에서 문제가 되는 것을 말한다.

② 특성을 기입한다.

③ 큰 가지를 기입한다.

보통 4M으로 하지만 그 이외에 측정이나 작업환경도 사용될 수 있다.

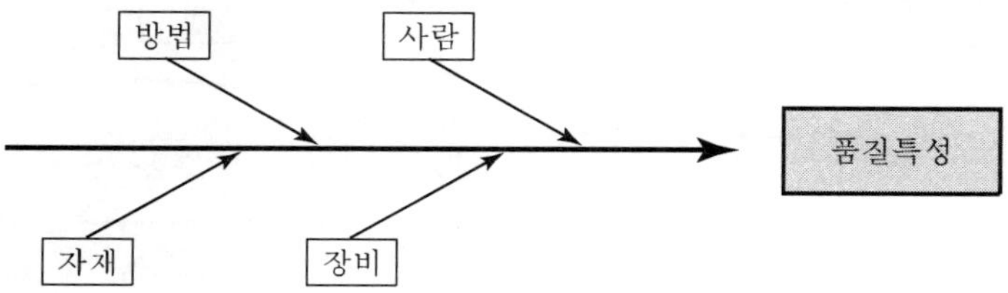

④ 작은 가지를 기입한다.

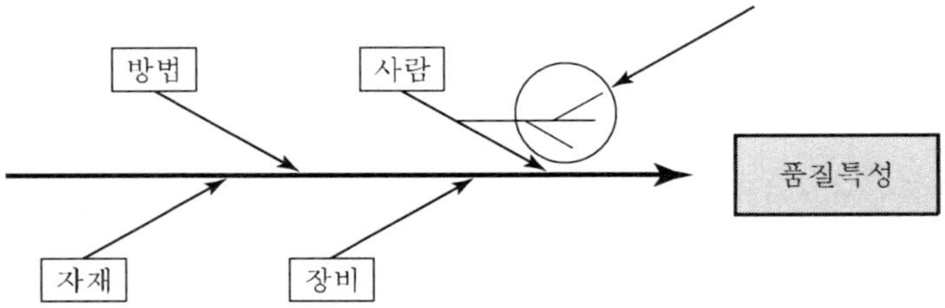

⑤ 요인을 확인한다.

요인 누락 확인하고 가지와 요인간, 요인과 특성간에 인과관계가 확실하게 성립되는지를 Check한다.

⑥ 특성에 직접적인 영향이 큰 요인을 확인하고 표시한다.

대책강구를 염두에 두면서 확인한다.

⑦ 관련사항을 기입한다.

특성요인도 제목, 작성일, 작성자 등을 기입한다.

(3) 작성 Point

① 요인은 많은 사람에게서 많이 수집한다.

자율토론방법을 이용한다.

② 항상 추가하거나 수정한다.

③ 특성의 나쁜 정도를 수치로 표시할 수 있게 한다.

④ 특성마다 특성요인도를 만든다.

⑤ 중요원인을 추출하여 그 특성요인도를 만들어 요인을 다시 추구한다.

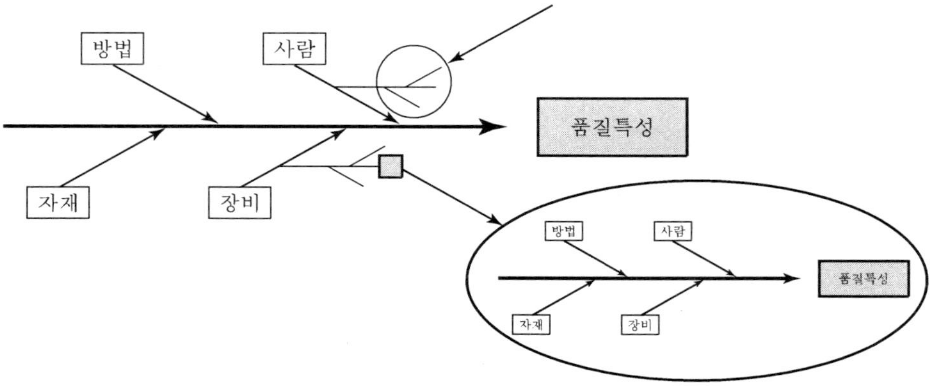

⑥ 현장 현물에 의해 사실을 확인하면서 요인을 생각한다.

⑦ 일반적으로 요인을 나타낼 때 "왜"를 5회 반복한다.

표 8-6 근본원인의 영향도 파악을 위한 XY Matrix

근 본 원 인	Output 변수(Y's)	원재료	중간제품	완제품		Rank	%Rank
	Rank	5	4	1			
	Association Table					Rank	%Rank
• 품목코드 변동 / 신규 / 단종 등						0	0.00%
- 공식 정보채널 형성 안되어 있음		3	3	1		28	5.63%
- 공식 업무처리절차 없음		9	3			57	11.47%
• 공장 재고상황을 알 수 없음		3	9	1		52	10.46%
• 부품구득 곤란						0	0.00%
- 공급사 단종		1	1			9	1.81%
- 시장물량 부족		1	1			9	1.81%
• 연구개발 지연		3	3			27	5.43%
- Error 발생		3	3			27	5.43%
- 추가기능 요구		3	3			27	5.43%
• 납기촉박 계약						0	0.00%
- 경쟁입찰 / 고객요구		1	1			9	1.81%
• 판매계획작성						0	0.00%
- 출하 가능성 지정에 대한 가이드라인이 없다.		9	9	3		84	16.90%
- 영업의 관리 기준이 매출위주로 되어 있다.		9	9	3		84	16.90%
- 수주/매출/수금계획과 연계관리 않는다.		9	9	3		84	16.90%

Step 9.3 실험계획법에 의한 최적조건 선정

(1) **실험이란?**

① Data 수집하는 방법에는 크게 Sampling(표본 추출)과 실험이 있다.

② 실험은 표본 추출과는 다르게 실험환경을 조정하고 통제한다.

(2) 목 적

① 어떤 X인자가 값(Y값)에 유의한 영향을 주고 있는가를 파악하고, 그 영향이 양적으로 어느 정도 큰가를 알아내기 위함(검정과 추정의 문제)

② 유의한 영향을 미치는 X인자가 어떠한 조건을 가질 때 가장 바람직한 반응값(Y값)을 얻을 수 있는가를 알아내기 위함(최적조건의 결정문제)

③ 기타, 오차항 추정의 문제

예를 들면

최적의 신용조회 신청서 양식을 설계

한 금융회사는 고객이 신용조회 신청서를 작성할 때 너무나 많은 오류를 범한다는 사실을 알았다. 이것은 신용이 양호한 사람이 기각이 된다든지 업무지연을 유발시키는 결과를 초래하였다.

개선팀은 고객을 인터뷰하였고 몇 개의 신청서 양식을 새로 만들어서 현장시험을 실시하였다. 조사결과 오류를 많이 줄일 수 있는 세 가지 변경해야 할 사항을 찾아냈다.

1. 가능하면 체크박스를 이용한다.
2. 직접 기입해야 할 내용은 양식의 오른쪽에 위치시킨다.
3. 각 문자를 박스 안에 기입할 수 있도록 한다.

실험계획을 이용하여 가장 좋은 신청서가 되기 위한 모든 개선방안을 조합(Combination)하여 최적의 신청서 양식을 설계할 수 있었다.

(3) 실험에서 사용하는 용어

용어	정의
실험단위	실험의 대상이 되는 기본적인 개체
변 수	위에서 정의한 실험단위의 특성
종속변수	변화를 연구하고자 하는 변수(반응변수라고도 함)
독립변수	종속변수에 영향을 미치는 변수(요인이라고도 함)
수 준	독립변수들의 실험조건

용어의 이해

사내의 매점에서는 사원들이 좋아하는 커피맛을 알아보기 위하여 커피맛을 결정하는 4개의 인자, 즉 커피량, 물의 온도, 설탕량, 프림의 양을 3개의 단계로 구분하여 실험하였다.

- 실험의 목적 :
- 실험의 대상 :
- 변수의 구분 : 1) 종속변수(반응변수) :
  2) 독립변수 :
- 수　　　준 :

(4) 실험계획의 정의 Review

① 해결하고자 하는 문제에 대하여 최소의 실험회수에서 최대의 정보를 얻을 수 있도록 계획하는 것

② 이는 인자, 실험방법, 실험순서, 실험 후 Data 분석방법을 선택하였다는 의미임

③ 따라서 경우에 따라 적용될 수 있는 다양한 종류의 실험계획법이 있음

(5) 실험계획법의 순서

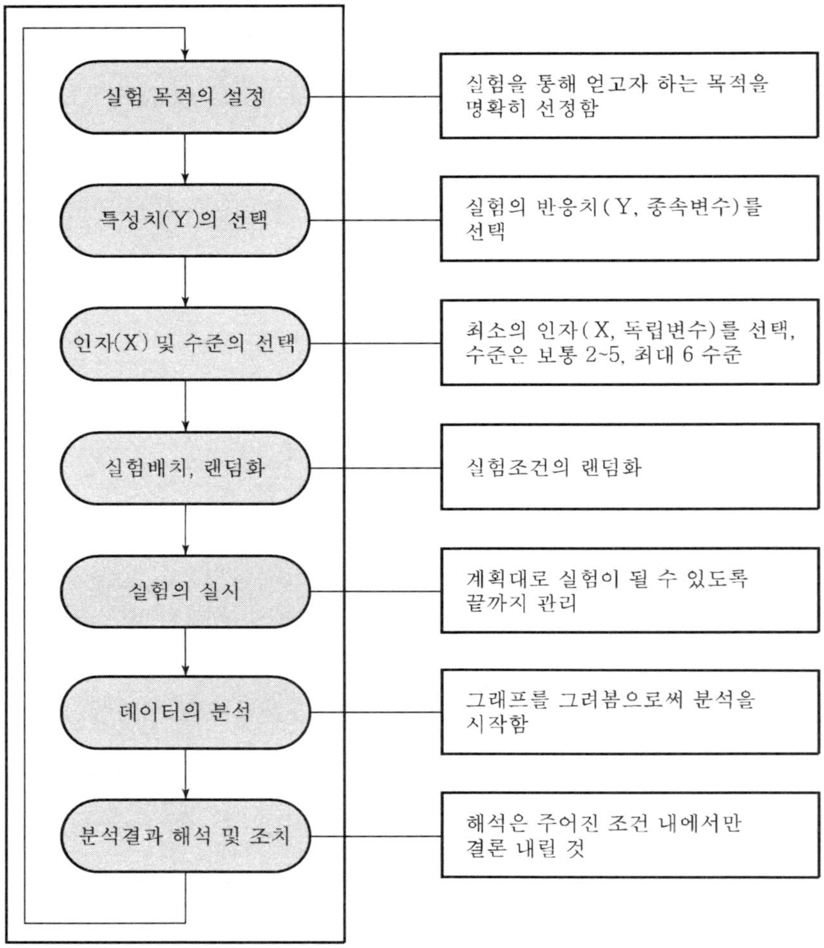

DOE 1. 일원배치(1인자 배치) 실험

① 일원배치 실험이란?

- 특성치(반응변수, Y)에 대하여 하나의 인자(독립변수, Factor)의 영향을 조사하기 위해 사용하는 실험계획

② 일원배치 실험은 어느 경우에 하는가?

- 특성치에 많은 인자가 영향을 주고 있다고 판단되지만, 어떤 특정한 하나의 인자만의 영향을 조사하고자 할 때
- 많은 인자에 대한 조사가 어느 정도 완료된 후, 남아 있는 하나의 인자가 특성치에

큰 영향을 주리라고 예상될 때

③ 일원배치 실험의 특성

- 수준수 및 각 수준의 측정치의 개수(반복수)에는 제한이 없다.
  (보통, 3~5개 수준, 3~10개)
- 수준별 측정개수가 모두 같지 않아도 좋다.
  (결측치가 있어도 된다)
- 실험시 실험의 순서를 완전하게 랜덤화해야 한다.

④ 일원실험 배치의 Data 분석

- 다음과 같이 실험배치를 하고, 끝나면 아래와 같은 Table을 작성할 수 있다.

인자수준	실험의 반복(m)					
A_1	x_{11}	x_{12}	x_{13}	x_{14}	···············	x_{1n}
A_2	x_{21}	x_{22}	x_{23}	x_{24}	···············	x_{2n}
A_3	x_{31}	x_{32}	x_{33}	x_{34}	···············	x_{3n}
.	.	.	.	.	···············	

⑤ 실험 Data의 분석

- Minitab을 이용하여 계산하면 아래와 같은 분산분석표를 구할 수 있다.

요인	제곱합	자유도	제곱평균	F 비율	P값
A	…	…	…	…	…
Error	…	…	…		
Total	합	합			

⑥ 분산분석표를 이용한 의사 결정

- 귀무가설과 대립가설
  - 귀무가설 : 각 수준의 평균은 서로 같다.
    $(\mu_1 = \mu_2 = \cdots = \mu_n)$
  - 대립가설 : 각 수준의 평균은 서로 같지 않다.
    (μ_i가 모두 같지 않다)
- 유의수준의 결정 : 5%
- 분산분석표에서 구해진 P-Value와 비교하여 인자의 영향유무 판단

예 를 들 면

1) **실험개요**

QC팀에서 현재 생산, 판매되고 있는 8 mm용 카메라용 건전지의 전압이 메이커별로 차이가 있는지 알아보기 위해 각각 4개씩을 수거하여 실험하였다.

2) Data Table

A사	B사	C사
1.02	1.28	0.94
0.86	1.72	0.86
1.00	1.60	0.90
1.22	1.60	1.04

3) **가설의 수립**

- 귀무가설 : 건전지 Maker별로 전압의 차이가 없음
- 대립가설 : 건전지 Maker별로 전압의 차이가 있음

4) **결과의 해석 : 분산 분석**

Two-Way Analysis of Variance

Analysis of Variance for Result

Source	DF	SS	MS	F	P
A	3	2.2200	0.7400	7.93	0.016
B	2	3.4400	1.7200	18.43	0.003
Error	6	0.5600	0.0933		
Total	11	6.2200			

- 본 실험의 결과를 어떻게 내리시겠습니까?

DOE 2. 이원배치(2인자 배치) 실험 (반복실험을 실시하지 않는 경우)

① 이원배치 실험이란?

- 특성치(반응변수, Y)에 대하여 문제가 되는 인자를 2개 취하여 행하는 실험으로 반복실험을 실시하지 않는 경우를 말한다.

② 이원배치 실험의 Data 구조(3개 수준의 경우)

- 다음과 같이 실험배치를 하고, 끝나면 아래와 같은 Table을 작성할 수 있다.

인 자		결 과 값
A	B	
A_1	B_1	x_{11}
A_2	B_1	x_{21}
A_3	B_1	x_{31}
A_1	B_2	x_{12}
A_2	B_2	x_{22}
A_3	B_2	x_{23}
A_1	B_3	x_{31}
A_2	B_3	x_{32}
A_3	B_3	x_{33}

③ 실험 Data의 분석

- 미니탭(Minitab)을 이용하여 계산하면 아래와 같은 분산분석표를 구할 수 있다.

요인	제곱합	자유도	제곱평균	F 비율	P값
Factor A	…	…	…	…	…
Factor B	…	…	…	…	…
Error	…	…	…		
Total	합	합			

④ 분산분석표를 이용한 의사결정

- 귀무가설과 대립가설
  - 귀무가설 : A인자의 각 수준에서 모평균에는 차이가 없다.

$[\mu(A_1) = \mu(A_2) = \cdots = \mu(A_n)]$

B인자의 각 수준에서 모평균에는 차이가 없다.

$[\mu(B_1) = \mu(B_2) = \cdots = \mu(B_n)]$

- 대립가설 : A인자의 각 수준의 평균은 서로 같지 않다.

$[\mu(A_i)$가 모두 같지 않다]

B인자의 각 수준의 평균은 서로 같지 않다.

$[\mu(B_i)$가 모두 같지 않다]

• 유의수준의 결정 : 5%

• 분산분석표에서 각각 구해진 A, B인자의 P-Value와 비교하여 인자의 영향유무 판단

예 를 들 면

1) 실험개요

화학공장의 수율에 영향을 미칠 것으로 예상되는 반응온도와 원료를 인자로 취하여 실험을 실시하였다. 이때 각 인자의 수준은 다음과 같다.

• 반응온도(인자 A) : 180, 190, 200, 210

• 원료 : A사, B사, C사

2) Data Table

	A_1	A_2	A_3	A_4
B_1	97.6	98.6	99.0	98.0
B_2	97.3	98.2	98.0	97.7
B_3	96.7	96.9	97.9	96.5

3) 가설의 수립

• 귀무가설 :

• 대립가설 :

4) 결과의 해석 : 분산 분석

Two-Way Analysis of Variance

Analysis of Variance for Result

Source	DF	SS	MS	F	P
A	3	2.2200	0.7400	7.93	0.016
B	2	3.4400	1.7200	18.43	0.003
Error	6	0.5600	0.0933		
Total	11	6.2200			

• 본 실험의 결과를 어떻게 내리시겠습니까?

DOE 3. 이원배치(2인자 배치) 실험 (반복실험을 실시한 경우)

① 개념

• 특성치(결과치, 반응변수, Y)에 대하여 문제가 되는 인자를 2개 취하여 행하는 실험으로 실험수준 조합에서 반복이 있는 경우를 말한다.

② 언제 사용하는가? (반복이 없는 경우와 비교하여)

• 2개의 인자를 대상으로 하는 실험에서 2인자간에 교호작용이 있다고 생각되어지는 상황에서 사용, 즉 교호작용을 분리하여 구할 수 있다(Interaction Effect).

• 인자의 단독효과만을 분리할 수 있다(Main Effect).

• 실험의 재현성과 관리상태를 검토할 수 있다.

③ 교호작용(Interaction)이란?

• 2개 이상의 특정한 인자수준의 조합에서 일어나는 효과

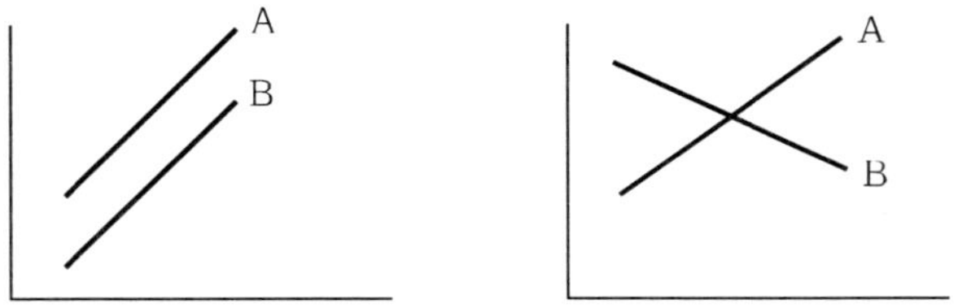

(a) 교호작용이 없는 경우 (b) 교호작용이 있는 경우

그림 8-1 교호작용에 대한 실험효과의 Graph 비교

④ Data의 구조

- 다음과 같이 실험배치를 하고, 끝나면 아래와 같은 Table을 작성할 수 있다.

인 자		결 과 값				
A	B	반복1	반복2	반복3	………	반복r
A1	B1	x111	x112	x113	x11.	x11r
A2	B1	x211	x212	x213	x21.	x21r
A3	B1	x311	x312	x313	x31.	x31r
A1	B2	x121	x122	x123	x12.	x12r
A2	B2	x221	x222	x223	x22.	x22r
A3	B2	x231	x232	x233	x23.	x23r
A1	B3	x311	x312	x313	x31.	x31r
A2	B3	x321	x322	x323	x32.	x32r
A3	B3	x331	x332	x333	x33.	x33r

⑤ Data의 분석

- 미니탭(Minitab)을 이용하여 계산하면 아래와 같은 분산분석표를 구할 수 있다.

요인	제곱합	자유도	제곱평균	F비율	P값
A	…	…	…	…	…
B	…	…	…	…	…
A × B	…	…	…	…	…
Error	…	…	…		
Total	합	합			

A인자와 B인자의 교호작용을 별도의 인자로 분석함

개선 Idea 발상의 종류

1) Fishbone Diagram

- 개선의 Idea를 찾고자 할 때 Fishbone Diagram을 이용할 수도 있다.
- 오른쪽 끝머리부분에 해결해야 할 문제점을 기술하고, 각각의 가지에 적용 가능한 해결방안의 Idea를 만들어 갈 수 있다.

2) Brainstorming하는 법

- 문제의 근본원인을 확인한다. 문제제기에 대한 똑같은 이해를 모든 사람이 하도록 해야 한다. 광범위하게 정의된 문제들은 광범위하고 불분명한 해결안을 낳는다.
- 작업을 위한 계획을 세운다. 문제에 대한 숙고하기 위해 참여자들에게 시간을 준다.
- 옳은 사람을 고른다. Brainstorming 작업을 팀 인원으로 제한하지 않는다. 그러나 12명이 넘지는 않도록 구성원을 제한하고, 해당문제에 익숙하고 근본원인을 입증할 줄 아는 사람을 참여시킨다. 전문적 기술, 경력과 태도를 모두 잘 지닌 사람을 선택한다.
- 외부참여자는 참석 전에 문서화된 정보를 제공한다. Idea를 끌어낼 질문/문제에 대한 정보를 확실하게 제공한다(일주일 정도 여유).
- 기본법칙을 세운다. 작업 중에 참여자들이 옳고 그름을 판단하지 않아야 하는 것이 필수적이다. 부정적인 사고를 더욱 금지해야 한다.
- 모든 생각을 기록해 둔다. 모두 기록할 필요는 없으나 핵심은 기록해 둘 필요가 있다. 기록하지 않은 생각은 없어지기 쉽다. 전임 기록자를 둔다.
- 시간제한을 둔다. 얼마나 Brainstorming 작업이 남았는지 미리 알려준다.
- Idea의 소강상태를 넘겨야 한다. Idea는 잠시 나타났다 금새 멈추므로 이런 피할 수 없는 소강상태를 밀어내야 성공할 수 있다. 때때로 최상의 방안은 Brainstorming 작업의 후반에 나오기도 한다.
- 정리, 분류, 평가한다. 일단 작업이 끝나면 모은 Idea를 정리한다. 중복된 Idea를 제거하고 비슷한 Idea를 하나로 분류하여 제목을 붙인다.

3) 체크리스트법(오스본)

- 무언가 다른 데 쓸 수는 없는가?
- 무언가 닮은 것을 응용할 수는 없는가?
- 무언가 대용할 것은 없는가?

- 형태를 바꾸면 어떨까?
- 확대해 보면 어떨까?
- 축소해 보면 어떨까?
- 반대로 해보면 어떨까?
- 다시 결합해 보면 어떨까?
- 모두 결합해 보면 어떨까?

4) Mind Mapping

- Mind Mapping은 창조성 수준을 올리기 위해 팀원이 좌우의 뇌를 다 쓸 수 있도록 개발된 방법이다.
- 구성된 Data를 해결방안 Mapping처럼 연속적으로 구성하기 보다는 Idea의 시각적으로 도식화하고 다른 Idea와의 관계를 잘 보여 주는 방법이다.
- 아래의 마인드 맵(Mind Map)은 어떻게 종업원의 만족도를 높이느냐 하는 Brainstorming 과정의 결과를 보여준다.
- 이 Map은 팀의 착상으로써 창출된 "심적인 그림(Mental Picture)"이 팀의 생각행로를 따라가도록 한다.
- 관계성은 다른 가지들과 Idea들의 근접성에 근거하여 이해될 수 있다.

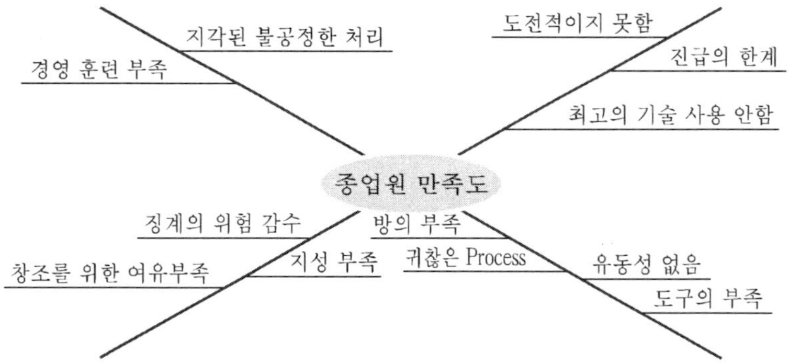

5) 결점 열거법

- 결점을 파악하여 그것을 개선/제거하려는 방법으로 희망점 열거법에 비해 소극적인 방법이다.

  [예] 우산의 결점 열거

6) 희망점 열거

• 희망하는 점을 들고 그것이 이루어지도록 아이디어를 내는 방법으로 결점 열거법에 비해 적극적인 방법이다.

[예] 이런 냉장고가 있었으면?

7) 기능개선법

• 기기나 설비의 기능을 개선하려는 경우 착안점을 구체적으로 포착하여 아이디어를 얻으려는 방법이다.

[착안점] 경량화, 소형화, 스피드화, 자동화, 고성능화, 내구화, 美화, 쾌적화, 원격제어화, 안전화, 간편화(운반, 고장, 수리, 부착 등), 無(소리, 악취, 고장, 진동, 연기, 연소 등)

8) ECRS법

업무공정을 개선하고자 할 때 가장 많이 사용되는 아이디어 착상법이다.

• Eliminate(제거) : 제거, 배제할 수는 없을까?
• Combine(결합) : 결합, 결부할 수는 없을까?
• Rearrange(교환) : 교환, 재배열하면 어떨까?
• Simplify(단순화) : 단순화, 간소화할 수 없을까?

9) 착안점법

어떤 작업 또는 기능 등을 개선하고자 할 때 관계사항에 깊게 착안하여 착상을 얻는 방법이다.

① 기능개선 착안법

② MIT 체크리스트(Check List)법 : 아놀드 교수

  • 기능 증가
  • 성능 향상
  • Cost 인하
  • 판매 매력 증가

10) 행동력을 배가하는 10가지 Point

① 달성했을 때의 멋진 결과를 항상 머릿속으로 그려라!

② "나는 할 수 있다."고 자기암시를 하라!

③ 한두 번의 실패에 꺾이지 마라!

④ 실패를 발판으로 딛고서는 기개를 가져라!

⑤ 성취감을 만끽하라!

⑥ 하기 전에 마이너스 이미지를 갖지 마라!

⑦ 면밀한 계획을 세워 추진하라!

⑧ 타인의 평가에 너무 신경 쓰지 말고 추진하라!

⑨ 열심히 하면 반드시 보답이 따름을 인식하라!

⑩ 인생이 줄거리 없는 드라마라 생각하면 예측 못한 일도 두렵지 않다.

Chapter 06 Control

목 표

- 개선한 프로세스 표준화
- 지속적 개선을 위한 주기적인 모니터링 System 수립

STEP 11 프로세스 표준화

목 적

- 개선된 프로세스 및 개선결과의 정확한 실행

주요내용

- 프로세스 문서화
- 프로세스 표준화

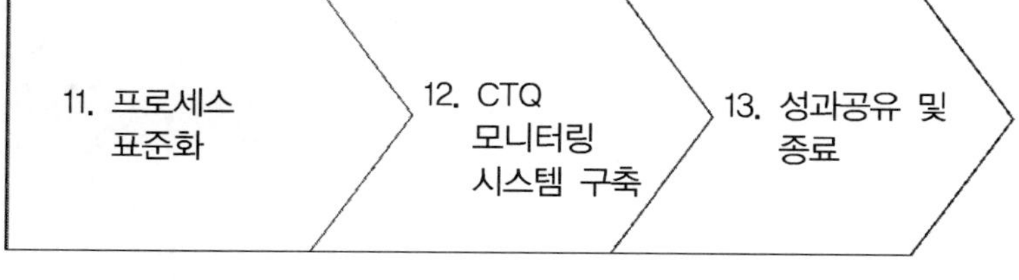

Output

• 사내표준문서

Step 11.1 프로세스 문서화

(1) 목 적

① 개선된 프로세스 및 개선결과의 정확한 실행

(2) 방 법

① 업무에서 활용될 수 있는 Job Aids 형태로 프로세스의 절차와 각각의 Output, 유의사항 등을 문서로 정리

② 프로젝트 결과의 사내 공유를 위해 필요한 경우 사내표준에 등록(개선효과 증대)

예 를 들 면

협력업체 통문 프로세스

① 업무절차

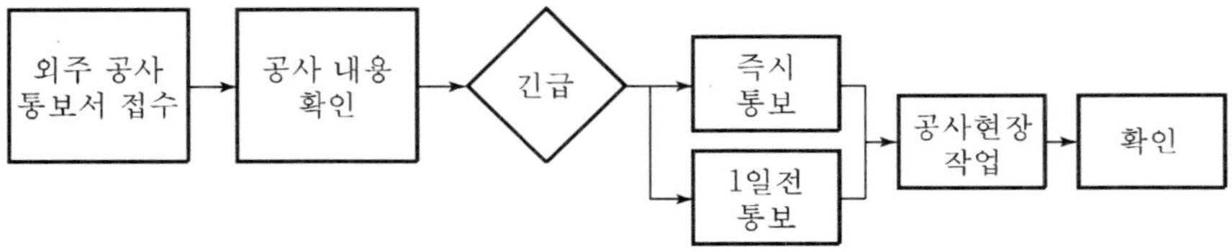

② 업무처리시 유의사항

• 통보된 작업과 긴급작업을 구분하여 처리함
• Gate 4에 화기공구 확인 권한 이양

STEP 12 CTQ 모니터링 시스템 구축

목 적

• 개선된 형태로 실제 업무를 처리하고 있는지 여부 확인

주요내용

• 프로세스 관리 시트 작성
• 측정결과의 모니터링

Output

• 프로세스 관리시트
• 눈으로 보는 관리

Step 12.1 프로세스 관리시스템 구축

정기적인 모니터링 System의 구체적인 내용(시기, 측정대상, 측정부서 등)을 결정한다.

예 를 들 면

협력업체 통문 프로세스

모니터링 System

1. 측정대상 : 협력업체의 통문시간
2. 측정부서 : ○○○팀
3. 측정시기 : 주당 2회(무작위 추출)
4. 측정시 유의사항
   - 기 통보된 작업과 긴급작업을 구분할 것
   - Gate 4의 대기시간을 별도로 측정할 것
5. 눈으로 보는 도구 활용
   - 관리도를 사용하도록 함
   - 관리 Spec. : 10분
6. Report
   - 분기별로 1회씩 Audit 결과를 보고하도록 함

프로세스 관리 Sheet

1) 목 적

프로세스의 실행과 우선순위의 결정에 대한 문제를 처리하는 모든 참여자에게 관련된 적기의 Data를 제공한다.

- 팀에게 추가적인 이해를 도움
- 팀이 책임 있는 Data 기반의 개선 의사결정 지원
- 고객의 요구사항을 일관되게 충족 가능을 지원

2) **양 식**

프로세스 관리 Sheet									일 자 : 문서명 :	
프로세스 :		고객 :		CTQ :			Y			
Process Map				Monitoring						비고
부서 / Step or Time				Y, X인자	관리 한계 Spec.	항목	주기	책임자	상황 계획	

NO #	일자	변경내용					책임자	승인

Step 12.2 눈으로 보는 관리

(1) 관리도

① 정 의

- 프로세스가 안정된 상태에 있는가를 조사하기 위해 또는 프로세스를 안정된 상태로 유지하기 위해 활동하는 도표

② 사용목적

- 프로세스의 이상을 발견하고 재발방지 조치를 취함으로써 프로세스를 안정하게 유지하여 품질의 유지 및 향상 도모

③ 활용 및 보는 방법

- 공정의 안정된 상태 : 점이 관리한계선 안에 들어가고 찍힌 점의 나열방식에 일정한 규칙이 없음
- 불안정한 상태 : 관리한계선 밖으로 벗어났거나 점의 나열에 특징이 나타나면 결코 놓쳐서는 안될 원인이 있음을 나타냄
- 이상원인 대한 신속한 조치
  - 점들이 관리한계를 튀어나감
  - 치우침, 경향, 주기성 등의 특이한 습성이 나타남

예 를 들 면

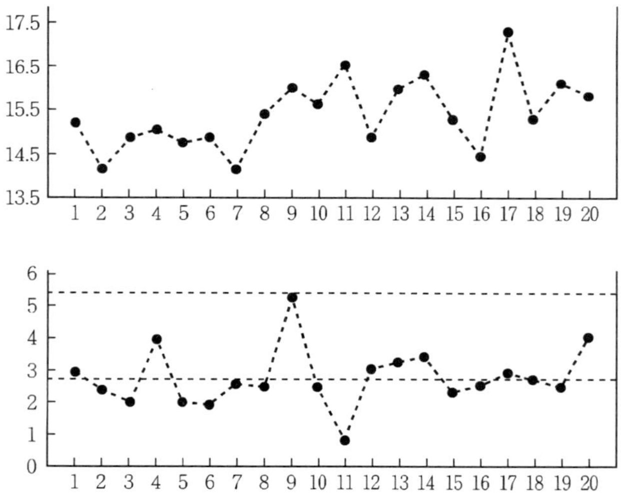

Manufacturing Six Sigma Process Map

(1) Six Sigma Process Map은 표 8-7과 같다.

표 8-7 6시그마 R&D, MFG 비교

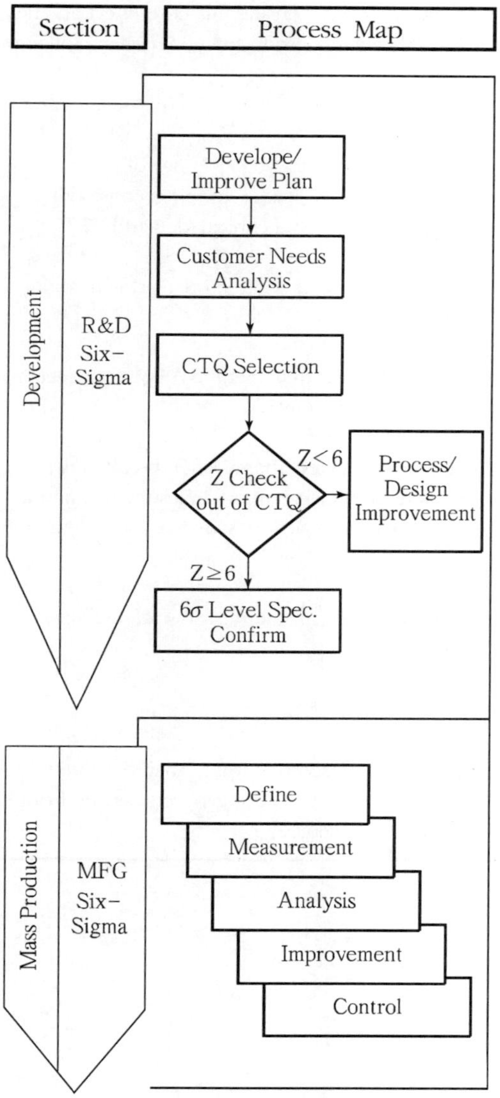

Section	Focusing Point
Development (R&D Six-Sigma)	• Much effective model concerning model, or new model. • Customer needs analysis : Change customer needs using FMEA/QFD to technical demand level. • CTQ Selection : Selection item to be satisfactory model function, performance, safety, standard, Field Claim. • Process Improvement : Significant/potential Factor improvement by process graph analysis & statistical analysis. • Tolerance Analysis : Rational decision of system tolerance considering parts process capability.
Mass Production (MFG Six-Sigma)	• Selector background/area/Target/Organization/Kick-off of project. • Understanding process capability level and direction plan through measurement and data collection. • Process optimization and hypothesis test. • Control system build up using control chart about vital few.

(2) MFG Six Sigma Process Map은 표 8-8과 같다.

표 8-8 DMAIC Process

Process Map (1st Step : Plan)	Focusing Point

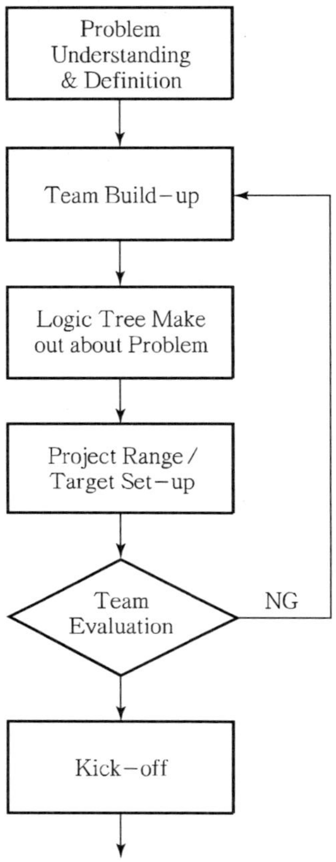

- Theme selection considering cost effect in the view of Quality, Productivity, Problem-Solving.
- Process Map / QFD / FMEA / Logic Tree / Pareto chart, etc.
- Team member & leader forming considering theme character & technical demand.
- Target theme review after break down about defined problem.
- Review of logic tree method / Engineer meeting / relative technology document.
- Regrading selected theme after break down, decision of project target / investment amount / expected benefit action schedule / job definition. etc.
- Active member fix after review of defiance Problem.
- In production of project.
- In order to succeed output, shared value effective resource securing by consensus from of organization member.

Process Map (2nd Steps : Measurement)

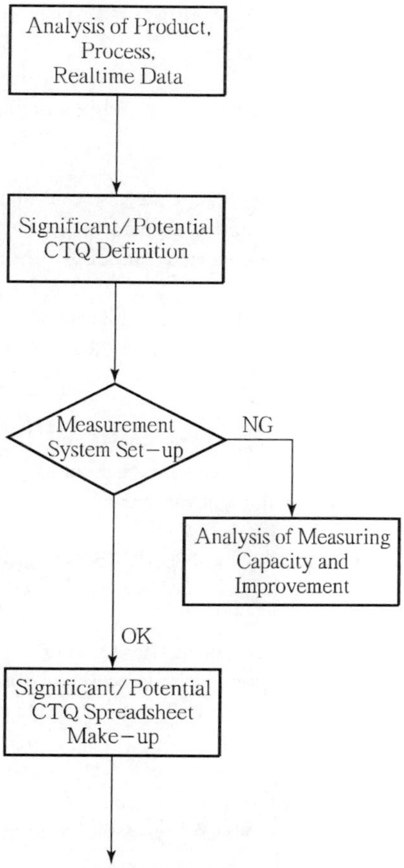

Focusing Point

- Gattling information through data collection and analysis of selected theme.(Technology data collection / Product chart / Process flow chart / Engineer meeting, etc.)
- Pareto analysis / Fish bonechart Analysis / Brainstorming. etc.
- Select related candidate CTQ(Y_1, Y_2, ⋯, Y_n) influencing out characteristic(Y).
- Evaluation whether each measuring system in depute about related candidate CTQ that output characteristic(Y).
- When measuring system in insufficient, application improved measuring system by analyzing the causes and removing it.
- Gage R & R(Repeatability & Reproducibility) / Graph analysis.
- Determine the order of improving priority through the understanding Quality characteristic and using the spreadsheet concerning relative candidate CTQ which influences output response characteristic(Y).
- Rational Subgroup Plan / Spreadsheet / C_p, C_{pk} / Z-Value / Z-Shift / PPM, etc.

Process Map (3rd Steps : Analysis)	Focusing Point

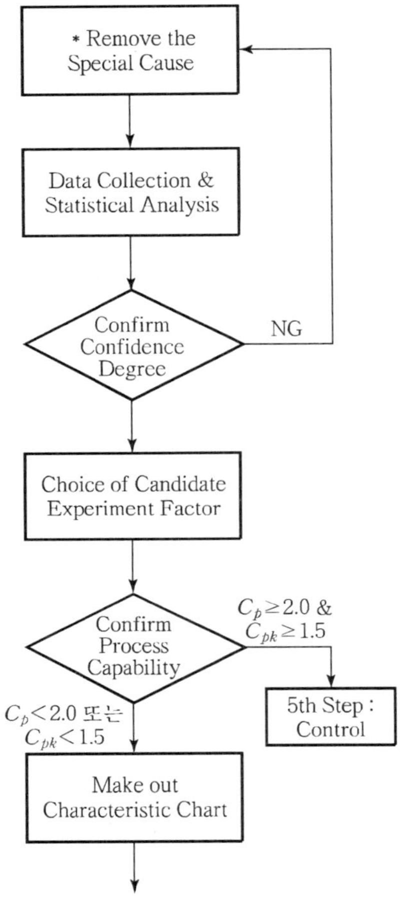

Focusing Point

- Check out whether there's a special causes in output response characteristic(Y), and get rid of the cause.
- Ultimately, make a status that only common cause exists.
- Draw the result after data collection and analysis in order to understand the characteristic and variation about the selected candidate factor.
- Hypothesis Test(Z/t/F) / Graph analysis / Correlation analysis / Scatter Plot / Regression etc.
- Determine experiment factor and level considering interpretation and technology document as to the statistical data.
- Statistical tool above described / Technology data etc.
- Process level review against target after calculating short / long-term process capability, forecasting direct output characteristic(Quality Level, Defect Ratio).
- Take out at least 6 subgroup followed by at least 5 of sample, check out stable condition of process
- C_p, C_{pk} / Z-Value / Z-Shift / Test of desecrate Normality
- Confirm the direction for the target, understanding whether it's managerial / technical problem or not.

Process Map (4th Steps : Improvement)

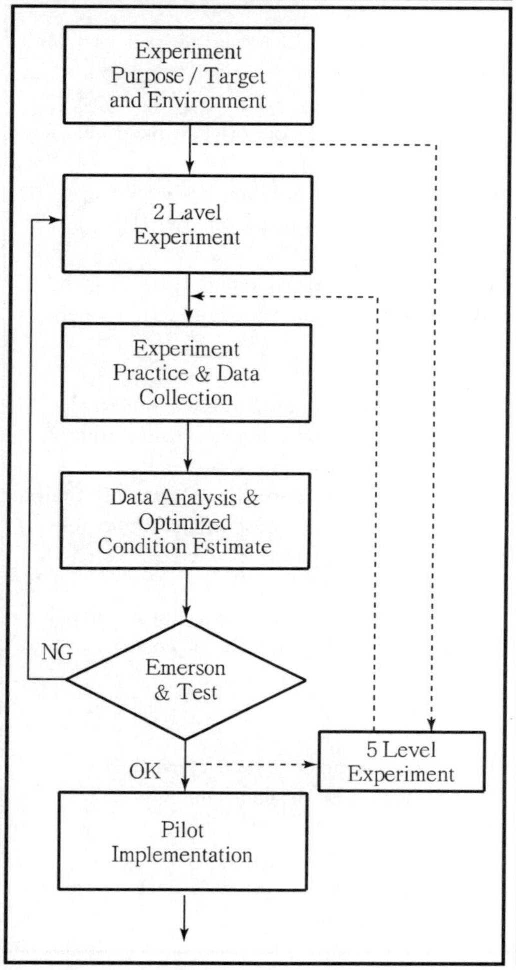

Focusing Point

- Set up an experiment environment after making the purpose of experiment, target clear.
  - Evaluate the reproducibility of experiment using orthogonal Array
- A DOE allows for more factors(X's) to be included in the experimental design for the same number of runs.
- After we plan experiment array, then practice experiment to get responses.
- With the response from the experiment results, we reference the optimized condition.
- We practice the experiment test under the optimized condition, consequently, we check out the improvement as actual samples.
- It 2 level experiment test under the optimized status, or we realize the cause of factor clearly, we practice response surface experiment in order to get optimized condition.
- Control Plot / Curved line or Multi Regression etc.
- We practice the experiment test under the optimized condition, ultimately, we check out the improvement as actual samples.

Process Map (5th Steps : Control)

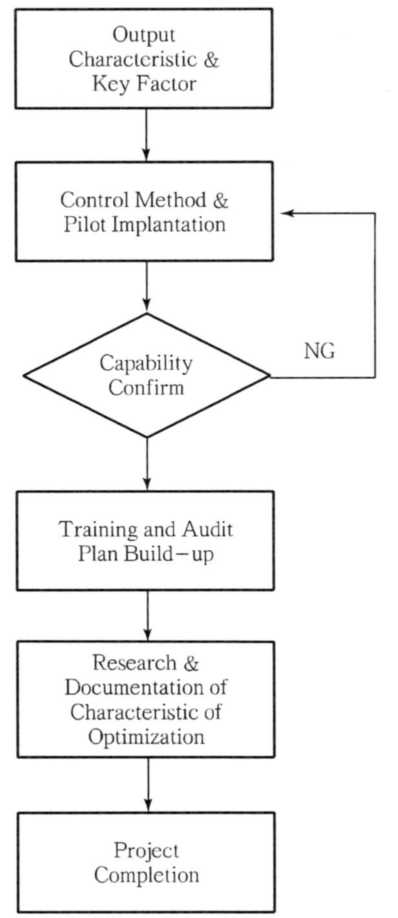

Focusing Point

- We confirm output characteristic and vital few which selected from optimized condition.
- We select adequate control chart fitted vital few.
- Control plan build is being developed up according to the principle of 5W-1H.
- We confirm control condition comparing the present improvement condition with former status.
- We should control and calculate process capability of output response characteristic.
- After we train the person in charge of control, we should grant him responsibility and role of control.
- We take establish audit plan, and a corrective action in case of being out of control.
- Implement the Audit.
- Concerning completed project, we make documentation of detailed and raw data relatively.
- We complete the project with final report and spreading education.

실 무 사 례

6시그마 Process

PDP 하판 Glass 파손 감소를 개선하여 수율실적 향상(D회사 PDP 사업본부)

컬러 TV의 PDP 생산라인의 생산수율 향상을 위해서 6시그마 기법에 의한 DMAIC Step별 추진 Project로

① Project팀 구성 6명
② 목표는 불량수량 50% 절감
③ 대상은 42" 4면의 Glass 파손 개선
④ CTQ는 즉실천 및 불량발생요인 Process에 의해서 개선 후 관리도에 의한 사후관리 및 표준화
⑤ 활동기간은 6개월

(1) Project 테마 등록서

테마명	하판 Glass 파손 감소로 수율향상	팀 명	
		활동기간	6개월

개선대상	한계 돌파를 해야 할 점				한계 돌파를 위한 Idea
	KPI	현실적	World Best	Target	
42" 4면취	Glass 파손	226대(月)	파손 Zero화	100대/月 이하	공정개선 및 설비보완을 통한 파손 감소 Glass Damage 요인개선

내/외부 환경

외부적 요인
• LCD의 대형화
• 가격 경쟁력 확보
• 내부적 요인
• 불량 폐기, 경영적자
• 불량으로 수율 감소

6시그마 기법의 전개방식

1. 현상분석 : 파손 형태, Trend 작성
2. 원인분석 : 파손원인 도출, 설비문제
3. 대책방안 : 파손항목별 CTQ 작성
4. 조치관리 : 즉개선 및 System 구축

팀 구성

구분	이름	소속	역할
상근	A	생산부	leader
상근	B	생산부	data분석
상근	C	생산부	line지원
상근	D	생산부	line지원
비상근	E	생산부	skill지원
비상근	F	생산관리	MBB

정량적/월
226대 → 100대

정성적
• Process 관리능력 향상
• 폐기 감소로 원가부담 저하
• 수율향상으로 경쟁력 확보

Neck Point
• 6시그마 Skill 확보
• 파손 분석 Skill 확보

(2) PDP 공정도

PDP 공정 중에서 합착공정의 상하판 Glass를 고진공과 방전가스 압력에 견딜수 있게 Align된 상태의 공정개선 내용이다.

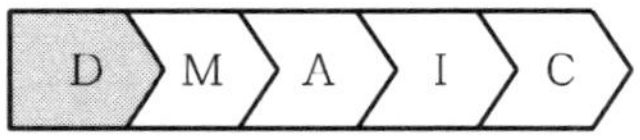

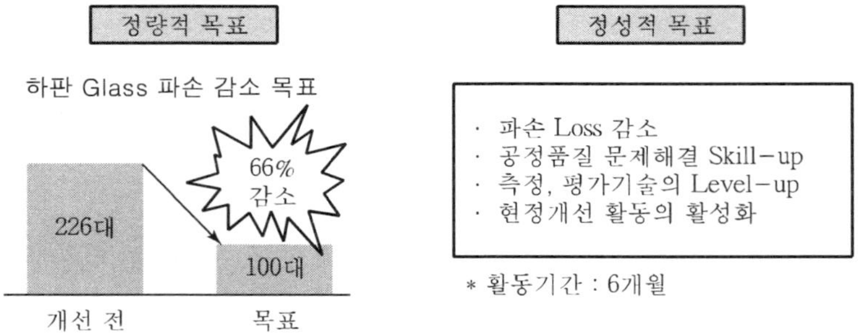

(3) 테마 선정배경 및 활동목표

당월 검사대수 중 전체 불량률 0.8% 중 Glass 파손으로 인한 불량률이 0.2%로 개선이 시급하다. Pareto도로 분석한 결과 Glass 파손이 226개로 0.2% 점유, 이물 194개로 0.17%, crack 80개로 0.07% 점유하고 있다.

(4) Define : Y의 명확화

Glass 파손 불량은 하판 Line 진행과정에서 일부 또는 전부 깨어져 Glass 본연의 기능을 상실하여 사용할 수 없는 것이며 LGM 공정 및 Glass 입고시 Damage, 설비 Trouble, Operator의 취급 부주의 등에 의해 발생한다.

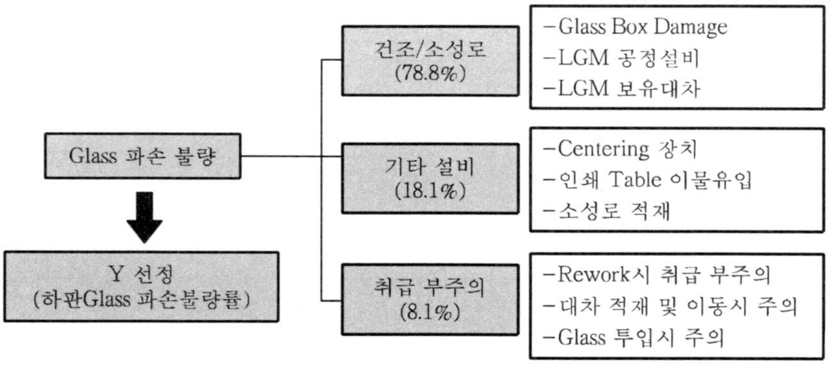

(5) Measurement

Glass 파손 발생요인으로는 다음과 같다. 특성요인도의 ①, ②, ③, ④, ⑤, ⑥ 순서대로 CTQ 선정하여 개선대책을 수립하였다.

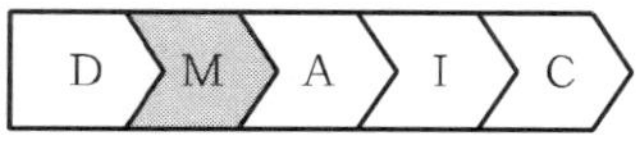

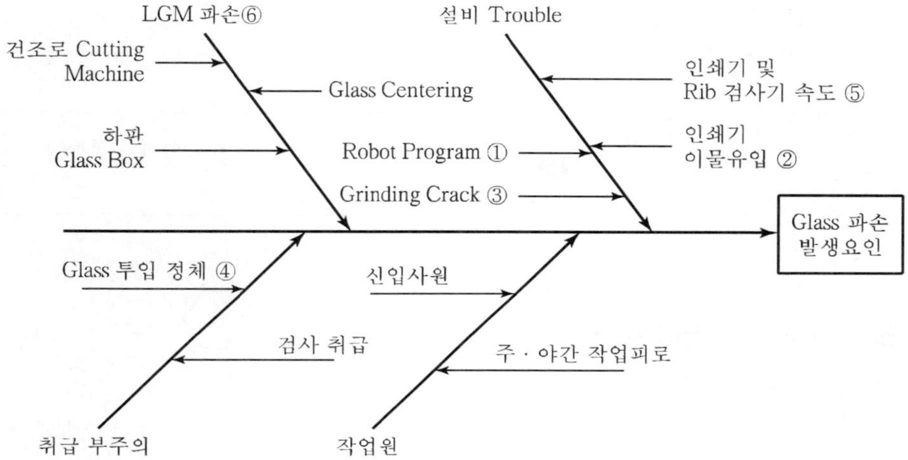

(6) Analysis : Glass 파손 발생기점 분석

Glass 파손기점을 Dotting하여 위치와 설비간의 Matching성을 분석하여 개선방향을 잡고자 한다.

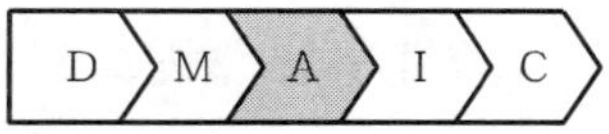

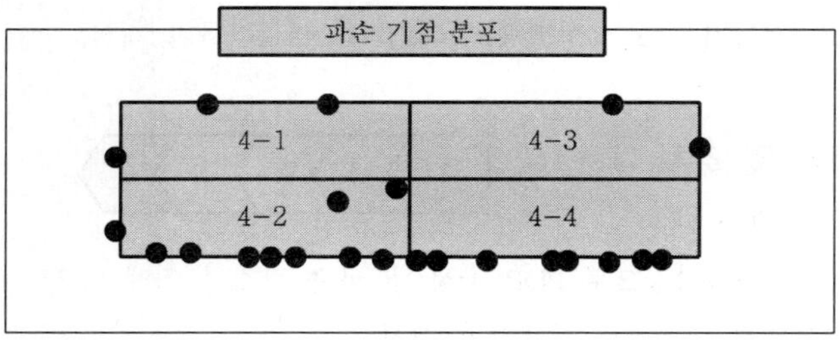

발 생 현 상

- 파손 기점은 배기홀 반대편 4-2, 4-4 면취에서 많이 발생
- Main 부품 : 37매(90%), Rework 부품 : 40매(10%)

발생위치별 분석 내용

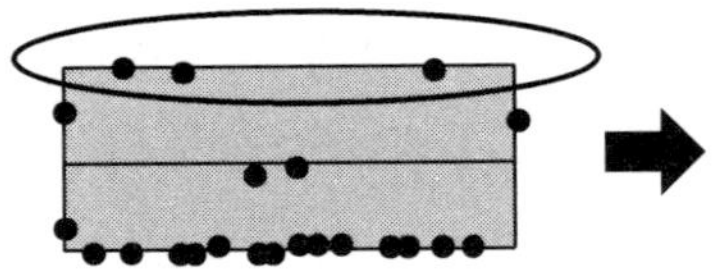

- LGM 공정 Centering Unit와 기점 유사함(75%)
- LGM Glass 입고 Box Cover(25%)

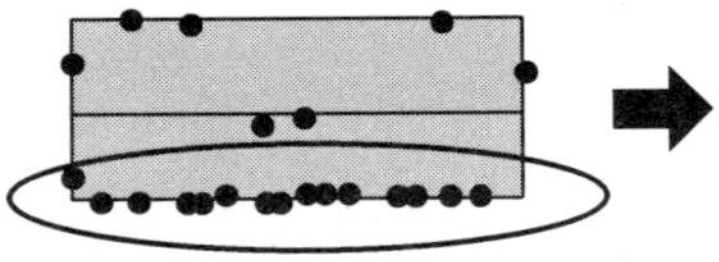

- LGM 공정 Centering 장치와 기점 일치(35%)
- LGM Glass 입고 Box 하부 받침대(65%)

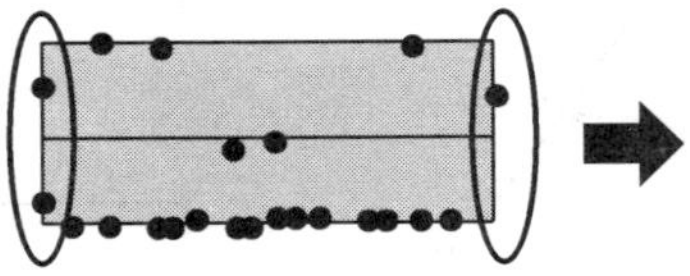

- LGM 공정 Centering 장치와 기점 유사함(55%)
- LGM Glass 보관대차(45%)

(7) Improvement : 개선대책(CTQ)

D ＞ M ＞ A ＞ I ＞ C

① Robot Program - 소성로 CST(Component Shock Test) 개선

Glass 파손 개선으로 형광체 소성로 #1 CST 착탈공 Robot 적치 Program 개선

② 인쇄기 이물유입 - 인쇄 전 Glass 배면 Cleaning 개선

Glass 파손 개선으로 형광체 인쇄기 이물유입 방지 개선사항

③ Grinding Crack - Grinding Crack 방지 개선

Glass 파손 개선으로 Cutting시 이상 전단 검출 System 적용 개선으로 Crack 방지

④ Glass 투입 정체 - 형광체 인쇄기 물류개선

Glass 파손 개선으로 형광체 R1인쇄기 Index 조정으로 인한 형광체 공정 1, 2Line 물류 평준화 및 생산성 향상

⑤ 인쇄기 및 Rib 검사기 속도 - 형광체 인쇄기 및 Rib 검사기 개선

(8) Control : 문제점 및 조치 내용

D ＞ M ＞ A ＞ I ＞ C

① LGM Glass 파손관련 대책 1

Glass 파손 LGM 진행사항으로 PDP 공정 내 파손 감소를 위해 LGM → PDP 운송과정의 충격완화와 LGM 내부 Damage 발생공정 개선

② LGM Glass 파손관련 대책 2

Glass 소성 이후 공정 Centering Bar 개선으로 Glass 소성시 Damage 발생하판은 열충격에 의해 소성로에서 파손이 발생하므로 소성 이후 공정을 조사 개선

부 록(1)

생산공학 관련용어

Chapter

01 생산관리

ABC 분석

자재 중에는 양적으로는 낮은 비율을 차지하면서도 가치면에서는 높은 비중을 차지하는 품목이 있는 반면에 그 반대의 경우도 있다. 이러한 특징을 살려 기업에서는 자재를 흔히 ABC 세 가지 등급으로 분류하여 각 등급별로 통제방법을 달리 하는데 이를 ABC 분류법이라고 한다.

① A 품목 : 수량은 전품목의 약 10～20%를 차지하지만 화폐가치는 전체의 약 70～80% 차지하는 품목

② B 품목 : 수량은 전품목의 약 30～40%를 차지하지만 화폐가치는 전체의 약 10～20% 차지하는 품목

③ C 품목 : 수량은 전품목의 약 40～50%를 차지하지만 화폐가치는 전체의 약 5～10% 차지하는 품목

품 목	통제 정도	기 록 식	안전재고	주 문 절 차
A 품목	엄격하게	완전, 정확하게	소량	정확하게 자주검토
B 품목	정상적으로	완전, 정확하게	보통	정성적으로 신속하게
C 품목	약식으로	간략하게	대량	주기적으로(1～2년)

AGV(Automatic〈Automated〉 Guided Vehicle ; 무인 반송차)

얼마간의 유도법에 의해 생산에 관련하는 물품(공작물, 공구, 치구 등)을 적재하여 공장 내 소정의 장소에 무인으로 반송하는 대차.

궤도가 있는 궤도대차(Rail Guided Vehicle)와 궤도가 없는 무궤도대차(Automatic Guided Vehicle)로 분류되지만 최근에는 Battery를 동력원으로 하는 무궤도대차를 가리키는 것이 많다.

AI(Artificial Intelligence ; 인공지능)

인간의 지적 기능, 사고방식이나 의사결정 Process. 즉, 학습, 적응, 인식, 분류, 추론, 수정, 개량 등을 모방하기 위하여 또는 그들의 Process와 같은 결과를 얻기 위하여 컴퓨터를 이용하는 것이다.

Automatic Warehouse System(자동창고)

생산공정 중에서 일시적으로 생산에 관련된 부품을 보관, 관리하는 목적에서 취급단위가 되는 팰릿(Pallet), 버킷(bucket ; 상자모양의 용기) 등의 입·출고, 보관, 관리를 자동으로 처리하는 창고. 입체적으로 배치된 수십, 수만 개의 래크(Rack)에 팰릿 등을 스태커 크레인에 의해 자동적으로 수납하고 자동적으로 빼내는 기능을 가진다.

BOM(Bill Of Material ; 자재 명세서)

최종제품의 제조에 소요되는 하위품목의 구성과 소요량을 나타내는 것으로, 생산부문에서는 자재수불, 생산조립, 재공품 조사 및 소요량 예측에 사용되고, 자재부문에서는 자재발주, 자재 재고관리, 재고조사 및 자산관리에 활용되고, 원가부문에서는 원가결정, 구매단가 결정, 제조원가 관리 및 재고에 의한 손실(Loss) 방지에 사용된다.

CAD(Computer Aided Design ; 컴퓨터 지원설계)

컴퓨터 지원설계라 불리고 컴퓨터의 지원에 의해 Display 장치를 기초로 하는 입·출력기기를 이용하여 설계작업을 하는 것. CAD가 다루는 기능으로는 제도기능, 형상 Modeling 기능, 기술계산 기능, Simulation 기능 등이 있다.

CAE(Computer Aided Engineering ; 컴퓨터 지원 엔지니어링)

제품을 제조하기 위해 필요한 정보를 Computer를 이용해 통합적으로 처리하고, 제품성능, 제조공정의 특정을 사전평가 하는 것. 종래의 흐름으로 말하면, Computer 지원설계(CAD)와 Computer 지원생산(CAM) 및 Computer를 이용한 제품성능과 제품공정의 조정을 일체화하는 것이다.

CAM(Computer Aided Manufacturing ; 컴퓨터 지원제조)

설계·생산과정에 있어서 CAD 등으로 만들어진 제품의 도면과 제품모델이 주어져 생산을 위한 작업설계, 공정설계를 컴퓨터 지원으로 행하는 것.

컴퓨터 지원에 의한 생산준비라고도 말하고, 그 때문에 Software를 생산준비용 Software라고 한다. NC Programming, Robot의 동작 Program, 조립 Program, 검사 Program 등의 작업설계, 기계선택, 치공구 선택, 제조공정 결정, 반송대차 스케줄 등의 공정설계가 포함된다. 또한 CAM과 CAD를 통합하여 설계에서부터 생산까지를 총합적으로 자동화하는 시도도 있으며 이것을 CAD/CAM이라 부르고 있다.

CAT(Computer Aided Testing)

컴퓨터에 의한 제품검사로서 제품의 치수, 성능 등을 측정하는 기기에 컴퓨터를 접속하여 자동검사 하는것이다.

CIM(Computer Integrated Manufacturing system ; 컴퓨터통합생산방식)

CIM은 Computer와 Network 기술에 의해 물자와 정보의 흐름을 일체화하고 파악하여, 경영의 효율화를 도모하려는 자율성(기능)이 있는 유연한 생산 System이다.

CIM 구상은 경영전략을 핵심으로 Computer Network에 의한 종합화이다.

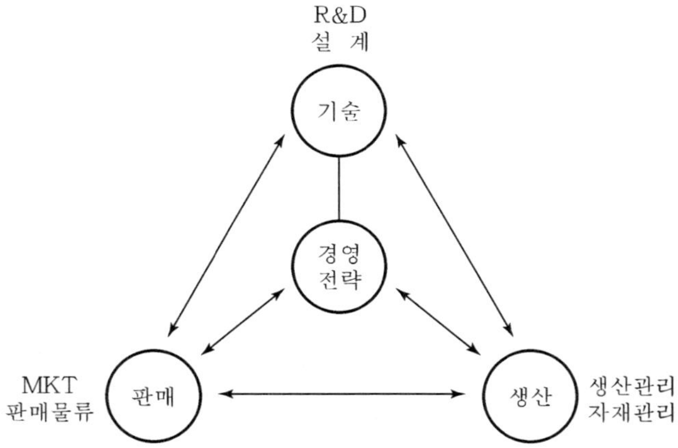

요약하면, 생산에 관한 모든 정보를 Network로 묶고 동시에 Database의 일원화를 시켜서, 생산정보를(기술, 판매, 생산) Computer를 이용하여 통괄적으로 제어·관리하는 것에 의해 생산활동의 최적화를 도모하는 시스템이다.

(1) CIM 구축순서

① 목표설정(CIM 전체 현상 파악, 목표치 설정)
② 현상조사 분석(현상 분석, 요인 분석)
③ System 기본설계(System 기본시방서 설계)
④ System 세부설계
⑤ 구축 실시(프로그래밍)
⑥ 요원교육
⑦ 운용이며, 전사적 추진체계와 경영자 추진의지가 중요

CNC(Computerized Numerical Control)

공작기계에 컴퓨터의 기본요소를 탑재시켜 수치제어하는 것이다.

Control Chart(관리도)

관리도는 생산공정에서 제조되는 각종 재료, 부품, 부분품의 품질불량을 사전에 예방하기 위하여 품질 통계활동에 널리 이용되는 통계적인 도구로서

① 생산공정의 능력 파악

② 생산품의 품질개선을 위해 수정조치를 취할 수 있도록 해준다.
③ 생산품의 현재의 품질상태를 보여주며 원래의 품질 목표와 비교하여 차이점을 비교해 준다.
④ 관리도 종류 및 통계적 기초는 본 교재내용 참조 요망
⑤ Data가 정규분포할 때 공정상태가 안정된 경우 Data의 평균치로부터 3배의 표준편차 ($\bar{x} \pm 3\sigma$) 안에 들어갈 확률은 0.9973, 벗어날 확률은 0.0027이다.

CPM(Critical Path Method)

CPM은 공장건설, 건물건축 등의 project의 일정계획에 많이 사용하는 것으로
① project를 활동과 단계로 분석
② 각 활동 간의 선·후 관계를 표시하는 공정망을 완성
③ 각 활동별 소요작업시간에 대한 평균소요시간을 계산
④ 각 공정별로 그 공정에 포함된 활동의 평균을 구하여 사용

Database(데이터베이스)

관련된 사실, 지식 데이터 등을 하나의 단위로 하여 데이터의 독립성을 지키며 검색과 갱신과 효율화를 꾀한 데이터 집합이다.

Depreciation(감가상각)

기계, 건물의 고정자산은 기업의 경영과정에서 수익활동에 사용결과 시간이 지남에 따라 자산가치가 떨어지는데, 투자자본을 일정영업 연도 내에 회수하는 회계절차를 감가상각이라고 한다. 계산방법은 다음과 같다.

① 정액법(fixed installment method)

$$감가감각액 = \frac{취득원가 - 잔존가격}{내용연수}$$

② 정율법(fixed percentage method)

$$감가감각액 = 1 - n\sqrt{\frac{잔존가액}{취득가액}} \quad (n : 내용연수)$$

DNC(Direct Numerical Control)

컴퓨터와 NC 공작기계를 연결하여 수치제어 하는 시스템을 말하며, 1대의 대형 컴퓨터에 여러 개 공작기계를 연결하는 DNC가 개발되고 있으며 자동공구 교환, 자동운반장치를 결합하여 다품종 소량생산을 위한 FMS를 실현시키고 있다.

(1) DNC 장점

① 1대의 컴퓨터에 여러 개의 공작기계를 연결하여 공장 전체를 효율적 관리(군관리 가능)
② 자동공구 교환과 자동운반장치를 결합시켜 다품종 소량생산에 적합한 FMS 실현
③ NC는 정밀도 높은 품목생산을 연결시켜 공장 전체를 총괄생산시스템 가능
④ 향후 FA, FMS, CIM 가능

⑤ 공장, 공장과 공장간을 LAN에 의한 생산정보 교환 가능

ERP(Enterprise Resources Planning ; 전사적 자원관리)

기업의 모든 경영정보를 통합하여 효율적으로 관리해주는 시스템으로, 생산관리 등의 정보가 전산망을 타고 리얼타임(Real Time)으로 경영자에게 전달된다. 해외공장이나 지사를 언제, 어디서나 연결해 관리해야 하는 글로벌 경영의 핵심수단이기도 하다. 또한 ERP는 MRP(자재 소요량 관리), 생산자원관리(MRP II)경영 정보시스템(MIS)의 과정을 거치면서 발전해 왔다.

최근 IMF(국제통화기금)가 요구하는 "기업경영의 투명성"을 갖추는 데 탁월한 효과를 발휘하고 있으며, 외국 대기업인 IBM, GM, Sony 회사가 사용 중이며 국내 대기업이 ERP를 도입 중에 있다.

FA(Factory Automation ; 공장자동화)

(1) FA의 개념과 형태

FA(공장자동화)는 단순히 공장 내부의 생산공정을 부분적으로 자동화하는 것이 아니라 수주에서부터, 설계, 제조, 검사 및 출하에 이르기까지 공장 전반의 흐름에 대한 자동화를 지향하는 일련의 시스템이다.

이와 같이 공장자동화를 크게 세 가지 형태로 구분하면 다음과 같다.

① 조립, 시험, 운반, 제작 등 생산관련 설비의 자동화

② 연속 일련공정에 있어 계측제어시스템의 자동화

③ 생산 각 현장과 지원부서간의 사무정보처리. 즉, 생산계획, 작업지시, 자재청구 및 지출, 제조와 같은 각종 현장관리업무의 자동화

(2) FA의 필요성

생활수준의 향상에 따라 소비자의 수요패턴이 복잡해지고 다양화되면서 제품의 수명주기가 빠른 속도로 단축되어 있고, 제품단위당의 판매량도 감소하는 추세를 보이고 있다. 이에 따라 기업의 제품생산방식은 규모의 경제에 근거한 기존의 소품종 대량생산체제에서 전환하지 않을 수 없게 되었다.

제품생산방식의 전환은 생산시스템의 적응력을 향상시킬 수 있는 생산기술을 발전시켰으며 이를 이용한 공장자동화(Factory Automation)가 중요한 생산방식으로 자리 잡게 되었다.

(3) FA의 추진단계 및 유형

공정자동화(가공, 조립, 계측, 검사, 자재운반) → Line 자동화 [Tact Time 관리, Pace maker(속도조정)] → 공장자동화(품질과 정보 동시이동, 동기화, 최적화)

(4) FA의 효과

공장자동화를 크게 나누면 원가, 납기, 품질의 측면에서 파악될 수 있다.

① 노무비, 재료비, 직접경비, 설계 및 제품경비, 관리부문의 인건비 절감이 가능하다.

② 수요자의 요구에 즉시 대응할 수 있는 유연한 생산체계를 형성함으로써 정확한 납기완

료가 가능하다.

③ 불량률 감소로 품질향상에 따른 소비자의 신뢰도 제고 및 기업경쟁력 강화를 꾀할 수 있다.

FMC(Flexible Manufacturing Cell)

단독 NC 공작기계로 공작물 Stocker 등 자동공급 또는 착탈장치, 공구교환장치 등을 갖추고, 장기간 무인에 가까운 상태에서 복수품종 가공의 자동운전이 가능하고, 소정의 목적한 부품을 해당장치 내에서 가공할 수 있는 기계이다.

FMS(Flexible Manufacturing System ; 유연한 생산방식)

고객 Needs에 대응하고, Cost down, Delivery 단축을 위해 탄생한 다품종 소량생산을 위한 유연성 있는 생산 System이다.

제어대상은 NC, CNC, DNC와 검사, 조립, 세척, 열처리, 연마 등이 있고, 적재, 하역, 자재취급, Conveyor, AGV, Robot 등이 포함되며, 특정요소의 자동화기술을 지칭하는 것보다 공장자동화의 유형이다.

S/W와 H/W의 전 System이 Computer 제어된다. FMS의 H/W 구성은 가공기능, 물류기능, 창고기능, System 보전기능이고, FMS의 S/W 구성은 생산제어 S/W, 관리정보처리 S/W, 기술정보처리 S/W, 신규설계 S/W가 있다. 요약하면 다음과 같다.

① 감시 Computer에 의해 자동화된 기기 종류와 자재처리장치를 결합시킨 생산 System
② Computer 지시에 의해 주문서대로 생산
③ 공정투입, 검사, 조립이 한 지점에서 일괄처리
④ Line 대량생산형태와 NC의 소량생산형태의 중간형태 생산 System
⑤ 소품종 다량생산방식이므로 설계변경시 공정 중단의 가능성 있음

(1) FMS의 장점

① 단위당 생산비용 절감
② 생산성 향상
③ 사람대신 기계화 기능
④ 품질수준 향상
⑤ 재고 유지비용 절감
⑥ 설비가동률 향상
⑦ 다품종 소량생산과 혼류생산 가능

FTL(Flexible Transfer Line)

Transfer Line이 주로 일품종 양산에 이용되어 온 것에 반해, 대상제품의 사양의 사소한 변경과 유사사양품의 혼류생산을 효율적으로 처리하기 위하여 종래의 Transfer Line을 구성하는 가공 Station에 Program 기능, NC 기능 및 교환기능을 부여하고, 생산효율을 떨어뜨리지 않게 Line 전체로서의 Flexibility를 늘린 것. 단, FMS와 같은 고도의 Flexibility는

의도하지 않고 있다.

GT(Group Technology)

GT는 유사한 가공(작업)별로 Group을 이루어 배치하는 방식으로, 가공순서대로 기계배치하고 GT에 의한 생산 및 Lot 생산시스템에 적합하다.

① 장점 : 준비시간과 시간절약, 기계효율의 증대, 운반비용 감소, 공정재고 감소, 책임 명확, 대량생산에서 유리, 관리감독 편리

② 단점 : 설비투자가 크며, 공정이 전문화되어 여건변화에 변동이 어렵다. 생산제품의 종류가 많고, 신제품 개발의 경우 적응력이 부족

Host Computer(호스트 컴퓨터)

여러 종류의 컴퓨터와 단말장치가 접속되어 정보처리시스템을 구성하고 있는 경우에 그 중에서 범용적 정보처리능력이 가장 크고, 그 시스템 내에서 처리실행상의 중추로서 일하는 또는 목적달성을 위해 관리하는 컴퓨터이다.

Human-Engineering(인간공학)

인간공학은 인간과 기계 시스템을 합리적으로 설계하여 작업자의 능률을 향상시키는 것. 즉, 인간과 기계의 조화를 연구하는 학문이다.

인간과 기계의 인간공학적 분석은

① 인간과 기계의 차이 분석하여

② 인간이 기계보다 우수한 점은 인간에게 맡기고

③ 기계가 인간보다 우수한 점은 기계에게 맡기고

④ 기계와 인간의 조화를 충분히 고려해야 한다.

또한 인간이 우수한 점은 다양성, 논리성, 추리력, 판단력, 창조력이고, 기계가 우수한 점은 거대한 힘, 반복작업, 신속성, 정확성이다.

예로서, 비행기 사고는 기계원인과 인간원인을 분석하여 인간공학적 설계 및 투자로 사고율을 크게 줄였다.

IE(Industrial Engineering ; 산업공학)

산업공학(IE)은 경영관리에서 전사적 생산성 향상(조달, 판매, 생산, 기술, 재무, 인사)을 위해 새로운 관리기술 개발을 총칭한다.

산업공학(IE)은 사람, 기계, 재료가 결합된 시스템을 설계, 개선을 주제로 선정한다.

(1) 산업공학(IE)의 내용

① 작업연구 : 공정분석, 작업분석, 가동분석, 작업측정

② Plant Layout Technique(공장배치기술) : LOB, Layout Planning

③ System Engineering : OR, PERT, Simulation, GT

④ Control System Design : 생산관리 System, 재고관리 System, 원가관리 System, 품질관리 System, 인사관리 System, 물류관리 System 등이 포함

(2) 산업공학(IE)의 기법

① 공정분석(부품, 조립, Conveyor 분석)

② 작업측정(PTS법, W/S법, 표준자료법)

③ 작업개선(서브릭 기호, 동작경제원칙, VA)

④ Layout(설비배치, SLP법, LOB)

⑤ SQC(관리도, Sampling법, QC 7가지 수법)

IEC(International Electrotechnical Commission ; 국제전기표준회의)

ISO(국제표준화기구)의 전기전문부회이며, 전기·전자분야의 국제표준규격 만들기를 추진하고 있는 기관이다.

Internet(인터넷)

Internet이란 전세계적으로 연결된 Computer Network의 집합이다.

Internet을 통하여 전세계인이 서로 전자우편을 주고받고, 사람들과 통신하고, 막대한 양의 정보공유가 가능하며, 전세계적으로 Computer(Mini Computer, 대형 Computer, Super Computer 및 PC)가 연결되어 모든 사람이 사용 가능하다.

(1) Internet의 역사

미국 국방성을 위해 구축한 Computer System으로부터 발전하여 군사 Project에 사용하고, 핵전쟁에 대비하여 발전해 왔다.

(2) Internet의 미래

① FTP(File Transfer Protocol, 파일전송 프로토콜) : 다른 곳에 위치한 Computer와 Data나 File을 주고받는 기능

② E-Mail(전자우편) : Computer를 통해서 편지를 주고받는 기능

③ WWW(World Wide Web) : Keyword에 링크되어 있는 Data의 연결에 따라 Internet의 여러 가지 자료를 조사할 수 있다.

(3) Internet이 기업에 미치는 영향

① 공급자와 소비자간에 전사적 연결 가능 및 Global Network에 연결 가능

② E-Mail과 사내 Communication

③ On-Line 기업정보

④ 전자 화상회의

⑤ 통신판매

⑥ Internet Marketing 등이 가능

ISO(International Organization for Standardization ; 국제표준화기구)

물자 및 서비스의 국제교류를 용이하게 하고, 지식, 과학 기술 및 경제활동분야에서 국제협력을 높이기 위하여 국제표준의 개발과 추진을 하고 있는 기관으로, EC 통합에 따른 무역장벽 해소 및 해외고객 확보를 위해 품질보증시스템으로 필요하다.

① ISO 9001 : 설계, 개발, 제조 설치, SVC(서비스) 분야
② ISO 9002 : 제조 설치, 서비스분야
③ ISO 9003 : 최종검사 및 시험분야의 품질보증시스템
④ ISO 14000 : 환경경영 인증제도

IT(Information Technology ; 정보기술)

생산기획, 자재조달, 제조, 회계처리, 인사관리, 정보관리 등 경영에 관련된 모든 업무를 Computer와 Network로 통합해 일관되고 효율적 처리하는 시스템이다.

JIT(Just In Time)

필요한 것을 필요할 때, 그때마다 필요한 만큼 필요한 장소에 보내주는 방식. 전통적인 생산 또는 물류시스템에 있어서는 기술적 경제적인 가능성을 고려해 넣고 경제적 Lot 크기를 설정, 전부 합쳐서 만들거나 운반한 것이었지만 이것을 너무 많이 만드는 낭비, 할 일 없음, 운반의 낭비, 재고의 낭비 등에 연결함으로써 후공정에 대하여 필요한 것을 필요한 만큼 만드는 것을 원칙으로 한 방식이 Just In Time system이다. 그 수단으로서 간반이 도입되고 한편으로 준비교체 작업시간이 삭감되었다.

KANBAN 방식(Kanban Managing System)

Just In Time 생산방식의 규정수단의 하나. 일본의 도요타 자동차회사에서 고안된 방식으로 현재 세계에 널리 이해되고 있다. 장방형의 비닐봉지에 넣은 종이에 생산량, 시기, 방법, 순서 또는 운반량, 운반시기, 운반처, 설치장소, 운반용기 등이 기입되어 있다. 어느 물품도 후공정이 필요하게 되었을 때 전 공정이 이 KANBAN을 돌려간다. 이에 따라 필요한 것만이 필요할 때에 생산되어 운반된다.

LAN(Local Area Network)

기업 내에 분산배치된 복수의 통신기능을 가지는 장치류(계산기, 단말, FA 기기 등) 상호를 1개 이상의 고속통신로로 통합한 것이다.

LOB(Line Of Balance ; 라인 밸런스)

생산 및 조립작업에서 공정별 작업량(T/T : Tack Time)이 다를 경우 가장 큰 작업량(T/T이 가장 긴 공정)이 그 공정의 애로 공정(Bottle Neck)이라 하며, 이 Bottle Neck 공정에 의해 생산량(효율)이 저하되므로 Bottle Neck(T/T이 가장 긴 공정)의 작업량을 타 공정으로 분산시켜 전공정의 표준화시켜야, 즉 T/T를 평준화시켜야 생산량이 증가된다. 이와 같이 각 공정의 작업시간(T/T)을 평준화시키는 기법이 LOB이다.
계산식은 다음과 같다.

$$\mathrm{LOB} = \frac{\sum t_i}{M \times t_{\max}} \times 100$$

(여기서, M : 작업자 수, $\sum t_i$: 총작업시간, $t_{\max}$: Bottle Neck 작업시간)

보통 LOB은 85% 이상 되어야 하고, Bottle Neck 공정은 개선하여 T/T를 평준화시켜야 하는 것이 감독자의 가장 중요한 근무태도이다.

[예제]

1공정(T/T : 30초), 2공정(32초), 3공정(31초), 4공정(33초), 5공정(42초)으로 각 공정에 각각 1명이 작업하면,

$$\text{LOB} = \frac{30+32+31+33+42}{5\times 42}\times 100 = \frac{168}{210}\times 100 = 80\%$$

따라서 42초 공정을 개선하여 T/T을 줄이던가 작업량을 다른 공정으로 분산시켜야 LOB가 향상된다.

Logistics System(물류시스템)

물류(Logistics)는 기업의 이익 극대화를 위한 판매증대, 생산합리화, 물류합리화의 3대 이익원 중의 하나이다.

물류는 보다 빠르게(Speedy), 보다 안전하게(Safely), 보다 정확하게(Surely)와 보다 싸게(Low). 즉, 3S, 1L로 고객 만족시키는 System이다.

물류(Logistics) 영역은 조달물류, 생산물류, 판매물류, 폐기(회수)물류로 구분되며, 기본은 전산화관리가 구축되어야 한다.

MC(Machining Center)

자동공구 교환장치(ATC)와 산출기구를 갖추어 공작물의 설치교환(대체) 없이 Pierce 구멍뚫기, 나사세우기 등의 다종류의 가공과 다면가공이 가능한 수치제어공작기계, 주축의 방향에 따라 횡형과 입형으로 크게 나누어진다.

MIS(Management Information System ; 경영정보)

경영, 정보, 시스템의 합성어로서 조직의 경영목표 달성을 지원하기 위한 정보를 제공하도록 컴퓨터 H/W, S/W, 인력 등의 요소로 구성된 체계이다.

MRP(Material Requirement Planning ; 자재소요량 계획)

MRP는 Computer를 이용한 자재(원재료, 부품, 반제품)의 생산계획과 재고통제체계이다.

MRP 구조는 주(主)생산 일정계획, 자재명세서, 재고기록철로 되어 있다.

① 주생산 일정계획(Master Production Scheduling) : 최종제품 생산량과 생산완료시기를 나타내는 생산계획

② 자재명세서(BOM : Bill Of Material) : 제품을 구성하는 자재와 자재 결합방법에 관한 정보 및 소요량을 나타내는 표

③ 재고기록철(Inventory Record File) : 재고상태 기록정보 보고서로 총수요량, 수령예정량, 이용 가능한 재고량으로 구성되어 있다.

MRP의 원리는 주생산 일정계획에 의해 최종제품의 생산량을 근거로 소요량 파악 및 자재발주하는 것이다.

(1) 장 점

① 일정관리로 재고수준 감소

② 고객에 대한 서비스 향상

③ 재고비 감소로 제품가격 낮춤

④ 시장변화에 신속 대응이 가능

(2) 단 점

① Computer System 도입으로 투자액 증가

② 관리수준, 정보체계수준의 변화에 대응하고 업무개발이 이루어져야 함

Monitoring(감시)

시스템 또는 기기가 규정된 기능을 정상적으로 수행하고 있는지 어떤지를 판단하여 이상상태를 발견하는 일을 목적으로 한 행위이다.

NC(Numerical Control ; 수치제어)

기계를 수치정보로 자동제어하는 것으로 공작기계의 가공조건을 치수, Chucking 치수, 공구선정, 절삭깊이 등 회전수, 이동속도, 재료의 수치정보를 Tape에 입력시켜 기계를 자동제어하는 것이다.

OC 곡선(Operating Characteristic curve)

샘플링검사에서 각 Lot의 합격, 불합격의 판정을 내리기 위해 미리 표본의 크기(N), 판정수준(C)을 결정해야 한다. 이것을 Sampling Plan(샘플링계획)이라고 한다. 샘플링계획이 확정되면 샘플링검사의 특성이 결정되는데, 이 특성을 그래프(Graph)로 나타낸 것을 검사특성곡선 또는 OC 곡선이라고 한다.

Pareto도(Pareto Graph)

파레토도는 Data를 항목별로 분류해서 크기 순서대로 나열한 그림이다. 품질에 대한 문제가 발생했을 때 원인을 찾아서 대책을 수립하고 조치를 취할 때 중요하게 사용된다.

이탈리아 경제학자인 Pareto가 1897년에 이 도표를 이용하여 소득의 크기와 소득자의 수 관계를 표기했다(당시 이탈리아에는 20% 인구가 80% 소득을 점유).

생산현장에서는 총불량수량을 불량률 크기 순서대로 나열하여 그림을 그려보고, 불량률이 크게 낮아지도록 조치하여 개선 전과 후 불량률을 비교하여 평가를 한다. 이때 원인 파악은 특성요인도로 작성하여 4M에 해당하는 항목을 나열하여 불량원인을 분석한다. 또한 개선 후 효과를 불량률로 집계보다 금액으로 집계하여 평가하는 것도 중요하다.

PERT(Program Evaluation and Review Technique)

과거 경험이 없는 새로운 Project나 연구개발 같은 신규 Project에 사용하는 것으로 경영·관리자가 사업목표 달성을 위해 기본계획, 세부계획의 소요시간을 계산하여 애로공정을 개선조치하여 기간을 단축하는 데 사용한다.

PM(Preventive Maintenance ; 설비보전)

설비보전은 기계설비가 정상적인 상태를 유지할 수 있도록 관리하는 행위를 말한다. 설비보전이 잘 수행되지 않으면 기계고장으로 작업불량이 생산되고, 또한 생산계획에 차질이 생기게 된다. 오늘날은 기술의 발전으로 생산의 기계화와 자동화가 이루어져 있으므로 기계설비의 부분적인 고장이 발생되면 회사 전체의 조업이 중단된다. 설비보전관리는 예방보전(PM), 보전예방(MP), 개선보전(CM), 사후보전(BM)으로 구분할 수 있다.

POS(Point Of Sales ; 판매시점 정보관리)

광학식 자동독해방식의 Register로 단품별로 수집한 판매정보와 매입, 배송 등의 단계에서 발생하는 각종 정보를 컴퓨터로 보내어 각 부문이 각각의 목적에 맞게 이용할 수 있는 정보로 처리, 가공, 전달하는 시스템이다.

PQ 분석

PQ 분석은 생산수량과 제품을 분석하여 공장 재배치(설비배치계획)에 중요하게 사용된다. 종축에는 P(Products ; 제품), 횡축에는 Q(Quantity)를 표기하여 소품종 다량생산(A), 중품종 중량생산(B), 다품종 소량생산(C)의 형태로 구분할 수 있다.

① 소품종 다량생산(A) : 계획생산을 추진하고, 기계화 추진 및 전용기계 사용
② 다품종 소량생산(C) : 수주생산, 수작업이나 범용기계 사용
③ 중품종 중량생산(B) : 계획과 수주의 혼합생산이 유리하다.

즉, PQ 분석에 의해 현재 생산계획의 능률적 배치와 미래의 생산계획을 위한 배치방침을 결정할 수 있다.

Production Management(생산관리)

생산관리는 경영방침에 따라 특정의 시스템에 자원을 투입하여 가치증식(Value Adding)을 목적으로 이 자원을 변환하는 과정으로, 주요 내용은 다음과 같다.

① 공정관리 ② 품질관리 ③ 작업관리 ④ 원가관리 ⑤ 인력관리
⑥ 환경관리 ⑦ 자재관리 ⑧ 설비관리 ⑨ 안전관리

Q-Cost(품질비용)

품질비용(Q-Cost)은 요구품질(설계품질)을 실행하기 위한 원가이고, 제조원가(재료비+노무비+제조경비) 중 제조경비의 일부분으로 생각할 수 있으며, 제조원가에 대한 Q-Cost는 6~7% 정도가 적당하다.

① 예방 Cost(Prevention Cost : P-Cost) : QC 계획 Cost, QC 기술 Cost, QC 교육 Cost, QC 사무 Cost
② 평가 Cost(Apprisal Cost : A-Cost) : 수입검사 Cost, 공정검사 Cost, 완성품검사 Cost, 시험 Cost
③ 실패 Cost(Failure Cost : F-Cost) : 납품 전 불량 Cost, 무상서비스 Cost, 불량대책 Cost로 구성되어 있다.

F-Cost의 비용은 매우 크게 손실을 초래하므로 A-Cost와 P-Cost로 대책을 사전에 수립해야 한다.

Re-engineering(리엔지니어링)

기업의 리엔지니어링은 과거의 시스템은 제쳐두고 완전히 처음부터 다시 시작한다는 의미이며, Cost, 품질, 서비스, 납기(Delivery)의 핵심적 성과에서 극적인 향상을 위해 기업의 업무 Process를 기본적으로 재설계하는 것이다.

Sampling Inspection(샘플링검사)

샘플링검사는 제품의 한 Lot에서 일정한 크기의 표본을 추출 검사하여 그 Lot 전체의 합격, 불합격 판정하는 검사방법으로 검사비용이 많이 들거나 파괴검사, 전수검사가 불가능할 때 사용한다.

Simulation(시뮬레이션, 모의실험, 모의훈련)

시뮬레이션은 현실문제를 반영하는 모형을 만들어 시험함으로써 현실문제를 이해하고 여러 가지 대책안을 예측하는 기법이다.

적용 예로서는 민방위훈련, 사고, 조난자구조 연습 등이고, 시뮬레이션을 하기 위해서는 사건발생과 비슷하게 주위여건 또는 모조물을 만들어야 하는데 이것이 Model이다.

산업 적용 예로는 항공회사의 항공운행문제, 교차로 교통신호 조작, 방사능 차단벽의 통과입자 수, 대규모 군사작전, 기업정책 영향연구, 댐, 수력발전규모 결정 등이 있다.

모형을 만들어 쉽게 시행하고 현실적으로 이해가 쉬운 장점이 있는 반면, 단점으로는 효과적인 시뮬레이션 모형 개발에 많은 노력과 경험이 필요하고 컴퓨터 사용시 시간이 많이 소요되며 전용언어를 개발하여야 한다.

SLP(Systematic Layout Planning)

SLP법을 MIT 교수인 Muther가 고안한 것으로

① Layout 계획은 생산품목과 생산수량을 분석하여 기본적인 배치 구상하고

② 자재유동과 자재유동에 관련된 활동을 분석하여 부문간 관련성 파악하고

③ 필요공간과 사용 가능공간을 조정하여 상호관계도 작성하여

④ 이상적 배치안과 현실적 제약조건을 고려하여 몇 개의 배치안을 작성한다.

⑤ 각 배치안에서 Cost, 작업성, 안전성을 비교, 검토하여 채택안을 최종결정하는 기법이다.

TPM(Total Productive Maintenance)

설비효율을 높이기 위해 설비 최적보전시스템을 정립하는 것으로 설비설계자, 사용자 및 보전담당자의 모두가 참여하고, 최고책임자에서 현장작업자까지 전사적으로 추진하는 자주적인 소집단 PM 활동을 말한다.

활동방법으로는

① 설비중심의 5S 운동(정리, 정돈, 청소, 청결, 습관화)

② 자주보전활동으로 내 기계(My Machine)는 내가 책임지고 운전, 개선한다는 사고방식으로 청소, 급유, 점검 및 개선활동

③ 윤활유 관리로서 윤활계획서, 기계선정, 담당자를 선정하여 도면상에 급유 표기하고, 윤활유 이름, 급유방법, 주기, 급유량 표기

④ 식별 가능(눈으로 보는 관리) 관리로서 유지·관리부위가 알기 쉽게 표기(급유 Level 식별, 배관밸브 색깔표시, 맞춤표기)하고, 에너지 공급의 정상과 비정상 구분(리본, 종이)이 가능하도록 하고, 발열 이상상태 구분(온도 Level 판독)하도록 하며, Lamp 및 계기류는 한곳에 집중시켜 점검시간 단축이 필요하다.

⑤ 설비구조, 기능, 점검방법을 한 장의 Check Sheet에 정리하여 사용자가 스스로 점검하는 것이다.

TQC(Total Quality Control)

기업활동의 전단계에 걸쳐 실시되는 품질관리(QC)로, 물건을 살 사람의 요구에 맞는 품질의 물품 또는 서비스를 경제적으로 만들어내기 위한 수단체계를 말한다.

"U"자 Line

직선 Layout에서는 작업량의 공평분배가 한계가 있으며, Line Unbalance에 의한 작업자의 대기 낭비가 발생하는 단점이 있다. 특히 기계가공라인에서는 1인 1대 담당에 의한 Machine Time이 작업자의 수작업시간(Hand Time)보다 긴 경우 작업자는 대기할 수밖에 없다. 이러한 낭비를 흡수하기 위한 방식이 "U"자 Line 형태이다.

(1) "U"-Line의 착안

① 소비자의 Needs가 다양하고, 생산량의 증감에 따라 탄력적 인원배치로 다품종 소량생산과 단납기 실현

② 직선 Line에서는 LOB가 85%를 상회하기 어려우나 "U"-Line은 LOB가 95% 이상 가능

③ Input과 Output을 동일인이 담당함으로써 자신이 조립한 것을 자신이 검사하게 되므로 100% 양호품 가능

(2) "U"-Line의 필요성

① 새로운 유통업이 제조업과 소비자를 중개하면서 재고를 원치 않는 시대로 변화

② 국내, 해외의 경영으로 판매가격을 고객이 정하는 시대로 변화

③ 자신이 조립한 제품이 양호품, 불량품을 알 수 있어 자아실현의 보람과 만족을 느낌

(3) "U"-Line의 실천

① PQ 분석에서 품종 수는 많으나 전체 생산량의 25% 정도의 "B"Group 선정

② MODEL Line 선정하여 도입하고 관리, 감독자의 열의와 작업자 호응도가 성패 좌우

③ 직선 Line의 LOB가 85% 이상 되도록 훈련하면서 실천

(4) "U"-Line의 추진원칙

① 좌식작업에서 입식작업으로 능률향상, 건강증진

② 보행을 하면서 작업으로 피로를 줄이고, 작업에 리듬을 주고 좌우 반대쪽 위치의 공정

담당
③ 정해진 Tact Time 내에 1개씩만 작업하여 다음 공정 이동으로 과잉생산 방지
④ 입구와 출구(Input과 Output)의 동일인 담당으로 100% 양호품 생산
⑤ 공평한 작업분배로 인간성 존중 및 LOB 향상
⑥ 생산 Line의 이상발생시 Line-Stop 시켜서 불량원인을 즉시 파악 조치하여 재발을 방지시키는 것이 궁극적으로 고객에게 양호품만 공급하게 된다.

100 PPM 품질 혁신

(1) 개 념

100 PPM은 제품, 부품의 허용 불량률을 100만 개에서 100개, 즉 10,000개 중 1개 불량을 허용하는 ZD(Zero Defect ; 완전무결점) 운동이다.

기존 SQC(통계적 품질관리)는 AQL(Acceptable Quality Level ; 품질합격수준)을 적용하여 Sampling Inspection(샘플링검사)으로 불량률 혼입을 허용되나 100 PPM은 완전무결점을 의미한다.

(2) 추진배경

UR 타결, WTO 체계 출범으로 국제무역환경은 급격히 변화하는데 한국 상품이 선진국에 비해 불량률이 2~3배 높아서 대기업 중심으로 100 PPM 추진이 시작되었다.

중소기업청에 100 PPM 추진본부가 설치되고, "인증제도"가 마련되고 S/W도 개발되었다.
인증 판정기준은

① 인증 신청시 6개월 평균납품 불량률과 자체 완성품 평균불량률이 100 PPM 이하
② 공장 심사기준의 평가점수 결과가 70점 이상

(3) 추진단계

① 사전준비(추진조직, 분위기 조성, 교육, Master Plan)
② 대상품 선정(대상품목, 품질 문제점 조사)
③ 불량유형 분석(원인분석 ; 특성요인도, 파레토도, 층별 산점도)
④ 개선대책 수립
⑤ 표준화(표준제정 중점관리 준수)
⑥ 개선완료 평가
⑦ 사후관리(정기평가, 유지 및 일상관리)
⑧ 확산전개(단계별 확산, 추진사례 발표)

5S(정리, 정돈, 청소, 청결, 습관)

일본어의 두문자 "S"로 시작되는 정리, 정돈, 청소, 청결, 습관의 5개 단어를 의미하며, 공장(생산현장, 사무현장)의 기본으로, 전원이 참가하여 차근차근히 장시간에 걸쳐 추진해야 한다.

달성하기에는 장시간 소요되나 무너지기는 순간적이다. 경쟁력 있는 우수업체의 "5S" 수준은 항상 최고 Level의 수준을 유지한다는 것이 통계적 근거이다.

① 정리 : 필요한 것과 불필요한 것을 구분하여 불필요한 것은 버리는 것
② 정돈 : 필요한 것을 사용하기 쉽게 보관하고, 누구나가 알 수 있게 하는 것
③ 청소 : 항상 깨끗이 하고 점검하는 것
④ 청결 : 정리, 정돈, 청소의 세 가지를 유지하는 것
⑤ 습관 : 정해진 것을 항상 바르게 지키는 습관을 붙이는 것

"5S" 추진도구(Tool)는 바닥선 긋기, 3定(정위치, 정용량, 정용기), 기계점검 Check List, 5S 점검 List, 순회점검 및 Radar Chart로 수준 평가하는 방법이 있다.

Chapter

02 품질경영 및 6시그마

ㄱ

용 어	정 의	보 충 설 명
• 공정능력지수 (Process Capability Index)	공정이 관리상태에 있을 때 그 공정에서 생산되는 제품의 품질변동이 어느 정도인가를 양적으로 정량화시킨 값	공정에서 생산되는 부품의 품질변동이 작으면 공정능력이 좋다고 말하고, 품질변동이 크면 나쁘다고 말한다. 즉, 설계의 허용차 대비하여 공정의 변동 정도를 비로 나타낸 값을 말한다. 여기서, 공정의 품질특성의 분포가 Target(목표치)을 중심으로 치우친 경우는 C_{pk}로 표시하고 그렇지 않은 경우에는 C_p로 표시한다. 6시그마의 공정능력이란 공정의 변동(σ)이 아주 작아서 그 값의 6배를 곱하여도 주어진 규격을 만족하는 우수한 공정능력을 의미한다.
• 관리도 (Control Chart)	품질의 산포를 관리하기 위하여 합리적으로 정한 선. 즉, 관리한계선이 있는 그래프를 말함	관리도는 Sampling 계획에 의하여 일정기간동안 Data를 수집하여 현재 생산되고 있는 공정이 안정적인지, 즉 관리상태에 있는지 어떤지 그 유무를 파악하기 위하여 사용한다. 시각화하여 그 추이를 분석할 수 있다는 것이 장점이며, 크게 계량치 관리도와 계수치 관리도로 나누어진다. 계량치 관리도는 측정 Data에 민감하지 않으므로 공정 Stop 등의 판단 Error를 범할 확률이 적은 장점이 있으나 주로 사후관리용으로 많이 사용된다. 계수치 관리도는 사전관리도, 즉 생산하면서 공정상태를 파악하고 조치를 취할 수 있는 장점이 있으나 민감하여 오판할 수 있는 여지가 있다. 그리고 관리상태에 놓여 있다고 양품만 생산되고 있다고 말할 수 없으므로 항상 측정일자별 공정능력지수를 같이 분석하여야 하며, 통계적으로 품질문제는 두 가지, 즉 평균치 이동문제와 산포문제의 두 가지가 있으므로 관리도를 그릴 때는 평균치 관리도와 산포관리도를 쌍으로 하여 그리는 것이 좋다.

용 어	정 의	보 충 설 명
• 검증실험 (Run Confirmation)	실험계획법에 의거하여 실험실시 후 최적상태의 공정조건을 찾은 후 그 조건에서 재현 실험을 실시하여 개선여부를 실제 현물로서 확인하는 실험	실험의 목적은 실제 문제를 개선하는 것이므로 최적으로 설정된 조건에서 개선이 되었는지 현물로 재현 확인하는 것이다. 만약 검증 실험결과 재현이 안되었으면 잠재변수에 의한 영향. 즉, 실제 문제를 일으킨 중요인자가 누락되었든지 실험의 정도가 나빠졌든지 등의 이유가 있으므로 실험을 진행하면서 이러한 점에 유의하여야 한다.
• 규격 상한/하한선 (Upper Spec. Limit) (Lower Spec. Limit)	기술적으로 주어진 공칭치수의 상한/하한 공차	측정대상 부품의 치수가 예를 들어 10±0.05일 경우 USL은 10.05, LSL은 9.95가 되며 Target(Nominal)은 10이 된다.
• 관리 상한/하한선 (Upper Control Limit) (Lower Control Limit)	공정이 안정상태에 있을 때 중심선에서 3σ 위에 있는 관리한계선을 관리상한선, 3σ 아래에 있는 선을 관리하한선이라고 함	전통적으로 관리한계선은 $\pm 3\sigma$를 기준으로 한다. 이것은 만약 관리한계선의 폭이 넓어지면 이상원인, 즉 불량이 섞여 있어도 양품으로 판정하게 되므로 소비자가 손해를 보게 되며(β-Risk, 제2종 과오), 그 반대의 경우는 생산자가 손해를(α-Risk, 제1종 과오) 보게 되기 때문이다.
• Gage R & R (Gage Repeatability & Reproducibility)	측정시스템 자체가 공정의 변동값에 얼마나 영향을 주는지를 수학적으로 Check하는 Tool이며, 측정의 반복성과 재현성을 나타냄	SPC(Statistical Process Control)는 측정된 Data에 근거하므로 Data 자체가 신뢰성이 없으면 공정능력이나 Parameter 설계가 잘못되어 오히려 공정상태를 악화시킬 수 있으며 실험계획도 실패하기 쉽다. 측정오차는 참값과 측정값과의 차이를 말하며, 여기에는 두 가지 요인 즉 부적합한 계측기의 사용(Repeatability)과 측정자의 측정 기법부족(Reproducibility)이 있으며, 이 두 가지 요인을 통계적으로 평가하여 신뢰할 수 있는 측정 시스템을 확보할 수 있는 자료를 제시한다.
• 결정계수(r^2) (Coefficient of Determination)	회귀방정식의 정도를 측정하는 방법으로 총변동 중에서 회귀선에 의하여 설명되는 변동이 차지하는 비율이며, 회기선의 기여율이라고도 함	두 이자간의 상관관계를 어떤 수학적인 모형(방정식)으로 나타내고자 할 때 정의한 수학적 방정식에 모든 Data들이 존재하면, 즉 기여하게 되면 결정계수는 1 즉 100%가 되어 그 회귀방정식은 쓸모가 있게 되지만 0 또는 0에 가깝게 되면 정의한 회귀식은 잘못 선정되어 쓸모가 없게 된다. 따라서 결정계수는 1에 가깝게 될수록 높은 정도를 나타내게 되며(일반적으로 65% 이상) 측정된 Data들이 회귀선에 얼마나 기여했는가를 나타내는 지표로서 사용될 수 있으며, 결정계수가 높을수록 치명적인 소수인자 즉 문제점을 개선하는 데 유용한 원인인자라고 판단할 수도 있다.
• 교호(交互) 작용 (Interaction)	2인자 이상의 특정한 인자수준의 조합에서 일어나는 효과	예를 들어, 온도와 촉매의 반응에 의하여 인장강도가 달라지는 경우, 만약 차가운 온도에서는 촉매의 반응이 인장강도에 크게 영향을 못주고 있으나 뜨거운 온도에서는 촉매의 영향이 크게 영향을 주고 있다면 인장강도는 각각의 인자(온도, 촉매)의 효과 이외에도 온도와 촉매의 조합에 의하여 영향을 주는 효과(교호작용)도 같이 고려되어야 한다.

용 어	정 의	보 충 설 명
• 계량치 (Continuous Data)	길이, 중량, 인장강도 등과 같이 연속량으로 측정될 수 있는 품질특성의 값	
• 계수치 (Discrete Data)	불량품의 수, 결점수 등과 같이 개수로 셀 수 있는 품질특성의 값	계수치로 평가되는 품질특성을 개선하는 것은 계량치보다 효율성이 떨어지는 경우가 많다. 예를 들어, 누설불량의 경우 개선 전에 1,000개 중 2개의 불량이 있었고, 개선 후에 불량이 1개 또는 0개의 불량정도로 줄어졌다면 개선이 되었다고 보기에는 신뢰도가 상당히 떨어져 보인다. 따라서 가능한 한 계량치의 품질특성을 개선테마로 선정하는 것이 좋고, 계수치의 테마가 선정되어야 한다면 가능한 한 품질특성을 계량치로 대용할 수 있는 특성을 찾는다. 측정 Data의 수를 가능하면 늘리고, 실험의 조건을 표준보다 가혹조건으로 실시한다.

ㄷ

용 어	정 의	보 충 설 명
• 단기공정능력지수 (Short Term Process Capability Index)	공정에 외부적인 영향, 즉 온도변화, 작업자 변경, 원재료 Lot 변경 등이 없다고 판단되는 짧은 기간의 공정능력을 나타내는 지수	공정의 총변동은 군내(群內)변동과 군간(群間)변동의 합으로 표시할 수 있다. 단기공정능력은 군내변동만 있는 경우, 즉 얻어진 Sample들이 동질성인 경우를 이야기하며, 동질성의 Sample들은 모두 품질특성이 동일하여야 하나 변동이 있다는 것은 금형의 마모 등과 같은 주로 기술적 요인에 의하여 품질특성이 달라진 것을 의미한다. 따라서 품질특성의 변동이 클수록 정규분포의 산포는 커지게 되어 단기공정능력지수는 나빠지게 된다.
• 독립변수 (Independent Variable)	다른 변수에 영향을 주는 통제 가능한 변수. 주로 X_1, X_2, $\cdots$, X_n으로 표시함	예를 들어, Comp. 내부의 Bearing 내경을 개선하고자 한다면 내경의 불량(종속변수)을 유발하는 원인, 예를 들어 Bite 재질, 이송속도, 진직도 등이 독립변수에 해당한다. 여기서, 각 독립변수는 종속변수에 대하여 영향을 미치는 정도가 서로 독립적이어야 한다(실험을 계획할 때 불필요한 인자를 선택하여 실험의 횟수를 늘리지 않는 것이 중요함).

ㅂ

용 어	정 의	보 충 설 명
• 블랙노이즈 (Black Noise)	공정상에 존재하는 원인 규명이 가능한 요인에 의한 변동(이상원인)	일부 Data에서 평소(우연원인)와 다른 양상으로 나타난다. 산발적이고 불규칙적인 경우가 많은데 이러한 요인은 제거되어야 하며, 통제가 가능하여 개선하면 피할 수 있는 원인이다.
• 변동 (Variation)	어떤 특성치에 대하여 각 Data 값들이 평균치에서 얼마나 떨어져 있는지를 제곱의 합으로 나타낸 값. 제곱합(Sum of Square)이라고도 함	각 인자들이 Y(결과치, 개선하고자 하는 문제)에 영향을 주는 정도를 알기 위해서 사용, 즉 변동량이 큰 인자가 Y를 개선하는 데 중요한 인자라는 것을 알 수 있다. 변동이 크다는 것은 각 데이터가 평균치에서 많이 떨어져 있다는 것이고 이것은 인자(X)와 Y간의 기울이가 크다는 의미이다. 여기서, 기울기가 크다는 것은 인자의 수준이 변하면 Y가 크게 변한다는 의미한다.

ㅅ

용 어	정 의	보 충 설 명
• 실험계획법 (DOE : Design Of Experiment)	실험에 대한 계획방법을 의미하는 것으로 해결하고자 하는 문제에 대하여 실험을 어떻게 행하고, 데이터를 어떻게 취하며, 어떠한 통계적 기법으로 데이터를 분석하면 최소의 실험횟수에서 최대의 정도를 얻을 수 있는가를 계획하는 것	실험계획법은 직교화의 원리에 의하여 인자간에 서로 독립적으로 실험을 배치하여 재현성을 높이는 것으로 실험시 잠재변수에 의한 영향을 최대한 배제하여 실행하는 것이 중요하다. 실험에 대하여 보통 분산분석, 상관관계분석, 회귀분석 등의 방법을 많이 사용한다.
• CTQ (Critical To Quality)	제품의 성능, 기능, 안정성 등 중요품질에 치명적인 영향을 주는 부품(ASM 포함)의 핵심 특성치(치수 또는 Spec.)	고객의 관점에서 FMEA와 QFD를 전개하여 선정한다. 이때는 고객의 언어를 기술적인 언어로 정량화하여 구체적인 Spec.으로 연결하는 것이 중요하다. CTQ는 제품의 기능, 성능, 안정성, Field Worst 불량 등이 모두 개선될 수 있도록 선정되고 측정 가능하여야 하며, 관련부서와 Cross Checking이 되어야 하므로 Engineer의 판단이 필수적이다.
• 수율 (Yield)	공정의 각 단계에서 재작업 또는 부품 폐기 등의 불량을 고려하여 공정의 품질을 관리하는 지표	6시그마에서 수율이란 개념은 각 공정에서 발생되는 모든 불량을 고려하여 최종적으로 완벽한 제품의 품질을 반영하는 개념으로 사용되며, Hidden Factory 즉 생산공정에서 발생되는 모든 문제점을 노출하여 개선활동하는 Base 자료로 활용하여 Defect를 없애는 것이 목표이다(직행률 관리는 직행률 자체의 수치에 비중을 두는 개념임).

용 어	정 의	보 충 설 명
• 수준 (Level)	실험을 하기 위한 인자(Factor)의 조건	불량을 개선하기 위하여 실험을 할 때는 원인이 되는 요인, 즉 인자를 선정할 것이고 이때 선정된 인자의 값이 변화함에 따라 반응치가 어떻게 될 것인가를 보기 위하여 지정하는 값이다. 예를 들어, 온도를 인자로 선택하였을 때 150℃라든지 180℃라고 하는 값이 그 수준값이다. 수준을 선정할 때는 흥미영역, 즉 합리적이고 작업이 가능한 넓은 범위를 정하는 것이 좋으며, 역기능이 발생할 수 있는지도 기술적으로 검토하여 결정하는 것이 좋으며, 측정 및 분석단계에서 얻어진 통계적인 사항도 참조를 하면 효율적이다.
• 상관계수 (Correlation Coefficient)	두 변수 사이의 상관관계 정도를 나타내는 통계적인 값	두 변수간의 관계가 있는 정도를 나타내는 통계적 변수값으로 상관관계가 클수록 상관관계가 크게 된다(실험계획에서 치명적 소수인자의 후보가 될 수 있음). 결정계수는 두 변수간의 관계가 양의 상관관계를 가지는지 음의 상관관계를 가지는지 알 수 없고 관련성이 얼마나 되는지의 척도를 나타낸다.
• 스크리닝 (Screening)	실험을 할 때 선정된 많은 인자 중 어떤 인자가 중요한가를 단계적으로 결정하는 방법	실험에서 인자가 많은 경우 2수준으로 하여 실험의 횟수를 줄이고 Fractional시켜 실험의 횟수를 줄인다. 이렇게 하면 작은 실험이 되어 실험시마다 결과에 대한 많은 정보를 얻을 수 있게 되어 효율적으로 최적의 조건을 찾을 수 있게 된다.
• Subgroup	우연원인만 존재 하는 동질성의 Sample(표본)들의 그룹	만약 1/5일 Sample 5개, 1/12일 5개, 1/19일 5개씩하여 총 15개의 Sample을 얻었다면 Subgroup NO.는 3개이며, Subgroup Size는 5이다. Sample 수집에 있어서 Rational Subgroup 개념, 즉 측정하고자 하는 모집단에서 일어날 수 있는 모든 변동(작업자 변경, 원재료 변경, Lot 변경 등)을 포함할 수 있는 수량(n=5개씩 하여 총 6개 Subgroup 이상이 추천됨)과 기간이 필요하다.

ㅇ

용 어	정 의	보 충 설 명
• 완전배치법 (Full Factorial Design)	인자의 각 수준의 모든 조합에 대하여 실험을 실시하는 것	선정한 인자의 각 수준의 모든 조합에서 실험을 실시하는 것을 말하다. 이때 인자의 수가 늘어나면 실험의 횟수가 기하급수적으로 늘어나게 되어 실험을 실시하는 것이 현실적으로 다소 어려울 수 있으며, 실험횟수가 많아지면 원하지 않은 잠재변수의 영향이 커지게 되어 실험의 최적조건에 대한 재현성이 떨어질 수 있다. 여기에 대한 보완책으로 각 인자의 조합 중에서 일부만 선택하여 실험을 실시함으로서 실험의 횟수를 줄여 실시하는 방법이 있는데, 이것을 부분배치법(Fractional Factorial Design)이라고 한다. 이때는 검출할 필요가 없는 교호작용을 다른 요인과 교락시키는 것으로서 사전에 해당되는 교호작용이 중요하지 않다는 것을 알고 있어야 한다. 그러나 일반적으로는 3차 이상의 교호작용이 중요하지 않은 경우가 많으며, 부분배치법은 이렇게 중요하지 않는 교호작용을 희생시키는 대신 실험의 횟수를 줄이는 큰 장점이 있다.
• 우연원인 (Causality) /이상원인	• 우연원인 : 모집단으로부터 얻어진 샘플 데이터들의 산포가 유사한 양상으로 나타나는 원인 • 이상원인 : 모집단으로부터 얻어진 샘플 데이터들의 산포가 평소와 다른 양상으로 나타나는 원인	• 우연원인 : 작업자의 숙련도, 주위환경 등과 같이 통제 불가능한 인자에 의한 것으로 다수의 사소한 인자이며, 우연원인의 산포를 감소시키는 방향으로 주로 기술적으로 개선이 되어야 하는 경우가 많다. • 이상원인 : 평소와는 달리 산발적이고, 예측 불가능하게 나타남. 이것은 소수의 주요 원인으로 주로 관리적으로 제거되어야 하는 경우가 많다.
• 인자(Factor)	실험에 있어서 데이터에 산포를 준다고 생각되는 무수히 존재하는 원인들 중에서 실험에 직접 취급되는 원인	실험의 목적을 달성하기 위하여 이와 관련되는 인자를 모두 선정하여 주는 것이 좋으나, 과다한 인자 수는 결국 실험의 정도(精度)를 떨어뜨리게 되므로 실험의 목적을 달성할 수 있다고 생각되는 범위 내에서 최소의 인자를 택하여 주는 것이 좋다.
• SPC	통계적 공정관리의 영어 약자를 따서 만들어진 것으로 품질규격에 합격할 수 있는 제품을 만들어 내기 위하여 통계적 방법에 의하여 공정을 관리해 나가는 기법	• S(Statistical) : 통계적 자료와 분석기법의 도움을 받아서 • P(Process) : 주어진 품질규격과 공정의 능력상태를 파악하여 • C(Control) : 우리가 원하는 상태로 제품이 생산될 수 있도록 관리해 가는 관리기법

ㅈ

용 어	정 의	보 충 설 명
• 장기공정 능력지수 (Long Term Process Capability Index)	공정에 외부적인 영향이 있다고 판단되는 충분히 긴 기간	공정의 총변동은 군내(群內)변동과 군간(群間)변동의 합으로 표시할 수 있다. 단기공정능력은 군내변동만 있는 경우, 즉 얻어진 Sample들이 동질성인 경우를 이야기하며, 동질성의 Sample들은 모두 품질특성이 동일하여야 하나 변동이 있다는 것은 금형의 마모 등과 같은 주로 기술적 요인에 의하여 품질특성이 달라진 것을 의미한다. 반면에 장기공정능력은 군내변동과 군간변동이 모두 포함된 경우이며, 개선하기 위해서는 기술과 공정관리가 모두 필요하다. 공정이 안정되어 있는지를 판단할 때는 장기공정의 성격으로 Sample을 취하여 관리적 요인에 의한 변동과 기술적 요인에 의한 변동을 포함하여 확인하는 것이 바람직하다.
• 정규분포 (Normal Distribution)		통계적 방법의 목적은 시료의 측정치를 근거로 하여 모집단의 성격을 추측하는 것이며, 이때는 통계적으로 두 가지 Parameter 즉 평균치와 표준편차를 사용한다. 이때 계량치에 대해서 연속확률변수 X는 평균치 μ에 대하여 좌우대칭이고, 그 산포의 정도는 σ에 의하여 결정되는 아래와 같은 공식의 분포를 따르게 되는데 이것을 정규분포라고 한다. $P(X>a)=\int_a^{\infty}\frac{1}{\sigma\sqrt{2\pi}}e^{-(1/2)[(X-\mu)/\sigma]^2_{dx}}$ 참고로 연속확률분포(계량치)에는 정규분포, t-분포, Chi-제곱분포, F-분포의 네 가지가 있다.
• 종속변수 (Dependent Variable)	독립변수들의 어떤 함수 관계에 의하여 결정되는 변수	
• Z-Bench	표준정규분포를 따라는 확률변수에 대하여 모집단의 품질이 주어진 규격을 만족할 수 있는 공정능력을 σ Scale로 나타낸 값	표준정규분포를 따르는 확률변수에 대하여 설계규격을 만족할 수 있는 확률을 σ Scale로 나타낸 값이며, 단기공정능력의 경우에는 Z.B=6, 장기공정능력의 경우에는 Z.B=4.5가 된다.
• 자유도	모집단의 Parameter를 추정하는 데 필요한 독립적인 관측값의 수	

<table>
<tr><th>용 어</th><th>정 의</th><th>보 충 설 명</th></tr>
<tr><td>• 잔차
(Residual)</td><td>종속변수와 독립변수간의 함수관계를 어떤 회귀선으로 나타내고자 할 때 회귀선에 의하여 설명되지 않는 오차</td><td>종속변수와 독립변수간의 함수관계를 최소제곱법에 의하여 어떤 회귀선으로 나타내는 경우 각 측정값들은 동일조건이라고 하더라도 잠재변수의 영향으로 같은 값을 가지지 않고 산포를 보인다.
이때 그 값을 변동량으로 계산할 때 총변동은 결정된 회귀선으로 설명이 될 수 있는 변동과 설명이 될 수 없는 변동으로 나눌 수 있으며, 이렇게 결정된 회귀선에 의하여 설명될 수 없는 변동을 잔차라고 이야기 한다.
잔차의 값이 크게 되면 분산분석표 작성 후 F-검정시 유의차가 없는 것으로 판정되어 결정한 회귀선은 쓸모가 없게 된다. 따라서 잔차를 줄이기 위해서는 잠재변수를 최대한 줄이고 등분산이 되도록 하기 위해 실험을 랜덤하게 실시한다.</td></tr>
<tr><td>• 주효과
(Main Effect)</td><td>인자의 수준변화에 따라 특성치가 변하는 정도를 수치로 나타낸 값</td><td>주효과가 큰 인자, 즉 인자의 수준이 변함에 따라 특성치가 크게 변하는 인자는 문제를 개선하는 데 유용하게 사용된다.</td></tr>
<tr><td>• 직교배열표
(Table of Orthogonal Array)</td><td>인자의 수가 많은 경우에 큰 그물을 쳐서 주효과와 기술적으로 보아서 있을 것 같은 2인자 교호작용을 검출하고, 기술적으로 없으리라고 생각되는 2인자 교호작용 및 고차의 교호작용을 희생시켜서 실험횟수를 적게 할 수 있는 실험계획을 짤 수 있도록 만들어 놓은 표</td><td>직교배열표는 실험의 배치에 있어서 정확히 균형이 잡혀있어 하나의 인자의 효과를 구할 때 다른 인자의 영향에 대하여 치우침이 없게 된다. 즉,
<table>
<tr><th>인자</th><th>X_1</th><th>X_2</th><th>$X_1 \times X_2$</th></tr>
<tr><td></td><td>−1</td><td>−1</td><td>+1</td></tr>
<tr><td></td><td>+1</td><td>−1</td><td>−1</td></tr>
<tr><td></td><td>−1</td><td>+1</td><td>−1</td></tr>
<tr><td></td><td>+1</td><td>+1</td><td>+1</td></tr>
<tr><td></td><td></td><td>합계</td><td>0</td></tr>
</table>
여기서, 직교의 의미는 한 열은 −1과 +1이 반반씩 있고, −1에 대해서 다른 열에는 −1, +1이 반씩 되어 있고, +1에 대해서도 −1, +1이 반씩 있다는 의미이다. 임의의 2개열을 서로 대응되는 구성요소의 곱의 합이 "0"이므로 서로 직교한다고 말하고, 이렇게 되면 2개의 인자는 완전히 독립적이 되므로 실험결과의 재현성이 높아지게 된다.</td></tr>
</table>

ㅊ

용 어	정 의	보 충 설 명
• 치명적 소수인자 (Vital Few)	출력특성치인 Y에 영향을 미치는 인자 중 가장 크게 영향을 주는 인자	실험계획을 통하여 출력특성치를 개선하고자 할때 관련되는 많은 후보인자를 생각할 수 있으나, 실제적으로 가장 크게 영향을 주는 인자는 소수의 인자로, 이 인자를 찾아 개선하여 주면 Y가 개선되는 경우가 많다. 적어도 출력응답 특성을 Break Down하여 좁은 영역에서 실험되는 물리계에서는 더욱 그러하며, 치명적 소수인자와 상대되는 사소한 다수 인자는 2 : 8법칙. 즉, 2만 개선되면 전체 문제의 8이 개선될 수 있다는 것이다.
• 최소제곱법 (Method of Least Squares)	인자간의 상관관계를 어떤 수학적인 모형으로 나타내고자 할 때, 각 Data들의 변동의 합이 가장 작게 될 수 있도록 회귀모형을 선정하는 방법	두 변수 Y와 X간에 n개의 데이터가 얻어졌다고 했을 경우 직선 회귀모형은 $Y=a+bX1+e$로 표현될 수 있으며, 이때 가장 적합하게 두 변수간의 관계식을 결정하려면 $S=\sum e^2=\sum(Y-a-bX)^2$에서 오차 e의 제곱합을 최소로 하는 a와 b를 결정하는 것이다.

ㅋ

용 어	정 의	보 충 설 명
• QC 7가지 도구 (Seven Tools of QC)		• 특성요인도(Cause and Effect Diagram) 결과에 원인이 어떻게 관계하고 있는가를 한 눈으로 알 수 있도록 작성한 그림으로서, 관심이 있는 품질특성에 대하여 품질특성에 영향을 주는 요인을 4M 기준으로 가장 말단의 조치를 취할 수 있도록 일목요연하게 정리하여 그린다. • 히스토그램(Histogram) 길이, 무게, 강도 등과 같이 계량치의 데이터가 어떠한 분포를 하고 있는지 알아보기 위하여 작성한 그림으로 도수분포표를 만든 후에 기둥형태로 만든 것이다. 일반적으로 공정이 안정된 경우에는 종모양이 되며, 그렇지 못한 경우에는 형상에 따라 이상원인이 있는지 여부를 파악하여야 한다. 일반적으로 산포가 큰 경우에는 나쁜 공정을 의미하므로 공정능력을 좋게 하도록 원인을 규명하여 조치를 취하는 활동이 필요하다.

용 어	정 의	보 충 설 명
• QC 7가지 도구 (Seven Tools of QC)		• 파레토도(Pareto Diagram) 불량, 결점, 고장 등의 발생건수를 분류항목별로 나누어 크기의 순서대로 나열해 놓은 그림으로, 이 그림에서 불량, 결점, 고장 등에 대하여 "어떤 항목에 문제가 있는가?", "그 영향은 어느 정도인가?"를 알 수 있다. 일반적으로 문제의 80%에 해당되는 큰 요인을 추출하여 개선한다. • 체크시트(Check Sheet) 주로 계수치 데이터가 분류항목별로 어디에 집중되어 있는가를 알아보기 쉽게 나타낸 그림으로, 파레토도를 그리기 위하여 데이터를 수집하는 과정에서 많이 사용된다. • 그래프(Graph) 그래프의 작성목적을 명확히 해서 간략하게 표현한다. 특히 꺾은선그래프에서 관리 상·하한선을 기입하여 관리하는 것을 관리도라고 한다. • 산점도(Scatter Plot) 서로 대응되는 2개의 짝으로 된 Data를 그래프 용지 위에 점으로 나타낸 그림으로, 이때 한 변수가 커질 때 다른 변수가 커지거나 작아지는 경우에는 각각 양 또는 음의 상관관계가 있다고 말한다. 그리고 두 변수간의 함수관계(회귀방정식)에 대하여 수학적인 함수모형(직선, 곡선)을 결정하는 데 도움을 주며, 실험의 수준수/범위 등을 결정하는 경우에도 참조할 수 있다. • 층별(Stratification) 집단을 구성하고 있는 많은 데이터를 어떤 특징에 따라서 몇 개의 부분집단으로 나누는 것(예 : 작업자, 기계, 재료, 작업방법, 시간 등)으로 산포의 원인규명에 도움이 된다.

표

용 어	정 의	보 충 설 명
• 표준편차 (Standard Deviation)	데이터가 어느 정도 퍼져 있는가를 나타내는 통계 Parameter	• 공식 $\sigma = \sqrt{\frac{\sum(\Xi - Xbar)^2}{n-1}}$ • 물리적 의미 통계한 모집단에 대하여 전수검사를 하지 않고 모집단의 변동으로 나타낼 수 있는 크기의 수량을 취하여 얻어진 Sample에 대한 Data 해석을 통하여 모집단의 특성을 추정하는 것이다. 평균치란 얻어진 Data에 대하여 기하학적으로 무게중심을 의미하며, 표준편차는 평균치에 대해서 각 Data값이 얼마나 떨어져 있는가를 나타내는 척도이다. 즉, 평균값에서 측정값이 많이 떨어져 있으면 표준편차가 크다(산포가 크다)라고 이야기하고, 작게 떨어져 있으면 표준편차값이 작다라고 한다. 편차란 평균치에서 각 측정값이 떨어진 정도를 이야기하고 $Xbar$는 무게중심이므로 $\sum(\Xi - Xbar) = 0$이 된다. 각 측정값이 평균치에서 얼마나 떨어져 있는가에 대한 거리에 관심이 있고 그 값을 물리량으로 채택하고 싶기 때문에 $\sum(\Xi - Xbar)$을 하면 "0"이 되지 않고, 그것을 다시 $\sqrt{\ }$을 취해버리면 같은 결과를 주게 된다. 개개 측정값에 대하여 떨어진 정도를 나타내기 위하여 Sample의 개수만큼 나누어 버린다. 여기서, $n-1$을 자유도라고 이야기하며, 일반적으로 샘플수가 30개 이상이면 n을 적용하는 것과 동일하다. 자유도는 독립적으로 추정할 수 있는 개수를 이야기하며, 본 경우는 주어진 측정값으로부터 표준편차라는 통계값을 추정하였기 때문에 $n-1$이 된다.
• 표본 (Sample)	모집단으로부터 추출된 일부분의 측정 Data	일반적으로 모집단의 크기는 방대하며, 모집단 전체를 하나도 빠짐없이 측정하는 것은 시간적으로나 경제적으로 어려운 경우가 매우 많기 때문에 모집단의 성격을 대표할 수 있는 Sample을 취하여 그 측정 Data를 통계 처리함으로써 모집단에 관해 유용한 정보를 얻게 된다.

용 어	정 의	보 충 설 명
• 푸아송분포 (Poisson Distribution)	일정시간 또는 일정크기의 공간에서 사건이 무작위로 발생할 때 그 사건이 일어날 횟수와 이에 대응하는 확률을 나타내는 분포	확률분포의 종류는 연속(계량치) 확률분포와 이산(계수치) 확률분포로 나누어진다. 연속 확률분포에는 정기분포, t-분포, 카이제곱분포, F-분포가 있으며, 이산 확률분포에는 초기하분포, 베르누이분포, 이항분포 , 푸아송분포, 다항분포가 있다. 이산 확률분포 중에도 일정한 단위(면적, 공간, 시간)당 특정한 사실이 일어날 확률(가능성)에 관한 경우는 푸아송분포를 하는 것이 일반적인데, 이때는 다음의 세 가지 전제조건이 필요하다. ① 대상이 되는 구간은 어떤 사건이 발생할 가능성이 적을 정도의 아주 작은 단위구간으로 나누어져야 한다. ② 사건이 발생할 횟수는 단위시간에 대하여 독립적이어야 한다. ③ 단위시간에 2 이상의 사건이 발생할 확률은 0이어야 한다.

ㅎ

용 어	정 의	보 충 설 명
• 회귀분석 (Regression Analysis)	관련되는 독립변수와 종속변수간의 함수관계를 규명하는 것	어떤 플라스틱 제품의 견고도가 이 제품을 만드는 기계의 온도와 어떤 연관성을 가지고 있다면, 이들 변수간의 함수관계를 수학적인 방정식으로 표현할 수 있다면 향후에도 이와 관련해서 귀중한 정보를 줄 수 있기 때문에 매우 유용하게 사용될 수 있을 것이다. 이처럼 변수들간의 함수관계를 추구하는 통계적 방법을 회귀분석이라고 하며, 회귀분석에는 단순회귀(두 변수간의 관계가 선형으로 1차의 함수관계를 가지는 경우), 중회귀(1개의 종속변수에 2개 이상의 독립변수를 가지는 경우), 곡선회귀(두 변수간의 관계가 곡선의 함수관계를 가지는 경우)의 세 가지 유형이 있다. 모든 회귀분석시에는 반드시 산점도부터 먼저 확인하여 변수간의 관계가 선형인지, 곡선인지 먼저 결정할 필요가 있으며, 또한 잔차(Residual Error)를 확인하여 관련 변수간의 잔차가 등분산(等分散)으로, 즉 실험을 실시함에 있어서 생길 수 있는 오차가 동일조건에서 동일한 크기로 발생되었는지를 검토할 필요가 있다(Residual Plot에서 정규분포성과 경향성이 없어야 함).

부 록(2)

예상문제

Chapter 01

품질기사 예상문제

1 어떤 공정에 대해서 $\overline{X}-R$ 관리도로 공정을 관리하고 있다. $\overline{X}$ 관리도에 타점한 것이 관리한계선 밖으로 나가고 있다. 다음 어떤 결론이 맞는다고 생각하는가?

① 불량품이 나오고 있으니 빨리 조사해야 한다.
② 공정을 중단해야 한다.
③ 불량이 나오는지는 모르겠으나 공정에 어떤 이상상태가 발생하였을 가능성이 있다.
④ 공정을 조정해야 한다.

2 제품의 품질특성치가 치명결점을 포함하는 경우 타당한 검사방식은?

① 전수검사
② 파괴검사
③ 샘플링검사
④ 무작위검사

3 다음 중 MIL-STD-105D의 기능 및 샘플링표의 구성상 특징이 아닌 것은?

① 장기적으로 품질을 보증한다.
② 로트의 크기에 따라 생산자 위험(α)이 일정하게 되어 있다.
③ 3종류의 샘플링 형식이 정해져 있다.
④ AQL과 시료의 크기에는 등비수열이 되어 있다.

4 각 처리가 행과 열에 꼭 한 번씩 나타나게 실험계획한 것을 무엇이라 하는가?

① 라틴방격법
② 다원배치법
③ 교락법
④ 분할법

5 일부실시법(Fractional Factorial Design)에 대한 설명 중 적합하지 않는 것은?

① 불필요한 교호작용이라든가 고차의 교호작용을 구하지 않는다.
② 고차의 교호작용이 존재한다는 가정이 만족되어야 한다.
③ 실험의 크기를 될수록 적게 하고자 할 때 사용한다.
④ 인자의 조합 중 일부만을 실시한다.

6 신뢰성이 좋게 제품을 설계하는 이유로서 적당하지 않는 것은?

① 제조원가의 절감
② 애프터서비스비의 절감
③ 신뢰성 시험비의 절감
④ 사후보증비용 절감

7 FMEA로 식별한 치명적 품목에 발생확률을 고려해서 치명도지수를 구한 다음 등급을 결정하는 해석을 무엇이라 하는가?

① FMEA
② FTA
③ FMECA
④ PL

8 어떤 공정에서 공정능력지수 C_P의 값을 구해보니 1.2가 되었다. 이에 대한 판정과 조처가 옳은 것은?

① 매우 만족스러운 공정상태이다.
② 불만족스러운 상태이다.
③ 만족스러운 상태이지만 현공정의 향상을 위해 연구해야 한다.
④ 만족스러운 상태이므로 현상 유지를 해야 한다.

9 업무기능 전개와 관계가 없는 것은?

① 방침관리
② 각 부서별 업무분담
③ 관리항목 설정
④ 검사규격

10 전기전자분야의 국제규격 제정기관은?

① UL

② IEC
③ ISO
④ IEE

11 규격에 제조방법을 규정하지 않는 것이 좋을 경우를 설명한 것 중 적당하지 않은 것은?

① 기술의 진보면에서 보아 좋지 않을 때
② 품질기준을 명확히 표현하기 힘든 경우
③ 품질기준을 규정할 수 있는 경우
④ 제조자의 자주성을 존중하는 것이 좋을 때

12 생산합리화의 목표 중 적합하지 않는 것은?

① 싸게 만들 것(광의의 원가관리)
② 좋게 만들 것(광의의 품질관리)
③ 빨리 만들 것(광의의 일정관리)
④ 많이 만들 것(광의의 생산관리)

13 다음 문장의 (　　) 안에 들어갈 내용으로 올바른 것은?

> 제품의 품질상 결함으로 인해 사용자에게 입힌 재산상의 손실에 대한 생산자, 판매자 측의 배상책임을 (㉠)이라고 하고, 이에 대한 대응책으로 기업은 방어적인 면보다는 적극적으로 예방하는 (㉡)를 취하고 있다.

① ㉠ PLD, ㉡ PLP
② ㉠ QC, ㉡ QA
③ ㉠ PL, ㉡ PLP
④ ㉠ TQC, ㉡ PLD

14 신 QC 7가지 도구 중 복잡한 요인이 얽힌 문제에 대하여 그 인과관계를 명확히 함으로써 적절한 해결책을 찾는 데 기여하는 방법은?

① 계통도법
② 연관도법
③ 매트릭스도법
④ PDPC법

15 품질코스트(Cost)에 평가비용(Appraisal Cost)의 내용에 해당되지 않는 비용은?

① 수입검사비용

② 공정검사비용
③ 품질교육비용
④ 예방보전비용

16 **공정특성치의 값으로 공정의 안정도를 살펴볼 때 다음 중 안정된 공정이라 판단되는 것은? (단, T : 공차, σ : 표준편차)**

① $T > 6\sigma$
② $T > 6\sigma$
③ $T = 3\sigma$
④ $T = 6\sigma$

17 **공업표준화의 3S란 무엇인가?**

① 단순화(Simplification) : 재료, 부품, 제품의 형상, 치수 등 불필요하다고 생각되는 종류를 줄이는 것
② 전문화(Specialization) : 제조기업에서 제조하는 물품의 종류를 한정하고 경제적 능률적인 생산 및 공급체제를 갖는 것
③ 표준화(Standardization) : 어떤 표준을 정하고 이에 따른 것 또는 표준을 합리적으로 설정하여 활용하는 조직적인 행위

18 **품질관리용에서 쓰이는 표준과 규격, 규정을 각각 비교 설명하시오.**

① 표준
② 규격
③ 규정

19 **작업표준이란 현장이 안전하게 효율적으로 생산하기 위한 기본이며, 관리감독자가 스스로 공정을 관리하는 도구이며, 또 최저한의 규정이다. 이것이 바탕이 되어 관리개선이 이루어져 나간다. 작업표준에는 효율적인 생산을 위해 온갖 조건, 즉 작업표준을 고려하여 4M을 가장 효과적으로 조합할 필요가 있다. 여기서 말하는 4M이란 무엇인가?**

20 **품질코스트의 일반적인 구성과 내용을 설명하시오.**

21 **한쪽 규격만 있는 경우의 공정능력지수(C_p)에 대해 다음 물음에 답하시오.**

① 규격상한만 있는 경우의 계산식은?
② 규격하한만 있는 경우의 계산식은?

③ 공정능력 판정기준을 기술하시오.

22 어떤 공정에서 100개의 측정값을 취하여 품질의 산포(표준편차)를 계산하였더니 8.25가 되었다. 규격상한이 90이고 규격하한이 30인 경우, 이 공정의 공정능력치수(C_p)를 구하시오.

23 규격의 상한치 $S_U=84$, 규격의 하한치 $S_L=24$인 제품의 제조공정에서 표준편차 $\sigma=10.8226$이라고 하면, 이 제조공정의 공정능력지수는 얼마인가?

Chapter 02

6시그마 예상문제

1 다음은 6σ 문제해결 Process이다. 각 단계별 설명에 해당하는 보기를 일치시키시오.

① 측정(　　)

② 분석(　　)

③ 개선(　　)

④ 관리(　　)

보기

㉠ 치명적 소수 "X"인자의 명확화

㉡ 현상분석을 통한 문제 기술 및 "Y"의 명확화

㉢ 잠정적 "X"인자를 치명적인 소수 인자로 좁혀나감

㉣ 개선 검증된 시스템의 유지

2 6σ 분야를 크게 세 가지로 분류할 때 다른 하나는?

① R&D

② FMEA

③ MFG

④ TQ

3 다음은 문제의 영역을 정의하는 Tool들에 대한 설명이다. 각 문장의 (　　) 안에 들어갈 단어를 넣으시오.

보기

Process Mapping, Brainstorming, Logic Tree, Pareto, QFD, FMEA, MAIC, MECE

㉠ 짧은 기간에 많은 Idea를 도출하기 위하여 사용됨 : (　　　　　)
㉡ 제품 설계에서 발생할 수 있는 예상문제를 명확히 하고, 순위를 정하기 위하여 사용하며 고장모드에 대하여 취해야 될 적절한 Action을 정하는 Tool : (　　　　　)
㉢ 문제에 대하여 핵심되는 Issue 사항을 추출하기 위하여 사용되는 Tool로 전형적으로 80%의 문제는 20%의 Issue에 의해서 발생됨 : (　　　　　)
㉣ 정보의 흐름을 조사하기 위하여 Process를 문서화하기 위한 Tool : (　　　　　)
㉤ 핵심고객의 요구사항을 기술적인 요구사항으로 전환하고 기술적 요구사항을 개선 대상항목인 CTQ를 추출하는 Tool : (　　　　　)

4 **6σ를 추구하는 회사의 수준이 아닌 것은?**

① 99%의 품질을 인정하지 않는다.
② 외부적인 CTQ를 선정한다.
③ 불량을 검출하는 검사에 의존한다.
④ 세계 최고수준에 대하여 Benchmarking을 실시한다.

5 **6σ 활동은 크게 측정, 분석, 개선, 관리의 4단계로 나눌 수 있다. 설명 중 맞는 것은?**

① 잠정적 X인자를 치명적인 소수인자로 좁혀가는 단계는 개선단계이다.
② 치명적 소수인자들의 상관관계를 파악하는 단계는 분석단계이다.
③ 현상분석을 통한 문제기술 및 Y의 명확화 단계는 분석단계이다.
④ 치명적 소수 X인자를 명확화하는 단계는 개선단계이다.

6 **6σ 관련용어의 설명 중 틀린 것 2개를 고르시오.**

① 교호작용 : 2인자 이상의 특정한 인자수준의 조합에서 일어나는 효과로 2개 이상의 변수들이 동시에 반응치에 영향을 주어 각 변수들의 영향력의 합보다 더 커지거나 작아지는 현상
② 계량치 : 길이, 중량, 인장강도 등과 같이 연속량으로 측정될 수 있는 품질특성의 값
③ 히스토그램 : 서로 대응되는 2개의 짝으로 된 Data를 그래프로 나타낸 그림(산점도)
④ 회귀분석 : 관련되는 독립변수와 종속변수간의 함수관계를 규명하는 것
⑤ 부분배치법 : 각 인자의 조합 중에서 일부만 선택하여 실험을 실시함으로써 실험의 횟수를 줄여 실시하는 방법
⑥ 스크리닝 : 실험을 할 때 선정된 많은 인자 중 어떤 인자가 중요한가를 단계적으로 결정하는 방법
⑦ 최소제곱법 : 인자간의 상관관계를 어떤 수학적인 모형으로 나타내고자 할 때, 각 Data들의 변동의 합이 가장 작게 될 수 있도록 회귀모형을 선정하는 방법

7 다음의 용어 정의 중 틀린 것은?

① 연속형 Data : 인치 또는 시간과 같이 측정 눈금을 사용할 수 있는 데이터이다.

② 반복성 : 한명의 측정자가 동일부품을 동일한 계측기를 사용하여 단시간에 여러 번 측정하였을 때 발생한 측정치의 변동이다.

③ 수준 : 실험을 하기 위한 인자의 조건이다,

④ 재현성 : Gage R & R에서 계측장비에 의한 변동을 평가할 수 있다.

8 3인자 2수준을 가지고 완전배치에 3회 반복실험을 하고자 한다. 총실험횟수는 몇 회인가?

① 9회 실험

② 12회 실험

③ 18회 실험

④ 24회 실험

9 실험계획법을 사용하는 이유가 아닌 것은?

① 어떤 인자가 반응치에 가장 크게 영향을 미치는지 결정하기 위해

② 반응치에 영향을 미치는 인자들의 정량값을 구하기 위해

③ 반응치에 영향을 미치는 인자를 수동적으로 찾기 위해

④ 중요하다고 판단한 인자들이 정말로 Process에 영향을 주고 있는지 검증하기 위해

10 다음 중 상관계수 r에 대한 설명으로 틀린 것은?

① 두 변수의 상관성을 나타내는 척도이다.

② 크기는 -1에서 1 사이이다.

③ r 값이 클수록 상관성이 적음을 나타낸다.

④ 점들이 직선에 얼마나 모여 있는가를 나타낸다.

11 관리도에 대한 설명이다. 틀린 것은?

① 관리도는 공정의 변화를 연속적으로 평가하는 수단이다.

② 관리도는 이상원인보다는 우연원인을 Check한다.

③ Sample의 수가 많으면 관리한계선은 좁아진다.

④ 관리한계선은 정통적으로 3σ를 적용한다.

12 관리도에 대한 설명이다. 틀린 것은?

① 관리도는 공정의 변화를 연속적으로 평가하는 수단이다.

② $Xbar-R$관리도는 연속형 데이터의 대표적인 관리도이다.
③ Sample의 수가 많으면 관리한계선은 넓어진다.
④ 관리한계선은 정통적으로 3σ를 적용한다.

13 6σ 수준의 공정은 C_p=(㉠), C_{pk}=(㉡)이며, 불량률이 (㉢) ppm이다.
① ㉠ = 1.5, ㉡ = 1.5, ㉢ = 0
② ㉠ = 3.0, ㉡ = 1.5, ㉢ = 3.4
③ ㉠ = 2.0, ㉡ = 1.5, ㉢ = 3.4
④ ㉠ = 6.0, ㉡ = 4.5, ㉢ = 3.4

14 QC 7 Tools 중 2 : 8 법칙을 사용하여 개선대상을 선정하기에 좋은 Tool은 무엇인가?
(Pareto Chart)

15 QC 7가지 도구를 쓰시오.
( )

16 MFG 6σ는 Define, Measurement, Analysis, Improvement, Control 단계로 이루어진다. 각 단계별로 종속변수(Y)와 독립변수(X) 중 어떤 것에 Focusing 해야 하는지 적으시오.
① Define( )
② Measurement( )
③ Analysis( )
④ Improvement( )
⑤ Control( )

17 QFD와 FMEA의 차이점에 대해 기술하시오.
① QFD
② FMEA

18 6σ 활동은 크게 D-M-A-I-C 5단계로 구분할 수 있다. 각 단계별로 활동내용에 맞게 빈칸에 맞는 말을 보기에서 찾아 적으시오.
① 정의(Define) : ( )하고 정의하며 정의된 문제에 대해 개선 테마를 검토하고 결정된 테마의 목표, 효과, 일정, 업무분장 등을 결정한다.
② 측정(Measure) : 현상분석을 통해 문제의 기술 및 Y를 명확화 하는 단계로 제품 또는 공정의 잠정적 인자를 선정하고 Y에 대한 공정능력 파악, ( ) 명확화, 개선대상 목표

구체화를 실시한다.

③ 분석(Analyze) : (　　)를 (　　)로 좁혀 나가는 단계로 Y에 영향을 주는 인자를 명확화하는 것이다.

④ 개선(Improve) : 명확화 된 CTQ를 개선하기 위하여 인자들간의 (　　)을 도출하고 검증시험을 실시하여 개선을 확인한다.

⑤ 관리(Control) : 개선 검증된 System을 유지하는 단계로 최적조건을 관리할 수 있는 방법을 선정하고 CTQ'S에 대해 (　　)을 구축하고 (　　)계획을 수립 실시한다.

보기

㉠ 문제를 파악	㉡ 측정방법	㉢ 공정관리시스템
㉣ 최적조건	㉤ Audit	㉥ 잠정적 인자
㉦ 치명적 소수인자	㉧ Screening	㉨ 평균
㉩ C_{pk}		

19 **다음 실험계획에서 사용되는 용어들을 나열한 것이다. 각 용어를 2~3줄로 요약하여 설명하시오.**

① 특성치
② 인자
③ 수준
④ 교호작용
⑤ 교락

20 **$Xbar-R$관리도에 대한 설명 중 틀린 것은?**

① UCL과 LCL은 3σ를 사용한다.
② Sample의 크기가 커질수록 관리한계선의 폭은 좁아진다.
③ Sample의 크기는 전형적으로 $n=5$로 한다.
④ 관리도를 통하여 이상원인과 우연원인을 구분할 수 없다.

21 **다음 중 계량형 관리도는?**

① C 관리도
② P 관리도
③ $Xbar-R$관리도
④ U 관리도

22 $Xbar-R$**관리도의 관리상태에 놓여 있지 못한 경우에 대한 설명입니다. 맞으면 ○, 틀리면 ×표를 하시오.**

① 관리상한 또는 관리하한의 한쪽 편으로 1σ를 벗어나는 점이 5개 중 연속 4개 있는 경우 (　　)

② 1개의 점이라도 관리상한 또는 관리하한을 벗어나는 경우 (　　)

③ 중심선으로부터 같은 측면 1σ 영역 내에 8개의 점이 있는 경우 (　　)

④ 2σ와 3σ 영역 내에 3점 중 연속 2점이 있는 경우 (　　)

⑤ 연속 4점이 상승하는 추세인 경우 (　　)

⑥ 어느 한쪽 편으로 연속되는 9개의 점이 나타나는 경우 (　　)

23 **맞으면 ○, 틀리면 ×표를 하시오.**

① 프로세스에 이상원인 산포가 존재할 때 관리범위 내에 있다고 한다. (　　)

② Run Chart는 고정된 시점에서의 산포를 관찰하는 반면, Histogram은 일정기간 동안을 관찰함으로써 산포에 대해서 더 많이 알 수 있다. (　　)

③ 산포를 측정한다는 것은 고객의 요구사항을 얼마나 잘 충족시키고 있는지를 의미한다. (　　)

④ YFT는 시스템에 투입된 Input에 대하여 결점 없이 고객에게 전달된 양품 수와의 비율을 의미한다. (　　)

⑤ 산점도는 두 변수간의 관계를 그래프로 표시한 것이다. (　　)

⑥ 통계량은 모집단의 특성을 의미한다. (　　)

⑦ 정규분포형태는 μ와 σ에 의해 결정되는데 σ가 클수록 뾰족한 형태를 취한다. (　　)

24 **다음 중 옳지 않은 항목을 모두 찾으시오.**

① 정규분포에서 어떤 사건이 $\pm 3\sigma$ 내에서 발생할 확률은 99.73%이다.

② Median은 분포의 중앙값을 의미한다.

③ 표준편차는 데이터의 최대값－최소값을 나타낸다.

④ Z값은 $\pm 3\sigma$ 내에 포함된 시그마의 개수를 의미한다.

25 **랜덤(Random) 샘플링 방법에 대한 설명이 맞는 것은?**

① 로트(모집단)로부터 여러 개의 서브 로트로 층별하여 각 층으로부터 샘플을 취하는 방법이다.

② 모집단의 어느 부분이라도 목적으로 하는 특성에 관하여 같은 확률로 시료가 뽑혀질 수 있도록 무작위로 구하는 방법이다.

③ 시간의 흐름에 따라 모집단의 성향을 파악하고자 할 때 균등한 시간간격으로 규정의 개수를 임의로 추출한다.

④ 샘플링을 여러 단계로 나누어서 실시하는 방법이다.

26 $Y = f(X)$**에서 X와 Y에 대한 설명 중 틀린 것은?**

① Y는 종속변수이고, X는 독립변수이다.
② Y는 결과물이고, X는 입력과 공정을 말한다.
③ Y는 문제이고, X는 증상이다.
④ Y는 모니터 대상이고, X는 관리대상이다.

27 **Gage R & R 내용 중 틀린 것을 모두 고르시오.**

① 평가자 수, 표본의 크기, 반복수 등은 미리 정해야 한다.
② 규격이 1/100단위인 경우 1/100단위의 Gage가 적합하다.
③ Gage R & R이 27%로 나타나서 조건부 Accept을 하였다.
④ 측정은 측정자들 자기 나름대로의 측정방법으로 측정을 하였다.
⑤ 시료는 Spec.의 전범위를 다 Cover할 수 있도록 준비한다.
⑥ Gage R & R의 목적은 측정시스템의 신뢰 정도를 객관적인 방법으로 제시하기 위함이다.
⑦ 장기적 방법은 반복성과 재현성의 점유율을 알 수 있다.
⑧ 평가자는 계측기를 일상적으로 다루는 작업자 중에서 선택하여야 한다.
⑨ 측정이 랜덤하게 이루어질 필요는 없다.

Chapter 03

공장관리 · 품질관리 기술사 예상문제

1 생산관리를 설명하시오.

2 생산전략에 대해서 설명하시오.

3 공장입지 선정요인을 주관적 · 객관적 · 필수적 요인으로 구분 설명하시오.

4 수출용 승용차 생산공장 입지선정요건을 설명하시오.

5 LCD TV 생산공장 입지선정요건을 설명하시오.

6 표준작업시간을 설명하고 학습곡선 효과의 활용방안을 설명하시오.

7 수요예측의 시계열 분석기법을 설명하시오.

8 LOB(라인 밸런스)를 설명하고 계산공식을 설명하시오.

9 경제적 주문량을 설명하고 계산공식을 설명하시오.

10 재고관리의 ABC 분석법을 설명하시오.

11 JIT와 MRP를 각각 설명하고 비교 분석하시오.

12 TPM을 설명하시오.

13 공장자동화 종류와 장점을 설명하시오.

14 CIM과 FMS를 각각 설명하고 비교 분석하시오.

15 중소기업 육성방안을 설명하시오.

16 해외 공장 설립의 전략에 대하여 설명하시오.

17 세계 자동차 시장의 수요를 분석하고 수출전략을 설명하시오.

18 다음 용어를 간단히 설명하시오.
5M, 3S, 5S, 3정, JIT, MRP, FMS, CIM, TPM, LOB, ST, T/T, Cell Line, GT, Lean과 Agile, Automation

19 QC 수법 7가지를 설명하시오.

20 신 QC 7가지 도구 중 5가지를 설명하시오.

21 욕조곡선에 대해서 설명하시오.

22 품질코스트(Cost)를 설명하시오.

23 공정능력을 설명하고 규격 상한치, 하한치의 경우 계산식을 설명하시오.

24 6시그마 추진단계를 5단계로 설명하고 각 단계의 기법을 열거하시오.

25 3정, 5S를 설명하시오.

26 PL에 대해서 설명하고 PLP와 PLD의 개념에 대해서 설명하시오.

27 6시그마 추진의 DMAIC와 설계부문 DFSS를 설명하시오.

28 미국 MB상과 일본 Deming상의 운영제도의 차이점을 설명하시오.

29 ISO 9000과 QS 9000을 비교 설명하시오.

30 ISO 9001 취득의 항목 중 10가지를 설명하시오.

31 ISO 14000의 필요성을 설명하시오.

32 TQM을 설명하시오.

33 표준화 필요성과 원칙을 설명하시오.

34 실험계획법의 5가지 원칙을 설명하시오.

35 품질관리를 설명하시오.

36 6시그마와 3시그마를 DPMO 숫자로 비교 설명하시오.

37 다음 용어를 간단히 설명하시오.
CTQ, Pareto Diagram, CPk, DOE, Control Chart, DFSS, AQL, 6시그마의 B딧 제도, QFD, 특성요인도, COPQ, DPMO, 욕조곡선, Recall, PL, TQC, FMEA

38 SLP에 대하여 설명하시오.

39 6시그마를 기업에서 정착시키기 위한 전략을 설명하시오.

40 DMAIC와 DFSS를 비교 설명하시오.

답 & 풀이

제1장 품질기사 예상문제

답

1. ① **2**. ① **3**. ② **4**. ① **5**. ③ **6**. ① **7**. ③ **8**. ④ **9**. ④ **10**. ② **11**. ③ **12**. ④ **13**. ③ **14**. ② **15**. ③ **16**. ② **17**. 단순화, 전문화, 표준화 **18**. 표준 : 회사 내 규격, 규격 : 표준 중에서 기술적인 규정, 규정 : 사용자와 제조자의 협의에 의한 한도 **19**. 4M(Man, Machine, Material, Method), 5M(4M+Measurement 또는 Money) **20**. Q-Cost(A-Cost, P-Cost, F-Cost 중 F-Cost를 줄여야 함) **21**. 풀이 참고 **22**. C_p =1.212(양호함) **23**. C_p =0.924(공정 불만족 : 문제 21번 참조)

7. FMECA(치명도해석법) : Failure Mode, Effect and Criticality Analysis

17. ① 단순화(Simplification) : 재료, 부품, 제품의 형상, 치수 등 불필요하다고 생각되는 종류를 줄이는 것

② 전문화(Specialization) : 제조기업에서 제조하는 물품의 종류를 한정하고 경제적 능률적인 생산 및 공급체제를 갖는 것

③ 표준화(Standardization) : 어떤 표준을 정하고 이에 따른 것 또는 표준을 합리적으로 설정하여 활용하는 조직적인 행위

18. ① 표준 : 관계있는 사람들의 이익 또는 편의가 공정히 얻어지도록 통일·단순화를 도모할 목적으로 물체, 성능, 배치, 상태, 동작, 절차, 방법, 순서 또는 책임, 권한, 의무, 생각, 개념 등에 관하여 설정된 기준을 말한다. 이러한 뜻의 표준에는 다음의 규격과 규정을 포함한다.

② 규격 : 표준 중에서 주로 물건에 직접 또는 간접으로 관계되는 기술적 사항에 관하여 규정된 기중을 말한다.

③ 규정 : 표준 중에서 주로 일반적 업무절차에 관계되는 사항에 관하여 규정된 기준을 말한다.

19. Man(사람), Machine(기계), Material(재료), Method(방법)

20. 품질코스트는 일반적으로 ㉠ 예방코스트(P-Cost), ㉡ 평가코스트(A-Cost), ㉢ 실패코스트(F-Cost)로 구성된다.

㉠ 예방코스트 : 처음부처 불량이 생기지 않도록 하는 데 소요되는 비용

㉡ 평가코스트 : 제품의 품질평가와 관련해서 발생하는 일정한 품질수준을 유지하는 데 드는 비용

㉢ 실패코스트 : 소정의 품질수준을 유지하는 데 실패하였기 때문에 생긴 불량품·불량원료에 의한 손실 비용

21. ① $C_P = \dfrac{S_U - \mu}{3\sigma}$

② $C_P = \dfrac{\mu - S_L}{3\sigma}$

③ 공정능력 판정기준

C_P	등급	판정
$C_P \geq 1.33$	1등급	공정능력이 매우 만족스럽다(충분하다).
$1.00 \leq C_P < 1.33$	2등급	공정능력이 만족스럽다(양호하다).
$0.67 \leq C_P < 1.00$	3등급	공정능력이 불만족스럽다(부족하다).
$C_P < 0.67$	4등급	공정능력이 매우 불만족스럽다(매우 부족하다).

22. $C_P = \dfrac{S_U - S_L}{6\sigma} = \dfrac{90 - 30}{6 \times 8.25} \fallingdotseq 1.212$

23. $C_P = \dfrac{S_U - S_L}{6\sigma} = \dfrac{84 - 24}{6 \times 10.8226} = 0.924$

제2장 6시그마 예상문제

답

1. ① (ㄴ) ② (ㄷ) ③ (ㄱ) ④ (ㄹ) **2.** ② **3.** ㉠ (Brainstorming) ㉡ (FMEA) ㉢ (Parto) ㉣ (Process Mapping) ㉤ (QFD) **4.** ③ **5.** ④ **6.** ③, ⑤ **7.** ④ **8.** ④ **9.** ③ **10.** ③ **11.** ② **12.** ③ **13.** ③ **14.** Pareto Chart **15.** Histogram, Pareto Chart, 특성요인도, Check Sheet, 산점도, 층별, 그래프 **16.** ① Y ② T ③ X ④ X ⑤ Y **17.** 풀이 참고 **18.** ① (ㄱ) ② (ㄴ) ③ (ㅂ),(ㅅ) ④ (ㄹ) ⑤ (ㄷ),(ㅁ) **19.** 풀이참고 **20.** ④ **21.** ③ **22.** ① (○) ② (○) ③ (○) ④ (×) ⑤ (×) ⑥ (×) **23.** ① (×) ② (×) ③ (○) ④ (×) ⑤ (○) ⑥ (×) ⑦ (×) **24.** ③, ④ **25.** ② **26.** ③ **27.** ②, ④, ⑨

6. ⑤ 부분배치법을 일부실시법

7. ④ 계측기 반복성과 재현성

10. 상관계수 r의 성질 : a. $-1 \leqq r \leqq 1$
b. $r = \mp 1$은 일직선상(완전상관)
c. r의 값이 크면 상관성이 크다.

13. 6시그마 : C_p=2.0, C_{pk}=1.5, 3.4 ppm

16. $Y = F(x)$

17. ① QFD(품질기능 전개) : 고객의 핵심 Needs를 기술적인 사항으로 전환하여 CTQ를 선정하는 Tool
② FMEA(고장모드 해석) : 과거에 발생한 사내·외 Claim 및 앞으로 발생할지도 모르는 사항에 대해 대책을 마련하여 CTQ를 선정하는 Tool이다.

19. ① 특성치 : 실험을 실시한 후에 Data 형태로 얻어지는 결과로 실험을 통해 해결하고자 하는 품질특성치(종속변수)
② 인자 : 실험에 있어서 반응치에 영향을 준다고 생각되는 많은 원인들 중에서 실험에 직접 취급되는 원인(독립변수)
③ 수준 : 실험을 하기 위한 인자의 조건
④ 교호작용 : 2인자 이상의 특정한 인자수준의 조합에서 일어나는 효과로 두개 이상의 변수들이 동시에 반응치에 영향을 주어 각 변수들의 영향력의 합보다 더 커지거나 작아지는 현상이다.

⑤ 교락 : 부분배치법 실험에서는 Resolution No. 만큼의 고차 교호작용을 무시하고 한 쪽만 실험한 경우여서 실험의 인자효과는 실험횟수가 충분하지 못하기 때문에 교호작용의 일부를 분리하여 구할 수 없게 되는 경우가 발생한다. 이와 같이 특정효과와 다른 교호작용 또는 주효과와 분리할 수 없는 경우를 교락이라 한다.

21. ①, ②, ④는 계수형 관리도

27. Gage R & R(Gage Repeatability & Reproducibility ; 반복성과 재현성)

제3장 공장관리 · 품질관리 기술사 예상문제

1. 교재 p18 **2**. 교재 p35 **3**. 주관적 · 객관적 · 필수적 조건 **4**. 주관적 · 객관적 · 필수적 조건과 수출 물류비용 **5**. 4번+산업구조 **6**. ST=정미시간+여유율 **7**. 교재 p112 **8**. LOB=총합계 Tack Time÷작업원수×최대 Tack Time **9**. 교재 p114 **10**. 교재 p168 **11**. 교재 p44, p110 **12**. 교재 p88 **13**. 교재 p118 **14**. 교재 p191, p463 **15**. 노동력, 기술력, 자본력, 경영능력 **16**. 판매전략, 생산전략, 품질전략, 자재공급전략 **17**. 유럽, 북미, 아시아권으로 구분 세계자동차 수요 파악, 2009년도 6,000만 대 **18**. 교재 p457, 부록 (1) 참고 **19**. Check Sheet : 특성요인도, 파레토도, 히스토그램, 산점도, 층별 **20**. 친화도, 연관도, 계통도, 매트릭스도, 매트릭스 데이터 해석, PDPC, 애로우 다이어그램 **21**. Bath Tub Curve(p91) : 초기고장기간, 우발고장기간, 마멸고장기간 **22**. 교재 p282 : A-Cost, P-Cost, F-Cost **23**. $C_p = \frac{SU-SL}{6\sigma}$ **24**. Define, Measurement, Analysis, Improvement, Control ; 교재 p365, p199 **25**. 3정(정위치, 정용량, 정용기), 5S(정리, 정돈, 청소, 청결, 습관) **26**. PL(제품책임), PLP(제품책임예방대책), PLD(제품책임 법적방어) **27**. DFSS(Design for 6시그마) ; 교재 p211 **28**. 교재 p363 **29**. 교재 p340 **30**. 교재 p343 **31**. 교재 p350 **32**. 교재 p144 **33**. 교재 p272 **34**. 교재 p427 **35**. 교재 p262 **36**. 3시그마/6시그마=66,811/3/4=19,650(약 2만 배), 즉 3시그마보다 6시그마가 약 2만 배 어렵다. **37**. 교재 p457, 부록 (1) 참고 **38**. 교재 p79 **39**. 교재 p217 **40**. 교재 p211

참 고 문 헌

1. 강승욱, 시퀀스 제어와 PLC 제어, 동일출판사
2. 곽수일, 현대 생산관리, 박영사(p178, 313, 373~390), 2003
3. 기아자동차, 자동화 이론, 기아 연수원
4. 김방훈, 품질관리 이론, 노동부 한국산업인력관리공단
5. 노인규, 자동 생산시스템, 도서출판 기술
6. 노재환·김영준·전진, Design for Six Sigma, KPC, 2001
7. 대우자동차, 자동화 실무, 대우 연수자료
8. 박성현, 6시스마 경영, 한국방송통신대학출판부
9. 박성현·이명주, 6시그마 이론과 실제, 한국표준협회(p308~315)
10. 박완서, 공장자동화 입문, 청문각
11. 박재호, Six Sigma Green Belt Course, 도서출판 선진, 2006
12. 백방선·원유도, 품질경영론, 무역경영사(p60~65)
13. 서성무·이지우, 경영학원론, 형설출판사
14. 안영진, Six Sigma and Total Quality Management, 박영사(p439~443), 2003
15. 유종규 외 2명, 품질경영과 6시그마, 영진전문대학출판부(p120~260), 2007
16. 유종규, 생산자동화, 영진전문대학출판부(p118~202), 2002
17. 이광만, PLC 제어이론과 실습, 영진전문대학 출판부(p30~40), 2000
18. 이규성, 생산관리 이론, 노동부 한국산업인력관리공단
19. 이봉진, FA 시스템공학, 문운당
20. 이순요, 현대품질관리론, 법문사(p433~484), 1991
21. 이순용, 현대 품질관리론, 법문사
22. 이홍우, 품질경영, 삼영사(p232~250), 2002
23. 제일모직, 공장자동화, 제일모직 기술대학원
24. 조규갑·정현석, 생산시스템공학 입문, 도서출판 기술
25. 진웅수·손병규·나가사카, 경영혁신기법과 사례, 경문사(p173~195), 2002
26. 平野, JIT 생산혁명, 한국능률협회
27. 현대자동차, FA 개론, 현대자동차 자동화 학교
28. 희성전자㈜, 6σ기본실무과정, 희성전자㈜, 2006
29. LG전자㈜ 연수원, Six Sigma Green Black Belt 양성과정, LG Electronics, 2005
30. LG전자, 원가와 이익관리, LG전자 연수원
31. LG전자, FA 실무, LG전자 연수원

찾아보기

ㄴ

ㄷ

ㄹ

ㅁ

ㅂ

ㅅ

ㅎ

저자약력

최 성 대 | 금오공과대학교 기계공학부 교수
일본동경도립대학 공학박사

강 낙 중 | 경원대학교 산업정보시스템공학과 교수
서울대학교 경영학 생산관리전공 박사

이 윤 희 | 영남대학교 기계공학과 졸업
금오공과대학교 대학원 생산기계공학 석사, 박사
㈜하나종합 컨설팅 대표이사
경영/기술지도사, ISO 9000/14000 심사원
㈜평화발레오 부사장 역임
국무총리 표창, 산업포상 수훈

석 미 정 | 이화여자대학교 석사
미래대학 CAD/CAM과 겸임교수

유 종 규 | 금오공과대학교 대학원 생산기계공학과 박사 수료
LG전자 구미 TV공장 공장장
LG전자 독일 법인장
영진전문대학 컴퓨터응용기계계열 교수
KINNOF(한국지식산업 혁신재단) 본부장
㈜일진전기 고문

공학도를 위한
생산시스템공학

2010년 8월 10일 초 판 발 행
2019년 7월 25일 초판5쇄발행

- **저 자** 최 성 대 · 강 낙 중 · 이 윤 희
  석 미 정 · 유 종 규
- **발 행 인** 이 성 범
- **발 행 처** 문 운 당

주 소 서울특별시 종로구 명륜동 1가 45-3
출판등록 1962년 7월 4일 제 1-139
대표전화 (02)762-6010
팩 스 영업 (02)745-0265 / 편집 (02)762-8758
홈페이지 http://www.munundang.co.kr
E-mail munun2@chol.com

ISBN 978-89-7393-672-4 93550

정가 28,000원